王振忠著作集

王振忠——著

域外文献与
东亚海域史研究

明月共潮生

上海人民出版社

《燕行事例》抄本，法兰西学院收藏

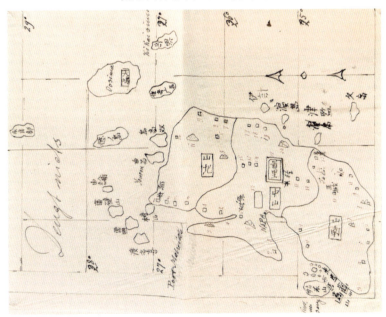

手绘琉球地图，荷兰莱顿大学亚洲图书馆收藏

琉球首里城

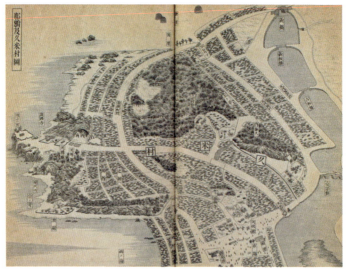

那霸及久米村图，见伊地知贞馨著《冲绳志》，日本早稻田大学图书馆收藏

具禀单：福建省福州府候官縣非食恭禀 緣貨於歲十一月初三在大洋遇颶風浪湧十一月十五日漂至貴國人之山天

地方蒙 貴國目太爺即發衆以斉城護金人舟質早安見今難船仍在大溪官良口地方泊至五月十六日尸

送秦難民八人名字陳戍敵戍説保福建省泉州府以蒙縣因去年六月間在厦門開船往泉貿易於十一月初三日在

歲洋十一月十四日在大洋遇颶風沉溺大船為丅奉 所送員報道水城以惟持乜而乜記剥十二月十九漂列貴國四丅

為兄丅生之際蒙若爺救望用心保養恩建乜 年等狖俗王 恩浩蕩撫保萬民感德無既寧殷感也

伏叩禀

王

洪福齊天

乾隆 二十一年正月十八日

難人陳泰寧等全叩

逕啓者、
貴客曾在那霸砍殺
耶穌之道、入于人家時有差役推出門外、一款
其文投來本官、一查閱、身膝疑惑隨即
飭那霸地方官確行查問去後茲援該地
方官詳稟行誕屬吏報稱訊據家主隣人
等食供十一月二十四日
某客欲教其道推環入家門戶撞入裡面

驚動婦女小兒一時駭懼不得營業由是
家主再三婉詞碩請岂去不肯聽從竟翻
手舁足卧倒座上無意去去一家人民益
致驚擾而主婦女小兒更加悚怖将失氣
息時有隣人教名間知其状連忙走来細
陳義情靖以出去並不聽徒隣人等無如
之何竟挖護、
該客扶出門外乃

《伯德令其他往复文》抄本，琉球大学图书馆收藏

护国寺内的伯德令居处

佩里提督上岸之处

浮世绘《长崎港》，见 https://www.dh-jac.net/db/nishikie/BN0382942X-3-10/portal/

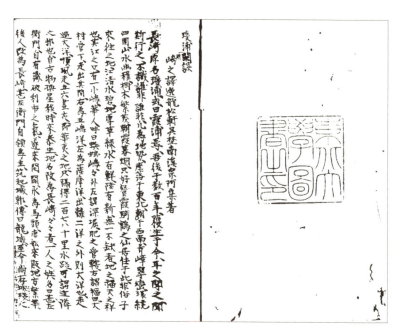

《琼浦闲谈》抄本，安政五年（1858）写本，日本东北大学图书馆收藏

长崎诹访神社

长崎的"唐人蛇踊图",原藏荷兰国立民俗学博物馆,
见 https://jpsearch.go.jp/item/arc_nishikie-RV_3_7

长崎的悟真古寺

长崎圣福寺山门

长崎崇福寺（福州寺）

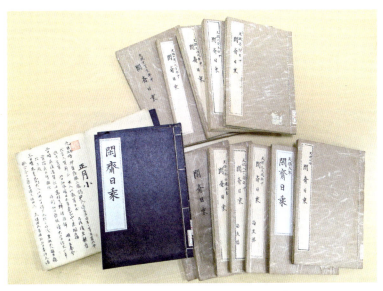

《（向井）闲斋日乘》，长崎历史文化博物馆收藏

《程稼堂实在盗卖公局铜斤节略》，长崎历史文化博物馆收藏

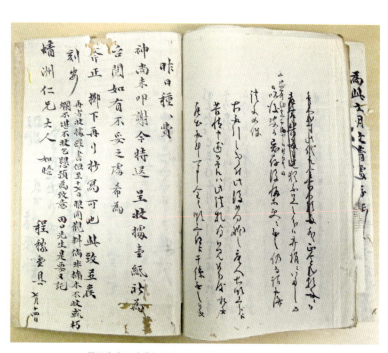

徽州海商程稼堂相关文书，长崎历史文化博物馆收藏

明代徽州海商王直在五岛开挖的水井

与长崎贸易相关的书信

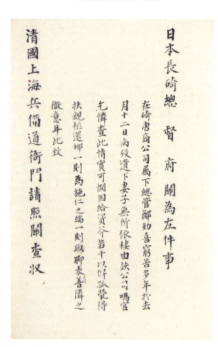

长崎知事与清朝上海官员的交涉公函，1868 年，早稻田大学图书馆"大隈关系文书"

此番各船配貨内白芷大黄白芍藥等項積累甚
多兹查該各宗侯有示遵之間不可帶未等情于
去亡春夏以未陸續知會在案詎接踵帶未必竟
有碍銷路之貨漫裝過多萬不得已而減批另無
做法有此碍難彼此貽害故為停諭仍不聽從自
徑帶未以致行情不長兩相頻失交易景况殊為
何意此番本當相應減批孜買如此則减削太多
未免拮据是以此番置而不批

以上各宗陸續帶未積累甚多侯有採辨之間不
可帶未萬一勉強配裝即行大減批買至于應减
救目号日會舘發單知會須知此等情由示
論江兩局船主令其鴨今香田唐之下心須闕會

《和汉俗语呈诗等杂字》抄本，长崎历史文化博物馆收藏

目 录

以长崎为中心的清日贸易与社会文化

前　言

　　"春江潮水连海平，海上明月共潮生"，春天的江潮水势浩荡，与大海连成一片，一轮明月从海上升起，犹如与潮水一起涌出……正像浩瀚的海洋、潮涨潮落以及一轮明月，为东亚各国民众共同俯看仰视的景观一样，汉字在传统时代亦是中国与邻国沟通的重要媒介。特别是在明清时代，东亚海域世界有着频繁的经济和文化联系。在长期的交往中，东亚邻国都形成了不少汉籍文献，这批文献，是我们得以将东亚视作一个具有相互联系的空间单位加以探讨的重要基础。本书即利用在法国巴黎、日本长崎、冲绳等处收集到的域外文献，探讨中国与朝鲜、琉球以及以长崎为中心的清日贸易与社会文化。

　　书中上篇《朝鲜诗人李尚迪与〈燕行事例〉及相关问题研究》，重点利用法兰西学院庋藏的珍稀文献《燕行事例》抄本，结合其他相关资料，在厘清清代燕行惯例的基础上，探讨了19世纪前后中朝贸易的实态——透过对一些惯用语汇的分析，指出：《燕行事例》一书颇为细致地记录了清代朝鲜使者的燕行惯例，对于时下方兴未艾的《燕行录》研究以及东北亚国际交流的探讨，具有重要的史料价值。在清代前期，东北亚三国的贸易存在着此消彼长之势。从"杭货"以及"燕贸"等通俗常言可以看出，包括江南一带的中国商品，通过北京源源不断地流往朝鲜。而与此同时，朝鲜输往中国的人参，其重要的消费市场也在江南。另外，该书系由19世纪朝鲜著名诗人李尚迪编定，其中包含有部分公文函札中以朝鲜特有之"吏读"记录而成的文字，对于研究李氏的燕行译官生涯，提供了一种未为人知的新史料。而《燕行事例》之编定，与此后多次重修出版的《同文汇考》《通文馆志》等书中相关内容之传承关系，显然亦有待于进一步的探讨。

《从汉语教科书看清代东亚经济与文化的交流——以朝鲜时代汉语课本所见沈阳及辽东为例》，聚焦于朝鲜时代的汉语教科书，探讨朝鲜使团及商人的活动，重点关注中韩交流中的沈阳及辽东，并从东亚比较的视野对朝鲜时代汉语教科书之形成作一探讨。文章指出，在清代，东亚各国之间存在着频繁的经济和文化交流，在此过程中，形成一批各具特色的汉语教科书，其中，最为重要的如日本的唐通事教科书，琉球的官话课本，以及朝鲜时代的汉语教科书。这些教科书因其语言生动、内容丰富，贴近民众的日常生活，相当程度上反映了东亚各国经济、文化交流的实态，因而值得历史学界更多的关注。与同时代的唐通事教科书、琉球官话课本相似，朝鲜时代的汉语教科书也多出自当时的朝鲜通官之手。这些资料，对于中外文化交流从政治史、贸易史以及广义的文化史转向社会史的研究，具有重要的学术价值。

　　　　　　　　　　　明月共潮生：域外文献与东亚海域史研究

《琉球汉文文献与中国社会研究》，具体概述了各种类型的琉球文献（如水陆路程、笔谈资料、旅行随笔和官话课本等），探讨了它们对于中国社会研究的学术价值。在我看来，特别是其中的琉球官话课本更是独具特色，对清代福州社会的集中描述最为翔实、生动。这些官话课本，不仅是方言研究的珍贵资料，而且对于城市生活史的研究，亦具有一定的史料价值。该节在前期研究的基础上，重点分析了《广应官话》之相关内容，从一些独特的方面反映琉球人眼中清代中小城市民众的日常生活。其中特别指出，就目前所见的诸多官话课本来看，早期官话课本之区域特色尚不明显。但随着时间的推移，伴随着琉球人在福州活动的日益频繁，清代官话课本中"福语"的色彩愈益显著。

　　《〈伯德令其他往复文〉所见19世纪中叶的琉球与东亚海域》，通过对抄本的细致研读，指出：琉球大学图书馆庋藏的《伯德令其他往复文》为一手档案，详细记录了英国传教士伯德令在琉球传教与生活的相关经历，反映了他与琉球当局的各类交涉，以及由此带来的矛盾与冲突，这些书信，也凸显了其时东亚海域世界颇为复杂的国际关系。此一时期的东亚，正由传统的朝贡体制向欧美列强支配下的国际秩序转变，琉球作为小国，周旋于中、日以及西洋各国之间，艰难地寻求应对之策。与伯德令在琉球的活动相关，抄本中有关上海通事钱文琦的档案，也有助于更好地厘清《遐迩贯珍》所载《琉球杂记述略》成书的相关脉络，具有特别的史料价值。

　　与本书上篇关注朝鲜、琉球不同，下篇则主要聚焦于日本长崎。其中，《18世纪唐通事眼中的中日贸易与长崎社会——新见抄本〈琼浦闲谈〉研究》一文指出：日本东北大学图书馆收藏的《琼浦闲谈》，是一册迄今尚未受到学界关注的珍稀抄本。该书出自唐通事之手，生动地状摹了18世纪的清日贸易与长崎社会实态。文章首先厘清了《琼浦闲谈》之成书由来，其次通过与另一唐话课本《琼浦佳话》之比较，勾勒出长崎贸易与唐人活动、风俗文化的一些侧面。特别是透过对福州府土神"九使"与长崎诹访神社信仰之渊源等的相关分析，从一个侧面把握传统时代中国文化的传播及其相关影响。文章认为：《琼浦闲谈》所述具有特别的史料价值，由此应充分重视活跃于长崎的福州府属人群之乡土背景。具体说来，江户时代在长崎的不同人群之信仰彼此交融，既有中国人对日本神明之借用，又有中国各类信仰崇拜移植日本的更多例子。除了人们习知的儒家圣堂（孔庙）、妈祖信仰、佛教黄檗文化之外，道教系统之"九使"信仰在长崎的影响亦值得特别关注——"九使"由原乡福清的荒洞蟒神到东亚海域史上舍生取义之林姓神明，"九使"信仰从福州府属庶民之"九使诞"俗以及府城倡门邪神崇拜再到融入长崎盛大的诹访神事活动，其间的嬗变轨迹，彰显了东亚海域跨文化风俗传播的复杂性与丰富内涵。

《僧侣、宿主、通事与船商——从圣福寺藏〈唐船寄附状帖〉看18世纪初的长崎贸易》，聚焦于2019年在长崎圣福寺发现的重要史料《唐船寄附状帖》。该书收录的136封信函，是康熙年间驶入长崎港的中国南京、宁波、厦门、广东、台湾以及咬𠺕吧船主给圣福寺铁心和尚等人的书信。该文考证了这批书信产生的年代，并在考释各信涉及的诸多名物之基础上，指出该文献可以弥补《唐船进港回棹录》等档案记录之空缺，从中可见江户时代长崎贸易的一些侧面，特别是僧侣、宿主、唐通事与船商的互动实态。笔者认为：长崎的贸易制度存在着一个发展、演变的过程，而《唐船寄附状帖》则反映了中日贸易早期的一些情况，其中提供的鲜为人知之细节，反映了长崎贸易中一些较为复杂的面相，也留下了不少值得进一步探讨的线索。

《19世纪中日贸易与长崎圣堂祭酒的日常生活——以〈向井闲斋日乘〉为中心》，利用《长崎圣堂祭酒日记》中的汉文史料，透过长崎圣堂祭酒之释菜、拜圣、讲经、舶载书籍之检查、来航唐船货物与给发信牌等公务记录，以及向井雅次郎作为长崎圣堂祭酒的读书、授课、交游、古董鉴藏及物品买卖、书画会、结社等日常活动，探讨江户时代儒者兼幕府官员的思想倾向及其人际网络，进而揭示19世纪中日贸易与长崎的社会生活实态，从中观察中、日文化之交流与互动。

《19世纪中后期的长崎贸易与徽州海商之衰落——以日本收藏的程稼堂相关文书为中心》，主要利用日本长崎历史文化博物馆收藏的珍稀文献，由个案入手，对中日贸易中徽州海商之衰落过程作了具体而微的探讨。文章指出：由明迄清，徽州海商的主体存在着一个重要的转变，即从明代武装走私的私人贸易转向清政府特许经营的海外贸易。及至19世纪60年代，东亚海域世界的国际形势发生了重大的变化。而中国国内太平天国时期的兵燹战乱，又对中日贸易造成剧烈冲击，加速了徽州海商之衰落与长崎唐馆的解体。本节聚焦的徽州巨商程稼堂，曾是长崎贸易中举足轻重的海商首领。但在19世纪中后期，他与海商同行、长崎会所、借贷商人之间，不断地发生各类债务纠纷，其本人则为了躲避债主的纠缠而到处东躲西藏，并多次将各类财物作为抵押。这些，显然反映了其人已徘徊于破产的边缘。程稼堂的遭遇，折射出昔日富甲天下的徽州海商之困境。其人的盛衰递嬗，可算是煊赫一时的徽州海商之最后一曲挽歌。

域外文献是推进东亚海域史研究的重要史料，对域外文献的关注，将极大地扩充东亚海域史研究的史料来源，以此为契机，有助于在东亚视域中将各种原本看似孤立的现象加以系统性分析，在这方面，显然需要花大力气收集、整理与研究。有鉴于此，本书的最后一部分为附录，标点整理了长崎历史文化博物馆庋藏的抄本《和汉俗语呈诗等杂字》。此一文本也是唐通事教科书之一，与笔者在《袖中东海一编开：域外文献与清代社会史研究论稿》中整理的唐通事文献三种一样，都是海洋史研究的珍贵资料，希望能借此进一步推进域外文献与东亚海域史的研究。

朝鲜与琉球

朝鲜诗人李尚迪与《燕行事例》及相关问题研究

　　位于法国巴黎的法兰西学院是欧洲汉学研究重镇之一，那里收藏有大批的汉籍文献。其中的中国汉籍，已编纂有《法兰西学院汉学研究所藏汉籍善本书目提要》一书公开刊行[①]，而其庋藏的东南亚部分汉籍亦有相关的目录行世[②]。此外，该院亦收藏有少量的朝鲜汉籍，颇具学术价值。个中的《燕行事例》抄本一册，管见所及，迄今尚未为学界所利用。该书详细记录了清代朝鲜使者的燕行惯例，具有颇为重要的史料价值。本文即以该书为基本资料，结合其他相关文献，探讨19世纪前后东北亚的国际交流。

---

① ［法］Pierre-Etienne Will（魏丕信）监修，田涛主编，岑永芳、王家茜助编，中华书局 2002 年版。
② 如越南汉籍部分，即有牛军凯所撰《法国巴黎亚洲学会藏越南汉喃文献目录》一文，载《中国东南亚研究会通讯》2010 年第 1 期。

一、李尚迪与《燕行事例》之由来

1.《燕行事例》的成书

《燕行事例》一卷，藏法国法兰西学院，该书计 55 页 110 面，每面 10 行，总字数约 18000。卷首有咸丰丁巳冬十月江阴李尚迪的序文：

> 昔班孟坚有言曰：士食旧德之名氏，农服先畴之畎亩，商修族世之所鬻，工用高曾之规矩。四民尚然，而况吾侪从仕奉职，原隰万里，周旋使事者，不有文献之可征信，其何以不愆不忘，率由旧章乎？本院所传《燕行事例》一编，未知先辈某公所辑录于何年，而循览始末，有八包称量之规，无包参纠检之目。盖创设包参，粤在我正庙朝丁巳，则此编之成于丁巳以前无疑已。顾兹六十年之间，包参实为一院之大政，而更张百变，成宪成例之束高阁者，殆难以更仆数矣。噫！后于丁巳之近例乃如此，而前于丁巳之己例，抑犹有可按而行之者欤？尚迪尝披阅此编，陈芜既多，阙漏不少，常所慨然。今秋始得厘定，亟付缮写，删落为若干条，补入为若干条。而至于应行文状与应用公费，俱收并载，使人一开卷瞭然，自以为不负先辈共济之意，永垂后来勿坠之戒也。若夫士而忝其所以为士，农而昧其所以为农，工商而

明月共潮生：域外文献与东亚海域史研究

不儆其所以为工商，未有能善继而善述者矣。诗云：绳其祖武。又云：贻厥孙谋。可不慎哉？可不惧哉！然一切按例之外，别有事在，则惟存乎当事其人举而措之如何耳。

上揭文字开首即引东汉班固《西都赋》之成说，意思是士、农、工、商之行事，皆各有传承。文中的"咸丰丁巳"即咸丰七年（1857），而之前六十年的另一个"丁巳"年，则为嘉庆二年（1797）。另，序中提及的"正庙"，即朝鲜王朝正祖李祘（1752—1800），1797年正好是正祖二十一年。文中所谓的本院，应指李朝时期的司译院。根据朝鲜史籍的记载："我国西通中州，北邻清、蒙，南连倭、蛮，使盖来往，几乎无年不相接，故朝廷设置司译院，肄习汉、清、蒙、倭之方言。"[①] 司译院设有提调公一人，上大夫一人，中大夫一人，副正艺上士一人，判官中士二人，奉事下士四人，汉学教授中士四人，训导下士四人，蒙学训导下士二人，满学训导下士二人，倭学训导下士二人，书吏四人，皂隶四人。[②]"司译院系是事大、交邻，为任尤紧"[③]。其中的"事大"，也就是与中国的交涉。据此可知，《燕行事例》一书，本有佚名辑录的旧本，但上揭的序作者李尚迪对此不太满意，故

---

① 徐命膺（1716—1787）：《方言类释序》，《保晚斋集》卷7《序》，见"韩国学综合DB"（http://db.mkstudy.com/）。以下所引朝鲜汉籍，凡未注明版本及详细页码者，皆源自该数据库。
② 丁若镛（1762—1836）《与犹堂全书》第5集《政法集》卷2《经世遗表·秋官刑曹》"司译院"条。
③ 李元翼（1547—1634）：《乞递司译院都提调札》乙卯正月十九日，见《梧里集》卷4《疏札》。

于1857年将之重新修订并进而定稿。文中的"八包称量之规"，在《燕行事例》后文中亦有详细的说明：

> 八包之规，宣德年间金银免贡之后，禁银货，令带人参，其数浸多。至于每人许赍人参十斤，即八包也。其后又代以银子带去，而每斤折银二十五两，八十斤计银二千两，为一人八包，堂上及上通事加给一千两，放料下处。湾上亦加给一千两，使之补欠……①

上述的"八包之规"，亦称"八包称量之规"。以上的文字，概述了明代宣德年间以后此一规制的沿革状况。关于这一点，朝鲜外交文献《通文馆志》卷3《事大》中，也有"八包定数"的记载，在内容上与此可以相互参证。其中的要点是：宣德年间，遣使请免岁贡金银，此后则以土物效诚。从此以后，前往北京买卖者禁止携带银两，而代之以人参。不久，又发现使团成员所携的人参数量渐渐增多，故又限定每人只准携带八十斤，也就是八包。到后来，又以折成的银子带去，每斤折银二十五两，一人八包，八十斤计银二千两。

序文中还提及"包参"，亦作"参包"②。根据光绪三十一年（1905）朝鲜著名文人金泽荣的追述，"初吾韩国中在在产参，而关东及江界尤盛"。人参分为"山参"和"山养"两种，都是"采充御药贡献及日本使行之贸用"，这种情况从朝鲜宣祖

---

① 《燕行事例》，第35页上—35页下。
② 南公辙（1760—1840）：《论参包启》，见《金陵集·颍翁再续稿》卷2《启》。

时代就已有此例，"贡则多出关东，贸则多出江界"。当时，人参为民间所难得，所以民间所用的药料，有的要依靠中国的出产。后来，全罗道同福县一妇女从山上获得参子，在田间种植获得成功，辗转相传，另一崔姓之人大量种植，这也就是所谓的家参。崔氏后来暗地卖给"清南海人"，后者中有因瘴气而得病者，吃了家参就好了，但也有人不适宜吃这种家参的。针对这种情况，崔氏认为这是参力太盛的缘故，后来就通过蒸煮以降低药力，然后再卖给中国人，结果受到后者的追捧，因此而大获其利，富甲一方——据说这就是红参的开始。崔氏致富之后，自感此利不可能久专，遂将制作红参的方法传授给译人。译人试售于"燕市"（中国北京的市场），果然也获得利润。于是，就禀告司译院大臣，说是应对红参制作课税，以补该院之用。另外申明禁令，除司译院之外，其他人皆不得生产红参。司译大臣接受了此一建议，奏定前往中国的受历、贺节二使行所携带之参额应为一百二十斤，名为"包参"，每斤抽税若干。对此，《燕行事例》规定：

> 包参依译院关文，照数搜验于湾府后越送。而如有官参外一角潜带者，则各别讯词，报译院依律刑配，潜参赏给捉纳之人。

"湾府"亦即龙湾，也就是朝鲜的义州，此处为鸭绿江畔的边境重镇，在清代，操纵中朝贸易命脉的著名"湾商"（亦称"湾贾"）即盘踞于此，而朝鲜燕行使者亦由此西入中国，故于此处查验使行所携人参。文中的"潜参",亦即"潜带"(走私)之人参。对此,金泽荣认为,"包参"一事,"时正祖二十一年即丁巳年(清嘉庆初)也"①,这与李尚迪在序文中所言之"盖创设包参,粤在我正庙朝丁巳"一句恰相吻合。根据李尚迪的说法,司译院旧传《燕行事例》一编,因未曾提及"包参纠检之目",故该书应成于正祖二十一年(1797,嘉庆二年)以前。

另外,《燕行事例》一书中列有"皇谥年号",包括:"崇德(太宗文皇帝)、顺治(世祖章皇帝)、康熙(圣祖仁皇帝元年壬寅)、雍正(世宗宪皇帝元年癸卯)、乾隆(高宗纯皇帝元年丙辰)、嘉庆(仁宗睿皇帝元年丙辰)、道光(宣宗成皇帝元年辛巳)、咸丰(文宗显皇帝元年辛亥)",并列有"本朝列圣"(即朝鲜国王名号,包括仁庙、孝庙、显庙、肃庙、景庙、英庙、真庙、正庙、纯庙、翼庙、宪庙和哲庙)。可见,《燕行事例》之下限应在19世纪五六十年代的咸丰年间,这与序文的年代恰相吻合。

2. 作为译官的诗人李尚迪

《燕行事例》一书的序作者为李尚迪(1803—1865)②,据吴世昌所撰《槿域书画征》卷5记载:"李尚迪,字惠吉,号藕船,江阴人,纯祖三年癸亥生,译官,郡守。"③"译官,即象胥也",

① 金泽荣(1850—1927):《红参》,见《韶濩堂集》卷8。
② 关于李尚迪的研究,日本学者藤塚邻著、藤塚明直编《清代文化の東傳—嘉慶、道光學壇と李朝の金阮堂》(日本国书刊行会1975年版)一书中就曾涉及。(见该书第473—478页)而在中国学界,温兆海著有《朝鲜诗人李尚迪与晚清文人交流研究》(中国社会科学出版社2013年版)。此外,尚可参见孙卫国《清道咸时期中朝学人之交谊——以张曜孙与李尚迪之交往为中心》(《南开学报》2014年第5期)等文。
③ 韩国亚细亚文化社1981年版,第544页。

属于司译院。结合相关资料可见，其人出身于世代译官家庭，是朝鲜纯祖至高宗时期（相当于中国清道光至同治期间）的一位诗人。关于李尚迪的生平，朝鲜金奭准曾撰《李藕船先生传》一文：

> 藕船者，朝鲜李尚迪，字惠吉，藕船其号也。容仪飘隽，其气春温，其神秋清。文采风流，令人心醉。以簪缨世胄，养才以待时，积学以砺俗，不循名，不躁进，陶性情于圣贤书卷之中。尝为金秋史侍郎高足，文望日隆，诗有初日芙蓉之目，书有赵、董之骨。及前席君王，诵其诗篇，令秘阁锓梓，固辞之，其恩遇旷古罕有。冯誉骥谓曰：吾读《恩诵堂集》，益深倾慕，求之海内，亦不多得。与吴兰雪嵩梁、祁春圃寯藻、黄树斋爵滋、张仲远曜孙、王子梅鸿、孔绣山宪彝、何子贞绍基、冯鲁川志沂、许海秋宗衡，先后各以文宴酬接，墨彩云飞，英词电发，时以道义相勖，不斤斤于著占聚雪为欢也。于是交满中朝，盛名冠世。

金奭准为李尚迪之门人，曾编有《藕船精华录》3 卷。该文系其"仿史传集句之例"创作而成，所根据的绝大部分文字，皆出自与李尚迪有过交往的中国著名人物[1]，如梅曾亮、叶志诜、

---

[1]　美国哈佛燕京图书馆收藏有李尚迪的多种著作，如《鸿爪留痕》稿本，封面有"朝鲜李藕船"题签；《海邻尺牍》，李尚迪编，有日本学者藤塚鄰"望汉庐"朱色批校；《藕船精华录》，1 函 1 册，是李尚迪逝世后由其门人金奭准所编纂。此外，道光年间申在植编纂的《相看编》中，也收录有李尚迪等人的唱和之作。

叶名澧、孔宪彝、孔宪庚、张曜孙、潘曾绶、吴嵩梁、吴昆田、祁寯藻、温忠翰、雷文辉、吴式芬、王鸿、温忠彦、周达、程祖庆、邓尔恒、冯志沂、仪克中、吕佺孙、王宪成、顾庐、王拯、符保森、汪喜孙和许宗衡等。文中的"其气春温，其神秋清"，注为："吴昆田赞先生像。"实际上出自清河吴昆田赞、阙里孔宪彝所书："其气春温，其神秋清，诗成千首酒百觥，高山大泽深以闳，使车十度来上京，贤豪长者，倒屣争相迎。伊川巾，东坡笠，吾以想先生。"①

上文提及，李尚迪是金正喜的弟子，才华横溢。朝鲜宪宗国王非常喜欢他的诗歌，"令秘阁锓梓，……其恩遇旷古罕有"，所以他的诗集命名为《恩诵堂集》，以表谢恩。此外，金奭准所撰《李藕船先生传》还提及：

> 咸丰庚戌，太夫人弃养，昼宵读礼，孝思毁瘠。与弟尚健友笃，其燕居也，四方来学者踵门，寿考文章，为国人所瞻仰。奋如椽之笔，立不朽之言。续刊诗文集九编，流传益广，长安纸贵。同治壬戌［戌］，永授知中枢府事之职。癸亥以国王先系源流仍沿前明传闻之诬，奏请刊正，特命来京办理此事。时年六旬，不复充使事之劳，国王以辨诬之事重大，遴选名望素著老臣，故破格用之，乃不辱使命以还。凡奉使已十二次矣，勤劳王事，宠锡无数……

---

① 李尚迪：《恩诵堂续集》卷首，"乾国历代文集丛书"第 2707 册，韩国景仁文化社 1999 年版，第 219 页。

文中谈到，李尚迪曾先后十二次前往北京。1863年，朝鲜国王为清《廿一史约编》中诬讪其祖系，派使团来华辩诬，李尚迪第十一次前往北京。他的书屋叫"海邻"，在现在的美国哈佛燕京图书馆中，还收藏有《海邻尺牍抄》等[1]，其中的内容就反映了李尚迪与中土士人的交往。李尚迪酷嗜金石学，当时人有"李君嗜古赛米苏，胸藏三代彝器图"[2]的描摹。李尚迪从1829年到1864年，平均每三年左右就到中国一次。从时间上看，李尚迪经历了清朝道光、咸丰和同治三朝，与他交游的清代文人学士多达一百余名。在众多的中国文人学士中，他与刘喜海、仪克中、韩韵海、吴式芬、吕佺孙、潘祖荫、齐寯藻等人都有金石鉴藏方面的交流。李尚迪为上述诸人之金石学研究提供了重要的朝鲜金石资料，促成了清代士人对于朝鲜金石学的探研。对此，李尚迪自称："昔予游燕所交，皆东南宏博之士，而多以三代秦汉金石文字相见赠，居然有古人缟纻之风矣"[3]。正因为如此，其人踌躇满志地自题一联曰："怀粤水吴山燕市之人，交道纵横三万里；藏齐刀汉瓦晋砖于室，墨缘上下数千年。"

　　李尚迪与中土士人过从甚密，他的一些著述也深受清朝文人的影响。例如，乾隆时期著名戏曲家、诗人蒋士铨先后作有《怀人诗》《后怀人诗》和《续怀人诗》，总计多达98首之多，此类的交游诗，记述了其人之酬唱赠答及对友人的深情厚谊。此后，

---

① 另，韩国奎章阁藏有《海邻书屋收藏中州诗》，是清人寄给李尚迪的诗歌汇集抄本，见温兆海著《朝鲜诗人李尚迪与晚清文人交流研究》，第7页。

② 李裕元（1814—1888）：《李惠吉尚迪鸲鹆砚歌》，见《嘉梧稿略》册4《诗》。

③ 李尚迪：《隶源津逮序》，见氏著《恩诵堂集》文编卷1，第421页。

"怀人诗"的体裁遂为中外诸多文人所摹仿。朝鲜燕行使者朴齐家、李尚迪等,就都有《怀人诗》《续怀人诗》。李尚迪在其《续怀人诗》中写道:

> 曩在道光壬辰秋,余有《怀人诗》廿八篇,盖寄怀海内朋旧之作也。其后又屡入春明,交游益广,较之壬辰以前不翅倍蓰。而今于数纪之顷,历数诸人,或遗忘其姓名,或闻声相求,爱而不见者,则并阙之,作《续怀人诗》五十七篇,以志暮年停云之思。①

可见,李氏的《怀人诗》28篇作于道光十二年(1832),而《续怀人诗》57篇,则记录了他多次燕行的交游应酬。关于这一点,他在《西笑集》中亦有所记录。正如李尚迪自称的那样:"交游唱酬遍海内。"②其中提及的许多人,他们对李氏的评论,就集粹而为上揭的《李藕船先生传》。对此,另一位朝鲜人崔性学亦总结说:"先生频年奉使,北学于中国,包罗群籍,发挥文藻,一切摹拟肤浅之弊,扫而空之。"③身为译官,李尚迪与清代知识阶层有着频繁的交往,但在以往,我们都只看到李氏与中国文人的交游,对于其译官本职则未见史料记载。而《燕行事例》一书,则恰恰为此一研究提供了一种新的文本。

---

① 李尚迪:《恩诵堂续集》卷4《丁巳》,第299—230页。
② 李尚迪:《恩诵堂集》道光丁未年(1847)自序,第2页。
③ 《藕船精华录》同治八年(1869)冬十月崔性学序,第1页上—下。

二、从《燕行事例》看朝鲜燕行使者的活动

《燕行事例》序中有"绳其祖武"一词，意思是踏着先人的足迹继续前进，此一典故，用以比喻继承祖业。而"贻厥孙谋"一词，则出自《诗经·大雅·文王有声》，原文作："贻厥孙谋，以燕翼子。"另，《尚书·五子之歌》亦有："明明我祖，万邦之君，有典有则，贻厥子孙。"意思是为子孙之将来做好安排。这些，都反映了《燕行事例》一书编撰的宗旨。从内容上看，《燕行事例》涉及自朝鲜到北京燕行过程中的诸多制度与惯例，以下分别论述和分析：

1. 自凤凰城至山海关

明清时代，中国与朝鲜存在着密切的宗藩关系。在这种宗藩体制之下，朝鲜必须定期派使者前来北京朝贡。在清代，定期的朝贡每年至少一次，此外，还有不定期的各类派遣。关于朝鲜使者燕行的频率，不同学者的统计数字并不完全一致，但大致说来，有清一代朝鲜派遣的使节平均每年都超过 2 次，应当说是相当频繁。关于朝鲜贡使燕行的整个过程，《燕行事例》中有《先来启草》加以全程概述：

臣等一行，于昨年某月某日入栅之由，已为驰启为白。是在果某日自栅门离发，而通官某、章京某率甲军护行是白

乎旀。某月某日到沈阳，岁币、方物、车卜未及来到，故落留任译，待车卜齐到。岁币中红绸一百匹，绿绸一百匹，生上木三百匹，大好纸一百五十卷，小好纸二千一百十卷，粘米三石五斗四升，依北京礼部公文呈纳于各库后，其余物种，假使之照数交付于沈阳押车章京是白遣。臣等仍为趱程，某日到山海关，点检人马，无币进关是白乎旀。

　　文中的"为白""是白乎旀"或"是白遣"，在《燕行事例》一书之行文中颇多所见，应当属于朝鲜"吏读"的习惯性用法。

　　明代自开原至凤凰城附近修有边墙，通称为"边"，其出入之门曰"边门"，清代顺治、康熙年间曾沿旧迹树栅整修。凤凰城附近之边门，土人称之为"架子门"，朝鲜方面则曰"栅门"，朝鲜贡使差官至此，办理入境检查手续①。对此，《燕行事例》中记录有"报单式"：

　　　　年号几年某月　　　日朝鲜国某使（兼则某兼某使）。

　　朝鲜朝贡使定期的"节使"，主要有贺冬至的冬至使，缴纳岁币的岁币使，贺正旦的正朝使，以及贺万寿的圣节使等。而不定期的"别使"，则有进贺使、问安使、陈慰使、进香使、陈奏使、奏请使、告讣使和谢恩使等诸多名目。《燕行事例》抄本中，就详细列有圣节、冬至、陈慰、奏请、陈贺、进香、问安等名

---

①　此处主要参考张存武：《清韩宗藩贸易（1637—1894）》第二章"燕行贸易"，"中央研究院"近代史研究所专刊（39），1978年版，第62页。

目下进献给中国皇帝、皇太后、皇后的方物，而在此处则注明："掌务官正书二折，原白纸入栅时用二三张。"其状单式为：

> 臣等一行，　　月某日某时量渡江缘由，既已驰启为白，有在果本月某日某时量来到栅外，城将等应给礼单，依例分给为白遗［遣］。某时量点阅人马无币入栅，仍为前进缘由，并以也启为白卧乎事。

以上的空格，表示需要根据每次的实际情况加以填写。此外，还有"一行人马报单"：

> 正使职姓名（以下并例书）、副使职姓名、书状官职姓名、大通官姓名、姓名、姓名，押物二十四员，从人三十名，驿卒几名，驿马几匹，驱人几名，表咨文载马几匹，驱人几名，帐幕几包，载马几匹，驱人几名，干粮几包，载马几匹，驱人几名，盘缠几包，载马几匹，驱人几名，铺盖几包，载马几匹，驱人几名，私卜几包，载马几匹，驱人几名，岁币方物几包，开披几包，扭笼几包，米口袋几包，银包或纸包几包，杂卜稍头几包，人共几百几十员名，马共几百几十匹，马包共几包，车包共几包。

上揭的"几"和"姓名"等字，同样也需要视不同的情况再行填写。一般情况下，前来中国的朝鲜使团之人员规模通常多达二三百人，使团成员由正官以及各种随员、仆从构成。最下层的

"驱人",亦作"刷马驱人"。朝鲜使团从东北到华北,千里之行,携带有不少岁币方物及行李货物,故而随行中有诸多马匹,每匹马都有牵夫一名,称马夫。此外,还有驱人。马夫、驱人除了由商贾冒充者外[1],多属贫民或无赖。凤凰城边门入境时呈一入栅报单,载明入境人马数目,由凤凰城官员加盖印记,以便此后在山海关等处查验。当时,"城将以下诸官列坐衙门,使甲军依报单计数,先入马卜,然后三使行次第八[入]门,而过其衙门时,暂卸轿、马而行,前进,宿凤凰城"。

进入栅门之后,燕行使团便向北京进发,中途要经过盛京:

> 盛京存留红、绿绸各五十匹(二百匹全留),白木八百匹、生木二千匹(全留),小纸好(四万二千丈,二千一百五十卷),粘米(三石五斗四升,彼人称三石为三担),大好纸(或纳一千八百二十三卷,十八丈,不一其例)。

所谓白木,也就是指棉布[2]。朝鲜贡使入清时之行李货物虽在栅门雇车运输,方物岁币则运到沈阳后交由中国方面驿递。"使行迢到,关外则任官出城,告以动静,各处公干既停当,城将都司坐衙,然后依报单计检卜物以入。又到税官衙门,又计人马以

---

① 金庆门编:《通文馆志》卷3《事大》:"使行出入栅时,湾上及松都商人等潜持银、参,混在夫马之中,贩物牟利。"日本早稻田大学图书馆藏本,序于清乾隆四十五年(1780),第62页上。

② 丁若镛:《雅言觉非》卷2"棉布"条:"棉布者,大布也,东俗谓之白木。棉布之肆,名之曰白木廛。"(见《与犹堂全书》第1集《杂纂集》第24卷)

入。而过两衙门时，暂卸轿、马而行，行中亦下马。"此处提及的"卜物"，以及前述之"私卜""车卜""马卜"和"杂卜"等，都是朝鲜人的习惯性表述。根据朝鲜实学思想家丁若镛（1762—1836）的描述："辎重之驮曰卜马，装办之载曰卜物，任重曰卜重，官驮曰官卜，私装曰私卜，用之书启，载之法典。"①据此，"卜物"应是指行李货物，而"车卜""马卜"之意大致分别即车辆、马匹运输的货物。至于"杂卜"，则有"奴马杂卜"②"银货杂卜"③之类的表述，亦即奴马杂物和银货杂物之意。这些，在汉语中皆未见有类似的表述。根据朝鲜史料记载，康熙二十九年（1690），凤凰城一带有车户十二人，称曰"拦头"，朝鲜贡使来往中国，行李货物皆由其承运④。

2. 朝鲜贡使在北京的活动

朝鲜贡使之目的地是北京。对此，《先来启草》中有简要的记述：

> 某日到北京，仍诣礼部呈纳表启文是乎，则汉尚书（或侍郎，或满尚书、侍郎）某率诸郎官祗受，臣等退归，任接于南小馆是白乎旀。

清初设朝鲜使邸于玉河桥畔，称玉河馆，后为俄罗斯人占

---

① 丁若镛：《雅言觉非》卷2"任"条，《与犹堂全书》第1集《杂纂集》卷24。
② 鱼有凤（1672—1744）：《杞园集》卷20《再游金刚内外山记》。
③ 李喆辅（1691—1770）：《止庵遗稿》册7《丁巳燕行日记》。
④ 金庆门编：《通文馆志》卷3《事大》，第62页上。

据，清人遂移其馆于桥南一里许，虽仍沿用玉河馆之名，但通常称为"南小馆"。此后，朝鲜使团方面时常要与中国的礼部官员应酬、交涉。关于这一点，《燕行事例》中另有较为详细的记录：

> 使行入北京日，衙贝先站驰告于礼部，则通官数人来迎于东岳庙。三使于东岳庙下轿，具公服，跨马，除前排去伞，待表咨，由齐华门入，馆于会同馆。提督以下，大使，大、次通官及序班、馆夫、皂隶等齐会，待［侍］候于衙门。三使以下皆下马，于衙门不见处而入。去时或相面，则只举手致款。旧有提督相见之礼，今则无。上通事传报单于衙门。

一般说来，正官中有正使一名，副使一名，书状官一名，三者合称为"三使"，俗称"三房"。正使是以朝鲜之高官或者由王室宗亲担任，副使和书状官则一定是由有相当文学修养的人充当。特别是书状官，主要负责纪录见闻、起草报告，回国之后提交给朝鲜国王参考。通官亦即礼部的通事，凡是礼部往复，都是由这些通官负责，他们的祖先皆是朝鲜人。清太宗"崇德以后，以我人之被掳未刷还者，定为大通官六员、次通官八员，籍仕礼部，使之主张我事，后以其子孙袭补，每于敕行，差遣各二员。"[1]

以上是初入北京时的仪式，接着还提及前往礼部的程序：

> 入燕馆日，正使以下正官具公服，奉表咨，诣礼部，坐

---

[1]　金庆门编：《通文馆志》卷3《事大》，第40页上—下。

月廊。尚书或侍郎与郎中公服，南面入于大厅。大通官引三使，诣台上跪，写字官从傍跪进表咨筒，双手捧表咨筒上通事，左右跪传于通官，通官受之，传于郎官，郎官受之，安于卓上后，通官引三使而退。旧有相见礼于尚书。古例入京翌日，呈纳表咨文。

上述一切，皆行礼如仪。在北京，朝鲜贡使还必须参加朝参。《先来启草》曰："于某日，因礼部知会臣等，与书状官臣姓某，率正官诣鸿胪寺，行朝贺演礼是白。"对此，《燕行事例》对朝参演礼有着颇为详细的说明：

> 朝参演礼，则呈表后，仍诣鸿胪寺行（或翌日行）。三使以下正官具公服，诣牌阁前演礼。而三使为一行居前，三大通官以下二十七员分为三行，排班列立，鸣赞二人立左右，胪唱一时，行三跪九叩，或参差，则虽三四巡，更加演习而罢。

朝参演礼，是正式朝参前的预演出，亦称"鸿胪寺演仪"。而关于朝参，《先来启草》中亦有详细的记载：

> 某日，皇帝幸太庙是如。因礼部知会，当日臣等与书状官臣姓某，率正官等诣午门外伺候（或有他国使臣，则云某国使臣，亦在臣等之下）是白加尼。某刻皇帝乘黄屋小轿（或乘马）而出，某侍郎（见上）、某押班（臣）等祗迎于路左。皇帝使近侍问国王平安，臣等叩头，仰对而退。当日，

自御膳房颁某物于馆所是白乎旀。

上文中的"是如""是白""是白加尼""是白乎旀",也应是"吏读"中表示停顿的语助词。关于朝参,《通文馆志》的记载更为细致:

> 旧例见朝日,五更头,使以下具公服诣阙,憩于午门外。日将出,五凤楼上击鼓撞钟,殿庭鸣鞭三声,内外齐班。皇帝出御皇极门(今则视朝于皇极殿,而皇极改名太和),千官入于皇极门庭,……少焉,午门尽辟,鸿胪寺序班引使以下到御路上,行五拜三叩头礼。遂由右掖门而入,见文武官东西相向,纠仪御史列于中庭,使以下就其后而立。十三省官入见毕,序班引使以下跪于御路上,鸿胪寺官持揭帖跪奏曰:朝鲜国差来陪臣某职某姓名等几员见。使以下行三叩头而复跪,皇帝亲发玉音曰:与他酒饭吃。使以下复三叩头,序班引出,还由右掖门诣光禄寺吃酒饭而罢①。

在《通文馆志》上述的记录之后,有注曰:"出《荷谷朝天录》。"《荷谷朝天录》亦称《荷谷先生朝天记》,是朝鲜宣祖七年(1574,明万历二年)时任礼曹佐郎的许篈以书状官身份随圣节使出使明朝时所作的日记体使行著作。两相对照,可见朝参之礼仪由来已久。

---

① 金庆门编:《通文馆志》卷3《事大》,第44页上一下。

在《燕行事例》抄本中，接着，《先来启草》缕述了朝鲜贡使在北京所得到的赏赐以及相关的待遇：

> 某日，自御膳房颁某物于馆所是白乎旀。又自内务府赐臣绵缎三匹，漳绒三匹，大卷八缎四匹，小卷五丝缎四匹，大荷包一对，小荷包二对。赐臣及书状官臣姓某各绵缎二匹，漳绒二匹，大卷八丝缎三匹，小卷五丝缎三匹，大荷包一对，小荷包二对。此是紫光阁宴例赏是如为白乎旀。
>
> 中后，自光禄寺输送宴卓〔桌〕五张、猪一口、汉羊九只、酒十一瓶、鱼五十七尾、鹅三只、鸡二只于馆所是白乎旀。

绵缎、漳绒、八缎、五丝缎、大荷包和小荷包等，都是朝鲜国人喜欢的奢侈品。紫光阁宴为当时的惯例，如洪良浩就曾"同进奉使与紫光阁宴，皇帝命礼部侍郎引入北海子，乘雪马，游太液池，观万佛寺五龙亭，登永安寺白塔，渡玉蛛桥，罢归"①。可见，紫光阁宴后，还有一些进入皇家园林游赏的经历。此后，《燕行事例》中还提及朝鲜贡使有机会见到清朝皇帝的几种场合：

> 本年正月初一日，因礼部知会臣等与书状官臣姓某，率

---

① 洪良浩（1724—1802）：《耳溪先生文集》卷7《燕云杂咏》。

正官等诣右翼门外伺候是白加尼。平明，皇帝出御太和殿，文武千官循序就班。臣等入就西班末行，三跪九叩头礼而退。某国使臣亦为同参是白加尼。

平明，皇帝出御殿内，设宴张戏后，某侍郎引臣等及某国使臣至御榻前，使近侍问国王年岁，臣等叩头仰对，仍退西庑，使之听戏，赐酪酒及果饼二盘，又赐臣等及书状官臣姓某各玻璃器二件、玻璃鼻烟壶一介，瓷器一件，荷包二对，条茶二饼，瓷件，内盛鲜果是白乎弥。某日自内务府颁赏御前蟒段二匹，福字方一百幅，大小绢笺四卷，笔四匣，墨四匣，砚二方，雕漆器四件，玻璃器四件。臣等及书状官臣姓某各大缎一匹，笺纸二卷，笔二匣，墨二匣，此是赓进诗例赏是如为白乎弥。

天头注："如有赓进诗，则别纸誊书，上送于政院之意措语以入。"在诸多赐品中，有当时颇为时尚的鼻烟壶，对此，燕行的朝鲜人颇多吟咏。例如，李裕元所撰《异域竹枝词》，曾描述英吉利国人"壶贮鼻烟金镂中"，指前者"以金镂合［盒］贮鼻烟自随"①。姜浚钦有《北京》诗十六首，其中之一曰："波斯金宝积通衢，隆福寺前集贾胡，遮莫痴心轻一掷，千金却买鼻烟壶。"在诗注中，姜氏指出："隆福寺市最多宝玩，自西洋人入中国后，中国人多学鼻烟之法，物重货轻，故鼻烟壶一筒，至有费千金者。"②朴齐家有"鼻烟滔滔易天下，百余年来学火饮"之

---

① 李裕元：《异域竹枝词》，见《嘉梧稿略》册1《乐府》。
② 姜浚钦（1768—1833）：《三溟诗集》三编《燕行录》。

说 ①。后来此风习亦传入朝鲜,"或用鼻烟如华人" ②。

《燕行事例》中还列举了见到皇帝及其所受赏赐的另一场合:

> 某日,因礼部知会皇帝诣天坛祈谷是如。当日丑刻,臣等与书状官臣姓某率正官等诣午门外伺候是白加尼。某刻皇帝乘(或轿或马,见上)而出,臣等祗迎于路左,自御膳房颁克食羊肉馒头、妳子饼是白遣。十三日,因礼部知会,皇帝幸圆明园是如。当日某刻,臣等与书状官臣姓某率正官等诣西三座门外伺俟[侍候]是白加尼。(或有或无)皇帝(见上)某而出,臣等祗迎于路左是白乎㫆……

这应是燕行使者至"午门谢恩"的常见程序。此后,还有"午门领赏"一节。关于这一点,《燕行事例》抄本中有更为详细的记录:

> 某日,因礼部知会,当日某刻,臣等与书状官臣姓某率正官等诣午门前领赏,仍为告辞为白乎。则使某官某传语以归告国王平安,臣等叩头而退是白遣。御前回送礼单及正月某日别礼单,出付任译呈纳,于复命日计料为白乎㫆。

---

① 朴齐家(1750—1805):《再次柳卫尉》,见《贞蕤阁四集》。另外,在《燕京杂绝·赠别任恩叟姊兄追忆信笔凡得一百四十首》中,亦有"火饮易天下,鼻烟风又成"的描述。(同上)

② 李学逵(1770—1835):《感事三十四章(甲申)》,见《洛下生集》册 18《洛下生稿(上)·觚不觚诗集》。

午门领赏之后，朝鲜人即受下马宴和上马宴。

3. 下马宴与上马宴

根据明清两朝的制度，朝鲜贡使前来中国，例有钦赐下马宴、上马宴，藉以彰显"皇朝柔远之盛德"[①]。下马宴和上马宴，早在明代即有这样的名目[②]，清沿其制。李海应（1775—1825）著《蓟山纪程》记载："礼部上马宴、下马宴，则近例必待同日并设，故宴馔各具二卓，一设于礼部，一送于馆中。"[③] 对此，《先来启草》曰：

> 某日，因礼部知会，臣等与书状官臣姓某，率正官等诣礼部领下马宴是白加尼。某刻，自精膳司输送上马宴卓于馆所是白乎旀。

根据《燕行事例》的记载，"下马宴则领赏罢后，仍往礼部行之。尚书或侍郎同三使以下，先于月台上望阙行三跪九叩头，后尚书入，坐床上，三使以下行一跪三叩头，尚书答揖。三使升坐床上，西辟［壁？］三大通官以下以次坐后，郎中辈坐东辟［壁？］鸣赞，立东边。先行骆茶一巡，次进宴床，酒三行，彻馔后，又随尚书就月台行三跪九叩头，尚书复使三使以

---

① 申悦道（1589—1659）：《呈礼部请免上下马宴文》，见《懒斋先生文集》卷4《呈文》。

② 《象院题语》，见汪维辉等编《朝鲜时代汉语教科书丛刊续编》上册，中华书局2011年版，第18页。

③ 《蓟山纪程》卷5《附录》，林基中编《燕行录全集》卷66，韩国东国大学出版社2001年版，第487页。《蓟山纪程》之作者原题为徐长辅，但一般认为该书应为李海应所撰。

下，又行一跪三叩头，而言免则否。行望阙礼时，鸣赞唱。进茶
馔时，大通官立尚书傍，以备传语。及其撤床也，下人驿卒争
取馔物，杯盘乱落，终莫之禁"。所谓"下人驿卒争取馔物，杯
盘乱落"，指的是在下马宴上菜肴遭哄抢的现象。例如，金昌业
的《燕行日记》曾载：康熙五十一年（1712），礼部为朝鲜使团
举行"下马宴"，"宴床才入，未及下箸，马头辈各持囊袋而进，
竞攫饮食"①。马头辈即朝鲜使团中的仆人，也就是前述的"下人
驿卒"。

下马宴设于礼部，接着是在朝鲜馆备送上马宴。"宴以下马、
上马名者，迎来饯还之意也"②。下马宴、上马宴之后，"早晚勾
当公事了，拂衣长啸出秦关"③，朝鲜贡使就开始离开北京回国：

> 某月某日，臣等一行自北京还发。而臣某军官姓名（或
> 有病，则某官臣军官病，代姓名）、某军官姓名（上同）、译
> 官姓名授状启，一度先为出送缘由，并以驰咨为白卧乎事是
> 良你……

《先来启草》最后有"年号几年　月　日"的字样，结合文
中不时出现的"臣某""某军官"和"某月某日"等，说明此一
文本实系活套。事实上，抄本《燕行事例》中还有各种类型的活

---

① 金昌业：《燕行日记》，林基中编《燕行录全集》卷 32，第 126 页。
② 金熤（1722—1790）：《入阙诣午门前领赏（午门，阙门之第四门也）》，见
　《竹下集》卷 4《诗》。
③ 苏世让（1486—1562）：《上马宴》，见《阳谷先生集》卷 3《诗》。

套。例如，"书目"条曰：

> 冬至兼谢恩使一行，本月十九日某时量离发事。
> 年号几年　月　日副使着押。

此外还有"闻见事件式"：

> 回还某使行中首译臣姓名闻见事件（或称别单）。
> 一某事。
> 一某事。
> 年号几年　月　日。

　　书状官的职责，主要是在燕行归来之后，以其耳目之所及者撰写使行日记及"闻见事件"，上呈于国王，再下承文院誊录。使行日记详细记录燕行途中所历的路程、时日，以及行中人马数目等。而"闻见事件"因其书于别纸，附于日记之后，故又称为"别单"，其内容则为燕行途中的所见所闻。

　　上述这些，都是供入燕时朝鲜贡使使用的活套。此外，抄本《燕行事例》还记载："下马日为始，毋论得赏不得赏，一依报单人数，每五日有馈物。"所谓馈物，也就是各类的食物补给。在《燕行事例》中，就详细记录了朝鲜使团成员留馆时的每日供给，其中提及的配给份额，在诸多《燕行录》中皆有记载。例如，李海应《蓟山纪程》卷5就有"食例"一节，对明代以来朝鲜贡使的配给供应，有着颇为详细的描述。而著名的北学派代表人物洪大容（1731—1783），在其《湛轩书外集》卷10《燕记》中也有类似的记录①。虽然对各类人的供给份额有的稍有出入，但显然说明《燕行事例》之所述，应参考了洪大容、李海应等诸多燕行使者的真实阅历。

4. 朝鲜馆内的贸易

早在明代，即有会同馆开市之例："是日开市于馆中，持物货者辏集。三大人亦送贸物无数，其贪欲不可道也。"②"三大人"应即朝天使团中的正官、副使以及书状官，他们也从朝鲜私自携带货物前来，参与会同馆内的贸易。及至清代，朝鲜馆内的开市贸易（亦称会同馆贸易）仍按惯例举行。对此，李世华《赠崔汝和赴燕之行》诗有"挂榜门前开市肆，纷纷主客竞锥刀"③一句，状摹的就是相关场景。根据规定，凡外国贡使至北京，接受清廷颁赏之后、将要回国之前，在会同馆开市，市期三日或五日，只有朝鲜国和琉球国不拘期限。货物先由户部收买，然后颁行告示，允许商人入馆交易，由户部派官监督交易，外国使团所买的中国货物全部免税。入馆商民则由会同馆监督取具连环保结，发给腰牌后入馆交易④。朝鲜馆内的开市贸易，亦照此惯例举行。对此，《燕行事例》抄本就记载：

> 礼部官员来贴告示，榜于会同馆。又差开市市官二人监

---

① 见《湛轩先生文集》三，"韩国历代文集丛书"第2604册，韩国景仁文化社1999年版，第367—370页。
② 裴三益（1534—1588）：《临渊斋先生文集》卷4《朝天录》丁亥五月。
③ 李世华（1630—1701）：《双柏堂集》卷1下《七言古诗》。
④ 张存武：《清韩宗藩贸易（1637—1894）》，第69页。

市，衙门始许买卖人就馆交易，诸买卖人例有上税之规，依例停当，齐进呈单于衙门，始许出入。

关于礼部告示，上面所写的主要内容通常是："闲杂人不许买卖大花西蕃莲纹及五爪龙文、黄油青等缎，史记、兵书、天文、地理等册，兵器、硫黄、焰硝、貂皮、人参、铜器等物，皆系禁条，并勿许买卖。"[1] 从其他的朝鲜汉籍来看，这些规定实际上并没有认真执行。

当时，燕行使团赴京时，随团中皆有不少朝鲜商人。如李海应的《蓟山纪程》载："留馆诸商，皆于后庭作簟屋，买砖为炕。"[2] 这些朝鲜商人，与中国的铺商交易。对此，更早的洪大容指出：

> 数十岁以前，使行入燕，凡公私买卖，惟有郑、黄两姓当之，皆致巨万。郑商尤豪富，交通王公，连姻又多，一时清显。每我国有事，多籍［藉］其力。稼斋录中郑世泰是也。世泰既死，子孙世主之。盖缎货者皆出南方，又我国所需，皆取价贱，好尚与中国异。郑家习知之，先期贸取于南市，容入七八万两银，每年为常。织匠亦知我国好尚，缎品渐变，与中国所尚不同。及我国禁纹缎，郑家所先贸者，既不见售，又中国所不用，因此而大窘，渐以消乏。则他商日进，今为五十余人。然宫中例贸及别付，犹主郑家，以色品

---

① 李正臣（1660—1727）：《燕行录》，见《栎翁遗稿》卷8。
② 李海应：《蓟山纪程》，林基中编：《燕行录全集》卷66，第276页。

　　　　　　　　　　　明月共潮生：域外文献与东亚海域史研究

之犹佳也。且十数年前，一行入馆，闻家所以待诸译、诸商者，酒食声乐之费已不赀，寝具铺盖，供给惟谨，此世泰之旧规，今已不能也①。

这些商人与中国商人在朝鲜馆内交易，有不少商品就通过此种方式得以成交。金锡胄《又次副使三绝以咏三事》中有"开市"一诗，曰："北贾饶财偏积锦，东人无宝只携参。"②当时，输入中国的商品，最为重要的是人参。根据朴趾源记载：

> 使行时，例给正官八包。正官者，裨译共三十员。八包者，旧时官给正官人参几斤，谓之八包。今不官给，令自备银，只限包数。堂上包银三千两，堂下二千两，自带入燕，贸易诸货为奇羡。③

朴趾源的这段文字，可以与前引李尚迪之序文比照而观。关于这一点，申光洙有《送冬至下价李圣辅世奭赴燕》诸诗，其中的第十九首为"八包燕市利源开，每说高丽贩客来，一路兼台风力重，太平车上载名回"④。李勉伯《参歌》亦有"八包走燕市，大舶通倭夷"⑤之语。此外，李学逵《琐语》："迩来中国，通用

① 洪大容：《湛轩书外集·燕记》，"韩国历代文集丛书"第2604册，第152—153页。
② 金锡胄（1634—1684）：《息庵遗稿》卷7《捣椒录》。
③ 朴趾源：《热河日记》卷1《渡江录》，上海书店出版社1997年版，第9页。
④ 申光洙（1712—1775）：《石北先生文集》卷10。
⑤ 李勉伯（1767—1830）：《岱渊遗稿》卷1。

朝鲜参。象胥通燕，用参代银，以充资斧。旋为燕商所诱，轻示多参，并要速卖，彼反袖手坐视，价低便买，所以本国家种日贱，无复获利也。"① 这些，都反映了人参在中朝贸易中的地位。当时，"京师参铺皆以红参为上"②。朝鲜商人一到北京城，便将所携参货存入各参号，待礼部颁出布告允许交易时再行买卖③。

至于中国商品之输出，朴思浩《心田稿》曾载："……中国杂货之东输者，若缎属、药材、针帽、书籍可用之外，珠玑、扇香、驴骡、鹦鹉、毡毯、镜带、纸砚、笔墨等珍怪之物，非国之宝也，徒启小邦奢侈之渐，诚非细虑也。"④ 张存武曾列举"中国输出朝鲜货物"，从中可见，包括谷物、畜禽、毛皮、日用杂货、军用品、金属品、编织原料、编织品、成衣、食物、杂料、药材、书籍和玩好衣饰等十数类⑤。关于这一点，《燕行事例》中有《呈文式》：

> 朝鲜国大通官姓名等，呈为报明事。窃职等一行从人，在馆交易，货价两清，并无违禁货物，亦无讹错等事。货包交与揽载人某，装载至凤凰城交卸。沿路倘有遗失物件，与馆内无涉。货包数目开列呈明，伏乞提督大人查照施行，为此谨呈：

① 李学逵（1770—1835）：《洛下生集》册2《参书（庚申）》。
② 朴思浩：《心田稿·春树清谭》，见林基中编：《燕行录全集》卷86，第41页。
③ 张存武：《清韩宗藩贸易：1637—1894）》，第106页。
④ 朴思浩：《心田稿·燕蓟纪程》道光九年（1829）三月初九日条，见林基中编：《燕行录全集》卷85，第333页。
⑤ 张存武：《清韩宗藩贸易：1637—1894）》，第143—146页。

杭货，药材，筐子，横卜，小土（并列书）
年号某年　　月　　日大通官姓。

此处提及的"杭货"，显然来自江南。在朝鲜汉籍中，类似的"杭货"记录尚见有一条：

桑域迢迢万里程，侍郎谈笑海涛平，随身一剑同吴札，满腹群书胜陆生。
星汉扑槎天上坐，楼船引节画中行，传闻杭货通崎岛，使事要须觇国情[①]。

上揭的"杭货"，应是指从浙江平湖乍浦运往日本长崎的江南货物。关于"杭货"一词，早在明代就已出现。明崇祯刻本《清白堂稿》卷17有："今则苏、潞绸，杭货，福机，行市无所不有者，往时惟有方巾、圆帽二种。""杭货"有时亦作"苏、杭货"。隆庆四年（1570）刊行的徽商黄汴所编之《天下水陆路程》，卷5"淮安府由北河至陕西潼关水路"中提及，"北直隶各府，辽、蓟边客货，皆由漕河而去，止于临清州、河西务、张家湾起陆。……陕西、河南二省，大同、宁夏等边，苏、杭各货皆由南北二河而上，至汴城、王家楼或孙家湾起车。"此处提及，输往河北、东北的客货，由漕河（运河）北上，而运往陕、豫二省及晋、宁诸边的苏、杭货物，都由南、北二河运输。淮安由徐

① 郑来侨（1681—1757）：《奉别侍郎洪公启禧使日本》，见《浣岩集》卷3《诗》。

州至汴城为北河（即黄河），而南河也就是淮河^①。事实上，无论是漕河还是南河、北河，运输的商品中，有相当多皆是来自江南的苏、杭货。此外，明崇祯刊本《隋唐遗文》卷 5 亦提及："也有富家子弟带博浪游人，打几柄伴儿灯，尽装的苏、杭货。"

及至清代，"杭货"和"苏、杭货"仍时有所见，皆指来自江南的商品。而在朝鲜汉籍中，以"杭"字前缀命名的货物相当不少。例如，一册佚名无题抄本^②，其反映的时代与《燕行事例》差相同时，其中就有：

> 蓝杭罗一尺，国银五钱，诸银九钱；
>
> 草绿杭罗一尺，国银六钱，诸银六钱；
>
> 白杭罗一尺，国银四钱五分，诸同；
>
> 真红杭罗一尺，国银六钱五分，诸同，长三十尺；
>
> 多红杭罗一尺，国银五钱五分，诸同；
>
> 皂杭罗一尺，国银六钱五分；
>
> 鸦青杭罗一尺，国银六钱五分，诸银五钱；
>
> 粉红杭罗一尺，诸银五钱；
>
> 紫的杭罗一尺，国银六钱五分，诸同；
>
> 黑杭罗一尺，诸银五钱；

---

① 关于这一点，参见"明代南北交通与徽商活动简图"，载拙著《徽州社会文化史探微——新发现的 16—20 世纪民间档案文书研究》（上海社会科学院出版社 2002 年版）附图 22。

② 此一佚名无题抄本中，亦有"大清年纪"，包括崇德、顺治、康熙、雍正、乾隆、嘉庆、道光和咸丰。

上揭引文中的"诸同",也就是与上行同一位置上的文字相同（如第三条白杭罗后的"诸同",亦即第二条中提及的"诸银六钱"）。上述这些,应当就是《燕行事例》中的"杭货"。此类"杭货",在中国方面的史籍中亦屡见不鲜。譬如,哈佛燕京图书馆收藏的抄本《玉器皮货谱》中,就有"各色绸料大约价目",其中提及绸料之产地,包括南京、苏州、镇江、盛泽、湖州、杭州等。另外,还有"各色湖、杭货"（其中有杭线绉、杭宁绸、杭绸、杭罗、杭金罗、杭银罗、杭官纱、杭线、杭六串、杭宁绸马褂等）和"江南货"① "各纱罗货"（杭纱、杭条纱等）。而在前述的无题抄本中,除了"杭罗"之外,还有"潞洲［州］绸"（包括多红潞洲［州］绸、紫的潞洲［州］绸、黑潞洲［州］绸、蓝潞洲［州］绸、草绿潞洲［州］绸、白潞洲［州］绸、豆绿洲［州］绸一尺、柳丝潞洲［州］绸一尺和朱黄潞洲［州］绸）、汉府缎（桃红汉甫［府］缎、鸦青汉府缎）和广缎等。另外,书中还时常提到"燕贸尚方"的记载:

> 多红云纹缎一匹,重三斤十五两,玄银十五两,燕贸尚方;

> 蓝云纹缎一匹,重二斤九两,玄银八两,黄银二两,燕贸尚方;

---

① 1765年刊的《朴通事新释谚解》卷2中有一段对话:"你那［哪］里去?店里买缎子去。咱两［俩］一同去。掌柜的,你这铺里有四季花的缎子么?你要甚么颜色的?要南京来的鸦青色、月白色这两样缎子。都有。"［汪维辉编《朝鲜时代汉语教科书丛刊》（一）,中华书局2005年版,第373页］此处所谓的南京,亦即江南。

鸦青云纹缎一匹，重二斤九两，玄银十两，燕贸尚方；

冒缎一桶，重二斤十四两，玄银二两，黄银七两，燕贸尚方；

黑色三升一桶，一匹长十一尺，十四作一桶，价银七两，燕贸尚方……；

大布一桶，一匹长十二尺，十四作一桶，价银十四两，燕贸尚方。

唐獭皮一令，价银十七两，版别，毛衣匠，燕贸（玄银六两、黄银四两）尚方。

在上引的诸条史料中，无一例外地都提到了"燕贸尚方"。在李氏朝鲜，尚衣院别称"尚方"，专司王室衣物、财货之供应，其中有不少丝绸等纺织品皆是从中国采购，具体则由使燕译官中的两名清、汉学上通事负责。而"燕贸"一词，在当时更是习见的一个通俗常言。以该书中的"玉珠宝石"部为例：

白玉圭一部，重十斤，燕贸银四十两；白真玉珠一介，价钱五钱；……唐碇玉砂，一斤，燕贸银四钱；……细玉珠一百介，燕贸银二钱，五只重四百介作一尺；……五色珠，一百介，燕贸银九钱；……真珠一钱价银二两；……琉璃，方三寸一片，价银九钱；方一寸一片，价银三钱；方一寸五分一片，价钱四钱五分；燕贸。……指南石，一斤，燕贸，银四两……

所谓燕贸，也就是前往北京的燕行贸易。李观命《玉堂应旨札》曰："汉文惜财，不营露台。而今者尚方之岁贸燕市，既非先王不贵远物之义，而众胥私贩之锦冒进后庭，此不但有歉于衣不曳地之德，而宫禁之不严，亦可寒心矣！"[1] 他又撰有《肃宗大王行状》："王嗣服以来，夙夜祗惧，一以敬天勤民为务，尚方之贸易于燕市者，特命停罢。"[2] 对照"燕贸尚方"的说法，此一词汇大致反映了朝鲜王室对于燕行贸易（以北京为中心的中国贸易）之倚赖。

在朝鲜汉籍中，"尚方"有时还与"内局"相提并论，它们都是燕行贸易的主要负责机构。例如，尹定铉《景陵志文》中有"减岭南贡参、关西北贡鹿茸及内局、尚方每岁燕贸"[3] 之句。尹拯《秋浦先生黄公行状》："又请减尚方、内局燕市贸易。"[4] 这里的"内局"，亦即内医院，相当于中国的太医院。每年使节采办普通药料，由该院与典医监轮流差出之医员一人，及译官中之次上通事负责，谓之年例贸易[5]。朝鲜燕行使团随员中，有惠民署、典医监派出的医员，他们职司医治行中病患，并与通事负责

---

① 李观命（1661—1733）：《屏山集》卷3《疏札》。
② 李观命：《屏山集》卷9《行状》。关于"燕贸"，《清台日记》八亦载："又禁燕贸锦段，以为去奢节财之本。……今日农民之困穷由于钱荒，钱荒由于银竭，银竭由于燕贸。每岁使行，通计包银潜货不下三四十万两。……疏曰：……令国中一切禁用唐货。……原疏留中。掌令崔益秀又陈疏，请禁燕贸如赵台语。"
③ 尹定铉（1793—1847）：《梣溪先生遗稿》卷2。
④ 尹拯（1629—1714）：《明斋遗稿》卷42《行状》。
⑤ 张存武：《清韩宗藩贸易（1637—1894）》，第88页。在《燕行事例》中，亦屡见"内局药材"等字眼。

选购药材。在上引佚名无题抄本"唐药材"部中，就有文字注明："燕贸米一石代下地木三匹，银三十两代下地木一同，下地木一匹代银一两，米一石代钱十两。契即唐药材契。""一同"的"同"，即代表上一句相应位置的那一个字，也就是"匹"字。其后更具体罗列了龙脑、小脑、沉束、三乃子、零陵香、白檀香、八角香、丁香、某松香和沉香等，大都注明为"燕贸"。

关于药物，早在明代，就多有朝鲜人前来中国购买的记录。譬如，"参赞公长子江原道观察使讳元镇字鼎卿，世所称太湖先生也，生于万历甲午。……显庙患目疾，使贸空青于燕市，不辨真赝。上曰：试访诸李某可得也。公曰真矣，但色不润，恐津液内竭。验之果然"[①]。宋时烈所撰《生员郑君墓志》："乌川郑君溰君平，以万历庚戌十二月廿八日亡，年二十三。……君有小妹，病晕羸弱，江陵公怜之，日夜置诸膝下，其所服药饵材料，多中国产，君罄家财，因使价远贾燕市以治之。"[②] 及至清代，丁若镛在《剂量论》一文中指出：

> ……黄连一味，医书所用，皆唐黄连耳。日本黄连，苦寒倍甚。……朝鲜黄连，本非同类，兼且薄劣。……且我国所谓沙参，即荠苨之类耳，本是别物，试贸燕肆而见之，恰似尾参，真可以权代人参耳。又如厚朴，我国旧用唐材，故许氏《汤液篇》亦标"唐"字。自四五十年来，忽称济州产

---

① 李瀷（1681—1763）：《从祖叔父太湖公行录》，见《星湖全集》卷67《行录》。
② 宋时烈（1607—1689）：《宋子大全》卷185《墓志》。

厚朴，自此不用燕贸。余尝厚朴之味，与《本草》所论太不相符，为贸燕市而来，则别物也，皮色相类，而肤理绝殊。济州者钝劣，令口味臭秽。而燕贸者，入口便觉辣烈，下咽显能通滞……①

在前引的佚名无题抄本中，相关的商品还有唐饼果茶膏、唐诗笺纸和笔墨等，这些，也都是与"燕贸"有关的商品。在当时的朝鲜汉籍中，与"燕贸"一词相关的还有"燕货"之名目。例如，洪良浩所撰《龙湾纪惠碑》：

> 夫皮革者，我国之所赢而中国之所需也，若使湾人挟入栅，以易燕货，民获其利，官征其税，较诸债息，所谓日计不足而岁计有余者也②。

这是凤凰城一带的"燕货"。姜浚钦撰有《沈阳（今奉天府）》：

> 沈阳人物盛陪京，半是商胡半是兵，燕货长输四牌市，汉儿争属八旗营。③

该诗描摹了"燕货"在盛京一带的流通。而在北京，稍早的洪大容（1731—1783）亦曾指出：

① 丁若镛：《与犹堂全书》第 7 集《医学集》卷 6。
② 李宗城（1692—1759）：《梧川先生集附录》卷 5。
③ 姜浚钦：《三溟诗集》三编《诗·燕行录》。

……数十年以来，凡燕货之稍雅者，皆令胥班主其贸易而食其剩余，如书籍、书画、笔墨、香茶之属，他商侩不敢与焉，以此物价逐年增高，东人苦其习踊，或有潜买，詈辱备至^①。

　　究其实际，北京市面上的"燕货"有一些显然就来自江南，亦即所谓的"杭货"。诚如洪大容所言，北京市场上的"缎货者皆出南方。"这里的"南方"，主要就是指苏、杭一带。又如，在18世纪，书籍出版在东亚是一种具有厚利可图的产业。日本人通过从浙江乍浦出发前往长崎贸易的中国商船，购得大批的中国汉籍。而朝鲜人则主要经由北京琉璃厂，购得中国各地（特别是江南一带）的书籍。根据我此前的研究，当时，北京琉璃厂与江南各地存在着图书流通的网络。具体说来，当时游弋于江南水网的浙江湖州书贾船只，通过与江南藏书家群体的密切交往，经由频繁的买卖，将收得的大批古籍通过京杭大运河，源源不断地运往北京琉璃厂，并从那里卖给前来北京的朝鲜人^②。此一过程，就是典型的"杭货"通过"燕贸"（北京贸易）输入朝鲜的例子。

　　当然，贸易之往来显然并非单向的流动。康熙五十一年（1711）七月十八日，玄烨曾在一份朱批中批示："南方庸医，每每用补济［剂］，而伤人者不计其数，须要小心。曹寅元肯吃人

---

① 《湛轩书外集·燕记》卷7《衙门诸官》，第132页。
② 王振忠：《燕行录所见18世纪的盛清社会——以李德懋〈入燕记〉为例》，见拙著《袖中东海一编开——域外文献与清代社会史研究论稿》，复旦大学出版社2015年版，第169—170页。

参，今得此病，亦是人参中来的。"①根据当代学者的研究，盛清时代江南各地对人参的大量需求，与江南温补风气之形成密切相关②。在这种背景下，南方之人参贸易极为繁盛。与上揭朱批差相同时的《扬州竹枝词》就曾描摹："夜舞朝歌结病胎，床头金尽色如灰，莫言苦口无良药，明日人参客到来。"③综合当时的其他文献来看，这些"人参客"应主要来自北方。而成书于乾隆四十三年（1778）的《人参考》中，有一"凤凰城"条提及："凤凰城货虽地道，所出不一。……五、六月即可掘采，九、十月贾人便至苏城开价矣……"④揆诸史实，凤凰城位于中朝边境，是清代栅门贸易的中心。从当时的流通情况来看，此处所出人参，至少应有一些来自朝鲜。关于这一点，康熙年间朝鲜人闵鼎重就认为，"东莱则倭人互市于我境，随时贵贱而为之买卖；北京则有时南方贸参之商不至，则我国持参者狼狈失利"⑤。这显然说明，由朝鲜输入中国的人参，江南应是颇为重要的消费市场。另外，《人参考》还提及"苏行分等""苏行秤兑"等，反映了苏州是当时南方人参集散的一个中心，鉴于该处同时又是清

---

① 《苏州织造李煦奏曹寅病重代请赐药折》，见故宫博物院明清档案部编《关于江宁织造曹家档案史料》，中华书局1975年版，第99页。
② 关于这一点，可参见蒋竹山：《人参帝国：清代人参的生产、消费与医疗》，浙江大学出版社2015年版，第148—169页。另，关于这一点，在南方的一些区域，应当还可上溯至晚明。例如在富商辈出的徽州，早在17世纪前期服用人参治病的现象就极为普遍。[此据笔者近期对新见明代珍稀医籍《生生录》(即《黄俅医案》)抄本的研究]
③ 董伟业：《扬州竹枝词》，"扬州地方文献丛刊"，广陵书社2005年版，第2页。
④ 〔清〕唐秉钧：《人参考》，日本早稻田大学图书馆藏桃寿园本，第2页上。
⑤ 金庆门编：《通文馆志》卷3《事大》，第33页上。

商赴日采买东洋铜斤的中心，其时应有部分朝鲜人参进而转销日本①。

三、余论

1. 重新修订《燕行事例》的李尚迪，以其著名诗人的面貌为中国学界所熟知，但他同时也是朝鲜的著名译官，身份颇为特殊。

李氏朝鲜是一封建社会，全国人被分为士族、庶民、中人及奴隶四等。个中，译官是一个颇为特殊的群体，他们隶属中人阶级，虽有考试而性属杂科，官限三品，世守其业②。译官亦称通事或从事官，由司译院派出。对此，明末朝鲜官员申钦在《赴京译官说》中就指出：

> 我国事上国必待译，无译则不可通也。译多市井沽贩，知利不知他。而伊其为人，则乃伶俐敏慧、解人意也者半其间。祖宗朝纲纪堂堂，居官者不敢逾方，肆译之横者，亦知遵三尺宪令，遂服役于使臣犹皂隶，喘息莫得以舒也。自壬

---

① 唐通事教科书《译家必备》中就提及由唐船带来的凤凰城人参，参见拙著《袖中东海一编开——域外文献与清代社会史研究论稿》后附《日本唐通事文献三种·译家必备》，第 373 页。

② 张存武：《清韩宗藩贸易（1637—1894）》，第 88 页。

辰倭警，因劳升秩一二品者近数十，上大夫者无算也，因此骄恣日甚，使臣少地望者，则凌驾侮蔑，视之若无。少或拂其意望，则还朝得以訾毁而中伤之，冠屦之倒置极矣！译多财，虽有辜犯必免，其有力者，则足以嘘吸霜露，今之奉使者亦难矣。己酉冬，余以奏请使入朝，见译与中朝人相亲密，不啻兄弟。大国、小国承奉有体，内藩、外藩区域自别，亲则狃，狃则玩，玩则隙，隙则失，余于此深惧焉。朝廷之拣使臣必慎，处译流有制，窒旁蹊，以遏其私。止赏职，使安其分，乃可以无后虞①。

在这里，申钦居高临下地概述了译官境遇之嬗变，他认为：明代万历"壬辰倭乱"之后，译官的地位有所提高。这些人的特点是囊丰箧盈，与中国人的关系极为密切。关于这一点，李德胄在《家乘》中亦指出："盖谓译官财货所萃，士大夫不宜近也，近世士大夫好引接此辈，以通中国货。此辈人事物亦多，或稍有权势者，则赂遗辐辏。"② 从这一点上看，译官因与中国人的贸易而获利不赀③，他们不仅与后者过从甚密，而且与朝鲜士大夫的关系亦极为密切。

与此同时，由于译官地位较低，故而也有一些朝鲜士大夫刻

---

① 申钦（1566—1682）：《象村稿》卷33《说》，该书自序于天启元年（1621）。
② 《景渊堂先生文集》附录。
③ 据张存武的研究，在17、18世纪之交，朝鲜译官若以3000两白银在汉城（今首尔）购买人参前往北京，再以出售所获购白丝回汉城卖，可获净利2264.17两。即使是扣除贷款成本，净利也高达1664.17两。[见氏著《清韩宗藩贸易（1637—1894）》，第227页]

意与之保持距离。如闵钟显在《请谥行状》中就提及：

> 冬以书状官赴燕。……还到湾上，招象译语之曰：万里同行，虽不可忘。译官之出入门庭，非儒家本色，自此别矣，更勿相访。①

另外，在一些士大夫眼中，一般的译官水平通常比较低。如洪奭周（1774—1842）在《本生祖考领议政孝安公府君家状（代伯父作）》中就提到：

> 甲辰三月，复命，言我国士大夫不晓华音，译官所熟，唯市井商贩之语，若两国有事，无以导达具意，非细忧也。请申明文臣肄汉语之制。上命司译院禀处②。

"甲辰"应即道光二十四年（1844）。虽然当时"有文臣肄汉语之制"，朝鲜国王也下令由司译院来处理此事，不过其成效如何，显然也很值得怀疑。在这种背景下，外交场合中译官的角色自然仍不可或缺。在当时，除了语言沟通之外，还有相当多的外交礼仪需要讲究，这些，都在在需要训练有素的译官，实为他人

---

① 俞彦述（1703—1773）：《松湖集》附录。
② 洪奭周（1774—1842）：《渊泉先生文集》卷34《家状》上。洪良浩在《陈六条疏（癸卯）》中，"六曰肄华语。……近世以来，汉学之讲，便成文具，能通句读者绝少，故使臣之与彼相对也，耳褎而口嗫，片言单辞，专仗象胥。所谓象胥，亦仅解街巷例话而已，将何以通情志而尽辨难乎？"（《耳溪集》卷19《疏札》）

　　　　　　　　明月共潮生：域外文献与东亚海域史研究

所难以替代。有关朝鲜人前来中国的各种礼仪、惯例，早在明代时，就有不少具体的记录。如《象院题语》就是朝鲜王朝司译院官颁的图书，供出使中国的赴京使随行翻译官使用。全书共40篇，每篇皆有标题，该书的最早刊本是康熙庚戌年（1760）的铸字印行本，但其成书年代较早，所述内容显然都是明代的制度①。及至清代，在一些《燕行录》之后皆有相关的附录，其中同样涉及朝鲜使者燕行的诸多惯例②。另外，在朝鲜时代编纂的一些外交文献中，也有相关的内容。例如，正祖八年（1784，清乾隆四十九年）开始编纂、下限至高宗十八年（1881，清光绪七年）的《同文汇考》，以及初刊于肃宗四十六年（1720）、先后刊刻过十数次并最终重修刊刻于高宗二十五年（1888，清光绪十四年）的《通文馆志》，都有部分内容与此相近或有关③。至于上述诸书之间的传承关系究竟如何，显然还有待于进一步的深入探究。

李尚迪（1803—1865）出身于世代译官家庭，是朝鲜纯祖至高宗时期（即中国清代道光至同治期间）的一位重要诗人。他曾

① 金庆门编：《通文馆志》卷3《事大》，有"鸿胪寺演仪"，所述与《燕行事例》大同小异，后注曰："出《象院题语》、《荷谷朝天录》。"第43页上—第43页下。
② 例如，李海应的《蓟山纪程》卷5《附录》，包括"行总""公用银载马"（附《报单》）、"沿邑""官衙""岁币""食例""赏赐""公役""道里""使行排站记""山川""皇都八景""城阙""宫室""衣服""饮食""器用""舟车""风俗""科制""畜物""言语"和"贡税"。从内容上看，《燕行事例》之所述，与其中的一些部分颇可比照而观。
③ 如《同文汇考》原编、别编和补编，《通文馆志》卷3《事大》等。此外，丁若镛还曾提及根据前二书早期版本删改而成的《事大考例》（见《与犹堂全书》第1集《诗文集》卷15）。

作《子梅自青州寄诗索题春明六客图》，曰："藐余三韩客，生性慕中华。中华人文薮，自笑井底蛙。俯仰三十载，屡泛柝津槎。交游多老宿，菁莪际乾嘉。后起数君子，贤豪尽名家。新知乐何如，如背痒得爬……"[1] 他身为译官十二次往来于中朝两国之间，与清代知识阶层有着频繁的交往。与一般的译官不同，李尚迪具有良好的汉文修养，被视为当时的"名译"[2]。

正是因为他的十二次燕行，对于燕行之惯例了如指掌，故而编定了《燕行事例》，其中所记述的燕行惯例，可以与迄今尚存的各类《燕行录》以及其他外交历史文献比照而观。从文本内容上看，《燕行事例》抄本虽然颇有错讹，但该书对于研究朝鲜使者的燕行惯例，以及李尚迪之译官生涯，亦提供了新的史料。

在燕行录相关文献中，有一些表述是公文函札中朝鲜式的"吏读"语[3]，与汉语的行文习惯不尽相同。而在现存的李尚迪相关文献中，除了他的著作《恩诵堂集》之外，《同文考略》第11册《使臣别单二》中，于宪宗十三年（1847，道光二十七年丁未）条下，亦记录有"钦关大臣差备官李尚迪、方禹叙手本"：

> 本月初九日酉时，量来江界府右寨中江留待钦差之行是白加尼。十五日未时，量钦差二员、将军一员，领率一行，

---

① 李尚迪：《恩诵堂续集》卷2《诗（乙卯）》，第256页。
② 李裕元：《玉磬觚剩记》："康熙皇帝命善书朝绅分写九经，镂板传为鸿宝。赵心庵使名译李尚迪购来，李译广搜市肆及朝士家无有。临归，一人愿卖券不帙，而呼价七百银。李译以不能携告，心庵嗟叹之曰：七百银常有，而此书不常有。文人之爱书如此！"（《嘉梧稿略》册14）
③ 通过对"韩国学综合DB"的检索，"是白乎"在数据库中计有232处记录。

设幕于越边小竹岩洞口，而侍郎则不为出来是如。小人等先即过去，入见请安，传言指引官待候之意，则答以日势已晚，明日午刻过来相见支。因告劳问使奉来御帖之由，则亦以明日奉来为答……①

这是当年李尚迪与清朝方面商议边境剿匪事宜的相关记录，其中也有"是如""是白加尼"之类的表述，这与抄本《燕行事例》的行文如出一辙。

2. 19世纪中叶德国传教士郭实腊（Karl Friedrich August Gutzlaff，1803—1851）曾在其所撰的《贸易通志》中指出：中国"东与朝鲜国贸易，或使进贡之时在京发卖，或商赴盛京之界，每年春秋做交易。"②另据前文所述，《燕行事例》中的"杭货"，泛指来自中国江南的货物。而朝鲜人在北京购买包括"杭货"在内的中国商品之贸易，则被称为"燕贸"（在朝鲜文献中亦称为"唐贸"，"唐"亦是指中国）。而从"杭货"③以及"燕贸"这样的通俗常言可以看出，包括江南地区在内的商品，通过北京源源不断地流往朝鲜。早在康熙年间，闵鼎重在《闻见别录》中就

① 《同文考略》第11册，见《同文考略》三，"奎章阁资料丛书对外关系篇"，韩国奎章阁韩国学研究院2012年版，第498—499页。
② ［德］郭实腊：《贸易通志》卷2"中国"，出版地不详，荷兰莱顿大学亚洲图书馆藏本，第15页上。
③ 李海应：《蓟山纪程》卷3："柘庭昆季到馆，不遇，以杭扇、贡墨、笺纸、对联之属，留照而去。"（见林基中编《燕行录全集》卷66，第376—377页）"柘庭"即山西洪洞王棨，他与李海应相交往，前往朝鲜人寓居的玉河馆，没有遇上李氏，遂留下礼物，可见"杭扇"为当时朝鲜人所喜爱。

指出：

> 燕市锦段［缎］、白丝及肉桂、丁香等药种绝稀，似是南方梗阻之致。或云：此等物俱自南方船运，而去夏始有船禁，陆路车输，故稀贵[1]。

康熙八年（1669），朝鲜向清国派遣冬至使，闵鼎重被任命为正使，后来亦撰有《燕行日记》，收入《老峰先生文集》卷 10（该燕行录通常被称为《老峰燕行记》）。其《闻见别录》显然亦属"别单"之类，内容则为燕行途中的所见所闻，其人所言虽多道听途说，未必完全准确，但也还是反映了江南与北京之间的商品往来。

此类的贸易，不仅局限于中朝之间，而且涉及整个东北亚地区。《翼靖公奏稿典礼类叙·使价引》曰：

> 自宣庙朝倭馆开市之后，燕货自本国流通于倭馆，与之交贩。及倭自长崎岛通货南京，馆市只盐菜，而倭银不至，象译无以充其包而失其利[2]。

"宣庙"即李朝宣祖，时当明代的隆庆、万历年间。根据张存武的研究，万历三十七年（1609），朝鲜与日本缔结条约，结束了"壬辰之役"并恢复邦交，贸易交流亦随之恢复。其时，日

---

① 闵鼎重（1628—1692）：《老峰集》卷 10《杂著》。
② 正祖：《弘斋全书》卷 11《翼靖公奏稿典礼类叙》。

本输出品主要为银子，其次为铜、锡、胡椒、水牛角、苏木、明矾和毛皮、糖等，个中除了该国特产之外，还有一些商品（如胡椒、苏木等）则来自东南亚。而朝鲜方面输出的商品主要是自中国进口的生丝、丝织品以及国产人参等[①]。当时，日本对马藩在朝鲜釜山设立倭馆，独占了对朝贸易的权益。根据康熙九年（1670）的一份朝鲜文献记载，朝鲜人从中国购入白丝，然后卖给倭馆，颇获大利。白丝百斤买来60两，而卖给倭馆的价格却高达160两。[②]为此，朝鲜人的策略是将人参悉数运往北京，换取中国货物，然后经釜山倭馆转输日本，以取中间居奇之利。此后，中、日、朝三国的贸易仍然存在着密切的互动。关于这一点，李正臣所撰《燕行录》，有一篇提到清朝收复台湾前后东北亚形势的变化：

> 我国产息不繁，而其中银货又贵，故公私贫窭，最弱于天下诸国，从古取资于南北通商。自其海船解禁以来，江南丝缎直航倭国，而燕货短少，倭银亦绝，以致益耗。果令贼势盛而海路梗，则不待皇帝之禁洋，而商船自可不通，倭必输银于釜馆，依旧求市。而燕中丝货，亦似有裕矣。……其始倭银通利之时，每年倭馆所出，大约为二十万。贸迁燕货，计其赢利，可作三十万。二十万之货则为白丝方绸，常更换银于倭馆。十万之货，则为纱罗绫缎，分用于国中不已

---

① 张存武：《清韩宗藩贸易（1637—1894）》，第73—74页。
② 同上书，第226页。

之需。……此际海船已通，利路变迁，燕中丝贵而倭市银断……①

由此可见，清代前期实施的海禁政策，对于中日、中朝和日朝贸易皆有着重要的影响，东北亚三国之间的贸易实际上存在着此消彼长之势。也正因为这一点，抄本《燕行事例》及相关的朝鲜汉籍，促使我们思考在以往习知的政治关系之外整个东北亚贸易及其对各国内部的影响。关于这一点，还有待于今后进一步的深入探讨。

① 李正臣：《栎翁遗稿》卷8《燕行录》辛丑闰六月条。

从汉语教科书看清代东亚经济与文化的交流

——以朝鲜时代汉语课本所见沈阳及辽东为例

一、关于朝鲜汉语教科书

2005 年，中华书局出版了汪维辉编纂的《朝鲜时代汉语教科书丛刊》(全 4 册); 2011 年，汪维辉又与日本学者远藤光晓、韩国学者朴在渊和竹越孝合编有《朝鲜时代汉语教科书丛刊续编》(全 2 册)。这两套丛书中收录的汉语教科书，是 14 世纪至 18 世纪（相当于中国的元明清时代）高丽（朝鲜）人学习汉语而编撰的各类教科书，其中有不少反映明代以来东亚经济与文化交流的生动史料。

譬如，《朝鲜时代汉语教科书丛刊》中的《华音启蒙》，是朝鲜朝后期的一种汉语会话课本，由当时的翻译官李应宪编纂，刊行于 1883 年（朝鲜高宗二十年，清光绪九年)。《华音启蒙》原书为对话体，采用纯粹的口语，带有浓厚的汉语东北方言色彩①。而《你呢贵姓》《学清》二书，也成书于朝鲜朝后期高宗年间（1864—1906），其主要内容是朝鲜商人崔氏与中国辽东商人王氏的对话，也带有浓厚的东北口语色彩。

《朝鲜时代汉语教科书丛刊续编》中的《象院题语》，是朝鲜王朝司译院官颁的实用手册，其内容主要是介绍中国的风土、礼仪、习俗、制度和道里等诸多方面的知识，以供出使中国的赴京使随行翻译官使用，是当时使臣赴京办理公务的指南。揆诸史实，司译院"专掌事大交邻之事"，该书最早的刊本为康熙九年（1670）的铸字印行本，但从内容及语言风格来看，其成书年代当在晚明。其他的《中华正音》《骑着一匹》《华音撮要》和《关话略抄》等，都是民间编写的汉语会话书抄本，内容皆以中朝边境贸易为其主体。例如，《中华正音（骑着一匹）》是由精通汉语东北方言的朝鲜人编写，内容是从东北边境前往北京做买卖的朝鲜人，与中国商人、客店老板、车主等人的对话，用的是纯粹口语，生活气息浓郁。②《华音撮要》是中国商人王大哥与朝鲜客商黄老大的对话，其对话地点是在中朝边境的凤凰城。而抄写于1883年以前的《中华正音》，其中也提及"人家都往边门口管生意"③，可见也与凤凰城一带的贸易有关。

上述诸书，对于我们研究中韩交流和明代以来的沈阳及辽东，提供了诸多可资利用的史料。

---

①　汪维辉编：《朝鲜时代汉语教科书丛刊》（一），中华书局2005年版，第465—466页。
②　汪维辉编：《朝鲜时代汉语教科书丛刊续编》上册，第25页。
③　同上书，第258页。

二、朝鲜汉语教科书所见中韩交流

（一）辽东的路程与交通

在上揭的朝鲜汉语教科书中，成书较早的是《象院题语》，书中载有朝鲜人前来中国的简要路程，即：

自鸭绿江到辽东：鸭绿江到汤站九十里，汤站到凤凰城四十里，凤凰城到镇东堡四十里，镇东堡到镇夷堡六十里，镇夷堡到连山关七十里，连山关到甜水站三十里，甜水站到辽东九十里。

自辽东到山海关：辽东到鞍山六十里，鞍山到海州卫五十里，海州卫到牛家庄四十里，牛家庄到沙岭六十里，沙岭到高平六十里，高平到盘山四十里，盘山到广宁五十里，广宁到间阳五十里，间阳到十三山四十里，十三山到小凌河六十里，小凌河到杏山三十八里，杏山到连山五十里，连山到曹庄五十里，曹庄到东关五十里，东关到沙河三十六里，沙河到高岭五十里，高岭到山海关五十里。

自山海关到北京：山海关到深河六十里，深河到抚宁县四十里，抚宁县到永平府七十里，永平府到七家岭六十里，七家岭到丰润一百里，丰润到玉田八十里，玉田到蓟州七十里，蓟州到三河七十里，三河到通州七十里，通州到北京四十里。

因《象院题语》一书成书于晚明，当时建州女真崛起，故该路程至辽东后便西南行，经鞍山、海州，折而西北行，经牛家庄、沙岭、高平、盘山至广宁，再西南行至山海关。及至清代，此一贡道有所变化——朝鲜贡使团由朝鲜之义州城过鸭绿江后，经汤站、凤凰城边门（栅门）进入中国，经辽东、沈阳、山海关至北京。此一路程途经的较为重要的城市为辽阳，这一带很早就与朝鲜有着密切的关系。根据乾隆时代燕行的朝鲜人洪大容之描述："辽东在辽金为南京，或称东京，元置行省，明置都司，今为辽阳州，属之沈阳，城池间阁亚于沈阳。"[1] 关于辽阳，成书于高丽朝末期（约相当于中国元末的至元、至正年间）之《老乞大》一书，就记述了几位高丽人与一位姓王的中国辽阳人结伴前往北京做买卖的全过程。正像洪氏所言，当时的辽东被称作"东京"。16 世纪前半叶，朝鲜著名语言学家崔世珍对《老乞大》作了谚解（世称《翻译老乞大》，约刊行于 1507—1517 年）。其后，该书又出现了两种修改本，称作《老乞大谚解》（分别刊行于1670 年和 1745 年）[2]。在《老乞大谚解》中，"东京"均被改写成"辽东"。例如，其中提及：

> ……小人在辽东城里住，现将印信文引。
>
> 你在辽东城里那些个住？
>
> 小人在辽东城里阁北街东住。

---

[1] 洪大容：《湛轩书外集》卷 8《燕记·沿路记略》，见《湛轩先生文集》第 3 册，"韩国历代文集丛书"第 2603 号，韩国景仁文化社 1999 年版，第 212 页。

[2] 汪维辉：《老乞大谚解解题》，《朝鲜时代汉语教科书丛刊》（一），第 53—54 页。

离阁有多少近远？

离阁有一百步地，北巷里向街开杂货铺儿便是。

那杂货铺儿是你的那？近南隔着两家儿人家，有个酒店，是我相识的，你认的么？

那个是刘清甫酒馆，是我街坊，怎么不认的！

虽然这般时，房子委实窄，宿不得[1]。

这里的"辽东"，在《原本老乞大》中，均作"东京"。及至清代前期，对于辽东到北京的沿途，有了更多的记载。洪大容就曾指出："自辽东夹路植柳，达于京城，凡大路皆然，柳间可方十轨，每夏潦水遍野，藉此不失路云。"[2]沿辽东前往北京，洪大容颇多感慨："自辽东西行三百里，大陆漫漫无涯涘，日月出于野而没于野，至新店村后，有小陵十数丈，登眺甚快，盖行平野，四望不过十余里，是故不观海、不度辽，地圆之说，终不得行也。"[3]

对于辽东城，《象院题语》第十七题是"辽东公干"，其中提及：

我们到辽东第二日，都司里见官。宰相以下一起人，到都司二门外伺候，镇抚官请宰相进去，月台上站住；三位大人坐堂，便镇抚官引宰相，大厅楹内行两拜作揖，两边站

---

① 汪维辉编：《朝鲜时代汉语教科书丛刊》(一)，第 71 页。

②③ 洪大容：《湛轩书外集》卷 8《燕记·沿路记略》，第 213 页。

住；书状官也一般行礼，宰相下头差后站住；通事以下，楹外行两拜作揖，西边站住。大通事捧者（着）咨文，和镇抚官跪者（着）说国王咨文，都司说"接后头行茶礼"，又行辞拜出来。第三四日都司里吃恩宴，各处衙门送了人情，掌印都司上题（替）另送礼，讨车辆关子，差下伴送官。但凡公干都完了呵，差一个通事送八里站催车来，总兵衙门上讨马匹，都司里讨牵马的人夫来，起身去，沿路上打听朝廷消息、边境的声息，启知本国[①]。

《象院题语》虽成书于晚明，但它也被收入《通文馆志》中，这说明即使是在清代仍有重要的参考价值。上揭的"吃恩宴"，指的应当是"辽东宴"。对此，《象院题语》记载："本国使臣到京里，有钦赐筵宴"，这就是"上、下马宴"。而在辽东，则有"辽东宴"：

    辽东宴是我们赴京时往来都有，城里六卫轮者［着］准备下饭，比京里筵席还好了。吃宴的日子，使臣以下都整齐带冠，到都司门外伺候，三位大人出来，月台上龙牌前面站住，使臣以下是后面站住，一时行望阙礼，后头三位大人次次儿宴厅上进去，朝南站住，使臣以下行两拜作揖。使臣是东边坐下，书状官是西边坐下，通事是楹外分东西坐下，动

---

① 汪维辉编：《朝鲜时代汉语教科书丛刊续编》上册，第13页。

乐呈戏，行九巡酒。宴毕了，却又行望阙礼，次次儿出来①。

朝鲜人前往北京，从辽阳开始至广宁有两条路线，一是北线，一是南线。北线经沈阳，南线经海州、牛家庄。明代经南线，清都沈阳时取北线，入关后复经南线，康熙十八年（1679）因清设海防堡于牛庄，复改经北线②。由此可见，无论是北线还是南线，辽阳都是一个交通枢纽，故此前往北京的人必须在此雇觅交通工具。上揭"辽东公干"条中就提及"催车"，对此，《象院题语》指出：

> 催车是我们赴京时，到辽东第二日，都司里见官，掌印大人上禀了车辆的数儿，讨关字到八里站催车来。关外是递运所和按察的车子，递运所是管车辆的衙门，按察是管民户的车子。口内卫里、州里、县里、所里，分了催车。卫是军家，州县是管民户的，所是本驿了。通官和伴送官拿者［着］关字见了守堡官，叫管事的来说："这一起几辆车子，好歹预先停当，我们只怕雨水误了走路，望大人流水一般快打发。"③

递运所、水马驿和急递铺，并称为明代邮驿的三大机构④。

---

① 汪维辉编：《朝鲜时代汉语教科书丛刊续编》上册，第 18 页。
② 张存武：《清韩宗藩贸易（1637—1894）》，"中央研究院"近代史研究所专刊（39），1978 年版，第 33 页。
③ 汪维辉编：《朝鲜时代汉语教科书丛刊续编》上册，第 12 页。
④ 参见林金树《关于明代急递铺的几个问题》一文，载陈怀仁主编：《明史论文集》，黄山书社 1997 年版，第 141—158 页。

据万历《大明会典》记载："自京师达于四方，设有驿传，在京曰会同馆，在外曰水马驿并递运所，以便公差人员往来。其间有军情重务，必给符验，以防诈伪。至于公文递送，又置铺舍，以免稽迟。及应役人等，各有事例。"①《大明会典》卷145《驿传一·水马驿上》、卷146《驿传二·水马驿下》、卷147《驿传三·递运所》，分别胪列了分布在全国各府州县水马驿、递运所的名称和数目，水马驿总计1032处，递运所则有146处。关于这一点，《象院题语》中有"关内外使客骑马"：

> 使客骑马是口外各站里马乏了，却少不得骑摆铺马，或是贴递马。摆铺马是军家的马，五十匹拨了来，在站里一个月答应使客了；递贴的马是只怕那摆铺马不匀[够]，又贴二十五匹，也是一个月换班。口内是各站里马夫、驴夫出钱雇马，答应使客。又有南马，南马是南边富饶地方，使客不往来的去处拨了人马来住[往]大路，答应使客了②。

关于"站里"，洪大容在《湛轩书外集》卷8《燕记》中曾提及："高桥铺店主周姓，自称站里，站里者驿人。周言当站里者，每年俸银十二两，驿丞俸银三十六两，米三十六担。每站有驿马五十匹，每年自沈阳给银一百三十五两，为病死立代之资，剩缩任驿丞，使客有表文者皆与焉，支饭之费亦受于沈阳，以时会

---

① 〔明〕李东阳等撰、申时行等重修：《大明会典》卷145《兵部二十八·驿传一》，新文丰出版公司1976年版，第2017页。

② 汪维辉编：《朝鲜时代汉语教科书丛刊续编》上册，第19页。

计，而一人一顿支用钱七陌，一陌为十六文云。"① 这里对驿站的规模、站里的待遇等有颇为细致的描述。

在明清时代，无论是北线和南线交通，都要经由广宁。《象院题语》中就提及"广宁卫衙门"：

> 广宁卫是在辽东地方，在前是有三堂太监、总兵巡抚等衙门，如今革了太监衙门，只有都总兵、都御史两堂大衙门。都总兵是镇守辽东二十五卫的兵马，都御史是分守辽东，兼察军务。又有户部郎中，分差辽东，管者［着］军粮；又有守备指挥衙门，管广宁、左、右、中四卫；又有游击衙门。口外地方都属于广宁卫了②。

另外，书中还提到广宁城外的医巫闾山。③ 此后，从广宁经山海关，入关后的第一个县为直隶的抚宁县。这里有不少人都从事辽东至华北的交通运输，对此，《关话略抄》记载：

> 老爷初会咧。
> 你你［呢］姓甚吗？
> 我姓杨，名叫秉一呵，赶小车上京的人。
> 你是赶小车的吗？家住那县哪？
> 关里抚宁县杨子庄住。

---

① 洪大容：《湛轩书外集》卷8《燕记·沿路记略》，第217—218页。
②③ 汪维辉编：《朝鲜时代汉语教科书丛刊续编》上册，第20页。

赶车几年的工夫呵?

我十来多年的工夫。

车子、骡子都好吗?

车子到沈阳新买来的,两个骡子一千二百两买的,狠
[很]大狠[很]肥,走的快。

那吗就我坐你的车罢。

就是罢。

杨伙计,上京车脚钱开项[行]咧无?

强[刚]才通事们底到三十两银子,我们车伴们该
[还]无答应。

我听说在先上京车脚钱不过二十五、六两银子。

老爷你该[还]不知道,今年关里关外秋天太旱、水大
的缘故,沿道上草料价[加]倍给钱买不找[着],车脚钱
多咧四五两银子,我们该[还]不对算板哪!

你回去好喂牲口罢,我在三天后头起身。

那吗一定就给我两张油纸。

你拿油纸用得那乙[儿]?

油纸是包车子的规矩。

给车伴两张油纸罢。

我拿油纸回店去咧,老爷早早收拾停当罢①。

上述的这段对话,是朝鲜人与杨姓车夫的絮聒。后者来自直

---

① 汪维辉编:《朝鲜时代汉语教科书丛刊续编》上册,第275—276页。

隶永平府的抚宁县，他说自己的车子买自沈阳，双方最后谈妥了雇车前往北京的价钱，并提及当时"包车子"的一种规矩。

关于当时从辽东前往北京的交通，洪大容在《湛轩书外集·燕记》中有"京城记略"，其中对此颇有涉及：

> 年前雇车有栏头之称，关东富人专收其利也。他人有车者，不敢与焉。栏头乘时操纵，雇价转踊，商译不堪其苦，呈文礼部而禁之。迩来徐宗显之父称六太爷者，与其弟七太爷者，家居于栅门内，藉宗孟兄弟之势，一行买卖，雇车诸利，权皆归焉。雇车者，徐、王、马、哈等七家雄霸边门，渐复拦头之法，皆六太爷及宗孟所兜揽也。
>
> 行中卜驮之雇车者，惟具标号，附之车主，车主秤其斤重以定价，一任之后，不复相关，交付于栅门，复照标号而受之而已。拦头都雇之法，价虽重，而事亦便也[①]。

这是说当时的朝鲜译官等，让其家人垄断了辽东至北京沿线的交通运输业务。

（二）辽东的商人与中韩贸易

在清代，自辽东至华北，每年都有相当不少的朝鲜人来来往往。在此背景下，一些朝鲜汉语教科书中，就经常有中国人问起朝鲜人燕行沿途的观感。例如，《华音启蒙谚解》下中就有一段

---

① 洪大容：《湛轩书外集》卷8《燕记》，第238—239页。

对话：

      ……大人从贵国来的时候儿，那关东一处年成如何？

      年成倒好，就是吃食东西越发贵了。

      那是怎么缘故呢？

      沿道开店的，吃客穿客，所以不打客身上增［挣］钱就打那里来使用的呢？

      嗳哟，这个东西们好混账啊！

      那关东是比这北京城好冷的地方。

      今年下多大雪么？

      嗳哟，提起这个话儿，实在了不得。

      怎么说呢？

      我们刚出凤凰城地方，到辽东界上，下咧三天一夜的大雪，满山满沟都像粉壁样儿。寡下个大雪该倒不要紧，又刮一场大风，套车的牲口睁不开眼睛，赶车的拿不起鞭子，如何走得开？万一走到大高岭上，东刮来的风西刮来的雪，堆在一块成个雪洞一样，像我们走道的遭多大罪么？

      嗳哟，大人们受罪不少咧。

      到这步田地何能说的么？①

在来往的人群中，燕行使团成员的人数颇为可观。当时，朝鲜使者前来中国，除了使团成员之外，随行的还有不少商人。

---

① 汪维辉编：《朝鲜时代汉语教科书丛刊》(一)，第487—488页。

关于辽东的商业，当时的燕行使者就有不少记录。例如，洪大容就指出：

> 市肆皇城最盛，沈阳次之，通州又次之，山海关又次之。在皇城则正阳门外尤盛，如凤城是边门荒僻，货物亦甚萧索，市门犹加丹艧，至沈阳皆施真彩，若皇城则镂窗雕户，金银璀灿，招牌门榜竞为新奇，椅桌帷帘，究极华侈。盖不如是，买卖不旺，货财不集。凡设铺，即其外具，已不啻数千万金矣[①]。

文中提及的"凤城"，也就是凤凰城。关于凤凰城，洪大容还指出："栅门边鄙荒僻之地，习俗椎悍，衣食专仰朝鲜，每使至，凡柴草诸费，乘时刁踊，厚收房钱，视湾人如邻亲，熟谙东国事，其机利狡猾，皆东国俗也。其居宅货物，粗丑不足观，惟初行创见，耳目俱新，是行之第一赏心也。"[②] 洪氏因是首度燕行，他看到凤凰城的楼阁较之朝鲜"差有异观"，所以啧啧称奇[③]。

在朝鲜时代的汉语教科书中，有不少内容反映中朝边境凤凰城一带的商业状况。例如，《你呢贵姓》一书，就记录了朝鲜商人崔氏与中国辽东商人王氏的对话。这册教科书首先是二人的登场寒暄：

---

① 洪大容：《湛轩书外集》卷8《燕记·市肆》，第 323 页。
② 洪大容：《湛轩书外集》卷8《燕记·沿路记略》，第 209 页。
③ 同上书，第 210 页。

你呢贵姓啊？

我不敢，贱姓王啊！

你呢贵处是那里呢？

卑处在辽东城里住啊。

你在这里作生意有多少年的工夫吗？

有个二十多年的工夫咧。

辽东是在这多远哪？

有个三百多里的地啊。

......①

　　这位姓王的商人来自辽东城，根据各类路程的记录，从辽东到凤凰城恰好是三百里左右。可见，当时的对话应当是在凤凰城一带。接着，买卖双方对所携商品作了介绍：

　　你呢这塘［趟］捯［弄］甚吗东西往边门口带来啊？

　　甚吗也都有啊。帽子、马尾子、锡镴、倭元、苏木、白升布、对青布、黄尾子、胡椒、白磻、水银、闽姜、贡饼，连各样药材也都并有。这个里头，你要甚吗东西，早早望我说罢。过咧一两天，别人都停当，就底些再没有余剩的咧。我这个捯来的东西好歹不同，比人家头里，你呢哺里都瞧瞧，那个里头看中的东西否咧，只管往我说罢，我给你留下，再不敢应许别人哪。

---

① 　汪维辉编：《朝鲜时代汉语教科书丛刊》（一），第 504 页。

我的本成现银子不带来呢，怎吗买你的货呢？

你有外货否咧，咱们两头作价，对搜对搜否子，也是得。

我没有别的东西，只有一千多张牛皮，你要使搜，就咱们先讲价钱罢。

是得，明个我出去先瞧你那个牛皮，回来咱们讲主讲主罢。

……①

此处也明确指出，这是在"边门口"做生意的辽东人。当时，朝鲜商人因未带现银，所以主张以货易货。

类似的教科书还有《关话略抄》。所谓《关话略抄》，意思是在边关上说的话，书中主要内容是谈生意以及住店、吃饭、雇车等相关事宜。该册教科书的开头即曰：

同着进贡大人，一到中国边门的时候，风大雪深，天道好冷。一天不到，到汤山砧［站］睡，一夜涯［捱］冻涯［捱］饿说不得。早起身到栅子门上，先找何家店里存。收拾行李一［以］后，找［叫］店里的请饭点心的时候，抬头一看，山高水丽，正是好看。店里打更的说："这个山名找［叫］凤凰山，关东地方头一个名山，山清水秀。'一处不到一处迷'。这个山底些，两国里外卖买人家，都到这里，四

---

① 汪维辉编：《朝鲜时代汉语教科书丛刊》（一），第505—506页。

外各处东西拉来，一天作过一万八千的卖买，这算是好地方。"找义州府卖买家张三、李四来，先问着边门上作卖买事情。他们说："大街上各铺各号各样东西都排着，往那边看一看好不好？"我说："好否咧。"

《关话略抄》一书中出现的相关地名有凤凰山、义州府、抚宁县杨子庄、沈阳等，皆与朝鲜人燕行途经的地点有关。关于凤凰山，洪大容在《湛轩书外集·燕记》中指出："自栅门到凤城三十里，凤凰山在其间，环山底而为路。"[1] 此处专门点明凤凰山为关东头一座名山，说明了会话的具体场景。此外，上揭的这段叙述还提及——凤凰城实是中朝边境贸易的一个重要中心。接着，主人公"先找源昌号房子进去"，他与中国店主展开了对话：

> 北边坐倚［椅］子上年老的人家起身作揖说：这位老爷贵姓呵？
>
> 我残［贱］姓金哪。
>
> 名号是甚吗？
>
> 我名找［叫］芝仙哪。你你［呢］贵姓呵？
>
> 我残［贱］姓何。
>
> 你是当账［掌］柜的吗？
>
> 是，是。金老爷住得那府？
>
> 我是王京人。

---

[1] 洪大容：《湛轩书外集》卷 8《燕记·凤凰山》，第 261 页。

老爷贵庚呵？

我才二十八岁。

走得那？

我是跟着进贡大人，上北京作卖买去。

金老爷带甚吗货去？

我有金沙子、大纸、官斤子三四样。

老爷大纸多小［少］？斤子多小［少］？

我带来大纸三十扛，又辨［办］来斤子八百多斤。

此处交代了双方的身份，以及从事的具体买卖。其中指出，朝鲜商人是跟随着朝贡的燕行使者前往北京做买卖。《关话略抄》接着提到：

老爷你不听老何家车局，一来一去的货物都由得我们柜上管着拉？

嗳哟！你是老何家车局何八吗？

是，是。

我早听着老先大人说边口老何家用老爷是勺［勾］我先老人义拜弟兄的朋友、相好多年的话头，由小到今，该［还］无忘着呢！

金老爷先大人是那位吗？

我们先老人是乾隆、道光年头长作首堂官的金苏山。

嗳哟，怪不得！你是金苏山大老爷的令郎吗？我们老人家长说金苏山是朝鲜头等人品人才、相好难兄难弟的话，我也是忘不了。

咱们这两辈子的交情，彼此忘不了！

咱们里头否咧，该［还］用说吗？老爷你你［呢］用饭咧无？

我早喃［偏］咧你哪。

明个早些请老爷，咱们房子预备茶饭如何？

我不敢不敢。何八，明个再见罢你哪。我有要买东西，别处去。

这里提到的"车局"，显然是负责转运货物的一种民间组织。对话中的相互叙旧，说明双方的贸易交往由来已久。接着，朝鲜商人金芝仙到了街上：

张三、李四，你知道是这里作买卖家事情，谁家东西多少，谁家东西好歹。

老爷万一要买东西，这里本铺子裕增祥、沈阳客顺成永、广方们、恒吉祥三四家里头，毛洋布、漂洋布、各色洋布、四色马尾、各样药材都并一［便宜］些。要卖买甚吗？要办办甚吗？老爷心思在那快［块］哪？

不看东西好歹，怎吗个买得法？

那吗［么］就看东西好歹讲主［究］罢。

此处提及，凤凰城的"顺成永铺子"是由来自沈阳的商客所开。对于凤凰城内的诸多商铺，另一种朝鲜教科书《中华正音》

也提到："横竖这凤凰城几个铺子里，有同本的，没有同利的。发咧大献身咧，却是在各人的福气；得咧小财，却是在各人的本事。零卖的杂货上赚头儿却是不过是勾［够］一年的照顾罢咧。"①

关于凤凰城的生意，《中华正音》还有以下的一段对话：

　　黄老大，你托的杂货是照单都给你拿来咧。你咧一头打点，一头明白看一看。看中的是拿起来，看不上眼的是快退我罢，给你换别的来啊，就是两种是别处买来的啊。

　　换甚么呢？照单拿去就却不完咧么。杨趏子，难为你啊！

　　那里的话呢。

　　那么唝哩唝哩都打起来，共合多少钱的，我念你打。共合多少啊？

　　共合一百一十吊的啊。

　　那么我有全兴号一百一十八吊的钱票呢，你拿这个票找我八吊钱就正对尽（劲儿）哪。

　　全兴号的票在这里使不下去呢。

　　甚么缘故呢？生意不得意么？

　　生意却是没有甚么亏空的。他们拿弄人家的缘故，这凤凰城几个铺子里都不肯惹他们咧②。

在辽东，山西票号的分布较为广泛。洪大容《湛轩书外

────────

① 汪维辉编：《朝鲜时代汉语教科书丛刊续编》上册，第246页。
② 同上书，第247—248页。

集·燕记》"白贡生"条下载："三月二十七日，归到甜水店，有白姓人，自称山西贡生，家贫，行商开铺于此。"[①] 关于山西商人，洪大容还指出："入栅门翌日，遍游诸铺，凤城公差及远近商侩皆牟利庸汊，其山西诸商稍质厚，待人曲有情礼，馈以茶果，若公差则箕踞嫚骂，不可向迩也。"[②] 对于山西商人，洪氏的总体印象颇佳。上述的全兴号，可能就是山西人开设的票号。

除了中朝边境的凤凰城之外，朝鲜汉语教科书中还提到燕行途程中的其他各处城镇。关于辽东的城镇，最大的首推沈阳。对此，洪大容指出：

> 沈阳今称盛京，奉天府、承德县皆在城内，设五部侍郎以下官，有将军、副都统管辖八旗军卒。城周十里，有八门，城皆砖筑，门楼皆三檐，护以瓮城，城制虽高壮不及皇城，精致过之。外周以土城，民物之富，市肆之侈，亚于北京。中街为三檐高楼，下出十字路以通车马，市门夹道数里，彩阁雕窗，货财充积。诸商皆纹缎衣狐豹裘，面貌净白如傅粉，盖满人多美而妩媚者。西有行宫，正门曰太清，正殿曰崇政，窥殿内有扁，曰正大光明。左飞龙阁，右翔凤阁，殿后有三檐高楼，彩甍飘空，曰凤凰楼，藏五朝宝鉴云。左右有翊门，门内殿阁重重，禁不得入[③]。

① 洪大容：《湛轩书外集》卷8《燕记·白贡生》，第206页。
② 洪大容：《湛轩书外集》卷8《燕记·沿路记略》，第209页。
③ 同上书，第212页。

明月共潮生：域外文献与东亚海域史研究

关于沈阳，在不少朝鲜汉语课本中都有描述，这显然反映了朝鲜人对该城的重视。例如，《中华正音》就提及当地的商铺：

> 咱们急走也是得，走个三十多里地，前边有地名叫泰兴川，大街上当铺、小铺子挂起黄金大字写的宝号，各处卖买人断不了，大车小车满街上，装的是植［值］钱的东西，都发得沈阳。也有江东敝厂、黑龙江这里个地方人都辨［办］得这里来，金银宝贝、珊瑚琥珀、绸缎布匹等各样等货，堆得如山，也不知其数。正是汏头［码头？］的地方，那能说得了吗？[①]

此处描述了以沈阳为中心的辽东各地之商业盛况。《中华正音》接着提及：

> 那吗托你甚吗货，只管望我说罢。这沈城好几个铺子里发卖东西，买甚吗现成的，咳有甚吗难事的吗？
> 一种是上上高丽参、水狚［獭］皮、貂水皮、东海参，托我这些儿东西，只靠大人费点事，好好买给我。"在家靠父母，出外靠朋友"。
> 这三种货是马上城里有的否咧，明儿个打派人买来。好根子是在东街上万城号拒工［柜上］的呢，有多少买多少，论着恒［行］市一齐买；大海参、皮等货在南街上兴隆号的

---

① 汪维辉编：《朝鲜时代汉语教科书丛刊续编》上册，第153页。

呢，出给作一张帖子，你呢到那儿随边［便］买好啊，你买根子用甚吗呢？①

这里介绍了沈阳城内的一些店铺。另外，《中华正音（骑着一匹）》有更为详细的描述：

（骑着一匹飞快大马，一上道立刻就到门上去，先托盛德号……）

阿哥你咳［还］不明白这一层理儿。你们朝鲜出的许多的东西里头，就是但一种海参是本来南京地方发行的，除咧这一种货，别的却是过不是我们这关东一省地方通用的。若把你们那里的大纸、海菜藏［装］船送得南京否咧，不但说是寡省车脚钱，却是管包大见光。我们也并不是不知道，为甚吗能知能行？一说就你却是必明白着：江南、江西、湖南、泗［四］川、福建、苏州、广东地方，离这里道路遥远，起旱走不到，都是上船才到得呢……

大哥，话是该这吗说。你瞧南京大庄的生意家，贩绸缎布匹，年年走票的，不搁海路通行，又是搁那吗走呢？他们顾得那个吗？看起这个来，全不在别的上，都在命啊②。

《中华正音（骑着一匹）》接着指出：

---

① 汪维辉编：《朝鲜时代汉语教科书丛刊续编》上册，第165—166页。
② 同上书，第31—32页。

大哥，今年我们那里的外货项事那种合实［适］呢？

我从本地来，一到沈阳，听着说，大纸、海菜大家见一点光都卖出去，除咧这两种货，别的项［行］哺哩都腐。所以门上的帽客都在那里白误好些个日子，只是挑挪［张罗］些，终不合实［适］。我在那里的时候，永长家这次丢人不少。

怎么缘故呢？

他们归人家的票银子，好千数儿来的银子。上塘［趟］贩去的杂货是都发得沈阳，咳［还］在那里堆着。起根各人打着发卖存货，倒等现银子归人家的票，所以他们入去的时候，亲手并没有带连一分银子去，白在那里住些个日子。赶到秋天，盛城里杂货行事［市］一违咧，连一张皮子卖不动，何时对付银子来呢？恼几个月的工夫，人家的票满日子咧，各处项［行］家铺家东南西北商［上］的，齐打胡哩只是往他推银子，张三、李四天天在那里，勾他恼吸嗔［饥荒］，这是该怎吗的呢？各人有些个值钱的东西，却是变不过现银子来呢。左右正没有变法，只是心里糟起胃［冒］，全不管甚吗要走罢，却是人家不让走，……那候南京的四五个客商们，也在一个店里和他们一同住下，他们是本成大庄的生意家，自然是艮［银］钱都并一（便宜）些。永长家托掌柜的劝他们买他的存货。掌柜的再三再四的刬着他们说，客商们终是不允。他那个意思并不是不要，只图便宜价钱，各人妆不要就是咧①。

---

① 汪维辉编：《朝鲜时代汉语教科书丛刊续编》上册，第33—34页。

文中的"盛城"，亦即盛京沈阳。此处的"南京"，通常情况下，也就是对清代江南省的习惯性称呼。当时，有不少的江南商人在关东活动。例如，根据族谱记载，旌德江绍烨"先世鬻蓡起家，关东创天益母号，子店遍行各省"①。"蓡"也就是参的异体字，这说明有一些江南商人在关东从事人参买卖。上述这些对话，反映了沈阳一带各种货物的交易状况以及金融汇兑所面临的困境。

（三）辽东贸易与商品流通

19世纪末期李应宪所作的《华音启蒙谚解》下中，有一段中国人与朝鲜人的对话：

> 这位打扮好看，头戴乌纱帽，身穿圆领大袖，好像汉时的人，教人可敬可美！
>
> 好说，我们敝国人是这样妆扮呢。
>
> 好啊！看起你来必有品职的官员咧。
>
> 岂敢！没有那么大的前程啊。
>
> 你们来的时候儿走那条路呢？
>
> 打凤凰城坐了三套小车子，走一个多月才到北京来咧。
>
> 嗳哟！辛苦不少。
>
> 为国家出力，敢说劳苦么？

---

① 民国《济阳江氏金鳌派宗谱·艺文一志传类·堂兄兰谷先生传》，转引自李甜：《丘陵山地与平原圩区：明清宁国府区域格局与社会变迁》（复旦大学2013年博士学位论文）。

你老高姓？

不敢，姓金。没有领教。

......①

在此处，中国人对朝鲜人的服饰颇为好奇，此种场景在有清一代时常可见。根据这位姓金的朝鲜人的介绍，他们从凤凰城走了一个多月才到北京。接着，双方又聊起了两国的风俗、名胜和物产等：

......你们贵国的王法规矩比咱们中国如何？

我们国是读孔孟之书，行周公之礼，所以四书五经也没有不讲过的，诸子百家也晓得的多咧。

好一个有礼有义之邦，真是大同小异。咱们听说是，你们那边山清水秀，有个平壤府的地方，是好大的去处，讲一个景致给我听听罢。

嗳哟！提起这个地方来，好的狠！城底下有个潮水来往的大同江，城上边有个金粉丹青的练光亭，城东边有个锦绣排铺样的绫罗岛，城西边有个玉女澹妆样的牧〔牡〕丹峰，城北边有个七层玉塔儿的永明寺，对岸上盖起了两三层楼，楼前边拴了许多的船只儿，满藏了各样的货物发卖呢。三月里，红的是花，绿的是柳。多少的王孙公子，各载咧天下吊下来的二八女佳人，唱的也有，弹的也有，吹的也有，这样

---

① 汪维辉编：《朝鲜时代汉语教科书丛刊》（一），第481页。

热闹的光景，真是一口难说。

嗳哟！听到你这个话儿来，就像咱们苏、杭地方一般一样。

咱们讲到半天的话，咳没有领过教训。请大人开金口发玉言，把那个江南的好处讲一讲。

我那个口气讲不到好处，你呢别见笑。

嗳哟！那里话？文才人物也出在南边，土产的宝物也是不少，别那么过让罢。

那边土产是不过绫罗绸缎，阔长的土布，洞庭的橘子，福建的冰糖，磁州的磁器。又提我们那边西湖上的景致，一笔难画。

讲的狠［很］好，教人越听越好。我们外方的人，想去也去不了。若是到那里瞧一会，就一辈子不想回家……①

此处提到中国南方的一些物产。接着，双方又重点讨论了朝鲜的人参：

我听说你们那边土产的灵草，有一种人参，是我们南方要紧的东西，你把那个根底讲一讲罢。

我们那边有个松江府，出这样药材，一补元气，二补身体，真有起死回生的妙理，所以连我们本国也宽大的作用。拿一斤人参，能换一斗金子，实在的得不容易。俗言道：

---

① 汪维辉编：《朝鲜时代汉语教科书丛刊》（一），第 482 页。

"黄金有价药无价。"说的不错①。

人参等物产，在辽东沿途多所交易。洪大容曾指出："使行出栅，仍令互市于栅外。凡东商纸扇、牛革、绵布、鱼网、狐狸之皮，自义州照数入送，定以一万两价银，不许溢入。贸取于栅商者，棉花、咸锡、苏木、胡椒、龙眼、荔枝、闽姜、橘饼、各种磁器之属"②。晚清的《中华正音》提及："凤凰城里有八旗衙门，也有道台衙门，这些儿二十多官，没有不给税的。两国出名的东西，那有小［少］化银子的吗？就那吗缘故，增［挣］不太多啊。一过初头儿到半月来，打派柜上伙计们倒［到］通州发卖，也有到那儿不大合实［适］，又到上海，有多少卖多少，没有卖不出去的。广东、广西这些儿地方客商们，年年到沈阳买咧好几千斤。一手招［交］钱，一手拿货，不多一夜的工夫讲妥呢。"③这里提到凤凰城和沈阳的交易状况。这一点，在其他的汉语教科书中也有反映。例如，《关话略抄》中，就有多处涉及朝鲜商人对商品的关心，如：

这里南方来的自点烟台竿、各样沙器都有吗？

老爷该［还］不知道，贼匪见住南方一［以］后，两种东西全无到。这里些不些有的，价钱狠贵呵④。

---

① 汪维辉编：《朝鲜时代汉语教科书丛刊》(一)，第484页。
② 洪大容：《湛轩书外集》卷8《燕记·希员外》，第204页。
③ 汪维辉编：《朝鲜时代汉语教科书丛刊续编》上册，第170页。
④ 同上书，第275页。

这是说凤凰城一带的商品，有很多来自中国南方，一旦社会发生动荡，就会造成商品匮乏以及价值上涨。此种情形由来已久，清代前期，朝鲜燕行使者柳得恭就指出："余之还到凤城也，马头辈往辽阳贸布者，皆空手而返，曰：'无布可买。'我人所称旧辽东布，即江南布也。辽阳人言：'海面扰乱，南船不来，故无此布也。'"①

除了"江南布"之外，还有不少其他的商品也来自南方。以下，以"闽姜"为例稍作说明。对此，《关话略抄》中有一段对话：

> 你们柜上有杂糖吗？
> 去年福建来的全有呵。要几种？开单子罢。
> 闽姜、片姜、贡饼、五花糖、榛子糖、苽〔瓜〕见、回回葡萄、青梅、鹿茸膏。
> 要多小〔少〕拿多小〔少〕罢，元根来的包子桶子。
> 各样拿来，拿大称炮罢。杆是天下公平的公道炮称罢？
> 放心罢。包子一百斤，桶子八十斤，元来元封的吗〔码〕子，一点错不了。

---

① 柳得恭：《燕台再游录》，广文书局1968年版，第43页。关于"辽东布"即"江南布"，这是以交易场所作为商品的前缀地名。类似的情形可能也适用于"凤凰城人参"。当时，来自朝鲜的人参，也被称作"凤凰城货"，中国史籍《文房肆考》的记载，"凤凰城货虽地道，所出不一。……五、六月即可掘采，九、十月贾人便至苏城开价矣，……此种低货，惟行销洋广、江西。"(〔清〕唐秉钧：《文房肆考图说》卷7）另外，唐通事教科书《译家必备》中，也提及由唐船带来的凤凰城人参。这些人参应是从辽东朝鲜运至江南的苏州，再由苏州转运至日本的长崎。

叫牛帮子打包罢。

价钱是单子上都花吗[码]的，算出来共合二百五十五两，税上开标[票]来，叫通事出门口罢[①]。

此处提及的"闽姜"，在《中华正音》中另有一段说明：

……你有好闽姜否咧，给我留下一甬[桶]否子。

那个是现成的。

知道有的，零卖的使不得，盖州船上才卸的，原封原个□的才可以使得咧。

你要那些□个作甚么？

京里大人们跟前送礼的，可以看得这样儿的才中用啊。

家里有的是都是新货呢，随你打开调[挑]，看中的是拿去罢。

嗳呀！这个好停硬啊！却不知在船上多少年陈的，使筋[劲]嚼也嚼不动，教我那里使去呢？咱们多少年的朋友呢，咱们里头否咧，才多大意思，要相欺我来呢！肚[赌]气偏不拿你们的去，拉到罢！那里买不出一甬[桶]闽姜么？

你暂住罢，我的多候□瞒过你么？这不是我恼[闹]的。我们小伙计在盖州船上上偿[当]来的啊。原封原个□里头，我那里瞧出好歹来呢？咱们不必多说，都打开瞧一瞧，那个看中那个拿去。若不是那吗着，你往别处买去罢。

---

① 汪维辉编：《朝鲜时代汉语教科书丛刊续编》上册，第279页。

你呢打着那一宗闽姜是打那里来的呢？姜是云南出的，糖是福建熬的。到咧本铺里，费多少工夫作这个闽姜来么？你呢打着作出就管多少现卖的咧？还在雇船往天津围〔卫〕发，到咧天津围〔卫〕船行家的手里，不知几年的工夫赶着发卖，卖到皈〔归〕起，若有卖不了的，是又发得盖洲〔州〕船行家，到那里若说是出不上价钱就不卖，又不知搁下多少年的工夫，才往沈阳发的也有，往辽阳拉的也有呢。我这个货是在沈阳西关里合盛店换来东西的，今年秋里才往这里拉的呢。你呢上手儿个个儿调〔挑〕咧，里头横竖有几包新货罢必是。[1]

这里对闽姜之制作作了说明，并勾勒出闽姜的流通渠道。由此可见，来自福建的闽姜，应是先到天津，然后从盖州运抵辽东，再经凤凰城等地输入朝鲜。在当时，闽姜曾被作为一种礼物。从上述的对话可见，盖州是辽东的一个重要码头，[2]它与天津的关系相当密切。

关于天津在环渤海地区贸易中的地位，清代以来的诸多文献多有披露。譬如，日本东京大学东洋文化研究所收藏有一部抄本

---

[1] 《华音撮要》，汪维辉编：《朝鲜时代汉语教科书丛刊续编》上册，第181—183页。

[2] 《中华正音》中提到："你们这里恒事〔行市〕如何啊？咱们大家上趟贩去的海参是发得盖州的是都卖出去，往沈阳拉的是连一斤也卖不出去咧。打听人家的话，今年红旗街出的越多咧。"（汪维辉编：《朝鲜时代汉语教科书丛刊续编》上册，第260页）

《杂货便览》[①]，其中就有"直隶天津卫办买杂货条例"：

> 盖闻天津马头，始有闽、粤洋船进口交易，后至元明，又添所有粮船，越为辐辏，以至于今，四方客商云集日兴，惟恐行店朦弊，置称不等，砝码不一，是此又坏行之由。同众商议，较准洋称，……所买货物，诸色出处，大式开例于后。

该部《杂货便览》，罗列了全国各地的诸多物产。其中也列有"闽姜"："出福建福州府闽县好，漳州府亦出，次。要长条磁亮、茌明无根、片小粳少者好。"此外，《杂货便览》"诸省外国所出产物"福州府条亦有："荔枝，龙眼，紫菜，青竹，闽姜，红曲，乌梅，衡笋，麒菜，贡川连，金钱饼，京片笋，红方竹，贡橘饼，荣（茉）利花。"该书中还列有"洋船花名"，包括广东船、本港船（广州琼州府）、诏安船（福建漳州诏安县）、海北船（广东雷州府）、海南船（广东琼州府）、凌水船（广东琼州府凌水县）、厦门船（福建漳州府）、福州纸船（福建延平府）、台湾船（福建台湾府）、暹逻国船、安南国船、广东船（广东省城）。其中的厦门船由福建省漳州出货，泉州上船，所装货物中就包括建姜片。而来自福建省延平府的"福州船"，所装货物中，也有姜片。

另外，《杂货便览》"诸省外国所处产物"还指出："关东：海参、海岱、鱼肚、鱼骨、人参。高丽国：松籽、海岱。""海

---

① 抄本一卷，藏日本东京大学东洋文化研究所的"仁井田陞文库"。该书由清孔武氏编，北京杨树棠钞。就其重点涉及的区域而言，它主要反映的当为清代华北地区的商业流通。参见王振忠：《抄本〈杂货便览〉》，《历史地理》第15辑，上海人民出版社1999年版。

岱"亦即海带，这在徽州文书中亦有提及。壬寅汪履和抄《□□
□□（并附杂货）》中："出于东洋国者名曰海布，狭者名曰绿
带，上号为头香带，二号为二香，参号为叁香，即长带□□也，
其总以绿色不霉烂者佳。关东所出之货名曰关带，其货甚次。"
此处的"壬寅"，可能是光绪二十八年（1902）。清末周文炜记
《各处杂货》[1] 抄本中也有"关带"："出关东，宁波买钱规秤，直
上海买钱九三扣秤，至徽九折。"上述这些商业书，反映了来自
朝鲜和关东的海带等商品流通江南的情形。

三、结语

在清代，东亚各国存在着频繁的经济和文化交流，在此过程
中，形成了一批各具特色的汉语教科书，其中，最为重要的如日
本的唐通事教科书，琉球的官话课本，以及朝鲜时代的汉语教
科书。这些教科书因其语言生动、内容丰富，贴近民众的日常生
活，极大地反映了东亚各国经济、文化交流的实态，因而值得历
史学界更多的关注[2]。

---

[1] 现藏安徽省绩溪县图书馆。

[2] 历史学者关注及此者，主要有：陈高华：《从〈老乞大〉、〈朴通事〉看元与高
丽的经济文化交流》，载《历史研究》1995 年第 3 期；《旧本〈老乞大〉书后》，
载《中国史研究》2002 年第 1 期。王振忠：《清代琉球人眼中福州城市的社会
生活——以现存的琉球官话课本为中心》，载《中华文史论丛》2009 年第 4 期；
《清代前期对江南海外贸易中海商水手的管理——以日本长崎唐通事相关文献
为中心》，载《海洋史研究》第 4 辑，社会科学文献出版社 2012 年版。

朝鲜时代的汉语教科书，有少数可以确知编纂的作者。例如，成书于1473年的《训世评话》之编者李边，是当时著名的汉语译学者，官至"司译院都提调辅国崇禄大夫领中枢府事"[1]。除了此一例子之外，绝大多数教科书的编著者不得而知。不过，这些教科书与负责通译的通事、译官关系密切，则是可以肯定的。例如，《朴通事》与《老乞大》同为朝鲜时代最重要的汉语教科书，"朴"为东国大姓，通事即翻译、译者，《朴通事》之形成，明显与朝鲜的通事有关。《华音启蒙谚解》刊行于1883年（朝鲜高宗二十年，清光绪九年），由翻译官李应宪编纂。刊行于1761年（朝鲜英祖三十七年，清乾隆二十六年）《老乞大新释》，就是由"以善华语名"的译士边宪利用出使中国的机会在北京修订完成。对于此类汉语教科书的编纂，洪大容亦曾指出：

　　双林始学鲜话，皆模糊不可听，示一卷书，云是徐宗孟作，上有汉语，下以满语及鲜语解之，各以其谚书书之，仍与论其误处。余仍以汉语及汉音质之双林，并欣然答之，笑曰：朝鲜堂官或有能语，皆庸贱杂话，尊卑倒失，全失体貌，岂知此等语法。

　　此处的"双林"，是朝鲜使团入栅后的一位衙译（通官）。他提到由徐宗孟所作的那"一卷书"，上有汉语，下以满语及朝鲜语注解，"各以其谚书书之"，显然便是一种汉语教科书。徐宗孟

---

①　汪维辉编：《朝鲜时代汉语教科书丛刊》（一），第401页。

是六品大通官，"自其兄宗顺，久执使价之权，名震东方，宗顺死，宗孟承其余业，又挚悍贪欲，善朝鲜语，临事机警过人，诸译畏恶之如虎狼也。"① 洪大容还指出："盖诸通官，皆我国被掳人子孙也。"② 可见，有一些汉语教科书，就与朝鲜通官的编纂密切相关，而这些通官，都是原先因战乱被掳掠至中国的朝鲜人后裔。

---

① 洪大容：《湛轩书外集》卷7《燕记·衙门诸官》，第122页。
② 同上书，第131—132页。

琉球汉文文献与中国社会研究

　　近年来，大批域外汉籍得以陆续刊布，其中，琉球汉文文献亦受到了愈来愈多的关注。举其荦荦大端，如 2012 年，《传世汉文琉球文献辑稿》第一辑共计 30 册，由福建海峡出版发行集团、鹭江出版社出版。2013 年，由日本高津孝、陈捷主编的《琉球王国汉文文献集成》36 册，由复旦大学出版社出版。[1]这些，都为明清史研究提供了不少新的史料。其中，除了以往备受关注的政治史、贸易史资料之外，也收录了一些反映东亚社会生活的历史文献，颇值得仔细研读。这些资料，既是中琉文化交流史的重要文献，同时也是中国区域社会史研究的珍贵史料。

---

[1]　此外，日本木津祐子编有《（京都大学文学研究科藏）琉球写本〈人中画〉四卷付〈白姓〉》，日本临川书店 2013 年版；李炜等所著的《清代琉球官话课本语法研究》（北京大学出版社 2015 年版），书后亦附有数种琉球官话课本的整理资料。

一、作为社会史资料的琉球汉文文献

明清时期，琉球与中国的交流极为频繁。早在明初，太祖朱元璋就曾赐给琉球"闽人三十六姓善操舟者，令往来朝贡"，这三十六姓，都是福州水部门外一带的居民，他们世代以撑船为业。此后，举凡进贡、接贡、庆贺进香、报丧、谢恩、请封、迎封、送留学生、报倭警、送中国难民和上书等，皆由三十六姓的后裔——琉球久米村人具体承担。万历三十七年（1609，日本庆长十四年），萨摩藩闪电式入侵琉球，攻陷首里城，挟持尚宁王为人质，一度占领了整个琉球王国。此后，琉球国虽然受到萨摩藩的严密控制，但仍得以保留其王国体制，并与中国保持着密切的联系。不少琉球人在中国学习语言、文化以及各种生产技艺，回国之后再传授给其他民众。

以往，从朝贡贸易的角度，对中琉政治史、贸易史以及广义的文化交流史之研究所见颇多，但利用琉球史料从事中国社会史的研究，仍然颇可着力。在这方面，琉球文献可以提供一些颇为独特的史料。管见所及，有关这方面的史料，主要可分为四个类别：

一是水陆路程。清道光十七年（1837），琉球大通事魏学源撰有《福建进京水陆路程》[①]，记载了琉球使者入京的水陆旅程。

---

① 该书现收录于《琉球王国汉文文献集成》第 16 册。

根据路程的记录，琉球人自福州出发，沿途经由闽江、衢江、东阳江、桐江、富春江、钱塘江和京杭大运河等北上，直到首都北京——这是琉球人晋京的传统路线。

二是笔谈资料。如19世纪初的《琉馆笔谭》，是嘉庆八年（1803）琉球国使者嘉味亲云上（汉名杨文凤）与萨摩藩士石冢崔高的笔谈。杨文凤为琉球首里士族，曾随使节前往中国朝贡。《琉馆笔谭》对台湾、厦门和福州，有着颇多翔实而生动的记录①。

三是旅行随笔。琉球人从福州前往北京，沿途历经大半个中国。他们旅行各地，都留下了一些文字。虽然相较于朝鲜燕行使者，他们的文字素养明显逊色，总体上看，对于中国社会的观察也不够深入。迄今留下的文献，以诗文居多。不过，其中也有个别文献颇具价值。如晚清蔡大鼎的《北上杂记》②，就是一种较为特别的琉球史料。同光时期，面对日本的步步进逼，琉球方面一直采取各种方式加以抵抗。光绪二年（1876，日本明治九年），琉球王府派遣向德宏、蔡大鼎和林世功等人秘密航海至中国，将日本阻贡一事禀告福建当局。然而，当时的清政府因内忧外患自顾不暇，不仅未能慨准出兵保护藩属，而且还不允许向德宏等人入京禀奏乞师。这使得琉球密使羁延数年，杳无结果。正是在这种背景下，蔡大鼎长期滞留中国。《北上杂记》一书，就是他在

---

① 参见［日］上田贤一：《琉球汉诗中之台湾》，载台湾国学文献馆主编《台湾地区开辟史料学术论文集》，联经出版事业公司1996年版，第212—217页；周朝晖：《琉球使节眼中嘉庆初年的闽台世态风情——以〈琉馆笔谈〉为例》，载《闽台文化研究》2015年第2期。

② 见高津孝、陈捷主编：《琉球王国汉文文献集成》第29册，此本据冲绳县立图书馆藏清光绪十年（1884）福州刻琉球本影印。

此一阶段撰著而成①。

四是官话课本。如《琉球官话集》抄本，原藏天理图书馆，后收入《宫良当壮全集》第 10 册②。1994 年，濑户口律子著有《琉球官话课本研究》，并将天理大学附属图书馆等处所藏的写本《白姓官话》附录其后。2003 年和 2005 年，她又先后将《学官话》《官话问答便语》整理、翻译出版。此后，高津孝、陈捷主编的《琉球王国汉文文献集成》，煌煌 36 册，所收文献除了琉球版汉籍和琉球人著述之外，附编则为"琉球官话"［包括《白姓》《学官话》(附《尊驾》)《官话问答便语》《官话集》《官话》《官话三字□》《官话》《条款官话》《广应官话》和《广应官话总录》］，更是收录了绝大多数的琉球官话课本，成为相关文献的集大成之作。另外，2013 年，内田庆市还新发现了一种据说是明代的琉球官话课本，并认为这是《学官话》的祖本③。

二、琉球汉文文献与中国社会研究

在上述的几类资料中，不同类型的文献，其学术价值各不相

---

① 关于对该书的研究，参见王振忠：《琉球汉文燕行文献的学术价值——以晚清蔡大鼎的〈北上杂记〉为例》，载《安徽大学学报》2014 年第 2 期。
② 昭和五十六年（1981）六月，第一书房刊。
③ ［日］内田庆市：《琉球官话の新资料——关西大学长泽文库藏〈中国语会话文例集〉》，载《中国语研究》第 55 号，日本白帝社 2013 年版，第 1—22 页。此外，内田庆市另著有《关西大学长沢文库藏琉球官话课本集》，日本关西大学出版部 2015 年版。注：前文承高津孝先生提示及提供复印件，特此致谢！

同。琉球人由福州三山驿至北京，水陆共计4912里，纵贯南北，沿途所见颇多。道光年间魏学源所撰的《福建进京水陆路程》，除了记录沿途的地名之外，还包括简单的风俗概观和物产描述。这些记录，显然是参考了明代以来常见的日用类书以及商编路程编纂而成。不过，作为迄今所见唯一的一部琉球贡使之进京路程，亦仍有其独特的学术价值。

再如笔谈资料，反映了琉球人对中国观感的诸多侧面。例如，《琉馆笔谭》中，就有杨文凤与石冢崔高的生动对话。嘉庆七年（1802），杨文凤等人乘贡舶前往福州，因风不顺，漂到台湾。他在台湾逗留了四个月，对风土民情有着颇为细致的观察。他说：台湾"东西狭，南北长，比琉球差小，其地有二种：曰生蛮，曰熟蛮。其曰生蛮者，或不火食者；熟蛮者，渐习中国风俗"。又指出："台湾地方气候极暖，冬景如春，草木常青，土地平坦，多田。其经过处，往往有废坏城池，颓墙毁瓦，堆积成邱，土人指点，说道林爽文者，曾窃据作乱者。尝见城高池深，楼橹云构，不数岁，尽为焦土，闻之叹息而去。"杨文凤到达台湾的时间，离林爽文起义不过十多年，故他对兵燹战乱后的台湾之描述颇为真切。稍后，官府派遣船只将杨氏一行人送至厦门，根据他的观察，"其地蛮舶辐奏［辏］，旌旗摇曳，画红彩绿，其船大如山者，泊于巷［港］内，有长石垣至海心，名金门关，有一品武官，领从兵卒为守把"。此一描述，与稍后道光《厦门志》中的相关记载可以比照而观。此后，他又到达福州，对于当地的描述更为细致：

石曰：在福州，曾见读书人，听其谈论否？

曰：见一二才子，文凤不识官话，言语不通，书字语言，闻其大略耳。读四书五经，用宋朝程朱注解，又旁及诸子百家之书，又学作文章，此天下皆同也。但闻今中国考试，文章取士，故读书者专为举业作官计耳。当其考试，考其文章，定其高下，取其中选者，或为秀才，或为进士、举人等科目，中国为学，此其与我邦少有不同。

石曰：闻中国奉圣人教，上自天子，下至庶人，无一人不学。至于诗文，必是人人会作。

杨曰：不是！不是！何以验之？前年册封使者来琉球时，从者五百人，其中能诗善文者，不过三五个人耳。由此看来，诗文亦是一大艰耳。

杨曰：福州琉球馆，与州城相去约一里许，其间都是人家，有万寿桥（街名），每琉人过此，儿童群集而戏之，甚至以马粪掷之。琼河人陈邦光者，旧年随使者到琉球，与文凤有一面之交。于时邦光为教授，在万寿桥，一日迎我等叙话，适会其家有光学之宴。光学宴者，堂中挂孔夫子像，令门弟子皆拜上香，礼毕，开酒宴。是日，邦光引五六十个门弟子，使文凤相见，曰：此几位在琉球博览饱学，汝等请出题求诗文。一人捧文房四宝，至面前，即成七言律以呈。众皆传观之，曰：若斯人，而敢不敬乎？更痛责子弟平日无礼于琉人，皆谢曰：后日不敢。后数十日，凤等将归国，在港口守风，福州存留官有信来，说他日过万寿街，每苦儿童作怪，今则不然，问儿童，曰：恐有中山杨先生过，所以不敢戏也。可为一笑!

……

石曰:福州曾见妇女行路否?

曰:不见。凡妇女出门,必用轿子,故不可见面也。但寺庙烧香时,必于庙门外下轿步走,方露其面。

杨曰:今清朝甚禁娼优,故无花街柳巷,然于海口或河下舟船辐辏等去处,有私窠子。

此处,杨文凤提及中国的科举制度、读书人的一般情况、福州人对琉球人的基本态度以及当地的妇女生活等。其中谈到的"私窠子",亦即琉球官话课本中时常出现的"曲蹄婆""曲蹄船"[①]。另外,文中还专门提到私塾中的"光学宴",这在福州的方言文献《榕腔白话文》中也有记载,后者称之为"光斋"(在福州话中,"斋"即学堂之义)[②]。"榕腔白话文"是以福州方言撰写而成的诗文,其中的《光斋》诗首句为"四月闹扛斋,白扇缯衫,学生仔逐群打阵。今日客调奉旨,举心喝闹渣洋。拜圣人点烛上香,行礼竟然拍花……"这是以方言戏谑的方式,调侃当时的"光学宴"。另外,应当指出的是,在杨文凤的相关记录中,对于福州的记载特别详细。这一点,也是琉球文献之于中国区域社会研究最为突出的特色之一。

---

① 梁允治《广应官话》"船身类"中,就记录了"舸黎舡"(曲蹄船)的单词。(见《琉球王国汉文文献集成》第35册,第191页)

② 〔清〕里人何求纂:《闽都别记》下册附《榕腔白话文》,福建人民出版社2012年版,第1413—1414页。

又如旅行随笔。《北上杂记》出版于光绪十年（1884），该书记录了蔡大鼎从福州北上之沿途观感，以及光绪五年至九年（1879—1883）在北京的所见所闻。从内容上看，蔡大鼎对中国的观察，固然有一些是参考了中方的相关记录，如《北上杂记》中的《风俗记》等文，就屡次提及《都门杂记》。《都门杂记》亦即清道光二十五年（1845）北京通州人杨静亭编写、出版的《都门纪略》，这是一部有关北京旅行指南的专门之作。该书后来在同治、光绪年间曾屡次增补、刊行，具有相当广泛的影响。上述《风俗记》中的文字表明，蔡大鼎应当比较仔细研读过《都门杂记》一书，并在自己的行文中对相关条目多所摘录。而《北上杂记·十八省省城风俗记（附盛京俗）》中，则提到"余阅《大清缙绅全书》，其风俗土产，概应备录为览，但省得其劳，仅抄风俗而已"，这说明，书中文字显然亦参考了相关的记录。不过，《北上杂记》中也有另一些记载，的确属于蔡大鼎本人的亲身经历及其相关见闻。具体说来，除了一些概述性的描摹之外，《北上杂记》中还有其人与当地民众近距离接触留下的个性化记录。例如，蔡大鼎有一篇《画家周棠记》，这篇短文是为一位民间画家所作的小传。此外，他还写有《姚氏请佣记》，其中提及王掌柜代佣工姚氏所写的"口禀"（"口禀"应源自民间的日用类书活套）。当时，北京作为清朝的政治中心，是巨大的消费性城市，"奴仆由来半雇工，京师偌大已成风"[1]，大批的服务性阶层纷至

---

[1] 芝兰主人：《都门新竹枝词·风俗》，雷梦水、潘超、孙忠铨、钟山编：《中华竹枝词》第 1 册，第 360 页。

眷来，这些人以出卖劳动力为生。关于此类的佣人，蔡大鼎还专门另作有一篇《佣王氏记》，这种对下层民众的个体素描，为社会史研究提供了一份颇为翔实而生动的资料。此外，在《北上杂记》中，蔡大鼎还详细记录了自己在京师的开销细账，亦颇具资料价值^①。

另外，在上述几类文献中，最值得关注的是琉球官话课本。虽然琉球官话课本的形成年代可以追溯至明代，但现存的绝大多数文本是清代的官话课本。

在清代，福州是琉球人登陆中国的第一站，当地的太保境后街有柔远驿（琉球馆）。根据当时的惯例，琉球贡使抵达福州后，先在琉球馆稍事休整，随后，琉球正副使、都通事、大笔帐等十数人（或多至二十余人）入京进贡，其余随行人员则仍住在琉球馆内，从事买卖或进行文化交流，贡使进贡完毕，自北京返回福州，仍在琉球馆内稍作休整，然后才返回琉球首里王府。当时，除了官生（官费留学生）之外，还有一些"勤学人"前往福州，在琉球馆内学习官话以及医学、历法和地理等，一些不幸病死的琉球人即葬于福州^②。福州仓山区的白泉庵、鳌头凤岭、陈坑山、张坑山（今称长安山）等处，为清代琉球人在福州的丛葬区。在清代，琉球人向当地山主买地立约，安葬病逝的亲人^③。正是因

---

① 详见拙文《琉球汉文燕行文献的学术价值——以晚清蔡大鼎的〈北上杂记〉为例》，载《安徽大学学报》2014 年第 2 期。

② 蔡大鼎：《闽山游草·闽县塔仔村所有祖墓路程记》，《琉球王国汉文文献集成》第 28 册，第 86—87 页。

③ 参见刘蕙荪：《福州南郊白洋庵琉球墓群遗址调查初记》（福建省图书馆藏稿本）、徐恭生：《福州仓山区琉球墓初探》（《福建师范大学学报》1985 年第 3 期）。

为这一点，不少琉球人往往将福州视作自己的第二故乡。他们较长时期在福州生活和学习，耳濡目染，对于福州社会有着比较深入的了解。也正因为如此，作为会话交流的琉球官话课本，有不少反映福州城市社会生活的史料。

早在明朝弘治年间，督舶内臣就曾开凿截弯取直的新港，从河口一带直接通往闽江，以便琉球贡舶往来。根据嘉庆年间杨文凤的描述，"福州港口曰五虎门，有一条大河，两岸相去约半里许，我船到彼，可沂〔溯〕流而直达琉球馆门前。（馆去海口二十里许）……"这应当就是指由新港可直接到达河口的琉球馆一带。此后，琉球馆所在的太保境后街逐渐形成"十家排"，专门代售球商之货。① 琉球贡舶带来干贝、土木胶、蕲蛇、假肚鱼等商品，都不得自由买卖，必须交由十家球商承办。道光十九年（1839），十家球商曾合资重建琼水会馆②，这说明无论是此类贸易还是相关组织皆由来已久。对于晚清民国时期的中琉贸易，傅衣凌曾指出："当贸易鼎盛之际，河口商贾云集，一般商人依赖十家球商而生，或代他们前往天津、江苏各产地采运木材、丝货者，颇为不少。"这些，在琉球官话课本中亦有诸多描述。例如，关于丝货贸易，《学官话》就有下列的对话：

（琉球人：）老爷的钧谕，着琉球们收买官丝，琉球敢

---

① 参见徐玲珄：《福州琉球商会馆简述》，福州市台江区政协文史资料委员会编：《台江文史资料》，第 1、2 辑合订本，2006 年版。

② 傅衣凌：《福州琉球通商史迹调查记》，载《傅衣凌治史五十年文编》，中华书局 2007 年版，第 234—235 页。

不遵命？那丝带黄色，是不堪用的，价钱又太高，琉球们故不敢买。瞒不得老爷说，我们敝国的法令是重的，若丝买得不好，价钱又买得贵，回国之日，我们的性命都是难保的。如今没奈何，只得来求老爷，体朝廷柔远之德，把丝换好的，价钱公平些，琉球们才敢买。

（中国人：）那丝狠［很］好的，你们只管嫌不好，是你们不识货了。论起价钱，那里算得贵呢？

（琉球人：）不瞒老爷，琉球们这个丝，是年年买的，见得狠［很］多了，好坏我们都认得的，价钱也是晓得的，那丝若不肯换，是断然不敢买的。若价钱太贵，也是断然不敢买的。

（中国人：）你们不买，我也没奈你的何，凭你们罢。

（琉球人：）求老爷不要这样说，古人讲得好：在家靠父母，出外靠主人。琉球们离家数万里水洋到这里，只靠着老爷做主的，万事还要求老爷周旋才好。

（中国人：）你们说的是得狠［很］，你却不知道这个丝，算是顶好了。若要再找好的，却没有的。那价钱若少了，他就折本了，怎么使得呢？如今既是这样说，你且回去，另日再来商量罢。

（琉球人：）呵！老爷吩咐狠［很］是，琉球们总望老爷施恩，救拔蚁命就是了，多谢！①

---

① ［日］濑户口律子：《学官话全译（琉球官话课本研究）》，日本冲绳榕树书林 2003 年版，第 232（33）—230（35）页。

由此看来，琉球人似乎在反复挑剔丝的质量，甚至以吹毛求疵寻求压价。

关于当时的中琉贸易，琉球官话课本中还有不少记载。譬如，《学官话》中就有琉球人逛书店购书、买武夷茶、松萝茶之类的对话①。

除了有关贸易方面的对话之外，涉及风俗方面的内容更占多数。琉球官话课本《学官话》中有一段琉球人的对话：

> 晚生今年做总管到中国，没有什么别的缘故，一来要学官话，二来要学中国的礼数，如今到这里了，求老先生着实用心教训教训②。

"礼数"一词，亦见于《广应官话》，它是福州人的一句通俗常言，意指待人接物的礼仪、礼貌③。可见，清代琉球人到福州学习，官话和礼数往往并重。因此，在他们抄录的官话课本中，除了对日常会话的练习之外，对中国风俗文化的介绍亦属应有之义。也正因为这个原因，琉球官话课本中，有不少反映福州社会礼节和风俗方面的内容。数年前，笔者曾以《学官话》《官话问答便语》等，对此做过颇为细致的勾勒。具体说来，琉球官话课本对当地宴会中的菜单、席间的酒令以及宴客的礼节

---

① 《官话问答便语》中亦有类似的逛书店买书，以及钱铺老板与琉球人的对话，其中颇多讨价还价的内容。

② ［日］濑户口律子：《学官话全译（琉球官话课本研究）》，第257（8）页。

③ 譬如，福州人说："只隻伲团真有礼数"，意思即"这孩子真懂礼貌"。（李如龙等编《福州方言词典》（修订版），福建人民出版社1996年版，第184页）

等，都有相当详尽的描述。除了饮食之外，琉球官话课本对福州的元宵观灯、立春之日官府的迎春仪式、三月三踏青时的曲水流觞、端午节爬龙舟、七月初七七夕节、八月中秋环塔、九月九日的重阳节登高、纸鹞会、冬至拜冬、搓丸、腊月二十四晚的祭灶、除夕及正月初一的节俗等，亦有生动的描绘。此外，明清以来，福州的迎神赛会极为频繁，琉球官话课本对于普度、五帝禳灾驱瘟的"出海"仪式、三月的"东岳会"、十月的"城隍会"以及演戏酬神和"闯神"等，皆有不少细致的描摹，有些描述甚至为中土史料所未逮。对于当时日常生活中一些突出的社会问题，如火灾中的抢劫（"火劫"）、"驳马"（小偷）、"契兄契弟"（男性同性恋等），亦有细致的描述。其中的诸多对话，都充满了浓郁的福州乡土色彩。字里行间反映出的民情风俗，是琉球人透过练习语言了解中国"礼数"的重要途径[1]。

与《学官话》《官话问答便语》相似，《广应官话》[2]中亦保留了不少福州的方言词及其相关的读音。如"起动"[3]，福州人说谢谢的意思。"退悔"[4]，是懊悔之意。鲎是一种甲壳类的节肢动物，生活在海中，血为蓝色，尾坚硬，形状似宝剑，现在是中国国家

---

① 详见王振忠：《清代琉球人眼中福州城市的社会生活——以现存的琉球官话课本为中心》，载《中华文史论丛》2009年第4期。后收入拙著《袖中东海一编开——域外文献与清代社会史研究》，复旦大学出版社2015年版。
② 《广应官话》为赴中国留学的琉球官生梁允治所编，约编于乾隆二十五年（1760）。
③ 梁允治：《广应官话》，《琉球王国汉文文献集成》第35册，第223页。
④ 同上书，第250页。

级的保护动物，不能随意食用。不过，在传统时代，它却是福州民众餐桌上颇为常见的一种食物。对此，《广应官话》注明"音孝"①，与当代方言的读音完全相同（鲎在普通话中拼音为hòu，读若"后"，而在福州方言中，与"孝"字皆读若"好"）。此外，一些词汇、口头禅历数百年而未曾改变。如"放花，九龙放子，双月明，老鼠仔。（皆放花之名也）"②"放花"也就是燃放烟花之意，"老鼠仔"是一种小长条的烟花，形似小老鼠的尾巴，故名。"古人说：君子不赢头盘棋"③，这是输棋者在头盘失利时常说的一句口头禅。这些，一直到20世纪七八十年代，福州当地仍然这样称呼，或是以之为通俗常言。另外，在一些对话中，也随处可见福州方言的明显痕迹，如：

　　这兜柑子树一年生得多少柑子呢？看当年不当年，就生得四五担，不当年只生得担把。

　　这兜荔芰树再花的时候，用些粪浇浇给他，明日好结实……

　　这兜龙眼树要坏了，快快浇些粪才好。

　　这兜榕树好大，不知有多少年代了？

　　这就不晓得④。

---

① 梁允治：《广应官话》，《琉球王国汉文文献集成》第35册，第320页。
② 同上书，第264页。
③ 同上书，第313页。
④ 同上书，第341页。

这里的"兜"，相当于"䓟"，亦即"棵"①。"担把"，也就是一担多的意思。这些，都是典型的福州方言之表述方式。

《广应官话》中还有一些反映中琉贸易方面的对话：

> 你那里来？外国来的。
>
> 贵处那里？久米府的。
>
> 到此贵干？迎接老爷。来贵干。来庆贺。
>
> 记得我么？不认得你。
>
> 甚么货物？买了回去，所有违禁，有所不便②。

此处指出，对话中的琉球人来自"久米府"。书中还提及：

> 年年买好多的绸缎丝罗布匹回去，你国里都用得完么？
>
> 国里也要用，也卖到别处去的。
>
> 卖去的东西，赚得多少银子呢？
>
> 没凭据，看东西贵贱，贵的少赚些，贱的多赚些，总是一两银子，有加四五的利息。
>
> 这样看来，也是个好生意了。于今皇上着你五年来一回进贡，你还是五年来好？年年来好呢？
>
> 五年来一回，国里人马不当平安，又没有东西卖，人就

---

① 木津祐子在《〈广应官话〉と乾隆年间の琉球通事》一文中，曾比较天理大学附属天理图书馆《广应官话》和法政大学冲绳文化研究所《广应官话总录》，指出，天理本作"兜"，法政本则作"颗（＝棵）"。（见《太田斋·古屋昭弘两教授还历记念中国语学论集》，日本好文出版 2013 年版）

② 梁允治：《广应官话》，《琉球王国汉文文献集成》第 35 册，第 263 页。

渐渐穷下来了。年年来，国里人马也平安，又有东西卖，又赚得银子，大家欢喜。年年来的是好，五年来的一回的是不好。

来国几坛［趟］？

头一坛［趟］来①。

在清代，琉球素称"万国津梁"，受惠于明初中国所赠的海舟及相关的船员和航海技术，琉球通过东亚的国际贸易，成为北达日、朝，南及东南亚的太平洋海上贸易中心。对于琉球来说，朝贡贸易以及随贡互市所带来的商业利润，对于王国之存续关系甚巨。而控制琉球的萨摩藩，亦非常仰赖于琉中贸易。为此，琉球人希望年年前来中国朝贡。其中有不少人，长年生活在福建省城，故而对于福州市场有着较为深入的了解。如"衣服门"中有一段对话：

这几时天气热了，我同你到布铺去看，有上好顶尖的永春夏布，买几匹来，做两件夏布衫穿。

我看那永春夏布又窄又短，不如买那大田顶尖的夏布，又长又宽，更好。那永春的，一尺要十二个钱，买几丈来，做件长衫，剩的做件短的，不更好么？

又要做个汗褡才好。

做汗褡，要买闽清葛去做才好。

---

① 梁允治：《广应官话》，《琉球王国汉文文献集成》第35册，第271—272页。

广葛不更好么？

广葛太细，做汗褡可惜了，只好做袍子穿。

这几时冷来了，我同你到城里皮草店里去，这几时有西客到了，看他有好羔子皮，买他十多张来，吊件袍子穿。

……①

永春、大田和闽清数县，皆在福建省内。而永春、大田之夏布，与闽清的葛，在清代民国时期都是八闽的重要商品。对话中的“西客”，则是指来自山西的晋商。这段对话，反映了当时省城福州布料商品流通的一些侧面。

此外，《广应官话》中还有一些反映不同地区风俗习惯的内容，如“南京人饊饭吃，有气力；福建人捞饭吃”。“饊”字，《汉语大字典》《中华字海》等辞典，虽俱引《万历野获编》中的例句（乾清宫内有“饊膳局”），但对该字的解释皆作“音义未详”。今按：就“捞饭”而言，福州等地的民众，直到20世纪七八十年代，习惯上还是将饭煮熟后，早餐先吃其中的稀粥，而将捞出的米粒，在中午时用蒸笼炊熟后再吃，此即所谓的捞饭。这样一来，米粒的口感及其营养明显稍逊一筹。由此看来，“饊”字实际上应指未经捞饭程序所煮出的米饭。关于时尚与风俗，该书“俗语门”中还收录了不少俗语：

蛮子学京样，学死也不像。

① 梁允治：《广应官话》，《琉球国汉文文献集成》第35册，第177—178页。

福清哥吃大麦、讲大话、放大屁。

矮子不作怪，天下不太平。

丑人多作怪。

黄牛面前骂白马。

扯东瓜骂葫芦。

杨〔扬〕眉杭头苏州脚。

奶奶叫我剃毡毛，毡皮有皱难下刀，棉花丢进内，好似胡须吃软糕。

十个胡须九个躁，十个女子九个肯。

少时偷针，大时偷金。

男人不看《三国志》，女人不看《西厢记》。

偷食瞒不得牙齿，做贼瞒不得乡里。

捧卵胞过河假小心。

人来求我三春雨，我去求人六月霜。

曾记少年骑竹马，看看又是白头翁。

地牛转肩①。

这些俗语，应是 19 世纪流行于福州当地的通俗常言。其中有些俗语，反映了清代福州城市的时尚，如"蛮子学京样，学死也不像"，是说南方人学习北京时尚，正像郑板桥所说的"扬州人学京师穿衣戴帽，才赶得上，他又变了"。②"扬眉杭头苏

---

① 梁允治：《广应官话》，载《琉球王国汉文文献集成》第 35 册，第 343—348 页。
② 〔清〕郑燮：《与江宾谷、江禹九书》，《郑板桥集·补遗》，上海古籍出版社 1962 年版，第 192 页。

州脚”，反映了旧时扬州、杭州、苏州作为江南文化的渊薮，其时尚为中小城市所追逐。虽然在全国，福州并非第一等的大都市，但在福建省内，它却是省会之地，亦为福州府城之所在，故而作为福州人往往自我感觉良好，对于郊县各地的其他人群都不太看得起，民间素有“连江鸡、长乐委、福清哥、莆田猴”之调侃。“连江鸡”是指连江县出的鸡相当有名，俗有“连江鸡筑胲”的说法（这是说旧时无良的养鸡户，在鸡出售之前，强行喂食米糠，增加分量以多赚些黑心钱）。“长乐委”主要是指长乐人说“我”字时，与福州人的发音有所不同，读若“委”。“莆田猴”则主要是指莆仙一带的方音哓哓难懂，为人性急，难以打交道。而“福清哥”，通常认为是由“福清蚵”而来——这是说在传统时代，福清一带极为穷困，土地硗瘠，常年干旱，没有东西吃，往往只能吃番薯配不值钱的“蚵仔”（小牡蛎），所以叫做“福清蚵”。在福州人看来，福清人虽然穷困潦倒，但往往说话口气却很大。他们难得吃上米麦，通常只能以番薯充饥，故在人面前时常放屁，遂有“福清哥吃大麦、讲大话、放大屁”之说。类似于此极为俚俗的方言，在上述的“俗语门”中还有一些。例如，“捧卵胞过河——假小心”实际上是句歇后语，意思说肾囊是长在自己身上的，过河时用手捧着，实在是小心过甚。该句歇后语，事实上与清代福州当地的一种地方病有关。在西方传教士留下的福州医学文献中，常见有大阴囊的病例。而这种大阴囊，俗称“大卯［卵］胞”①。琉球官话课本《学官话》中，就曾讲述过

① 梁允治：《广应官话》“身体门”，载《琉球王国汉文文献集成》第35册，第144页。

一个笑话——说福州的"驳马"（小偷）身手敏捷，一眨眼功夫就能将他人身上的钱偷走①。某次在戏台底下，有位患有大阴囊之疾的人在看戏，结果被小偷误以为他在裤裆内藏有银钱荷包，遂用刀子在上面一割，弄得血淌满裤。② 这些极为俚俗乃至猥亵的俗语及相关故事③，从一个侧面反映出琉球人对福州社会的细致了解。

上述所列俗语中的最后一句为"地牛转肩"。对此，《广应官话》中另有一段详细的记载：

> 三月初六早起，地大动，不过一刻就歇了，又动些。这天上晚时候，风雨又大起来，吹坏各家的东西。

> 三月十二日一更时候，地大动，动了一歇，又动，差不多动了半刻才歇。

> 四月十六日下午时候，地动些，一歇又动一点，到晚间

---

① 关于这一点，在《琉馆笔谭》中，杨文凤亦指出："福州人家稠密，无有尺寸隙地，所谓车毂击，人肩摩，甚是热闹。剪径最多，走路少不留心，辄为人偷物件，其伎可谓绝巧，土人不甚以为怪也。"

② ［日］濑户口律子：《学官话全译（琉球官话课本研究）》，第195（70）—192（73）页。

③ 此外，"奶奶叫我剃毡毛"等四句，亦是极为俚俗的民谣。关于这一点，直到20世纪70年代，福州市仓山区仍然流传着一首《肾囊》诗，与此颇可比照而观。"纹纹皱皱又圆圆，相打须防用手搝。会痒那惊转奶死，卖游又乞戈蹄嫌。桔皮补汝非无药，火管喷汝只要钱。故是挂咸免得碰，剃刀千万莫磨垯"。福州市仓山区民间文学三集成编委会：《中国民间歌谣集成·福建卷》福州市仓山区分卷，1990年版，第69页。清里人何求纂《闽都别记》下册附录《榕腔白字诗》中，亦有《肾囊》一诗，内容与此大同小异，但方言字的写法略有不同。（福建人民出版社1987年版，第607页）

明月共潮生：域外文献与东亚海域史研究

又动些 ①。

福州地处地震带，当地人对于地震的看法，认为大地是由一头硕大无朋的牛（即"地牛"）扛着，所以常常会觉得累了，需要换一个肩膀来扛。每当这头牛换一个肩膀歇息时，便会发生地震，这也就是"地牛转肩"②。

另外，在清代，福州的戏曲文化极为发达③，不少通俗常言就来自戏曲。其中尤多为人处世的警句格言，如上揭"少时偷针，大时偷金""男人不看《三国志》，女人不看《西厢记》""偷食瞒不得牙齿，做贼瞒不得乡里"，等等，皆应源自戏剧表演。

此外，《广应官话》中还有不少反映当时社会风俗的内容，如"人品"中有："兔子，北京的话；契弟，福建的话；男风的人，好男色也；好南风，全［同］上"④，这显然是与清代福州社会"契兄契弟"有关的内容。⑤

从《广应官话》的条目内容来看，该书记录了19世纪福

---

① 梁允治：《广应官话》，载《琉球王国汉文文献集成》第35册，第349—350页。
② 《琉球王国汉文文献集成》第35册，第348页。参见拙著《近六百年来自然灾害与福州社会》，福建人民出版社1996年版，第25页。
③ 关于这方面的内容，可参见林庆熙等编注的《福建戏史录》（福建人民出版社1983年版），兹不赘述。
④ 梁允治：《广应官话》，《琉球王国汉文文献集成》第35册，第123页。
⑤ 由《广应官话》的记载可见，关于男性同性恋，在北京与福州有着不同的称呼。对此，《学官话》中有一段对话，反映了福州青年与琉球人调情的相关内容。其中，被挑逗的琉球人贪小便宜，对福州人称："你舍我不得，你这一条手巾，送我做表记，肯不肯？"关于"表记"，《广应官话》中解释说："情人以物相赠作念头，曰表记。""做表记罢，全［同］上。"（《琉球王国汉文文献集成》第35册，第239—240页）这或许说明类似的场景屡见不鲜。

州当地通行的官话^①，其中有不少反映了当时城市生活中的历史画面。

三、余论

明清时代，在以中国为中心的东亚朝贡体系中，各国使者络绎不绝地前来北京，他们留下了大批对沿途城镇及社会风情的相关记录。由于这些文献绝大多数均以北京为目的地，故而可以统称为"燕行文献"。不过，鉴于东亚各国与中国的密切程度不同，各国乃至不同使者之间的汉文水准亦参差不齐，故而迄今尚存的燕行文献之学术价值显得极不相同。

当时，琉球人从福州出发，沿闽江而上，水陆兼程前往北京，沿途经由中国最为富庶的地区，多有撰述，他们留下的文集、诗歌、语言教材等，可以成为我们从一个侧面认识中国的相关资料。虽然迄今所见的绝大部分琉球人有关中国纪行的史料（以诗文居多），尚无法与朝鲜人的《朝天录》《燕行录》的学术价值等量齐观。但就琉球文献而言，水陆路程、笔谈资料、旅行随笔和官话课本四种，各有其相应的学术价值。尤其是官话课本

---

① 梁允治《广应官话》"地理门"曰："北京、山东、山西、河南、陕西，这五省都是官话，没有乡谈，原来天开地辟，是自此处始。南无平声，北无入声。"另，"采色门"的最后，有"京鬼：京中人奸诈，鬼头鬼脑"（《琉球王国汉文文献集成》第35册，第90页、第188页）。这些，都从一些侧面反映出，《广应官话》是以南方的福州一带为中心记录下的官话。

对福州社会的集中描述，更是难能可贵。

自明代以来，福州是琉球人登录中土的第一站，也是许多琉球人长期生活的城市。一些琉球人，与福州的士子过从甚密。以久留米村士族蔡德懋、蔡大鼎父子为例，他们与福州士子就有着频繁的联系。日本山形县市立米沢图书馆收藏的《国学槐诗集》①，为蔡德懋所编，其封面就书明"华人三人改政"，而扉页上则"用朱纸半幅写点（？）/ 顿首百拜奉呈 / 某位先生台下，敬求 / 改正并批示"，其后有：

> 用朱纸写来
>
> 合读诸钜制，春容大雅，卓尔不群，鸾翔凤翥众仙下，珊瑚玉树交枝柯，允推杰构，间有僭易处，未知当否，伏乞尊裁。晋安林振高拜读。
>
> 金相玉质，蔚为国华，弟林彦起拜读。

"晋安"亦即福州的古称。书中收入了向如霖、郑元伟、蔡呈祚、翁永保、向长庚、顾余禧、骆绍业、向士元和骆维瑚等琉球人的汉诗。在首页右上方，用红笔标出"华人改正"的字样，其中有诸多评语。如有的评作"结句固接得上，然总嫌其词意不圆也"，这说明琉球人与福州士子有着较为深入的交流。关于这一点，在蔡大鼎等人的文集中，也有不少相关的记录。

在当时，与琉球人关系最为密切的中国城市是福州和北京。

---

① http://www.library.yonezawa.yamagata.jp/dg/AA143.html.

前者是起点，后者是终点。因此，琉球汉籍中保留有不少与该二城市相关的文献①。如米沢图书馆收藏的蔡德懋之《御制并和诗》和蔡大鼎之《御诗和韵集、万历十五年以降记》，封面就都有"上京用"的标记，这显然是为了前往北京朝贡时的应对之需。特别是《御制并和诗》的封面，可见蔡德懋的署名，另外，还有"伊计记"的字样，可见，这是由蔡德懋所抄写、后来传至蔡大鼎（伊计亲云上）的书籍，这说明一些琉球汉文文献，有着长期的流传和编纂过程。与此相似，琉球官话课本的编纂和传抄，也经历了相当长的一段时期。当然，这些琉球官话课本的编纂，主要是为了在中国旅行，特别是在福州生活期间所使用。

从现存的琉球官话课本来看，早期的官话课本，还看不出福州区域文化的明显影响。例如，内田庆市披露的一种明代官话课本中，有对北京的描述：

> 我在北京三四个月。北京城里，都是走过了，那花街柳巷，美女标致得紧，宝贝物件多得紧，还有棋盘街，五凤楼，文武官员上朝，灯笼火把，跟随人众，好不热闹，我一年也说不尽②。

---

① 如《琉球官话集》中有"北京俗语"部分，但仅63条。其他的部分每条之下亦有假名注音，并有解释。其中，有不少福州的方言词汇（如做娇、煞尾、手湾、脚湾等）。有的还专门注出读音，如"乘"字，其后就注曰："福建音'兴'。"
② ［日］内田庆市：《琉球官話の新资料——関西大学长泽文库藏〈中国语会话文例集〉》，《中国语研究》第55号。

此处的描述，未见有后期官话课本中福州方言的影响 ①。此外，该书中还有一段对话：

> 弟们还未到中国，言语不通，请兄们指点教我，学得几句也好。
> 有闲的时候，到这里来谈谈，千万不要见外。
> 不敢，我也一样，我初到贵国么，要求你的事。一来说，还不知这里的风俗。二来呢，又不知这里的路上，虽听见好玩的所在，总去不得了。

这段对话，同样也未见有福州方言的影响 ②。另外，书中抄录了"曲座"（即小曲），有："满州家，鞑婆子，难描难画，不梳头，不搽粉，好打着一个练槌。金圈子，银圈儿，两耳垂挂，上身穿着貂皮袄，脚下踏着马皮靴，带过一匹马儿，背上一个鞍儿，拿了一张弓儿，搭上一条弦儿，插上一枝箭儿，架了一架鹰儿，打了一个围儿，取了一个火儿，吃了一袋烟儿，醉了一个昏儿……"从其中一口一个"儿"来看，受北方官话的影响较大。

此后，随着时间的推移，琉球人在福州的活动愈益频繁，官话课本中的区域特色亦愈来愈明显。对此，《琉球录话》一书中有几段资料相当重要，该书序曰："文化丙寅，琉球国王尚灏遣

---

① 如"热闹"，在清代的官话课本中通常写作"闹热"。
② 在《广应官话》"饮食门"："弟外国的人，到你中国来，礼数都不晓得。"（《琉球王国汉文文献集成》第35册，第165页）此处的"礼数"，也就相当于先前所说的"风俗"。

其子尚大烈等前往萨摩藩朝聘，以谢袭封之恩。"当时，成岛司直与仪卫正郑嘉训、乐正梁光地相见，咨询琉球的制度风俗。其中提及：

> ……萨邸舌人学苏、杭间语，琉人咸作福语，是以问对往复之间，轻重清浊，互相抵牾，问一事及再四，而终不得其实者亦不鲜。①

文化丙寅，即文化三年（1806）。此处提到，萨摩通事所学的是苏、杭一带的官话，而琉球人所学的则是福州官话。由于不同地方之人所说的官话，受当地的方言影响较大，故颇有难以沟通之处。揆情度理，福州方言的特点是"h"与"f"不分，因此，在与他方人士对谈时，因方言的影响，难免会有不少难以理解之处。这段记载颇为耐人寻味，它实际上指出了琉球人所说的官话，受到福州方言的巨大影响。诚如《官话问答便语》中一位福州人所说的那样："我本地的人，说乡谈惯了，爱学官音，还是千难万难，含糊将就说出几句。"② 因此，即使是教琉球人讲官话者，也难免受到福州乡谈的影响③。直到晚近，福州当地仍

① 此段记载，最早见于高津孝所著《博物学と書物の東アジア——薩摩・琉球と海域交流》（日本榕树书林 2010 年版）第 229 页。后承高津孝先生慷慨提供扫描件（冲绳县立图书馆据内阁文库所藏抄本复印），特此致谢！
② ［日］濑户口律子：《官话问答便语全訳（琉球官话课本研究）》，日本冲绳榕树书林 2005 年版，第 247（52）页。
③ 《学官话》原抄本天头有诸多注文，如"踏音达""绸音求""迅音信""逆音叶""麝音谢"。这些，都是福州话的读音。

有"天不怕，地不怕，只怕福州人讲官话"的说法——这既是外地人的观感，也是福州人的自我调侃，其中心意思是说福州人爱讲官话，但其发音受方言影响甚大，常常令外人忍俊不禁。而由福州人教授的琉球人，也必然会受到很大的影响。据《琉球录话·习业次第》描述：

> 福儒授业，先教言语，以言语不通，则不能受句读、解讲说也。言语之学，殆二三年，轻重清浊，不异福人，然后授四书五经，句读明详，字义粗通，又背诵其书，然后渐学文章。

此一记载，反映了福州士人教授琉球人读书的具体做法。其中的"轻重清浊，不异福人"，与前引《琉球录话》序中的"轻重清浊，互相牴牾"恰可比照而观。从中可见，"福儒授业"所教出的琉球弟子，他们的发音最后是"不异福人"，这就难怪"琉人咸作福语"、与萨摩通事所学的"苏、杭间语"（南京官话）① 常常各说各话，难以沟通了！也正因为这一点，伴随着清代琉球人在福州活动的日益频繁，官话课本中的"福语"色彩愈益显著。

大致说来，现存的琉球官话可分为会话课本、词汇课本和其他的辅助教材等。对于这些官话课本，以往的学者多从语言学的

---

① 从整体上看，日本的中国语教学，直到19世纪70年代的明治时期，才由南京官话转为北京官话。（参见［日］六角恒广：《日本中国语教育史研究》"中文版序"，北京语言学院出版社1992年版，第2页）

角度切入研究，历史学者则甚少注意及此。其实，琉球官话课本不仅是方言研究的珍贵资料，而且对于清代城市生活史的研究，亦具有颇为重要的史料价值。在清代，琉球人以琉球馆为中心，生动地描绘了福州城市的社会生活，其中涉及的诸多侧面，反映了中琉交往中的日用平常及其相关的应对举措，可以从一个独特的角度了解清代中小城市民众的日常生活。而从社会史的角度对琉球官话历史内涵的发掘，亦能更好地理解清代的琉球官话，这也就是我们必须重视这些琉球汉文文献的原因所在。

《伯德令其他往复文》所见 19 世纪中叶的琉球与东亚海域

　　伯德令（B.J. Bettelheim，1811—1870）为英国海军琉球传道会（Lewchew Naval Mission）派出的医学传教士，他于 1846 年 4 月携带家眷随英国船只星环号抵达琉球，并被安置于那霸波上的护国寺。在琉期间，他曾将《圣经》译成琉球语和日语，并将种痘等西医治疗方法介绍到琉球[①]，从而在东亚极负盛名。[②] 在中国，道咸之际伯德令之长期逗留琉球，曾是近代中英围绕着琉球交涉的重要事件之

[①] 不过，琉球文献多记载，琉球于 1851 年开始种痘，其技术是由琉球人渡嘉敷亲云上从萨摩传入。参见［日］中山盛茂：《琉球史辞典》附录"琉球史年表"，日本冲绳琉球文教图书株式会社 1969 年版，第 1003 页。

[②] 关于伯德令的相关研究，最重要的著作首推日本学者照屋善彦著，［日］山口荣铁、新川右好译：《英宣教医ベッテルハイム—琉球伝道の九年間》，日本人文书院 2004 年版。其他涉及于此的相关资料及研究包括：［日］洞富雄译：《ペリー日本远征随行记》，"新异国丛书"第 8 卷，日本雄松堂 1989 年版；［英］George Smith：［日］山口荣铁、新川右好译，《琉球と琉球の人々：琉球王国访问记（一八五〇年十月）》，日本冲绳タイムス社 2003 年版；［日］山口荣铁编著：《琉球：异邦典籍と史料》，日本榕树书林 2000 年新版；（转下页）

一，这在清朝文献中颇有零星的记载，而在琉球方面则留下一些较为系统的汉籍史料，值得深入探讨。

2013年，复旦大学出版社出版的《琉球王国汉文文献集成》中，收录有清同治五年（1866）的《条款官话》，其中颇有涉及伯德令者：

> 问：我听见讲那伯德令留在琉球的时节，把那耶稣教必要教导球人，球人不肯受教，这话是真的么？
>
> 答：那个伯德令天天把那耶稣教要教球人，细细解劝。我们敝国往年以来学习四书五经，多蒙天朝的教化，所以那耶稣教人心不服，不肯领教。
>
> 问：我听见说那伯德令，把那医生的事业、天文、地理要教球人，球人不肯受教。我想起来，那耶稣教不是圣贤的道理，推辞更好；那医生的事业、天文、地理，都是要紧的事，学习更好，为何辞吊［掉］？
>
> 答：敝国医生事业，原来到中国去学，那个操舟楫、看天气的方法，都是学得备用，所以推辞。①

（接上页）［日］山口荣铁编译、解说：《外国人来琉记》，日本琉球新报社2000年版。中国方面涉及者，主要有张存武《中国对西方窥伺琉球的反应，1840—1860》（台湾《"中央研究院"近代史研究所辑刊》第16期，1987年）、朱法武的《外力冲击下的中琉封贡关系研究》（山东大学2010年博士学位论文）、刘啸虎《十九世纪中叶美国人眼中的琉球——以佩里舰队在琉球的活动为中心》（中国海洋大学2014年硕士学位论文）等，专门的研究则有蔡燕心的《英国传教士伯德令琉球活动研究》（福建师范大学2016年硕士学位论文）。

① ［日］高津孝、陈捷主编：《琉球王国汉文文献集成》第35册，复旦大学出版社2013年版，第11—12页。

明月共潮生：域外文献与东亚海域史研究

关于《条款官话》，琉球大学赤岭守撰有专文探讨。他认为，同治五年（1866）清朝册封使赵新、于光甲等抵达琉球，《条款官话》应是赶在册封使到来之前成书的①。其中的问答内容，涉及琉球处理外交事务的诸多问题，当然也包括伯德令滞留琉球的事件。

2017年春，我曾赴冲绳作琉球文献的调查，其间，在琉球大学附属图书馆阅读到与伯德令相关的汉文抄本两册。此抄本题作"伯德令其他往复文"，未有页数编码，但清点下来多达500多面。该书扉页除书名外，另有"道光二十九年己酉十一月廿六日□/咸丰三年癸丑十二月六月迄"字样，还钤有"……东恩纳文库藏"的方形印章。全书收录道光、咸丰年间的来往书信，其间曾用"太平主"（即太平天国）的年号，之后又出现"咸丰三年九月十一日"，再后则为"癸丑年十月十八日"（"癸丑"亦即咸丰三年）。在冲绳保留下来的这一抄本②，因其行文不太雅训，没有人做过系统、细致的阅读③。有鉴于此，本文拟从历史文献学的角度，以该文本为中心，做一些较为详细的探讨，以期窥探

---

① ［日］赤岭守：《〈条款官话〉初探》，载冯明珠主编：《盛清社会与扬州研究：恭贺陈捷先教授八秩华诞论文集》，远流公司2011年版，第120页。

② 例如，《卫三畏文集》中，就抄录了不少琉美交涉的相关档案（陶德民编：《卫三畏在东亚：美日所藏资料选编》卷上，大象出版社2016年版，第141—143页），其中有一些，颇可与《伯德令其他往复文》相互对照。这些档案收藏于耶鲁大学，参见［日］山口荣铁编译、解说：《外国人来琉记》，第158—160页。

③ 李子贤：《19世纪中叶琉球对涉外事务的处置——以〈异国日记〉为视角》，福建师范大学硕士学位论文，2020年，第44—48页，曾引证了其中的部分史料。

19世纪东亚海域社会的一些侧面。

一、关于《伯德令其他往复文》抄本之成书

在传统时代，琉球一向设有通事，负责与中国的沟通与交流。从现存的琉球《碑文集》所收碑刻来看，那些文字应当都出自通事之手，他们显然是较为资深的通事，有着很高的汉文修养。而伯德令在琉活动期间，琉球当局也指派了一些通事为其服务。关于这一点，早在道光三十年（1850）十月初八，琉球中山府总理大臣尚大谟就指出：

> 查敝国士庶，性质愚钝，虽有读书讲官话者，犹难堪办职，况如刘友直居院中好生办事者，十无一人。但今有儒士五名轮流分班，使二名隔日入院，教习土音半天而回。应否准照比例，使略知官话者二三名充为通事，轮流分班？将一名每日半天，居院办事可也。若有允从，自当应付。

文中提到的"刘友"，是1846年与伯德令同来琉球的通事。此人为广东香山人，文化水准似乎比较有限。咸丰二年（1852）七月十三日，伯德令在写给琉球总理大臣、布政大夫的信中也提及：

先来本师有情［请］数人抄定书本，有四有六，随日到院，满约下官独谋烦扰，渐渐减数，留四留三，至今不过二人留任，没能日课笔工，亦无一人相说官话。只怜此政引仁涵容，不急出文。迩来首里通事一然诈告云云，多次失际，多回失日，教师无可奈何，出此讼文直言，仍情［请］四人抄写，相习官话，亦情［请］首里通事日日到院，其中有病以人可代，如先一样，此政好知，余用其人，亦给其偿。

此段文字颇为疙里疙瘩，但大致意思是伯德令抱怨前来服务的通事稀稀拉拉，难以满足自己的要求。当年十一月二十七日，琉球总理大臣尚大谟、布政大夫马良才等，在写给伯德令的一封信中解释说：

径启者，通事入院一款，从前屡饬每日入院教习经传，勿得怠慢。乃于前月恭接贵客启文，内云：首里通事还未听命，罕有到院；那霸通事假病不任，等由。又闻通事等近日请暇而不入院。嗣准告谕向永功云：我令通事等誊写文字者，原系总理官之所允，宜饬通事等尽心办职，等因。本职等即召该通事等细行访问，佥云：我等专要考试中式，早□役职，昼夜在家讲习经传，不敢遑居。但所充职务，不敢请辞，我等每日入院，评论经传，讲习官话。至于近日蹈行前辙，十无四五，屡将中国文字并诸物名号，编成本国俗解，令行誊写。此件之事，经因奉令，强为承办。乃于耶稣书中采写文字，习其土音意义，又以耶稣俗解，令行誊写。此件之事，不特系职外之事，抑亦非心之所向，是以告暇而不入院，等语。但通事等不告于官，辄敢请暇，实属不当！今本职等再要选人到院，恳乞贵客评论经传，讲习官话，勿令誊写耶稣书。若已如此，则通事等尽心办职，不敢怠惰。兹修启文敬告，祈赐回音，顺候近安，不宣！

文中的向永功为琉球通事[1]。由上揭信函的内容来看，当时派往为伯德令办事的通事，都是些尚未获得功名的读书人，应当是资历较浅的通事。这些人本来是在准备参加科举考试，现在被官府派往为伯德令办事本就不情不愿。他们觉得前往伯德令处"评论经传，讲习官话"尚可接受，但后来伯德令出于传教需要，一直让他们将中国文字并诸物名号，编成琉球本国俗解。此后"又用于耶稣书中，采写文字，习其土音意义，又以耶稣俗解，令行誊写"，这一点，让这些读书人相当反感，所以他们往往拒绝前往。对此，琉球官府的处理办法，是将原先的通事撤回，另派新人承充。与此同时，也告诫伯德令今后不要让这些人再誊录与基督教相关的内容。

在这种背景下，琉球通事与伯德令的合作一直很不顺利。咸丰三年（1853）七月十四日，伯德令又向琉球当局提出："今有恳者，伯教师曾延贵国人教本地说话，每日有二人自首里府来者，不意数日内竟怠惰不来。伯教师本拟往诉总理大臣，请申

---

[1] 咸丰三年四月二十日琉球国那霸地方官郑长烈具禀。向永功即板良敷朝忠（1818—1862），见［英］George Smith：《琉球と琉球の人々：琉球王国访问记（一八五〇年十月）》，［日］山口荣铁、新川右好译，第117页注36。

饬，缘日内匆匆，不克往诉，因就近乞地方官长郑太爷即传到案，先行戒饬，押令到来。嗣后伯教师要六人，每日轮至讲话，请照施行为感！"而另一份题作"太平主三年七月二十七日居那霸英差伯德令亲笔"的信函，也是1853年伯德令撰写的书信，其中提及："前有那霸通事，俱不听命，本师曾请地方官传来讯刑，至今尚未回覆。后有二人亦不听命，本师欲加训斥，彼已逾垣而走，尤属可恶！首里通事内有一人，本师曾与之约雇用，非官等唆遏，岂肯改变？即望速饬到来，伫候！伫候！"个中提到"官等唆遏"，说明伯德令显然非常清楚，琉球通事之所以不太合作，很大程度上都是官府在从中作梗。

由于一些前来作为助手的琉球通事年岁偏大[①]，而且汉语水平亦颇为有限，故而《伯德令其他往复文》中所收的伯氏方面之行文并不雅训，有时甚至只能以琉球语注出。不过，来自琉球方面的文字则相对较好，只是通事在抄录档案时颇有漏略。从《伯德令其他往复文》所收书信来看，大致说来，开初的一些文字比较疙瘩，以后则渐渐有所改善。

二、19 世纪中叶伯德令在琉球的活动

《伯德令其他往复文》一书中收录的档案，有一些提到 19 世

---

① 咸丰三年二月十五日居那霸英臣伯德令病笔："原来其前通事，大半有五十、六十余岁者。"

纪琉球人的社会生活。例如，咸丰三年（1853）二月初七日尚大谟、马良才等指出：

> 查敝国如曾所云，僻处海隅，素无金银通用，凡采买物件，专用杂货互相交易，是以贵客日用物件，从前着令吏役为之调办，祈为体照，勿改前辙。又诸物之价，每年随岁之丰歉，物之多寡，贵贱不齐，贵客日用物件，在商人及诸郡百姓等则，从前着令吏役依照时价，以行算明，但向贵客收领价银，本非心所欲，应任尊意，推源刘友三年所记之簿定价算明可也。

此处的"刘友"，应当就是前面提及的通事，他负责为伯德令张罗各类事务。当年二月十四日，尚大谟、马良才在写给伯德令的另一封信中也大叹苦经："敝国壤地褊小，米谷甚少，番薯亦乏，虽逢小饥，亦食铁树。"上述这些琉球方面的说辞，虽然颇有夸张，但在东亚，琉球的确是比较贫弱的小国，故而伯德令在当地的生活条件相当困苦。

从《伯德令其他往复文》来看，伯德令在琉球的生活一直麻烦不断。早在道光三十年（1850）正月二十六日，伯德令就提及："数月以来，吾院屡次有毒蛇咬死鸡、羊、宝狗。"三月五日，伯德令再次抱怨说女儿缺鞋，自己手头没有合适的笔而难以写字，又找不到消愁解闷的烟草，妻子则难于获得食物以避免全家饿肚子。三月九日，伯德令指出，自己前天深夜忽然睡醒，此后两天一直呕吐不止，妻子也吃尽苦头，他怀疑是琉球方面有人想毒杀他。否则，便是他们提供的腐肉、臭鱼和坏菜，让自己和家人吃坏了肚子。另外，在琉球逗留期间，伯德令家还经常遭到偷盗。如当年七月初一日，"今朝有人入院，窃盗家里什物狠[很]多挑去，吾回家见此不礼，急求琉球政着速追查是幸"。

当时，由于当局供给的食物颇为有限，伯德令不得不自己想办法补充，但这处处遭到琉球方面的掣肘。因缺少食物，伯德令之妻无奈之余，只得冒雨与仆人一起上街买米、买菜，但却遭到差役骚扰，菜、米等被人抢夺①。对此，琉球中山府总理大臣尚国栋解释说：伯德令之妻亲自带领仆人前往市上购买粮食和蔬菜，但当地商人与外国人私相买卖，这是触犯琉球国法的行为。再加上番钱、华钱能否通用存在着障碍，所以买卖未能成功。②对此，伯德令并不相信，他认为琉球方面"因畏英国大怒，务欲预备装饰之言。"③

道光三十年（1850）九月初三日前后，伯德令再次提出指控，此次涉及的问题共有九条，主要包括：衙役侮辱伯德令；以禁卖食物来刁难他；伯德令曾施技疗瞽，而琉球人不许病人就医；伯德令常想雇佣一人协助扼杀毒蛇，但琉球人禁止他人帮助；侮辱伯德令之妻；日用食物不许多得，而且里面存在诸多弊端；不许伯德令雇得服役工人；禁止伯德令使用渡船、马匹等交通工具；约束人民，不许与伯德令交接言谈。对此，当月初五，尚大谟、马良才逐一辩解与反驳。同日，尚大谟再度具禀，希望

---

① 道光三十年四月二十九日居那霸英臣伯德令亲笔。
② 道光三十年五月十日中山府部理大臣尚国栋复。
③ 道光三十年五月十三日居那霸英臣伯德令亲笔。

英国方面能将伯德令接回。

作为传教士，伯德令努力在琉球传教。但他受到琉球当局的百般阻挠，可谓举步维艰。咸丰元年（1851）正月初八，伯德令上书琉球当局，提及他所遭受的种种阻挠：

> 昨天那霸市上，本师舍些济物给贫人，有一个恶儒扬声呼，跟随之，探卒强夺之。又□□乡里，本师教民时，有探作、儒者强逐良民，不容他敬听天道。老爷止停这等弊，吾所求，望之至！

对于伯德令的指责与请求，琉球当局的辩解是："贵客屡要传授天主教并医治病人，原是出于美意，但敝国素学孔孟，随分安业，得以修身、齐家，而国家政务，亦依循圣贤遗法，不敢改辙。乃兼学天主教，是人心所不向也。至于医业亦学习古传，更前赴中华传授其法，无缺治病。且疗治之法，不可以一律论之，地有西南之不同，人有强弱之不齐，是以人皆不用他医。"[①] 在这里，琉球方面的说辞有两点：一是伯德令在琉球传授天主教，虽然出发点是好的，但琉球人一向学的是孔孟之道，于国情不合；另外，当地人从来都是前往中国学习医术，西医疗治在琉球并不受人欢迎。这些辩解，与前引《条款官话》中的说法完全一致。

咸丰元年（1851）四月初九日，那霸地方官郑长烈曾致信伯德令，指责他的传教方式太过粗暴。四月十日，伯德令写信逐一

---

① 咸丰元年二月二十九日中山府总理大臣尚大谟、布政大夫马良才等谨启。

反驳，其中提到："琉球地方门门张开，不过英师、夫人、女儿走一走，贵国虽云不是官命，不是御止，仍有探卒大小到处先驱纷乱，一路呼号'掩门！''掩门！'食饭之间，强逐主人男子出家，一群逗遛街上，不容他回家，待英等经过，于是吾等入家看女不看男，是他人用巧，不是英人做的。蠓童鄙陋贩子，不论男女，叩门即开，独是英人叩门不开。况各鄙陋仆婢辄掩各门，在英等面前不是风俗，是官命皆俗，特为吾英家做的。不是本师惊动良民，是斜法磨难，十分可惜的，琉球人徒然做哉！"信中的"英"，为伯德令之自称。个中的指责认为，一切问题都与官府吏役在幕后的操纵有关。

咸丰二年（1852）十一月十五日，伯德令希望与官员见面，交涉他所遭受的种种苦难，但未能如愿。当月二十七日，他在致琉球总理大臣、布政大夫的信中提到：当自己外出时总是出现骚乱，一路上备受骚扰，琉球人"以石、木下手，拉打教师、夫人、女儿"。伯德令要求此后每当自己前往他人之家，"人人相礼敬待"。对此，总理大臣尚大谟、布政大夫马良才在回信中，反复强调琉球独特的风俗，对伯德令的指控做了详细的辩解①。当日，伯德令则写信逐一予以批驳②。咸丰三年（1853）二月二日，尚大谟、马良才等说：根据调查，"英妇女儿同到市上，要以钱买球子，取其二个，而一授女儿，一授仆人。商人辞曰不肯以钱卖之，忙向仆人取回其一，但其一强与价钱，不肯交回，断无商

---

① 咸丰二年十二月十八日中山府总理大臣尚大谟、布政大夫马良才等谨复。
② 咸丰二年十二月十八日居那霸英臣伯德令亲笔。

人下乎［手］打仆，又无差役挑唆商人，使市上纷乱，而陷该妻子于危。"另外，二月十四日，尚大谟、马良才又说："去年十二月十四日，恭接贵客尊札，内云首里街上人家里，屡所遭难危险、受苦羞辱，等由。随饬属役，召集各村头目等细问其事，佥曰：英客行路之时，人皆让路肃避。及其侵入人家，老幼惊怕。或有逃去他家者；或有言语不明，默然而坐者；或有目击老弱妇女惊怕悸怅，频请回去者，绝无失礼而陷英客于危难之弊，等语。又云：前日兴鹏堂里有短身差役，由先屡所苦磨英家者，剥右袖发手臂二回，舞向英脸，其傍观者亦十分加不礼逐去。至隔壁之家属肥胖大夫，狂舞烟筒向我，怒召仆人，命拉撼我去，等由。即复饬令，召集兴鹏堂及隔壁各家主细行访问。据兴鹏堂家主口称：我堂中有一个老妇，听见英客侵入家中讲解教言，心惊魂散，至失气息。我忙令仆人请英客及早出去，断无差役剥袖发臂，舞向英脸之事，等语。又据隔壁家主口称，在家吃烟之时，忽有英客侵入家里，我见妇女、小儿惊怕失魂，忙以所带烟筒指令仆人，恳请火速出去，断无狂舞烟筒，怒召仆人，使其逐去英客。今乃英客如此首告，心实难安，等语。且贵客所谓大夫者，是士而非大夫也。再有申告者，贵客侵入人家，多有妨碍，请行停止。"琉球方面认为，彼此之间之所以发生冲突，其实是存在一些误会。而针对琉球当局的说法，伯德令并不以为然。

除了传教之外，伯德令同时是位医生，在《伯德令其他往复文》中，保留了一些他为琉球民众治病的文字。例如，瘟疫是琉球常见的疾病，咸丰元年（1851）十一月二十五日，伯德令就曾指出：

> 本师听见琉球不幸疫症流行，民间有服痘毒，有发烧病染患毙命者甚多，无不感动英心，万乞琉球政士听英医劝，免国更绝民生。琉球既无良药，亦无医智，医馆无能，治常病岂能治止二瘟同祸？不若容其土医到院，本师勉力开其蒙愚，供与好药，聊立调法。便劝各官君子散财发粟，令各人穿着袜子入脚暖鞋，足热首凉，不畏病患，此乃紧要之法。甘心送洋银五十大圆，托官费于贫病，用买袜鞋之用，万望不见却，上总理官等，并候！

在伯德令看来，琉球的医疗条件较差，应接受西医治疗。另外，琉球民众还需要改变生活习惯，让人穿袜，"足热首凉"，方能"不畏病患"。为此，他捐赠了 50 元洋银，让官方购买袜、鞋，投放给贫病之家。对于这一点，同年同月二十九日，中山府总理大臣尚大谟作了答复，他强调：琉球都是前往中国学医买药，医疗条件并不差，再加上琉球天气暖和，平日穿袜的人很少，故而将伯德令所送的 50 元奉还，也就委婉拒绝了他的建议。

对于琉球人的治病，伯德令除了强调人们应穿袜以避免寒从脚起外，更提出了一些具体建议。例如，在该书卷下就有咸丰二年（1852）二月初二日伯德令亲笔书写的一封信函，其中就建议人们"日日一身洗净，海水更好，弱者用温水，调些醋，亦可以洗后抹干，穿暖衣。最要家里洁净，屡开窗门，转改气吹，饮食节用紧重"，以防止疫病肆虐。另外，他还提出了具体的"医法"方案。不过，尽管伯德令苦口婆心劝导，但琉球官方仍然无动于衷。咸丰二年（1852）二月二十六日，伯德令提到：当时有位瞽者向他乞求"英药"（西药），但地方官员黈夜就将瞽人及其老母抓获，罪名是"求药于英医系罪"。在琉球方面看来，向传教士求药医治，实际上也是一种犯罪。当年九月二十八日，居住在那霸的伯德令在写给尚大谟的亲笔信中提及："在那霸，节妇久时瞎了两目，余前听其恳，用针入其一目，用药加清，蒙神祐［佑］宠，良女得痊，其一目明了，所延迟施医其二，特欲土医外科数名请看是也。事开辟以来，琉球未有之土医外科学习美法，自手加福目瞽者，余喜之甚！万望总理大臣、布政大夫等好念是事之重，悦意容医科到院，余展发人目画图，细说解注眼内造化，后当面前医其遗瞽，皆乃明见。"从此信看来，伯德令治好了节妇的一只眼，他希望通过第二只眼的治疗，向当地医生传授治眼的技术。对于伯德令的治疗，琉球官方同样也并不领情。咸丰三年（1853）二月二日，尚大谟、马良才在信中曾提及，伯德令正月初三说："前日在首里，遇人瞎两目者，即自手带药洗清目，外贴膏药两耳下，其余药托授病人，教之其用毕，相约十日以后再来，可医目内。当时英医到来，惟差役等打乱一村，逐去病人，免得痊医。"对此，琉球方面的解释是说："英客曾到瞽家，强行调治，该瞽人不信他国医术，意再逢英客，必有强行调治，乃引伴逃去，万（？）不是差役逐去瞽人。"

十月十五日，伯德令在写给琉球总理大臣的信中，讲述了他前往乡下所遇到的种种刁难。对此，十一月初四日，琉球总理大臣尚大谟、布政大夫马良才做出辩解：

> 径启者，十月十五日，恭接贵客启文，内云：每得空日必传道。在首里，强使友民害大英名，四方掩门，若不强开友家，不得相享道味。官敢三日使吾受饥苦伤胃，虽出多钱，用小官擅禁，□免卖物备晚饭，致困倦饿瘦，等由。查敝国也，人家设门者，非有事出入，不敢辄开，是贵客所见知也，不是役开［关］门以御贵客之来。且敝国与中国不同，素无卖饭之店，求之他家，不得遽办，何敢禁人卖食，使至饥饿哉？又云：官不容雇轿子，强使夫人、英师往来三里，等由。查敝国备置轿子者最少，每逢贵客之雇，着令吏役西去东往，聊借来备其用，实非容易可办，故前日借来，稍致迟延，不是不容贵客之雇也。又云官用巧，不容厨子随主命，所带些食物，大不足八口，故出钱到公馆，要买二三斤红薯，其孔孟徒日没有薯，等由。查贵客日用食物，经饬该厨子从命调进，违曷有窥察贵客出门之时，挑唆厨子减食之理哉？……公馆者即是学馆也，在此馆者，皆是读书之徒，不知买卖之事，故不承买薯之命。贵客久居此国，无事不知，乃有不快意，即归咎于官，是本职等所难安也，乞察实情，俯赐体谅。幸甚！幸甚！

从上述的一问一答来看，琉球方面对伯德令制造了诸多障碍，从各方面限制其人的传教。特别是从回复来看，琉球官府对传教士及其背后的帝国颇有忌惮，所以小心翼翼地加以回复和辩解。

伯德令认为，自己所遭受的种种挫折，都与琉球官府有关。咸丰二年（1852）十一月二十七日，他在致琉球总理大臣、布政大夫的信中提到："久住琉球，既知百姓性情温和，不害与人。又知上古以来，因政压治，氓庶失自主意，奴然非由官命，大小自不能为。况不敢犯英人，故近来本师、夫人在首里所遭万难危险，无不由官而来。"这段文字虽然并不十分通顺，但其矛头直指琉球官府却是显而易见的。

此外，伯德令还在当地开展慈善活动。咸丰三年（1853）二月初一日，他在写给总理大臣、布政大夫的信中提及："近听见民乏谷薯，只食铁树，无不同忧，……乞宪准送洋银百圆，其五十以施邻里，其余以施远贫，恳祈时时投知民除今难如何，再准帮之悦意。"这段文字的大致意思较为清楚，但这也同样也遭到地方官吏的阻止。

针对琉球方面的刁难，伯德令时常以自己身后的国家为后盾。道光二十九年（1849）十一月初九日，琉球方面接到"大英军机大臣、特授总办外务事宜宰相、头等巴图鲁、世袭子爵巴宪札"，"内称大英秉政各大臣，所欲彼此两国不禁通商，永久友睦。倘琉球果有此意，准信依从。况琉球如以英商带同船货前赴境址，定自友接成全，货必准予销流，任便代买琉球各项品物，而后安然回国，诚足力保，则本国商民现有数名，即往琉球地方寄居贸易，俾籍宾上利益多增矣。至伯德令系属英国子民，向于泰西国习练医调疾病，广通法术，后过琉球，其心志既系救患济人，能使琉球民庶精力旺盛者，仍嘱琉球见谅如前，再得妥保该教师平安可也"①。道光三十年（1850）七月初八日，伯德令写道：

> 今也教师苦告被辱打，屡次饿痛，强养以腐肉、霉菜，使妻子受病，毒蛇入院，钻入卧房时，教师计出救法，然被琉球政制［掣］肘而不可行之也，有何理耶？英师为人高才智慧，医家头目，讲几乎天下各话，济灵医身之病。耶稣徒牧人，虽不许效达子辈交战与仇敌，然其口言重大，有时贵于世雄之兵船、火炮也。尔害犯师各一案，宅有报十倍也。英国目下多有兵船载大炮者巡行此海，方其中最小一只，足以毁坏民盛之城，祖宗之美，墓地变为荒野，一见之心嫌不过，故尔小心待英家为要！

在这里，伯德令先是列举了自己的种种不幸遭遇，接着以英国之船坚炮利相威胁，恐吓琉球，希望后者不要再阻挠他在当地传教。当年八月，一艘英船入港。在随后的琉英双方会见时，英国方面要求琉球当局反省伯德令在当地所遭冷遇、迫害的情况。翌年，英国政府来信，更要求琉球方面优待伯德令。咸丰三年（1853）七月二十七日，伯德令在给琉球总理大臣、布政大夫的信中，抱怨自己的邻居因"患右足疮疽，溃烂已甚，命在须臾"，经他救治，本已逐渐康复，但琉球方面却百般刁难，将"所施药

---

① 道光三十年九月初五日。

物、器具等尽行撒［撤］去",伯德令认为,如此则病者必至死亡。他愤怒地指控:"因念官员本有养民之职,今则不独不能养民,并欲徇己意,使民速死,何以为国?"有鉴于此,伯德令威胁说:"在上者亟应申饬下属官员,禁遏土棍扰害,不然英船近日一至,必将拯民于水火之中矣!"

为此,伯德令还经常为来航的英、美舰队转递信件,以此自重身价,增加与琉球当局周旋的筹码。早在咸丰二年(1852)五月初九日,伯德令在一封信中就写道:"敬启者,多蒙贵国回船,万乘顺风,领接书信物件,提神至极,感激不尽!亦蒙敬受新任大英钦命专理外务宰相公文,托付本师递至琉球国总理大臣,故恭求总理大臣,今日准余觌面传递该书……"这封信的具体内容如下:

> 大英钦命专理外务宰相、世袭公爵克咨启事。近闻教师伯德令在于贵境居住,较觉稳妥,皆因贵国嘉意,听信本国前文,深增感悦。英国别无冀望,贵国超越恪［格］外之意,无非欲相待一如贵国民之在本国接待者而已。查我国凡有四方属地,境内居住人民,无论土客,俱准随意奉道行礼,无稍掣肘。亟请贵境内崇奉耶稣教,无论土客,一律仿行无碍,是所深望也!为此照会,顺诵庆祺,须至照会者。右照会琉球国总理大臣尚。
>
> 辛亥年十一月二十七日由伦敦京都主稿。
>
> 壬子年三月初九日由香港译达。

"辛亥年"即咸丰元年（1851），而"壬子"则为咸丰二年（1852）。此一照会，煞有介事地注明"伦敦""香港"等地，目的无非是向琉球国施压，要求他们厚待伯德令，允许他在当地自由传教。关于这一点，《条款官话》中有一段对话，恰好与此有关：

> 问：我听见说，唛国总兵、亚国提督都到王殿相见球官，真真这样么？
> 答：有这些事情。唛官要到王殿相见总理官、布政官，递给他的军机大臣的文书。那亚官也要到王殿，面谢修办他们物件的恩，又要庆贺新年的洪福。我们总理官等再三推辞说，要在城外公馆相见，不要在王殿相见。那夷官人等都是不肯听从，直到王殿那事情完了，就是回去的。
> 问：那文书的意思是怎么样呢？
> 答：看那文书，说是琉球接待伯德令的事，须要尽行宾主的礼数，若有轻慢他，唛国要发义怒你们琉球，凡事任凭他的意，不要执拗！①

"唛"指英国，而"亚国提督"则指美国的佩里。这段对话，生动揭示了琉球方面感受到的巨大压力。

不过，琉球方面并未就此屈服。咸丰二年（1852）七月二十五日，总理大臣尚大谟、布政大夫马良才等回信说，由于琉

---

① 高津孝、陈捷主编：《琉球王国汉文文献集成》第 35 册，第 23—24 页。

球在传统上与中国的关系，再加上日本的禁教，使得他们无法轻易允许传教。信中还指出，以前法国想在当地传播天主教，也曾遇到类似的问题。

对于琉球当局，伯德令还时常以耶稣的名义语带威胁。例如，他时常说："耶稣虽忍耐至极，听这样事，终然不得不报，亦念英船临时越日越近，可不畏哉？"[①] 除此之外，他还屡次利用天相加以警示："昨晚见天，西方有一星，白光约数尺长，知是太白发现，俗名彗星，主兵灾。此上帝预为示象，做醒世人，速宜悔改前非，敬奉上帝正道，以免此灾为望。"[②]

在琉球方面看来，伯德令之滞留始终是件麻烦事，故而他们一直希望能将伯德令赶走。早在道光三十年（1850）九月初一日，中山府布政大夫马良才就写信，要求伯德令离开。及至咸丰元年（1851）二月二十九日，琉球中山府总理大臣尚大谟、布政大夫马良才写了一封长信，其中提及：

> 贵客留国已经六年，官民人等皆愿早归故土，以安穷国。……从前每逢便船，再三请劝回国。乃奉差到此，非奉官命，不便草率回去。业于上届己酉年，逢有贵国军机大臣遣使到此，即投陈穷国情形，恳请代详，早拨船楫接回，尚未蒙其覆。去年又逢大总兵奉皇政之命，驾火轮船来问贵客，再备前由，代详接回，至今未回示，正在仰望之秋。敝

---

① 咸丰三年正月十八日寓首里英臣伯德令亲笔。
② 太平王三年七月二十七日居那霸嘆臣伯德令亲笔。

国法度，凡有西土船只飘来，不论何国之人，或给菜水，或送猪羊，以供其用。上届丁己〔巳〕年，曾有贵国船两只，飘到属岛宫古地方，其一只搁礁击碎，随即委员济助，配搭一只回去。嗣于庚子年，又有贵国船只漂到敝国北谷洋面，冲礁击碎，即拯救养赡，修理船只，自行驾回。至己酉年，又有贵国船只飘到属岛久米山搁礁损坏，即委员赴往该岛，安为照料。此恤患之道，天理人情，自不能已者也。窃闻贵客常以仁爱为重，凡逢国家关节，自当加意照料。兹有沥情谨告者，敝国如前所陈，将有请封之举，官民人等为备其需，奔走无暇。若贵客不早回国，诚恐专力于供应，莫能备办册封之需，竟误国家之大典也！恳乞贵客仰体大邦恤小之仁慈，俯察海隅愁闷之可怜，待有便船，将其原文交付来客，转进军机大臣麾下，仍祈贵客电察前情，编修书信，一并寄送，务期早拨船只迎接回国，则举国官民感戴仁恩于无既矣！

从该信可见，琉球方面希望以处置漂流民的传统方式来应对当时的国际关系。具体说来，尚大谟、马良才等人想以接待漂流民的方式处理伯德令，但没有料到当时的形势早已迥异于曩昔。因此，他们只能不断地给伯德令制造种种障碍，希望他能知难而退。对此，咸丰三年（1853）正月十八日，伯德令在信中列举了自己的种种遭遇，以"耶稣之怒"警告琉球官员，希望他们善待自己及家人，不得再行刁难。二月二日，尚大谟和马良才再次指出："敝国如再三所告，素崇孔孟之道，一切政务礼节，皆从其法，永享太平。至耶稣教是人心之所不向，今贵客屡行首里，虽要传教，亦无受其教者，恳乞嗣后勿到首里。"对此，伯德令指出：琉球方面所说的"敝国法度，西船到来，给菜送猪，乃天理"，是绝对难以成立的。"天理人人贸易，或以身力、才力，以货换货，或以银买物，……惟西船虽遭难，有银多可以买需用，但贵国斜法，不容他自养。"他质问："连官船来时，贵国曰：不要银子！不要银子！是天理么？"[1] 在这里，伯德令秉持的是自由贸易的理念，这当然是琉球方面所无法理解与认同的，后者明显是以怀柔远人的原则，处理前来琉球的诸多外国商船。琉球官府无偿提供衣食等补给，避免与外国船只发生冲突，唯一的希望就是让他们能尽快自行离开琉球。

三、从《伯德令其他往复文》看 19 世纪中叶的东亚海域

琉球素有"万国津梁"之称。及至 19 世纪中叶，东亚海域的形势发生了重要的变化。特别是鸦片战争之后，西方势力开始频繁出现于东亚海域，他们除了在当地从事海洋勘察之外，还向琉球政府提出了修好、通商和传教等诸多要求，而后者则以土地贫瘠、物产稀缺为由屡次委婉拒绝。在《伯德令其他往复文》中，就有不少反映琉球与周边诸国的关系。

---

① 咸丰元年二月三十日（引者按：原文如此，疑误）居那霸英臣伯德令谨复。

明月共潮生：域外文献与东亚海域史研究

1. 与中国的关系

19世纪中叶德国传教士郭实腊（Karl Friedrich August Gutzlaff, 1803—1851）在其所著《贸易通志》中指出："琉球岛人怀良心，国虽褊少，然其民豪兴豪发，不辞险阻，而冒海之浪，每年二只大船，载杂货往福州府，数只赴日本笼岛进口，载白糖产物出口，载日本布帛、百货，日本萨磨［摩］船每年八有余只，赴琉球载白糖产物，为进贡也。"[①] 关于这一点，咸丰元年（1851）二月二十九日，琉球总理大臣尚大谟、布政大夫马良才提及：

> 敝国弹九小邦，僻居海隅，素列清朝屏藩，代供贡职，深荷皇恩浩荡，有加无已。况逢国主承祧之时，叨蒙皇上特遣册使袭膺王爵，世守藩封，此诚百世无穷之荣光也。是以度佳喇岛人等，自古以来，结好通商，往来不绝，凡敝国所需贡物杂货，暨日用物件，皆赖该岛聊为备办，永成静谧之治。上届丁未年，国主薨逝，至戊申年遣使讣告于中朝，应于近年依遵旧典，奏请册使封膺王爵，以全国家大典，其款待册使物件种种，不可以不预备也……

此处谈到琉球与中国和日本"度佳喇岛"的关系，这涉及晚明以来的东亚形势。明万历三十七年（1609），萨摩藩岛津氏在德川幕府的许可下，借口琉球没有偿还出兵朝鲜的军费，不派谢

---

① ［德］郭实腊：《贸易通志》卷2 "中国邻邦"，出版地不详，荷兰莱顿大学亚洲图书馆藏本，第18页下。

恩使答谢德川家康，并对岛津家多年来疏于礼节等，悍然入侵琉球王国。此次战争的结果是琉球被迫割地起誓，从此进入一种"两属"的状态。庆长之役后，琉球一方面继续作为封贡体制下中国的藩属，另一方面也被强行纳入日本的幕藩体制，成为萨摩藩的"家臣"。自此以后，岛津氏控制了琉球王国的经济命脉，尤其是对中国的随贡互市。不过，无论是萨摩藩还是琉球国，他们都担心这种关系一旦被中国发现会严重影响朝贡贸易，所以殚思竭虑地隐瞒琉球与日本的密切往来。前引的《条款官话》，其中的部分内容，可能就滥觞于乾隆时代琉球政治家蔡温主持编写的《旅行人心得》。根据赤岭守的研究，《条款官话》与其说是学官话的课本，毋宁说是一部采用问答形式编集而成的指南书，意在对琉球通事下达隐瞒日琉真实关系的应对指令。他指出，所谓度佳喇岛，是指位于日本西南诸岛北边吐噶喇列岛的总称。康熙五十八年（1719）尚敬受封之时，萨摩藩惟恐清朝以琉球受控于萨摩藩为由，断绝中琉间的宗藩关系，于是利用位于西南诸岛北部的吐噶喇列岛，虚构了"宝岛"之名，并谎称所谓的萨琉关系即是琉球与日本属岛——宝岛（"度佳喇岛"）之间存在的边境贸易关系[1]。

当时的琉球，长期以来接受中国的册封。及至近代，除了处理传统的漂流民事件外，还涉及一些新出现的问题。咸丰二年（1852）二月初一日，美国罗伯特·包恩号苦力船自厦门起航

----

① ［日］赤岭守：《〈条款官话〉初探》，载冯明珠主编《盛清社会与扬州研究：恭贺陈捷先教授八秩华诞论文集》，第 123 页。

　　　　　　　　　　　明月共潮生：域外文献与东亚海域史研究

前往旧金山，船上载有 475 名被拐骗华工。这些人因不堪船主虐待而群起暴动，杀死船主、大副、二副等人欲赴台湾，迷航后于琉球之八重山登陆。劫余之水手将船驶返厦门，寻美国驻厦门领事向英人求援，英国兵船遂至琉球追捕，结果 69 名华工被英人绑送香港，数十人或被迫上吊，或饿病而死。其余 200 余未被英军捕获之华工沦落琉球，其中 90 余人病故身亡，存活之林玉等 175 名华工，翌年被琉球政府送归福建①。关于此一事件，伯德令提及："去年亚美利坚有船过台湾，舟中趁往有中国宁波等处人百余名，船近台湾，谋为不法，竟将船主等杀死，劫舟中货物逸去。嗣后查得盗伙俱遁在太平山，业经照会贵国，务为拿获，现亚美利坚提督查问此案，乞即示覆。"② 这是与"罗伯特·包恩号"事件相关的一封书信。

当然，伯德令长期逗留琉球，也是琉球政府乞援于中国的一大难题。作为东亚海域世界中的蕞尔小国，琉球面对咄咄逼人的大英帝国无力招架，只能不断地求助于宗主国。伯德令于道光二十六年（1846）前来琉球传教，当年十月及二十七年九月、二十八年十月，琉球国王曾屡次向福建当局咨请查办。对此，《条款官话》中提到："那佛、嘆之人留在敝国，不能叫他回国，专赖天朝的洪福，叫他无事回去，国家安宁。"③ 关于这一点，在中方史料（如《清实录》、《筹办夷务始末》等）中亦有一

---

① 戴逸、李文海主编：《清通鉴》卷 209，山西人民出版社 1999 年版，第 6203—6204 页。
② 咸丰三年六月十二日前后伯德令致琉球官员。
③ 高津孝、陈捷主编：《琉球王国汉文文献集成》第 35 册，第 18 页。

些记载，从中可见，封疆大吏耆英、徐广缙、徐继畬和叶名琛等人都参与相关的交涉，但却始终不得要领，"不惟啪嘌吟尚未撤去，且屡有暎夷船只到彼，恶言警吓，来去靡常，以致该国（引者按：指琉球）日久忧虑"。①

2. 与日本的关系

在琉球期间，伯德令对日本抱有浓厚兴趣，他很想学习日语："因欲习熟日本话，屡请官容旅在日本之客到院，还请不来。"② 此处提及的"旅在日本之客"，应当是指在琉球的日本人，确切地说是萨摩藩驻在琉球的官员③。不过，琉球方面始终不敢承认萨琉之间的真正关系，当然也不会愿意让伯德令达到目的。关于这一点，《条款官话》中有一段对话：

> 问：我听见讲，你们琉球把那日本的说话教了番洋的人，这是真的么？
>
> 答：我们敝国原没有替日本交通，所以没有人知道日本的话，只有那佛、暎的人告禀，说我要学经书，替我教导，

---

① 《清实录·文宗显皇帝实录（一）》卷26咸丰元年正月下，中华书局1986年版，第373页。

② 咸丰二年三月十八日居那霸英臣伯德令亲笔。

③ 根据佩里所著《日本远征记》记载：1853年5月30日，佩里船队派出四名军官，率四名船员、四名苦力组成一支考察队，深入琉球岛内部徒步考察，在岛上发现一处颇为体面的房舍，其主人便是"日本领事"（Japanese Consul，萨摩藩派驻琉球的"在番奉行"）。伯德令曾指出，那霸城里有日本驻军，他有一次偶然亲眼见到，一些日本驻军士兵在反复擦拭他们的武器。（见刘啸虎：《十九世纪中叶美国人眼中的琉球——以佩里舰队在琉球的活动为中心》，第12、15页）

　　　　　　　　　　　　明月共潮生：域外文献与东亚海域史研究

这个事不得推辞，就把经书都用球话教的，并没有教了日本的话①。

咸丰三年（1853）二月十五日，伯德令批驳琉球方面的说法："本国素不知日本书话，等由。从官曰：琉球不知作书，凡所用书目，自日本、中国而买来，琉球所知中国话，既随其书而知之，曰：琉球所知日本话亦然，随其书而知之者，微意见无以谓错言，譬之中国、日本国用英书、荷兰书，所以知之话，乃其二国之书话。况不是华船，是日本船到琉球买卖来，不是汉人，是倭人居住琉球，琉球人到居日本者不小［少］。除了古米府琉球士家，用中国书者十无二，由来曰：琉球知日本话，日本书话不过似实甚矣已已。"上述这封信写得并不十分通顺，但大致意思可以看出，伯德令认为在当时，既有一些日本人居住在琉球，也有一些琉球人前往日本。伯德令在琉球期间，曾见"琉球人与日本国人相做买卖，吾见琉球女数人，将鱼卖于日本船上之梢人"②。通过个人的观察，其实他已相当清楚琉球与日本的真实关系。对此，《条款官话》中还有一段中国人与琉球人的对话：

问：我听见西洋的人说，你们琉球从服日本，是真的么？

答：不是这样，我们敝国地方褊小，物件不多，原来替那日本属岛度佳喇人结交通商，买办进贡物件，又是买得日

---

① 高津孝、陈捷主编：《琉球王国汉文文献集成》第35册，第13—14页。
② 道光三十年五月十三日居那霸英臣伯德令亲笔。

用物件，那度佳喇的人在日本收买那些东西，卖给敝国，想必那西洋的人看得这个举动，就说琉球在那日本的所管。我们敝国原来天朝的藩国，世世荷蒙封王，此恩此德，讲不尽的，那有忘恩负义从服日本的道理？①

揆情度理，中英《南京条约》签订之后，广州、上海、宁波、福州和厦门五口被迫开放。此后，西方列强与中国先后签订了多个条约，前来中国的外国船只骤增。与此同时，英、法、美等国战舰亦游弋于东海各地，他们对琉球群岛的航道、气候、港口等方面的勘探也在加速。随着交流范围的迅速扩大，琉球国王府唯恐因此败露了日琉关系的真相，故而未雨绸缪——上揭这段话拟定的问者为中国人，他从西洋人那里听说琉球人臣服日本的事情。对此，琉球人解释说：根本没有这回事，自己对清王朝忠心耿耿，只是因为与日本的属岛度佳喇人结交、通商，而度佳喇人则是从日本那买来商品再转卖给琉球，以至于西洋人误以为琉球人臣服于日本。咸丰元年（1851）五月十二日，在那霸的伯德令写道：

> 吞得云受带书信，日本严禁等由，不是也。一、琉球托日本报信于英官在上海者。二、日本受得英回信。三、宝岛受书发寄到琉球送我，怎么样不授受信呢？且琉球、日本同法，贵国自曰依度佳喇特为命，度佳喇特依日本为命，所以

---

① 高津孝、陈捷主编：《琉球王国汉文文献集成》第 35 册，第 32—33 页。

琉球一然不以中国，乃以日本特为命。惟有日本虽系琉球命主，其托带书信，未可禁止宝岛一样带书不妨。况今天下暴权皆已震动，丧心畏望，所将生出在世，实系耶稣审判万国之际，人民好知霸道没亡，各自主从，秉公而行，日本政自看其报已近，岂敢责人因从公道乎？引上文，再送内信，祈托总理官友宪使至宝岛为感，谨此，并候！

以上文字虽然比较疙瘩，有时文义亦不清爽，但由此可见，英国方面很清楚琉球国的地位。当时，琉球在对外关系上必须同时受到中日两国的牵制。

对于与日本的关系，咸丰二年（1852）七月二十五日总理大臣尚大谟、布政大夫马良才等，在写给伯德令的信函中指出：

且敝国与度佳喇岛为邻，凡进贡物件，暨国中所用诸物，概赖该岛聊为备办，或遇年设不登，（襄）飧难继，专赖该岛商船运来米谷，方继日食而免饥莩，此特依该岛为命。至其耶稣之教，是日本之严禁，敝国如学其教，则该岛商民必为日本法律被禁，永绝往来，所有进贡物件及国家需用俱致欠缺，而国不能立也。是以上届辰年佛客要传授天主教之时，亦披陈前日，固行请辞。恳乞贵客洞察前情，代为照料，寄文于宰相克大人，弭其要传教之议，不胜仰望之至！

面对所有国家，琉球皆以度佳喇岛作为借口："敝国素无丝斤［巾］绸缎，每逢进贡之便，买自中华，聊备上下之冠服。所有度佳喇丝匹花布，亦系该岛商人所赠土产礼物，别无开铺发卖。至于漆器、磁器暨诸色物件，亦不能广为交易。"在对外关系上，琉球方面的回复总是声称自己国家深受中国影响，但同时也因故受到日本方面一定的掣肘。特别是对于后者，他们以一种统一的说辞多所掩饰。对此，《条款官话》中有一问答：

问：我听见说，西洋人要做结好通商的事，球官辞说：若是替他和好、买卖，度佳喇的人往来绝迹，或者年成不好的时候，借不得大米，都是饿死了，这话是真的么？

答：不是真的，只要推辞结好、通商的事，讲这个将就的话[1]。

此一对话，典型地反映了琉球人一贯的说辞。

3. 与其他国家的关系

琉球官员曾指出："敝国法度，凡有西土船只飘来，不论何国之人，或给菜米，或送猪羊，以供其用。"[2] 诚如前文所述，这是明清时代处置漂流民的传统做法[3]。不过，及至 19 世纪，特别是中英《南京条约》签订之后，东亚形势发生了根本性的变化，琉球被认为是通向日本的理想跳板，西方船只不断以补给、漂流

---

① 高津孝、陈捷主编：《琉球王国汉文文献集成》第 35 册，第 21—22 页。
② 咸丰元年二月二十九日中山府总理大臣尚大谟、布政大夫马良才等谨启。
③ 关于漂流民的处置，参见"漂流船一览表"，［日］赤岭诚纪著《大航海时代の琉球》，日本冲绳タイムス社 1988 年版，第 52—75 页。

等原因抵达或途经琉球，而在这些船只中，英国占有相当比例。据统计，道咸年间抵达琉球的英国船只多达二十七次①。对于西方舰只的频繁东来，琉球王国显然将之视为负担，此类心理在当时的书信中袒露无疑：

> 贵客逗遛［留］以来，所需物件，因市廛货物仅少，只有女人将日用杂货互为交易，不能如意买办，特饬吏役，或购买市上，或派赋诸郡，聊为调办。至其价银，虽经算收，然因无金银通用，空贮库中，全无动用，其诸郡所办物件，价银扣抵贡赋，以行算明。更兼近年以来，屡有西土船只到来，所需物件甚多，官民人等为备其需，群集那霸，末由修业。现今上自公家下至齐民，共至穷阨②。

关于这一点，在琉球文献《球阳》中也有反映。尚育王十三年（1847，清道光二十七年）"萨州惠赐大米、海带菜"条下记载："本国上届辰年以来，有佛朗西、嘆咭唎两国船只屡次到来，种种渎请妨国之事。况复该两国人上岸淹流，更兼去秋为该佛、嘆人等事，有特遣使者于中华。当举国困疲之时，又逢莫大冗费，疲上加疲，穷益添穷。太守公闻知此由，大施恩典，惠赐大米三百石、海带一万斤，以为周济。"③"萨州"即萨摩藩，而

---

① 参见"异国船一览表"，［日］赤岭诚纪著《大航海时代の琉球》，第48页。
② 咸丰元年二月二十九日中山府总理大臣尚大谟、布政大夫马良才等谨启。
③ 高津孝、陈捷主编：《琉球王国汉文文献集成》第13册，第187—188页。

"太守"亦即岛津氏。这段记载是说日本的萨摩藩，有鉴于琉球王国其时的竭蹶困窘而给予物资支持。当时，琉球官府面对西人频频东来相当无奈，他们对于西方势力之船坚炮利亦颇为忌惮，既不愿与他们发生直接联系，又不敢贸然与对方兵戎相见，故而面对英国人咄咄逼人的交涉，除了乞援于宗主国之外，琉球官员只能不厌其烦地加以辩解和反复道歉。

除了英国人之外，此一时期还有美国舰只到来。例如，泊港在首里西南之海滨，隔一水与久米相对，是那霸的一个重要码头。现在附近还有一块外国人墓地，其中就有佩里（Matthew Calbraith Perry，1794—1858）将军上岸纪念地。

在东亚历史上，佩里将军是位相当重要的人物，他担任美国遣日特命大使和东亚派遣舰队司令，于1853年7月进入日本江户湾，要求与德川幕府谈判，商讨开关通商事宜。对此，日本举国震惊，此即日本历史上著名的"黑船事件"。1854年2月，佩里再次率舰队来到日本，最终迫使幕府接受开国要求，双方于次月缔结《日美亲善条约》，日本结束锁国，这直接导致了后来德川幕府之崩溃和日本的近代化。在与日本的交涉过程中，琉球被利用作为往返途中的联络与补给基地。当时，佩里舰队是由香港启碇，行前特邀美国传教士卫三畏（S.W. Williams，1812—1884）担任自己的翻译。另外，在琉球的伯德令也与佩里过从甚密，佩里向前者请教并获得了相应帮助①。早在佩里第一次抵达

---

① ［日］照屋善彦：《被理与伯德令在琉球——美提督和英传教医生1853—1854》，第五届中琉历史关系学术会议筹备委员会编《第五届中琉历史关系学术会议论文集》，福建教育出版社1996年版。

琉球，伯德令就与他会谈了两三个小时，他向佩里提到自己在琉球的困境，并认为自己对琉球有着足够的了解，愿意帮助佩里与琉球当局进行交涉。此后，伯德令便作为美琉之间诸多场合交涉的翻译。

关于这一点，《伯德令其他往复文》中，就有一些与佩里相关的公文。例如，咸丰三年（1853）四月二十六日的一份文件写道：

> 亚美理坚国船现留那霸海一帮船之主亚但，奉钦差大臣兼水师提督札管本国戟天竺、中国、日本国等海大臣被理之命，转答为覆事。我等船到此各海，想留数年，亦有到那霸海不少，所以同贵国往来，官民务相和睦，我心实在怜惜，必厚相待我，免失相爱，官民必以礼待我，以万国船来，务相和悦，必望贵国收留。船到此地，必要山水，兼要各款食物，民间采买，到船支银。钦差传话，地方官差一委员，开写各食物之价兼办买，收各船之银，或在船上，或在别处，至紧赁一二间屋在岸。因为船内之官兵上岸散步，无定处尔。贵国无歇店，或遇风雨，仰［抑］或夜间不能回船，无处歇脚，免闯进百姓屋内。船内之人不识贵国话，欲相一杯水，亦不可得。屋要一二间，或别有使用，因此和睦，亦无别事。但此屋必要用处，至现在船人现赁住个间，地方话是公馆，如有别间，先行指明，亦能换出，照贵国官议一断，但不得已，要某屋二间，近此屋要马公［公马］四六匹，鞍辔要俱全，预备船官应用，工价给足，先数日预定。本月

三十日已刻，钦差大臣兼同僚离船上岸，去宫殿首里回拜总理大臣，早祝地方官务。要海边预备合用轿马，方能前去。此事紧要，所无失望于我！为此，致嘱琉球国那霸地方官郑长烈。

信中的"被理"即佩里的另一种译法。佩里船队的到来，对琉球王国产生了较为重要的影响。咸丰三年（1853）十一月二十七日，琉球国中山府总理大臣尚宏勋、布政大夫马良才指出：根据当月二十四日北山知府向嘉德的报告，此前美国水手二人侵入民家，要购买烧酒，主人辞以无酒，该水手不信，突入内室搜坛搜壶，见其实无酒，艴然出门，散步之间，该水手一人放鸟枪，连伤行路小民二男一女。此后，在那霸的美国舰队官员回复说，这是一桩偶然的不幸事件，"心甚不安，甚欲医痊该童，施济贫民"。对于美舰方面的请求，"琉球医生胆敢力为推辞，不容本医官治法，本医官无奈而回"。① 由此描述可见，美方认为，琉球方面百般阻挠，显然是不希望当地人与外国人接触。

在琉美之交涉中，琉球方面也提出了伯德令的去留问题。咸丰三年（1853）五月二十四日，琉球国中山府总理大臣尚宏勋、布政大夫马良才等，曾给佩里去信：

昨日闻得华人二名，搬到伯德令所寓寺院占住，随即委员访问其由。据伯德令口称，近因有人坐驾英船到来，替我

---

① 癸丑十二月初六寓那霸亚米利坚官船文德略□再复。

交代，故英官先以通事华人二名，搭驾米国船只来此，等语。查伯德令逗遛［留］以来，虽经欲施医术，复要传耶苏教，然国人不肯信服，虽再有人交代，要施这样的术，尚属无益。且伯德令留此已及八年之久，士民为备具供应，甚致劳苦，正在等候其回之间，乃使华人来此逗遛［留］，原系英官所令，然因搭驾贵国船只而来，故敢冒渎，伏乞大人迅赐体照，着将该华人坐驾原船，一同率回，则感戴无既矣！切禀。

可见，当佩里舰队抵达琉球后，又出现了一个新的问题，也就是搭乘美国船的两名华人搬到了伯德令所寓的寺院。其中之一是来自上海的通事，为江苏松江府学廪膳生员钱文琦[①]，这也再度引发一系列的交涉。在《伯德令其他往复文》中，收录了钱文琦的一封信，他说自己前往伯德令处为通事，但因日常供给为琉球人所操纵，所以物价较高，他希望琉球方面能厚待远人。[②] 对于钱文琦的抱怨，咸丰三年（1853）六月初五日，琉球国那霸地方官郑长烈回复说："查市上所有食物，随其多寡，时价不齐。贵通事所需一切食物，严饬吏役照市价公平算明，毫无抬价、耗蠹等弊。"他还说，琉球国并不通用金银，而且在市面交易者都是些妇人，不可与中国一概而论，所以从古以来，不许与他国人互为贸易。伯德令所需一切物件，也不让他自己前往外面购买，

---

① 钱文琦亦即钱文漪，为松江府娄县诸生，与王韬是好友，后著有《琉球实录》。关于这一点，笔者拟另文讨论。
② 咸丰三年六月初五日琉球国那霸地方官郑长列启复。

也是由吏役依照市价算明，所以并不同意钱的看法。对于郑长烈的回复，钱文琦引经据典加以反驳，主要内容是说："市价公平，毫无抬价耗蠹等弊"，都是基层吏役的说法，这些人舞弄是非，并不可信。郑信中说"国无金银通用""妇人为市"等，也并不是事实。在琉球方面的交涉中，钱文琦不只一次提到了伯德令的传教。

在类似的无尽争吵中，伯德令也充分利用了他与佩里的关系。咸丰三年（1853）六月初七，伯德令在一封信中提及，自己是奉佩里提督之命，通知琉球总理大臣、布政大夫等，"要办肥大好马二匹，托贵邻饲养，专候送验。军门或一月转回，仍驻节于此，以备驾驭"。六月初十，伯德令再次写信，说佩里托自己准备的谷饼、草料等物忽然被盗，要求琉球总理大臣等，"速即查缉务获，回覆本师"。当时，琉球方面对美国人之到访颇怀戒心。《伯德令其他往复文》中有一份六月十三的信函，其中提到美国舰队提出的五点请求，即赁屋一间，起厂一间（贮藏煤炭，供火轮船使用），请求琉球官府"容百姓带各样食物、货物来船买卖，必不禁民闭店门"，美方要购买"各样丝、匹布、漆器、磁器等物"，希望琉球方面能指定一处买卖场所，并吩咐各役不要盯梢、监视外出散步的美国军人。对此，琉球方面逐一做了解释，委婉地拒绝了美方的请求，也澄清了一些指控 [1]。

咸丰三年（1853）四月二十七日，琉球国中山府总理尚大谟，接到地方官郑长烈的报告，说美国人想到宫殿首里回拜总理

_____

① 咸丰三年六月二十三日。

大臣等。尚大谟指出：琉球京城首里，不同于中国省城，当地只有王宫，别无衙署、市店，自古以来从来没有外国人员进入宫中。前年十二月，有英国总兵捧国书来到，即要入宫交授大臣，随即沥情，再三恳请在别处交授。但前者不肯听从，强行闯入宫中，此时上自幼君、国母，下至官民人等，都颇为惊恐，魂不附体，国母从此染病，一直缠绵到近日，其病沉重，侍医数人奉进汤药，尚未见效。现今诸官正在忧虑之秋，所以琉球方面请求美方停止入宫。如果实在需要鸣谢，就到太子宫面会鸣谢。此信是由伯德令上船转交给佩里①。翌日，佩里在写给尚大谟的信中提到，自己同行带有数位医师，而且也有好药，或许可以治好国母之病。②对此，琉球方面则坚决予以拒绝③。

不过，从罗森的《日本日记》来看，琉美双方之交涉最后仍较为融洽："越六日，还琉球，其官馈来食料，亚船受之。望后一日，总理大臣尚宏勋、布政大夫马良才，请提督各官诣那霸公馆宴会，享设甚丰，相议和好章程，务祈遵守罔替。总理大臣书字一幅赠予，是程明道先贤诗也。……是日提督传琉球官将器皿、什物陈设公馆，以备亚人采买。其物不过烟包、烟草、花布、蕉布、粗漆器、瓦器等类而已，每银一圆，准钱一千四百文，外国洋船所取薪水，每千斤亦议定价在条约内，以垂久远。"④文中

---

① 咸丰三年四月二十八日琉球国中山府总理大臣尚大谟为奉命哀请事。
② 咸丰三年四月二十八日亚美理坚钦差大臣兼水师提督、札管本国战船、天竺、中国、日本国等海大臣被理。
③ 咸丰三年四月二十八日琉球国中山府总理大臣尚大谟为奉命哀请事。
④ ［日］松浦章、内田庆市、沈国威编著：《遐迩贯珍》1855 年第 1 号，上海辞书出版社 2005 年版，第 138 页。

提及的"亚船"，也就是美国舰只，而两次说到的"提督"亦即佩里。

四、余论

1. 有关琉球的汉文史料为数不少[①]，而对琉球社会实态的观察与状摹，最为重要的当然首推明清时代的各类《使琉球录》。例如，清嘉庆年间李鼎元的《使琉球记》，其中就有一些对琉球风俗文化的生动描述。不过，也有不少前往琉球的中国官员，满足于天朝上国的虚幻，对于琉球社会的观察较为肤浅，他们笔下的一些内容明显经过润饰，实际上颇流于表面文章。其中，最为显著的一点就是，庆长之役以后，当琉球为日本萨摩藩所控制，这些封贡官员对此不是仍无觉察就是视若不见。特别是到了19世纪中叶，在东亚海域世界，琉球的形势已发生重要变化，但在使琉球录的相关记载中却往往一仍其旧。为此，欲探究其时的琉球社会实态，我们还需要参照其他来源的史料。在这方面，来自域外的一些记录，无疑有助于相关研究的深入。通过对这些史料的爬梳与比勘，可以勾勒出更为真实、可靠的历史画面。例如，

[①] 《传世汉文琉球文献辑稿》第 1 辑共计 30 册，鹭江出版社 2012 年版；〔日〕高津孝、陈捷主编：《琉球王国汉文文献集成》。参见拙文《琉球汉文文献与中国社会研究》，载李庆新主编、广东省社会科学院广东海洋史研究中心主办：《海洋史研究》第 10 辑，社会科学文献出版社 2017 年版。

罗森的《日本日记》，对于琉球就有直观的描述：

　　琉球一国，长阔一百七十五里，其国城在地球图纬线赤
道之北二十六度十四分，经线中华北京偏东十度二十四分。
自明以来，世封王爵，叨列藩篱，其处土产，不过蔬菜、番
薯、菜油、糖等类。人民束髻大袖，足穿草履，男女妆饰，
头上只插一簪、二簪为别，故少年之男女，瞥目则无异，及
其壮也，皆留须髯，故街上长须之人甚多。……人民亦甚谦
恭，民居间亦贴新春联于门外，但不见有别等繁华之事。那
霸有寺，寺中有园，是名家世宦之坟所，以石刊刻姓名、年
号于碑上，每日道人打扫，供奉生花、树叶于墓前。另有人
家祖坟，与中国之明冢无异，峰峦之上，树木多植。民房则
以蛮石围墙，内以茅草结屋而居，佳物椅棹俱无，惟以草席
屈膝而坐，对火盆而吹烟。民间亦有识中国言语字墨者。不
张铺店，惟有墟场，男不贸易，妇女为之，以货易货，而外
方之金银弗尚焉。然而百姓亦甚畏官长，饮食亦甚粗粝，甘
守朴俭，不务奢华，亦鲜欺诈。板门纸窗，夜间亦不防窃。
曾见途中检物，亦能以返原人。公门之内，冷冷落落，并无
案牍之烦，淳朴之风，略有同于上古之世。我等外国之欲买
什物，须言于官，官为代办……①

　　罗森是随佩里舰队抵达琉球的中国通事。当时，他曾见到滞

---

① ［日］松浦章、内田庆市、沈国威编著：《遐迩贯珍》1854年第11号，第
　　118页。

留在那霸的英国传教士伯德令。根据《日本日记》记载："余到那霸海旁，于冈脊上见有医馆，英国伯德令在此居住。予入其馆，则宽旷幽雅，时当盛暑，海风徐来，胸怀顿觉爽快。"①而另一位随佩里舰队前往琉球的上海通事钱文琦，也撰有《琉球实录》，后经王韬删削，以"琉球杂记述略"为名，刊载于《遐迩贯珍》。此文首先谈到琉球在东亚的国际地位及地理环境：

> 琉球一土，地本弹丸，孤悬于东洋巨浸中，周围百里有奇，启封建国，列为中土外藩，其主代立嗣位，皆由中朝遣使册封，岁时朝贡惟谨。其贡道自彼达闽，然后疆吏遣员陪护达都。其国无崇山峻岭，树木萧疏，海涛汹涌，外国船舶之彼停泊者，近则有花旗及各国舟航，取道日本，间寄椗于斯。中国海航贸易而至其境者，岁不多遘也②。

接着，《琉球杂记述略》还谈到琉球天气、那霸与首里的景观、琉球王室与官僚制度、商业、物产、百姓生计以及婚丧祭祀习俗等，这些，都可以与罗森的记载比照而观。特别是在最后，钱文琦还谈到19世纪中叶琉球所面临的困境："惟拘迂性成，脆弱恇怯，外侮突来，莫之能御。国无城郭，亦不设武弁兵旅，枪炮之属，不知铸造，剑刀器械，仅备具而不精良，盖其故老相传，倚中朝以自庇，奉正朔，备贡献，以礼义忠信为

① ［日］松浦章、内田庆市、沈国威编著：《遐迩贯珍》1855年第1号，第138页。
② ［日］松浦章、内田庆市、沈国威编著：《遐迩贯珍》1854年第6号，第76页。

经国谋猷，武备韬钤，置而不讲。近因各外国师船停泊，彻夜枪炮之声，上下震慑，其积弱之势，已可概见。"从《伯德令其他往复文》来看，尽管钱文琦对琉球颇多怨言，但在《琉球杂记述略》中，他对该国仍然颇多赞美："惟国虽小而民淳，势虽危而祚永，与厚敛繁徭、疲民黩武之国迥殊矣。今观其国，官府无苛政，民间少争端，不立严刑酷法，不设胥吏差役，二三大夫与世禄数人，办理庶务于公廨，事毕即去。不事催科，民自输纳，无后期，无连负，民不知讼，公庭终岁寂然。士知读书，虽无硕学大儒，然通一经、名一艺者亦不乏人。多尚风雅，吟咏唱酬，皆以为乐，此可谓诗礼之邦、安乐之国矣，又岂宜以其蕞尔弹丸而忽之也欤？"①这些描述，也与罗森的观察颇为相近。

2. 当然，无论是罗森还是钱文琦，他们在琉球逗留的时间都没有伯德令来得长。因此，相较于他们走马观花式的观感，《伯德令其他往复文》中有不少具体而微的内容，可能更能反映琉球社会的实态。伯德令逗留琉球八年，他不顾当局的百般阻挠，坚持传教、义诊和翻译圣经等工作，并且将种痘疗法推广到琉球本土，避免了天花在当地的肆虐。在长期的来往交涉中，琉球官方经常刻意隐匿事实，而多年滞留于那霸的伯德令则在其反驳的信函中，时常有对真相的揭露。如道光三十年（1850）五月十三日，他曾指出："……八云无番钱、华钱之通用等语，不是

---

① ［日］松浦章、内田庆市、沈国威编著：《遐迩贯珍》1854年第6号，第76—77页。

也。吾有十三件为凭，这里银钱通用有之也。银金无通用之处，不可为国。且有教人银金值得多少好容易耳。"这段文字虽然不太雅训，但提及琉球社会的货币流通问题。关于这一点，早在嘉庆五年（1800），李鼎元在《使琉球记》中就指出：

> 观所市物，薯为多，亦有鱼盐酒菜。陶木器、蕉苎土布粗恶，无足观者。国无肆店，率业于其家。问长史，何以市未见钱。对曰："市货以有易无，率不用银钱。"余闻国中率用日本宽永钱，此来亦不见。昨香厓携示串钱，环如鹅眼，无轮郭，贯以绳。积长三寸许，连四贯而合之，封以纸，上有钤记。语余曰："此球人新制钱，每封当大钱十封，舟回日即毁之。国中钱少，宽永钱铜质又美，恐中国买去，故收藏之，特制此钱应用，市中无钱以此。"其用心亦良苦矣[1]。

此一记载反映出，琉球人对中国使者颇有隐瞒之处。在明代成化年间，琉球曾使用中国钱，后来才使用日本钱[2]。而关于宽永钱和鸠目钱在琉球的流通，琉球文献《琉阳》中有不少描述。例如，"康熙元年，始用京钱与鸠目钱，后禀明萨州，以禁京钱，国中皆用鸠目钱，而鸠目钱极以轻小，不便使用。至于是年（引者按：指康熙五年），亦请仍用京钱与鸠目钱于萨州，太守公准

---

① 〔清〕李鼎元著，韦建培校点：《使琉球记》卷5，陕西师范大学出版社1992年版，第127—128页。

② 郑秉哲：《琉球国旧记》（二），高津孝、陈捷主编：《琉球王国汉文文献集成》第15册，第64—65页。

其所请。"① 文中的"京钱",应即宽永钱,而"萨州"也就是日本的萨摩藩。当时,琉球使用宽永钱,需要征求萨摩的同意。明治十二年(1879),琉球国士族喜舍场朝贤(向廷翼)在《琉球见闻录》中指出:"且琉球自萨兵退去以来,与日本无一切关系。虽乞如从前一般,隔年进贡,然日本之情况难以预测,渐渐许五年一贡。五年期进贡,又频请愿,终被允许隔年一贡。若与我日本之关系败露,则有进贡之碍。如此,常向支那隐秘之。册封钦差(支那称敕使为钦差)来琉之际,在琉之萨藩官吏及萨商,悉移居浦添间切城间村。泊港之萨船,移泊至今归仁间切运天港,避支那人之耳目。平常国中融通,收宽永钱,匿于官库;出鸠目钱,于支那人滞留中,假装在市中流布。官衙寺院中之挂轴、钟铭及碑文等,凡涉及日本之年号、人名及与日本相关之物,悉收匿……"② 此段记载,若与李鼎元的描述相对照,可见关于册封使抵达琉球时,琉球方面为防止宽永钱流入中国而将其收藏的说法,其实是琉球方面的刻意隐瞒。对此,伯德令应当有颇为直接的观察。

除了日常生活中的具体问题之外,伯德令在书信中对于儒家学说与琉球政体亦多所攻击。例如,早在道光三十年(1850)五月十三日,伯德令就指出:

原来其国一字,从孔孟教解注,谓之官棍而已。政者,

① 高津孝、陈捷主编:《琉球王国汉文文献集成》第13册,第127页。
② 喜舍场朝贤:《琉球闻见录》卷3,李艳丽译,商务印书馆2020年版,第127—128页。

恃势凌人，以百姓为芥草，……国最小，官人、大夫、细作、儒者、衙役、公差，皆食禄之人，太多不胜，百姓无奈，强养群官，百盘［般］苦劳，无足家口食衣。……惟耶稣门人见人屈人为畜生，心过不去矣。人以本手产物，而不可自便，是系强奴无以益人类，亦无以利本国。识浅私欲之辈，谓之大［太］平，其实畜生［牲］满厩，一棍足以逼之也。……琉球政非恨自之国，必认上语皆是也。早日效列国道，准良民任意办自事情，重生民子，降福无尽。

在这里，伯德令指出琉球社会诸多不平等现象，认为统治者实际上是将人民当作草芥，横加奴役。此外，对于琉球人标榜的统治思想——儒家学说，伯德令也不遗余力地加以抨击。咸丰元年（1851）六月初五日，伯德令就指出："孔孟佛家所拜者，腐坏臭尸木石，不动不活无神无灵者而已，可崇拜之神主上帝独一哉？普天地无不在而拜之者，必以虚意诚心而拜万物之父，乞弭庙宇神灵所在之举。"

在一些书信中，伯德令还直接抨击琉球的统治。咸丰三年（1853）二月十五日，病中的伯德令给琉球当局写了一封信，其中有不少是对琉球政体的严厉抨击：

人被官受如此大害，官也云：各自安分，永享太平等浮言。果可譬之牧人打鞭，供刍养数大犬、猎马，以加以治。群畜或剪羊毛，杀食猪公；其犬望骨吠，擒其羊；马亦好躐，追猪一林。其牧乃曰：犬马大哉！从其遗法，治畜厂，虽杀羊、猪，常归林厂死也。慕我各自安分，牧畜永福，国小愚大，效此有尤。既无听见世间万事，素无人教之上帝圣道，自觉官有鞭强禄惑，……命民曰：吾以此为道，弃之者服重刑。……耶稣曰：我乃善牧，善牧者为羊捐命，我至非以役人，乃役于人，且舍生为众赎也。尔中欲为大者，当为尔役；欲为首者，当为众仆。从此称国者，君官士争先者役于民也，民无不越日越上。

此段文字虽然未必通顺，但其中心意思是透过与基督教的对比，以家畜饲养，来比喻琉球的统治方式。接着，伯德令更是一针见血地指出：

今琉球治国者，官士日废仁义，立虚智礼，永从私欲，代理论力，视民永奴。如此强压百姓，连中国无也；如此狚侮小人，孔孟亦无所载。乃琉球如此，辄用"永享太平"四字，果犯中国字意，万望以后弭此自夸之议，从兄诸国，行政日进，不以半死为太平，不以强压为仁义。琉球专要万国视之为非常格外一小地，人性、风俗、法度与万国人性、俗貌、法律无能共载一天者，无不自招众敌，教师所以深忧，乞宪我□仆劝停止……

此处毫不留情地指斥琉球王国奴役百姓的事实，认为"永享太平"一说，无非自欺欺人的说法，指出该国的人性、风俗、法度，有悖于他所认为的世界万国公认之标准。咸丰三年（1853）

二月十五日，伯德令指出："上帝造化，天地主宰，万国本于一脉，地以居之，时以定之，界以限之，盖人力服限，身灵皆弱，一皇一政，治管全地，人中无能，由此民分国异政，别不得已而兴，其名虽万，一海相连，天下一体，四海一家，本国、他国，异名而已。论理万民本生同母，一天以祐，一墓以埋，天下之人，生死兄弟而已。"这些指责，与佩里所著《日本远征记》中的不少见解颇相类似，也正是琉球政权最为恐惧的关键所在。

另外，琉球当局对伯德令在当地的传教活动也颇为忌惮，他们借口度佳喇岛为本国经济所依赖，而后者又为日本禁教所制约，故希望英国方面能予理解。道光二十九年（1849）十一月初八，英国兵船到琉球投文要求通商，并妥保在琉球之英国医生伯德令。当时，英国一直想与琉球发展外交关系，这一点也同样为琉球王国所恐惧。咸丰元年（1851）二月二十九日尚大谟、马良才在信中提及：

> 窃闻贵客告向永功云：英国要于五年之间，准照与中国交易之例，与日本国修好结交，购买第宅造家，使人居住，互为购买第宅，盖起房屋，设馆交易，派人居住。又要在琉球设建公馆，等语。一闻之下，曷胜惊怕！但因未听贵客面语，不敢立即请辞，然其事关系匪轻，难以缄口。夫所以买宅设馆于敝国者，想必为通商往来也。若果如此，多有不便。

接着，他们指出琉球物产有限，多靠中国和日本接济："敝国土瘦地薄，五谷不裕，物产甚少，更无金银铜铁丝斤［巾］绸缎等件，所属诸岛，亦属褊小，不可称国。前明以来，叨列中朝屏翰，世膺王爵，代供贡职，故顺入贡之便，购买丝斤［巾］绸缎，以成上下冠服，采买药材诸物，以备国家之用。犹为不足，乃通日本属岛度佳喇，偕结邻国之交，除购得进贡物件，既运卖中华杂货外，凡国中所需米谷、木料、铁锅、茶叶并诸色杂货等项，亦求自该岛，聊得济用。其所交易者，亦不过以我国所产黑糖、蕉布等项兑换。该岛米谷诸物，全进贡之典，办国家之用耳。非如诸国广开商路，生财图富也。且敝国人民，以五谷之稀少，常用番薯以供日食，另无升斗之储，每逢风早［旱］之灾，虽经制食铁树，犹不充饥，乃借米谷于该岛，方保残喘，此特依该岛为命也。"尚、马二人还指出，嘉道以后，西洋各国东来，要与琉球发展外交关系。而对于西洋各国的通商请求，琉球方面再次强调了来自日本的制约：

　　且闻日本法律森严，不曾与他国交通，只于长崎马头设建，胥役严密管束，限定船只货数，方许中国、荷兰商客每年往来，以为贸易。至度佳喇岛虽系日本属地，因其与敝国相近，故许往来交易，然于回岛之后，若有禁物阴夹、货数过额等弊，一经胥役查出，即拿究重惩，等语。若今贵国买宅设建公馆，于敝国造家，使人居住，以为买卖，该岛客商必为日本法律被禁，以绝往来之交，及此之时，不但莫能调办朝贡之需，更至国家诸用亦苦缺之况，逢饥荒之岁，无处周急，竟陷饿殍之地。且敝国素无银子通用，所有市廛物件亦已仅少，当他国船只到来之时，其所需日用物件，不得在市买办，特饬属吏派赋诸郡，聊为调办。更兼近年以来，屡有贵国暨佛朗西、亚米理干等船只到来，所需物件甚多，举国官民为之群集，废职抛业，上则有廪饩之费，下则有日用之费，甚至困穷，日后若有贵国船只到来，要购买第宅、设立公馆，自当沥陈前由，固行请辞，为此预具情由，谨渎尊听，恳乞贵客垂怜穷国，妥为照料，弭止买宅栖人设馆之举，则感激无涯！

这里虽然没有提到中国，但作为中国的藩属国，琉球国统治者不敢实行未经宗主国皇帝批准的外交处置，以免对册封朝贡造成影响。因此，他们小心翼翼地应对西方诸国的不断试探。也正是因为这种恐惧，琉球方面对于伯德令在当地的活动，不断制造各种障碍，想方设法地将其赶走。

以长崎为中心的清日贸易
与社会文化

18 世纪唐通事眼中的清日贸易与长崎社会
——新见抄本《琼浦闲谈》研究

从 1604 年（明万历三十二年，日本庆长九年）江户幕府开始在长崎任命唐通事，迄至 1867 年（清同治六年，日本庆应三年）废止唐通事制度，其间的 264 年中，唐通事始终在中日贸易与文化交流中充当着重要的角色，故而一向备受学界关注。

在日本，相关的研究成果已极为丰硕。举其荦荦大端，1979 年，长崎学者宫田安著有《唐通事家系论考》一书[1]，根据《译司统谱》《译司江传》等重要史料，结合当地现存的墓碑实物所记，详细考述了长崎唐通事三十余家及其分支的家系，这是最早也是最为重要的唐通事研究专著[2]。2000 年，吉川弘文馆出版

---

[1] ［日］宫田安：《唐通事家系论攷》，长崎文献社 1979 年版。

[2] 当然，在此之前，已有一些零星的研究，如：林雪光《長崎に唐通事の資料を探る》，《外事論叢》2（4），1948 年 12 月；唐通事会所日録研究会：《唐通事會所日録の研究》，《史学研究》（54），1954 年 4 月；［日］松本功：《唐通事の研究——特に訳司統譜・唐通事會所日録を中心として》，日本法政大学史学会编《法政史学》，1958 年 1 月。

了唐通事后裔林陆朗所著《長崎唐通事：大通事林道栄とその周辺》一书，该书后于 2010 年又加增补，作为长崎文献社 "名著复刻系列" 之一种 ①。除了日本学者之外，一些旅日学者在相关论著中也多有涉及。例如，李献璋所著《長崎唐人研究》②，其中就有一些篇章涉及唐通事之相关问题。刘序枫早年留学日本九州大学，他长期关注中日贸易与长崎社会文化的相关问题。2013 年，刘氏发表《近世長崎貿易における唐通事と唐船主》③《清代的中日贸易与唐通事》二文，其中的后文，利用唐通事教科书《译家必备》以及长崎历史文化博物馆收藏的尺牍抄本及信函原件，重点探讨了唐通事的职务内容，以及他们在中日贸易和文化交流中所扮演的 "媒介角色" ④，在史料发掘及研究上多有新见。

除了历史学的关注之外，与唐通事相关的语言与文学之研究也愈益受到重视。江户时代日本幕府在 "锁国之窗" 长崎设立唐通事担任翻译、贸易和外交工作，由此形成了不少与之相关的教科书（或称 "通事书"）。对此，早在 1927 年，日人武藤长平在其《鎮西の支那語學研究》中，就曾缕述培养唐通事的各

① ［日］林陆朗：《長崎唐通事：大通事林道栄とその周辺（增补版）》，长崎文献社 2010 年版。
② 李献璋：《長崎唐人の研究》，日本亲和银行 1993 年再版本。
③ ［日］若木太一编：《長崎・東西文化交涉史の舞台——明・清时代の長崎支配の构图と文化の诸相》，日本勉诚出版 2013 年版。
④ 收入朱德兰主编《跨越海洋的交换——第四届国际汉学会议论文集》，台湾 "中央研究院" 人文社会科学研究中心，2013 年 11 月，第 45 页。关于唐通事相关研究学术史较为详细的回顾，可参见该文 "前言" 的注 1—4，见第 44—45 页。

个学习阶段及其相关读物①。1967 年，石崎又造又在《近世日本に於ける支那俗語文學史》一书中对此续有申说②。1992 年，由王顺洪翻译的六角恒广所著《日本中国语教育史研究》之第五编的"附论"，则专门论述了"长崎唐通事与唐话"③。这些著作，都概述了唐通事培养之不同阶段及其使用教科书的状况。至于专题性的研究论文，1968 年，石田義光发表《小说〈琼浦佳话〉解题》一文④，首度介绍了日本东北大学"狩野文库"收藏的《琼浦佳话》抄本，并就此做了初步的探讨。此后，唐通事教科书受到了愈来愈多的关注。《译词长短话》⑤《唐通事心得》⑥《小孩儿》《养儿子》⑦《琼浦佳话》⑧《译家必备》⑨《闹里闹》

---

① ［日］武藤長平：《西南文運史論》，日本岡書院 1927 年版，第 51—52 页。
② ［日］石崎又造：《近世日本に於ける支那俗語文學史》，日本清水弘文堂書房 1967 年版，第 14 页。
③ ［日］六角恒广：《日本中国语教育史研究》，北京语言学院出版社 1992 年版，第 264—279 页。
④ 日本东北大学《圖書館學研究報告》第 1 号，1968 年，第 22—33 页。
⑤ ［日］大橋百合子：《唐通事の語学書——「訳詞長短話」管見》，《語文研究》（55），1983 年 6 月；《方言資料として見た長崎通事の語学書——魏竜山「訳詞長短話」及び岡島冠山の諸著作など》，《語文研究》（59），1985 年 6 月。
⑥ ［日］木津祐子：《唐通事の心得——ことばの传承》，载《興膳教授退官記念中國文學論集》，日本汲古书院 2000 年版；廖肇亨：《领水人的忠诚与反逆：十七世纪日本唐通事知识结构与道德式探析》，载张伯伟主编：《域外汉籍研究集刊》第 3 辑，中华书局 2007 年版。
⑦ ［日］喜多田久仁彦：《唐通事の教本について——〈小孩兒〉、〈養兒子〉の教本としての特徵》，京都外国语大学，《研究论丛》LVIII（2001）。
⑧ 许丽芳：《长崎唐通事教材〈琼浦佳话〉之研究》，载台湾彰化师大《国文学志》第 20 期，2010 年 6 月；许丽芳：《〈琼浦佳话〉对长崎唐人通商行事之小说化叙事》，载《海洋文化学刊》第 24 期，2018 年 7 月。
⑨ ［日］奥村佳代子：《〈译家必备〉的内容和语言》，载［日］远藤光晓等编：《清代民国汉语研究》，韩国首尔学古房 2011 年版。

《唐话长短拾话》①《和漢俗語呈詩等雑字》② 等，都先后陆续得到了程度不等的发掘与研究 ③。

---

① 许丽芳：《唐通事教材对于古典小说与善书之接受：以江户时期（1603—1867）〈闹里闹〉、〈唐话长短拾话〉、〈唐通事心得〉为中心》，载《中正汉学研究》第 32 期，2018 年 12 月，第 89—118 页。

② ［日］奥村佳代子：《唐話資料〈和漢俗語呈詩等雑字一、二漢文一〉所收〈長短話〉と〈訳家必備〉一個々の資料に見られる関連性》，《アジア文化交流研究》第 3 号，2008 年版。

③ 此外，还有一些综合性的研究成果。例如，东京国际大学中国语言文化学科林庆勋教授亦聚焦于唐通事教科书，他先后发表：《长崎唐话教本及其反映的唐人庶民生活——以唐人与唐三寺互动为对象》，载台湾中山大学人文社会科学研究中心《海洋历史与海洋文化》（台湾中山大学人文社会科学研究中心，2010 年）；《域外汉语探索——论长崎唐话的表现特色》，载中兴大学中文系《兴大中文学报》37 期，2015 年 6 月；《长崎唐话中对伊东走私事件叙述差异的探讨：江户时代唐通事养成教材研究之二》，载东亚汉学研究会《东亚汉学研究》，2014 年；《唐通事的世袭传承与职业语言》，《应华学报》第 21 期，2019 年 12 月；《长崎唐话与琉球官话——两种近似的域外汉语比较》，《应华学报》第 22 期，2020 年 6 月。此外，还有其他一些论文，如：［日］木津祐子：《官話課本所反映的清代長崎、琉球通事的言語生活——由語言忠誠和語言接觸論起》，"东亚汉语汉文学的翻译、传播与激撞：十七世纪至廿世纪学术研讨会"论文集（"中央研究院"文哲研究所 2008 年印）；《作为规范的通俗——从清代东亚汉文圈的通事书谈起》，"中央研究院"文哲研究所，2010 年印；《唐通事の官話容受——もう一つの訓読》，载《續訓讀論——東アジア漢文世界の形成——第 II 部近世の知の形成と訓讀》（日本勉誠出版 2010 年版）；［日］奥村佳代子《唐話資料の二面性——内の唐話と外之唐話》，载《或問》第 6 期，2003 年；《江户时代的唐话に关する基础研究》，日本关西大学出版部 2007 年版。《唐话类纂考：他资料との关系から》，关西大学《アジア文化交流》第 4 号，2009 年；［日］红粉芳惠：《近代以前の日中语言学学习书から见る中国语教授法》，关西大学《アジア文化交流》第 4 号，2009 年；蔡雅芸：《江户时代唐话资料所见的漳州话》，载松浦章编著《明清以来东亚海域交流史》（博扬文化事业有限公司 2010 年版）；蒋垂东：《日本唐话会里的福州音与南京音——兼论江户中期日本学者对中国语言的认识》，载《清代民国汉语研究》（韩国学古房 2011 年版）。

在学术论著层出叠现的同时，有关唐通事教科书也陆续得到出版。长泽规矩也编纂的《唐话辞书类集》第20集，就收录有《译家必备》一书。该书也作《译家秘备》，后亦收入大庭脩编著的《江户时代日中关系资料——近世日中交涉史料集五》①。1998年，六角恒广编有《中国语教本类集成》②，其中的第一集第一卷，收录了《小孩儿》和《养儿子》两种初级的通事书。其后，奥村佳代子编纂、出版了《关西大学图书馆长泽文库所藏唐话课本五编》，包括《小孩儿》《长短话》《请客人》《小学生》和《闹里闹》③。

有关唐通事及相关问题的研究，中国大陆的学术成果相对比较有限。除了语言学与文学的一些成果外④，历史学方面的研究论文，主要有刘小珊《活跃在中日交通史上的使者——明清时代的唐通事研究》⑤、邵继勇《长崎贸易中的唐通事》⑥、郭阳《日本长崎唐通事眼中的康熙复台——以华夷变态为中心》⑦等。近年

---

① 日本关西大學出版部 1996 年版。

② 日本不二出版 1998 年版。

③ "關西大學東西學術研究所資料集刊" 30，日本关西大學出版部 2011 年版。

④ 语言学方面较早的研究，如刘铭恕撰有《明清两代日本长崎之中国语学的色色》，载《师大月刊》1935 年第 22 期、1936 年第 26 期和第 30 期连载，但当代中外学者皆未曾提及此文；鲁宝元、吴丽君编：《日本汉语教育史研究——江户时代唐话五种》，外语教学与研究出版社 2009 年版。文学研究方面，如李树果：《日本读本小说与明清小说：中日文化交流史的透视》，天津人民出版社 1998 年版；林彬晖：《日本江户明治时期汉语教科书与中国古代小说关系述略》，载《上海师范大学学报》2007 年第 5 期，等等。

⑤ 《江西社会科学》2004 年第 4 期。

⑥ 《江南大学学报》2008 年第 5 期。

⑦ 《台湾历史研究》第 1 辑，社会科学文献出版社 2013 年版。

来涉及唐通事研究的，则是李斗石所著《闽籍唐通事研究》^①和李未醉的通论性著作《明清时期东亚华人通事研究》。^②

综上所述，迄今为止有关唐通事的相关研究，主要包括历史、语言和文学的探讨，涉及唐通事的职务、角色以及在中日贸易、文化交流等方面的影响。而对通事书的研究，除了个别历史论文有所涉及之外，主要聚焦于语言和文学，研究内容包括唐通事学养之训练、通事书的形成过程、内容结构、语音系统、文学特征和意义，以及通事书与中国通俗小说和善书等的关系、长崎唐话与琉球官话之比较，等等。

笔者主要从事明清史、社会史研究，自 20 世纪 90 年代开始关注域外文献及相关研究，比较早地注意到长崎唐话、琉球官话课本、朝鲜汉语教科书等的学术价值，希望从历史研究的角度充分利用东亚海域的各类资料^③。在唐通事相关研究方面，2012 年，

---

① 社会科学文献出版社 2019 年版。该书作者的专业是日语教学，书中除了少量提及在福建的实地调查之外，主要是利用日本学界的相关研究成果。

② 但该书对学界现有成果之吸收比较粗疏，所征引资料颇多转引的二手、三手文献。例如，他对著名唐通事林道荣生卒年之推断，（人民出版社 2021 年版，第 224 页），其实早在此前，不少严谨的学术著作（如林陆朗所撰《长崎唐通事とその周边》等）中，已有相当可靠的史料及明确之论断，本毋须另行梳理。

③ 王振忠：《契兄、契弟、契友、契父、契子——围绕着日本汉文小说〈孙八救人得福〉的历史民俗背景解读》，载台湾《汉学研究》第 18 卷第 1 期，2000 年 6 月；《清代琉球人眼中福州城市的社会生活——以琉球官话课本为中心》，载《中华文史论丛》2009 年第 4 期；《从汉语教科书看清代东亚经济与文化的交流——以朝鲜时代汉语课本所见沈阳及辽东为例》，载《地方文化研究》2015 年第 2 期；*Ryukyuan Chinese Works and the Study of Chinese Society*，*Transactions of the International Conference of Eastern Studies*，No.LXI 2016，日本东方学会《国际东方学者会议纪要》第 61 册。

我利用日本早稻田大学图书馆收藏的抄本等，撰写了《清代前期对江南海外贸易中海商水手的管理——以日本长崎唐通事相关文献为中心》一文①，探讨了中国海商水手的生活实态及其日常管理，并从明清历史的比较角度，对《浙江嘉兴平湖县给商船示约、崎馆海商条约》出现的时代背景作了较为细致的解读。2015年，我出版的《袖中东海一编开：域外文献与清代社会史研究论稿》一书，重点发掘朝鲜燕行录、琉球官话课本、日本唐通事史料以及近代西方传教士书写的方言文献等，综合研究东亚视阈中的中国区域社会，力图将中外交流史还原而为特定地域具体人群之间的交流。该书"附录"收录了我所标点、整理的庋藏于日本的唐通事文献三种（即《琼浦佳话》《译家必备》和《唐话（长短拾话）》）。

由于唐通事的相关资料基本上收藏于日本，故而中国大陆的研究尚远远不够。有鉴于此，对于第一手文献的发掘、整理与重新阅读，仍然是推进相关研究的学术基础。本文聚焦的《琼浦闲谈》，便是一册尚未为学界关注的珍稀抄本。

一、《琼浦闲谈》的作者及其成书

"琼浦"是长崎之别称，迄今尚存的江户时代文献中，有多

---

① 《海洋史研究》第 4 辑，社会科学文献出版社 2012 年版。

部是以"琼浦"命名者，如《琼浦通》《琼浦偶谈》《琼浦遗佩》《琼浦杂缀》《琼浦纪事》《琼浦笔记》《琼浦笔语》《琼浦佳话》和《琼浦梦余录》等。其中，有数部皆是重要的域外汉籍史料。本文聚焦的《琼浦闲谈》一书，现藏日本东北大学附属图书馆之"藤原文库"，共计19页，封面亦作"琼浦佳说"。该书卷首则题作"琼浦闲谈/崎之译逸龙松轩吴野南溪宗阿集著"。从"崎之译"一语来看，作者应系长崎的唐通事。关于该书作者及成书缘由，书末之跋曰：

> 以上几条杂说，吾尝记之，未逢敌手，不曾剖露于纸上，今遇信州英才芦洲者，临行几日之前，题录前条几件各色来云：随带回乡，欲为表记，亦且便于向人闲谈。吾恐日期紧逼，不得完编，但每感贤性温柔莫逆，又喜诗才万斛，唱和敏捷，不忍撇下，诚意求索，无奈逼上梁山，不知笔之走之，云烟落于满纸，逐行雁□一本，以应英秀之需。本系浅才，唯识译家，搏弄之字，不通斯文之妙，句虽谬劣，独取崎之美谈，留之笑笑可也！

此一跋语口气颇为谦逊，主要是说信州（即信浓国，今日本长野县）才俊"芦洲"即将离去，作者遂将"崎之美谈"（长崎优秀的历史文化概貌）书写出来，作为"表记"（"表记"是纪念品、信物的意思），交给前者带回以作谈资。当时，作为"锁国之窗"，由长崎而来的世界各地之奇闻异事，深为日本国内其他各处人所喜闻乐见。此一跋语之落款为"明和戊子年九月　日独逸之翁吴野南溪宗阿撰志",个中的"明和戊子"即明和五年（1768,清乾隆三十三年）。该段文字的大意是说——作者将匆促撰就的《琼浦闲谈》一书作为礼物,送给即将离去的信州英才"芦洲"。

至于"芦洲"与作者的关系,其后另一跋语亦有所涉及。该跋语首先赞扬了作者的文字:

> 挥毫落纸,云烟顿起,从所欲,成其文章。观其文章,是从其人之心术焉。吾观南溪吴翁编作,每本所有之意,但要学徒之为好也,其意清,其辞严厉,或有巧笑无滚之言,不为胡言乱语之句,刚而不吐,温而且厉,无其苟且之心,可知矣!

该段文字主要的意思是说作者为人严谨,文章从心所欲,直抒胸臆。接着,文中又谈及自己与作者的渊源:"于时明和戊子之春,游艺于门下,至于季秋乃止。"另外,跋语末尾的落款为"明和五戊子年九月,信州上田郡村濑子良允章芦洲志"。综合上述的两处记载,则"芦洲"应即村濑芦洲,他曾在作者宗阿（"南溪吴翁"）门下学习了半年多。在江户时代,长崎不仅是培养本地唐通事的基地,而且,其他各地（如萨摩等处）的人也纷纷前来学习,[①]村濑芦洲应当就是前来学习唐通事相关知识的年轻人。

---

① 如"萨州译官桥□五助七八年前来崎习业"就是一个典型的例子,见［日］薮田贯、若木太一编著:《长崎圣堂祭酒日记》,日本关西大学出版部 2010 年版,第 352 页。

在跋语中，村濑芦洲接着这样描述自己的老师：

> 观其形容，穷且贱焉，老且健焉，净头发兮光光，披灰袍兮飘飘，头戴皂巾，手执鸠杖，宛如陶处士之风标，不似为五斗米折腰之床。凡为从学之徒，不敢仰面轻衰于前。吾亦从学半载有余，日近日亲，全无半点客套。听其咿唔之声，四音之清，舌转喉响，妙不可言者，几十年之工夫也。

这里状摹了宗阿之品格高尚，其人为师之唐话水平高超。不过，村濑芦洲的汉文水平似乎颇为有限，他以"穷且贱焉"来形容自己的老师，显然并不恰当。不过，类似于此的遣词造句，还见于下列的文字：

> 无奈怀其宝而迷其邦，可惜屈于燕雀鼠虱之下，不能展其鹏翮，一且［旦］付之流水，告老退隐，空成桃李四国之林，吾甚怜之惨之！

从上揭的两段文字描述可见，《琼浦闲谈》的作者宗阿是位告老退隐的唐通事。捜诸史实，长崎唐通事中的确有吴氏一系数脉，祖籍出自福建漳州。但从宫田安所著《唐通事家系论考》一书中，我并未找到"宗阿"的名字[1]，由此或可推断，其人应是一位名不见经传、位居底层的唐通事。正是因为如此，芦洲在跋

---

[1] 日本长崎文献社 1979 年版，第 742—785 页。

语中对宗阿之怀才不遇深为愧惜，只是他以"怜之惨之"之类的字眼加以形容，若从汉语的行文习惯来看，缺乏必要的尊重，显得极不妥帖。这一点，应当与其汉语水准不高有关。最后，芦洲还写道：

> 临行之前，问其几条之言，愿为回乡，照书陈言长事，又兼存为表记，永怀师徒相敬相爱之心。不意不日成之，文其多矣，物其备矣，感而敬之仰之，于兹乃述菲词为跋，谢之云尔。

这一段文字，与前引宗阿之跋语可以比照而观，也是说该篇《琼浦闲谈》，是宗阿送给芦洲的"表记"，用来长久纪念师徒二人的情缘。

最后，《琼浦闲谈》之末尾，还有"安永五丙申岁十月五日书写，周范之"十数字，这说明此书是1776年（当清乾隆四十一年）的抄本①。另外，无论是宗阿还是芦洲都一再提及明和五年（1768），显然，这是《琼浦闲谈》一书明确的成书年代②。

---

① "藤原文库" 3817 的注录："《琼浦佳说》，宗阿，安政 5 年写"，"安政 5 年"或为"安永五年"之误。当然，也有一种可能是《琼浦闲谈》在安政五年（1858）时另行过录，在封面上取名为《琼浦佳说》。

② 日本东北大学图书馆 "藤原文库" 藏抄本《琼浦闲谈》提及："孔圣庙筑于钱屋河之前，堂高数仞，墙高百丈，不得其门而入，不见圣庙之美，庙官之富也。庙主号曰向井斋宫，独占长崎儒官之首也。"（第16页）今按向井斋宫于明和二年到宽政八年（1775—1796）在职，故此书作于明和五年，亦得此旁证。

二、《琼浦闲谈》的学术价值

前文谈及，在日本的江户时代，因长崎贸易之繁盛，历史上形成了诸多唐通事教科书，也就是培养长崎翻译、贸易和外交人才的汉文课本，现在一般将之统称为"通事书"。其中，以《琼浦佳话》与《琼浦闲谈》二书的关系最为密切，故有必要将其作一简略的比较。

1.《琼浦佳话》与《琼浦闲谈》——两种通事书之比较

《琼浦佳话》为唐通事的教科书，大致成书于18世纪前期①，而《琼浦闲谈》则相对较晚。从书写的内容来看，宗阿可能参考过《琼浦佳话》的记载，抑或二者有着共同的文本来源。例如，《琼浦佳话》开头这样写道：

> 话说长崎地名，原来叫做琼浦，这地方风水景致虽是可玩，只是西国里头一个偏僻的所在，山水幽雅，树木葱茏，朝霞暮烟，四围弥漫，只好餐霞之士、骑鹤之仙可以居住的，不是车马来往的去处②。

---

① 许丽芳认为，《琼浦佳话》的写作年代应不早于1719年，见氏撰《长崎唐通事教材〈琼浦佳话〉之研究》，台湾彰化师大《国文学志》第20期，2010年。

② 见王振忠：《袖中东海一编开：域外文献与清代社会史研究论稿》附录"唐通事文献三种"，复旦大学出版社2015年版，第325页。

《琼浦佳话》接着讲述——有个会看风水的读书人名叫"长崎"，此人云游四方，喜欢"赏玩山水"。有一年，来到琼浦这个地方，慧眼独具的他，一眼就看出该处的区位优势和经济潜力，遂将之开辟，"做个马头，地名改做长崎"。接着，《琼浦佳话》又描述了长崎开港之后的繁荣盛景：

> 后来果然繁华起来，中华、西洋的人都来做经纪，一年来千去万，陆陆续续，生意不断，匹头、糖物、古董、珠玉、八宝等样满载而来。日本六十六国做交易的人，听见这个好消息，喜不自胜，大家把血本席卷，星夜赶来，买货营运。也有手头艰难，好几年在家走水，满脸晦气，没处去讨个好生活的，忽然察听些风声，只当死里还魂一般，欢喜不迭说道：这几年不曾烧个利市，这时节不去撰钱，更待何时？这叫做天赐其便的了。说罢，把田产家伙、什物变卖了，做个本钱，饥餐渴饮，连夜飞跑而来做买卖，生意大兴，大家好几年所折的血本，尽皆讨得回来。<u>地方居民一年多一年</u>，市场香火一日兴一日，件件都好，般般俱美，把荒僻的地方，竟做个花锦世界[①]。

根据《长崎记》等书的记载，13 世纪前期的镰仓时代，一位名叫长崎小太郎重纲的官员，由伊豆半岛前来长崎，成为当地的统领者。及至 16 世纪中叶，传至长崎甚左卫门纯景氏，此人

---

① 见王振忠：《袖中东海一编开：域外文献与清代社会史研究论稿》附录"唐通事文献三种"，第 326 页。

为大村纯忠（1533—1587）大名之婿。当时，大村纯忠对于葡萄牙籍商人之到来以及传教士的入境极表欢迎，翁婿二人遂率领全家数十人，同时领受天主教之洗礼。1562年（明嘉靖四十一年，日本永禄五年），唐船来航长崎；1571年（明隆庆五年，日本元龟二年），葡萄牙人来航长崎，长崎正式开港①。而关于长崎之开埠及其发展，《琼浦闲谈》则这样描述：

> 长崎原名琼浦，或曰霞浦焉。……凡为地势，座［坐］落于东北，朝于西南，青嶂翠峦，环绕四围，山水幽雅，树木繁茂，朝霞暮烟，只好餐霞骑鹤之仙居住于此，非俗子来往之地。江清水碧，地厚草绿，水有鲜，陆有新［薪］，无一不缺者，地之福，天之祥也。其江之口，有一小岛，华人呼曰蚨螂岛。岛外左谓深堀，肥之管辖；右谓福田，大村管下。走出其间，右为五岛洋，左为萨摩洋，出离二洋之外，则大洋也。走过大洋，顺风走五六昼夜，即华夷之地，只隔得二百七八十里水路，可谓近邻之邦也。自古物换星移，时来泰生，地名改为长崎。长崎者，一人之姓名曰甚左卫门，自有识破利市之气，遂来开辟，永为马头。唐船来贩，地方繁华，后人改为长崎，甚左卫门自领为主，筑起城郭，传曰龙城，至今尚存。城残之山留其名，而人亡于何处乎？
>
> 其唐船，古昔来贩筑前、博多、袖港之地，红毛船向平户去贩，续后唐船、红毛船来格长崎，不准他处往贩，一年

---

① 日本内阁文库抄本《长崎记》，176-0064，第5—7页。参见长崎县教育委员会编集：《中国文化与长崎县》，1989年版，第202页。

来贩唐船以百数之，京、坂、江户各处商客，买货交易，共发利市，地方居民一年多一年……

　　这一段开头与《琼浦佳话》之叙事方式颇为接近，虽然其中的绝大部分文字并不类似，但也有少数几处（见以上下画线处的文字）与《琼浦佳话》完全相同。

　　根据笔者的粗略统计，《琼浦佳话》一书的篇幅是《琼浦闲谈》的三倍有余，因此，有不少地方，《琼浦佳话》对同一事件或场景之描写更为详细。不过，《琼浦闲谈》中也有一些文字较《琼浦佳话》所述更为细致。例如，位于长崎唐馆对岸稻佐山的悟真寺，创立于1598年（明万历二十六年，日本庆长三年），寺后有平地数十亩，系由中国商人捐金购得，作为瘗孤之所，"凡梢人同侣之死无所归者，悉汇葬于此，各为立石标识，登之簿籍，春秋祭扫，无失其时"①。对此，《琼浦佳话》中的描写颇为简单：

原来长崎有一个乡村，叫做对山，有一场寺院，叫做悟慎寺，唐人买了几间空地，做个埋骨的所在②。

　　"悟慎寺"显然是"悟真寺"之讹写。对此，《琼浦闲谈》的

① 〔清〕汪鹏：《袖海编》，载王锡祺辑：《小方壶斋舆地丛钞》第12册第10帙，杭州古籍书店1985年版，第272页上。关于长崎悟真寺，可参见拙文《十九世纪中后期的长崎贸易与徽州海商之衰落——以日本收藏的程稼堂相关文书为中心》，载《学术月刊》2017年第3期。
② 见王振忠：《袖中东海一编开：域外文献与清代社会史研究论稿》附录"唐通事文献三种"，第353页。

状摹则相当详细：

> 对山悟真寺者，唐客埋葬之地。昔有唐医李万禄，江府
> 取来医病，治后赐与百全，万禄不愿，任他所愿，万禄将对
> 山百间方之地，愿为唐人埋葬之墓地。即免地银，依其所
> 求。次后唐年行司请筑后善导寺，派下之僧为住持，盖造悟
> 真寺。到今唐客、红毛送丧埋葬，春、秋二季，唐客诣寺，
> 拈香祭奠，追荐亡灵。其万禄子孙尚存，改姓为稻佐万禄。
> 稻佐者地名，山在西而对江，故曰对山焉。

文中关于唐医李万禄与悟真寺之兴建的相关事迹，未见其他
汉籍文献之记载，因此具有特别的史料价值。

又如，日本元禄元年（1688，清康熙二十七年），日本幕府
限定每年入港的中国商船总数。稍后，为了遏止走私贸易，防
止天主教徒变生不测，在长崎十善寺建造了唐人屋敷，限定来
舶的中国商人必须集中居住，不再允许他们自由出入。根据抄
本《长崎图志》的记载，唐人屋敷"内立复屋数十楹，宛如市
井，各从地势，周以墙壁，高七尺余，及堑深广六尺。馆之广袤
一百九十三丈二尺，通以门二，中门虽役吏所不妄入，外门吏
者坚守，役吏之外，凡非佩烙板不许入。二门之交，有五甲头
亭、大小通事舍、看货所，唐人晨夕出此交易。内有土公祠，其
侧小商开店挂牌，陈设酒、果等食物，互市相便"①。在日本文献

---

① 抄本《长崎图志》，日本大正三年（1914）8月21日制本，长崎市立博物馆
昭和四十九年（1960）2月9日复写本，现藏长崎历史文化博物馆。

中，唐人屋敷也写作"唐人屋铺"（亦称"唐人馆"，或简称"唐馆""清馆"等）。对此，《琼浦佳话》描述：

　　原来这唐馆造得铁桶铜墙一般，滴水也不漏，周围土墙高有百尺，四方角落头，各有一个守办的房子，夜不收在里头昼夜看守，纵或有个飞檐走壁的手段，也过墙不得。门口也有插刀手寸步不离，日夜看守，但凡买一尾鱼，买一根菜，都要经他查验，方可进馆。街官房里，也有街官、五甲头、财副、部官等样人轮流值日，通事房也如此，但凡唐人有甚事故，替他料理了。他那街官，一夜三次，通馆巡消一回，千叮万嘱，不许唐人炒［吵］闹、打架，火烛小心。当日起货的，行李什物推［堆］在大门口，逐件验得明白，方才交把唐人收拾。他那船主、财副千辛万苦，才得进馆来，相见各职事人，姓张姓李，没有一个不拱手，没有一个不作揖，几乎里拱酸了手，曲折了腰，礼数甚周，拜见已毕，方才坐下，各叙寒温，说些唐山消息，问句日本行情。茶罢，大家起身，各人各库里去，安顿行李住下。本街街官，买办粗用家伙、屏风、交椅、烟盘等样送来，借把唐人受用。各人扫了房间，打开床铺，是不必说。也有破些小钞，买根木料，雕梁画柱，架起露台来，壁子上或字或画贴起来，好不洁净①。

---

①　见王振忠：《袖中东海一编开：域外文献与清代社会史研究论稿》附录"唐通事文献三种"，第349页。

《琼浦佳话》对于唐馆的描述，重在展示日本方面对于来舶船商、水手的管理。从中可见，唐馆管理极为严格，四周有高墙环绕，并有哨兵（即文中的"夜不收"）把守，将馆内船商、水手与馆外居民完全分隔。唐馆建成后，馆内的船商、水手，就受到唐通事、插刀手、街官（町长）等的严密管制，极不自由①。而《琼浦闲谈》对于唐馆之描写，则主要着眼于馆内的建筑布局，颇为写实、细致：

　　唐馆者，唐客所寓之馆也。入头门，右为馆主之房，左为公堂，即译司之房。走进二门，唐客住库。本库数十间，篷子百数间，二间之前土地庙，庙前池塘，架板桥于三四间，过桥有庙门，庙门之内，竖立旗竿［杆］于两傍［旁］，门虽设而常关，不许闲杂人等擅入，神厨上供养土地神位，供放锡五事，纱灯、花灯、羊角灯、琉璃灯挂满殿中，扁［匾］额、对联高名手笔，好看齐整。离土地庙，走过南头百数十步，即有天后宫，亦是供养，排设得比土地庙更好一等。东上有观音堂，傍［旁］有关帝堂、田元师［帅］、三官庙、公议庙、葫芦井，又有灌花园。每到春天，百花开放争妍，日日在园厅之上，携妓赏饮，拍板声响，轻歌音清。妓女笑容媚远客，怎知何处是他乡？整日欢笑，作

---

①　关于唐馆的研究，可参见刘序枫：《德川"锁国"体制下的中日贸易：以长崎"唐馆"为中心的考察（1689—1868）》，载海洋史丛书编辑委员会编《港口城市与贸易网络》，"中央研究院"人文社会科学研究中心、海洋史研究专题中心，2012年版，第81—124页。

乐于花厅之中。或有猪圈鸡栅，野鸭成群，戏于池塘之水，哺鱼浴水打碓。塘上有一小亭，亭上观之，不尽其美。闲人同妓携酒，带醉唱曲，游于此亭，亭畔杨柳垂低，翠光映水水深浅，亭上游客醉赏，群鸭哺鱼鱼发昏。九夏三伏之间，宜游于此亭。酒泛琼酱［浆］，食供美品，水晶盘里码［玛］瑙冷，琥珀杯中玉液浓，此只是夏天美景。秋宜玩月，冬可赏雪，四时佳兴，与人共乐。昔时繁华，变为今之冷静矣。寻空地分种萝卜，拾木屑分助兽炭，唐馆不比前时，日逐冷静矣。旧人呼唐馆曰十善寺，这十善寺，古昔妖人虚设寺庙，明开正法，暗劝妖邪法术，其后灭寺，种药草，今人又曰药园，今将药园搬移于馆左之山园之地，盖造唐馆焉。

前文述及，《琼浦闲谈》成书于明和五年（1768，清乾隆三十三年），而在此前的1715年（清康熙五十四年，日本正德五年），幕府方面一再限制唐船来航长崎的数量[1]，唐馆也因此而大受影响，故让宗阿颇有今昔盛衰沧桑之感。另外，上述对唐馆内景之状摹，可以与迄今尚存的不少唐馆图比照而观。例如，原藏日本东京大学史料编纂所的佚名《华人邸舍图》1卷，在大庭脩所编的《长崎唐馆图集成》一书中被分成八幅展示。其中的首幅，画面左边有两个中国人在洗涤衣物，水池边则是以竹竿支起的架子，其上晾晒着蓝色衣裤以及绿色腰带。右边围墙之内有

---

① 参见［日］大庭脩：《江户时代日中秘话》，中华书局1997年版，第20—21页。

松树数丛、修竹几竿，奔跑其下的禽畜包括山羊、猪、公鸡、母鸡和小鸡。此外，水池边还种有一棵树，树枝伸向池中，其上开着一些不知名的白色小花。《华人邸舍图》第二幅池塘曲绕，其侧有二人下棋，另见一人驻足观看。棋旁放着水壶，并在把手处斜插着一根烟管。水池畔的道路两侧，开着两爿小店。右侧小店边，有人似乎正在用面粉做着某种糕点。而左侧紧靠着水果店的则是一家酒楼，透过窗户可以看到，楼上壁间挂有花鸟图画，餐桌边四位戴着暖帽的中国人正呼卢喝雉，杯酒言欢。楼下三人则优游缓步，带着一条神气活现的撒欢小狗。而在两爿小店之间的通道上，二人相向而行，一位挑桶，另一人则提着壶。第四幅的核心部分是一座福德宫（供奉福德正神，亦即土地祠），宫门两侧檐下挂有绣着动物纹样的灯笼，门前有人跪在红垫上拜瞻神明。在其右侧，三人敲锣打鼓、吹着唢呐。右侧画面台阶之下，还有二人正聚首快谈。整个画面都点缀着红花绿树，煞是好看。第五幅画上有三个旗杆，其中的两个各斜挂着一面橙色红边的旗子，旗上皆写着"愍德"二字。右边地上铺着一块大布袱，五个中国人正围着一个碗掷骰赌钱。四周或坐或站，围着数人旁观助战，其中有人手持烟管，或手捧点心、茶壶。左侧二人，则扛着一捆桅绳经过。另外，画面上还有两处兜售食品的小摊。第六幅画面是唐馆的二门，几位中国人正陆陆续续地走出二门，其中一位已走下台阶。左边画面上两位正在攀谈的中国人，刚买好鲜鱼和蔬菜，正要返回二门之内。而在台阶之上，一位日本人正在对左手持扇的中国人搜身。另一位正走下台阶的中国人，也被日本人搜查。二门台阶之下的右侧，有一间和式小房间，榻榻米上坐着一位日本人，正警惕地监视着出入的中国人。第七幅的画面最有人气，其中出现的人物多达四十余位，它是刻画在唐馆的二门与头门之间中国人与日本人的交易：画面上的日本人，在售卖各式各样的日用品（包括鸡、鸭、鱼、肉、碗、壶以及柴薪等），有人还在问价，有的则提着刚买好的鸡、鸭往回走。画幅右边尚有三人正打躬作揖，相互行礼。第八幅是唐馆的头门，门的两侧，一左一右各站着两位插刀手，似乎正盘问着从馆外归来的中国商人。在他们之前，则有一位日本人扛着货品，正走进大门①。这些场景细节，在上引的《琼浦闲谈》中多有生动的状摹。

再如，有关唐通事，《琼浦佳话》概述了唐通事的不同品级，包括问信通事、按察大通事、副通事、学通事、唐年行司和内通头等，并指出："做一个唐通事，讲唐话，写唐字，赋诗作文，这是弟［第］一本等的。还有世情也要通的，论起学文［问］肚里差不多通得来，也做不得""唐人若有什么口舌是非，相骂相打，或者有甚冤屈的苦情，那时节，教通事调停，做通事的，放一个才干出来，明白正气，分个青红皂白，判断明白：你也不要纣恨他，他也不要冤屈你，两家相和，解忿息事，叫两边不要做冤家。因为单单晓得文字，舞弄毛锥子的白面书生，便不敢承当了。要是文武兼全，有胆量，有侠气，临事敢作敢为，玲珑贴透一般聪明的人，方才做得过"②。而抄本《琼浦闲谈》一书，则对

---

① 此处对《华人邸舍图》画幅的描述，主要根据拙文《遥瞻日出乡》，载《读书》2014 年第 3 期。

② 见王振忠：《袖中东海一编开：域外文献与清代社会史研究论稿》附录"唐通事文献三种"，第 328—329 页。

唐通事之由来做了概括性的描述：

> 明末之人，避难于此不愿回国者，准令居住，今为通事
> 者，多其胄也。……上年唐人作寓于街上，日按［安］插街。
> 彼时一年来船，多出于一百几十只之数，人家多以万数之，
> 内中不守本分之人，吃酒放肆，赌钱煞野。或有正经守法，
> 开店做买卖，或有做糕饼，或有敲引线，或有开花席，各人
> 挣钱做私蓄，回唐之际，回些行货，带回家去，养老小的。
> 又有一班没正经者，酒后发狂，骂人打人，骚动街上，无所
> 不至。故选居住唐人之内六名，为唐年行司，专管煞野放肆
> 人等。滚翻者挟下，有行罚之人，今为走差。这六名唐年行
> 司者，林、吴、周、陆、王、薛是也。又选六名稳当之人为
> 保人，即蔡、李、薛、杨、陈、江之六名也。其保人者，保
> 其众人守法为要，或疑归依邪教者，故立保人为保，方许上
> 街作寓。今保人者，改为内通头末席之名。彼时通事者，通
> 唐年行司、唐保人等话，不似今时之通事比也。通商客之话
> 者，另有一百三十名之内通事。其后造唐馆，不许安插街
> 坊，搬入馆中作寓，通事分派大通、小通，再加按察、学通
> 事、唐年行司、内通头。其内通事一百名革退，留三十名在
> 馆值番。后拣十名为内通头，革去二十名。今加副通并副通
> 末席等名，俱为体面之人也。

此处提及唐馆之由来，并详细论述了唐通事的不同类别及其
嬗变过程，可以与《琼浦佳话》之所述相互补充，比照而观。1635

年（明崇祯七年，日本宽永十二年），长崎奉行任命了六名中国人为唐年行司，以处理在地唐人犯禁情事，裁断彼此之间的纷争，从而形成了唐人自治的管理方式。另外，为了防止唐船搭载违反禁令的天主教徒，设立了"唐船请人"，让住宅唐人担任来航唐船商人的保证人。这些，在《琼浦闲谈》中皆有较为细致的描述。

此外，《琼浦闲谈》一书还有一些其他长崎汉籍未见的细节。在江户时代，日本奉行闭关锁国政策，但开放长崎一地与荷兰和中国通商。当时，在苏州的虎丘山塘上设有嘉惠局，主管前往日本采购东洋铜的事务。在频繁的中日贸易中，一些苏州铜商从日本运回条铜、昆布、海参、鲍鱼、鱼翅和漆器等，又将中国各地的丝绸、药材、糖货及书籍字画等源源不断地运销日本。对此，《琼浦闲谈》提及：

> 唐船商法，议定新例，发张信牌，限定三十船数，批价官卖，讲定货价，聚各家商人于长崎会馆，丢票买货，该银交纳会馆。唐船所卖银额，该银若干，结帐［账］明白，内除铜斤铜用，送寺送庙常例银，余下金水银，加八加头，共银多少，内除各项使费，柴米鱼菜等银，存留若干，配买海参、鲍鱼、海带、鱼翅、鱼刀、茯苓、牛毛、夏子鱼、京酒、酱油、糟瓜、漆器、铜器、乌金器、金线等项，此为正德年间定新例。后将正德新例废为旧例，一转便为宽延新例，减船定为十五只，每船卖额二万七千两，配铜十万斤。或有别府、西洋发来之船，配十三万铜或十五万铜，看港门而有搭配之多寡。各项使费，照依旧制，此为目今之商法也。

源源不断前往长崎的中国商船，对于长崎社会产生了重要的影响。对此，雍正年间的苏州知府童华在《长崎纪闻》中指出："长崎不产铜，亦无田可耕，居民万余户，赖商船以给衣食。"而关于长崎民众依倚清日贸易为活之情形，在《琼浦闲谈》中描摹得相当细致：

> 宽永、正德之间，计约五万崎民，近年不止十万，更有他乡外郡之人来崎寄宿，商民沧浪之客亦有一万多也，不可知矣，一年消耗钱粮极多。地民越穷，不得聊生，或剃头发，学为僧尼之容貌，托钵糊口之辈，多于粪田之乌鸦；敲铙念佛，半僧不俗之人，多于穿穴蚂蚁。正真［真正］是无数神仙降市上，等闲毛女出空洞。近来时势艰难，人家没得饭吃，为僧为道，为尼为丐，化米化钱，化衣化食也，无饱暖之乡，却受寒酸之苦……

日本元禄年间（1688—1703，当清康熙中叶），长崎六万人口中，竟有一万是中国人[①]。1640年（崇祯十三年，宽永十七年）以后，江户幕府为了禁止天主教蔓延，设立切支丹奉行（宗

---

① 1731年（清雍正九年，日本享保十六年）后成书的《唐话（长短拾话）》："长崎这几十万户人家，一半是唐种，先祖都是唐山人，所以不但是这一件做事，还是四时八节的人情里［礼］貌，都学唐山的规矩。"（见王振忠：《袖中东海一编开：域外文献与清代社会史研究论稿》附录"唐通事文献三种"，第451页）这当然是较为夸张的说法。《唐话（长短拾话）》的成书年代，据许丽芳《唐通事教材对于古典小说与善书之接受：以江户时期（1603—1867）〈闹里闹〉、〈唐话长短拾话〉、〈唐通事心得〉为中心》一文，《中正汉学研究》第32期，2018年12月，第93页。

门改役）等，规定各地居民不论男女老少，皆应归属于一个固定寺院，在该寺院中登记。于是，"今世之制，坟墓皆寓佛寺，不许自占茔域。盖宽永中，以耶稣之乱，官举天下户口，分属浮屠宗派，以淘汰染俗。权时之法，因仍不更，遂以供司农版籍之用。是以浮屠殆有官吏之寄，上自邦君，下及士庶，皆不能不倚托佛寺，而承受以福田利益之惑。乃丧祭之礼，敛葬之仪，唯浮屠是听，不复问古制以成顽弊焉"①。在这种背景下，长崎虽然是蕞尔之地，但"寺庙忒多"。根据《琼浦闲谈》一书的论列，长崎一地计有九使庙、松森庙、伊势庙、八幡宫、妙见社、水神庙、荒神庙、神崎庙、惠美酒、八剑庙、眉岳、英彦社、饭成山、竹台丰前坊、秋叶三尺坊、龟井天神庙、七面谷七面神、无凡山神宫、金毗罗山王庙、狐狸庙、土地庙、山神庙、鬼子母神树魂庙、穷鬼庙、福星庙、唐三寺（兴福寺、崇福寺、福济寺）、圣福、悟真、体性、正觉、大音、皓台寺、延命寺、大觉寺、光云寺、青光寺、大教院、大觉院、龙渊寺、云龙寺、春德寺、威福寺、妙相寺、永昌寺、观善寺、法泉寺、圣无动寺、本莲寺、圣德寺、圆福寺、万福寺、光明庵、西胜寺、光永寺、大光寺、影照院、不动院、泉良院、现应寺、清水寺、愿成寺、文珠院、圣寿院、金对院、田上寺、安禅寺、高林寺、本觉寺、能仁寺、功德院、太平寺、大行寺、久喜寺和大德寺等，许多人遁入空门，只是为了混饭糊口。

---

① ［日］中井诚之编：《凳庵先生丧祭私说》，文政十三年（1830），日本关西大学图书馆收藏。

1715年（清康熙五十四年，日本正德五年），长崎当局向当年春天归国的中国船头发放通商执照——信牌，规定他们必须服从日本方面禁止走私贸易、限量运载货物以及交易额等一系列强制性的措施，只有服从此一规定的人，才允许他们继续从事贸易活动。对此，《琼浦闲谈》写道：

　　信牌者，唐船通商之凭据也。若问牌照根由，当时船多，商船无度，立新颁商理，改为新例：先把船数限定三十只，南京、宁波之船颁定银额，每船九千五百两；夏［厦］门之船，卖额一万一千两；暹罗、咬��吧这等西洋船，定额一万三千或一万五千。看港门或有多寡，发张牌照为凭据，牌主某名某港、某年当番，俱写于牌儿之上。每年当番之船三十只，轮一递，三年一次来贩。无牌之船来崎者，即忙赶逐出口。来船吃回唐之亏无，通同私买之人在口外私商，不意赶至周防、长门、小仓等处海面上飘荡，同长崎、肥前、筑前等处私商人在洋搬货，直送大坂去货卖。其日本小船，插旗于船尾，旗上明写"八幡宫"字样。唐人见了，口口声声呼曰："八幡！八幡！"人人误听八幡者，为强夺海盗人等，其实八幡宫之神号也。其后私路发觉，各国起兵赶船，或放火炮烧毁，连船和人沈［沉］于水中，化为水底之鬼。或有捉缚，解送长崎来者，坐牢有年，灭于牢中，遂（成）牢狱之鬼。其日本八幡人捉获者，尽行枪搠于枭木之上示众，为枪头之鬼也。刑严令密，才得平静。

此处提到的"八幡",亦作"八幡大菩萨",这从16世纪起就是倭寇船上供奉的神明。当年,倭寇打着"八幡大菩萨"的旗号,一是冒充此前正规的遣明船只,二是希望八幡神在保佑自己平安的同时,也能赋予他们以力量①。此段文字还指出,当时没有领到信牌的几位船头,回到江南向官府起诉,指控前往长崎的一部分船头接受带有日本年号的信牌,声称他们是奉外夷正朔,实属忤逆朝廷而追随日本。对此,《琼浦闲谈》描述:"良商领牌贸易,奸商无牌停商,不得来崎。在唐一班儿奸商人等,打起冤屈官司,告诉官吏云云,某人等通同日本造反,保缆〔揽〕日本生意,求官领牌交易,不许别人为商,不日或有风波,扰乱天下也未可知。晚等治下之民,敢不报焉?官吏闻之花言巧语,吃这一惊不小。于时清朝初定之候,敢不惊慌哉?即捉领牌商民,牵牢盘问,即令禁洋"。后来几经周折,才由康熙皇帝最后裁定:各国使用本国年号为理所当然,不必过度诠释。此后,信牌分交宁波、南京各海关保管,想要前往长崎的商人,可以从海关领取信牌出港——这就是18世纪长崎贸易中著名的"信牌案"。

在"信牌案"发生过程中,驶往日本的唐船数量骤然减少,这引起了长崎社会的连锁反应。对此,《琼浦佳话》和《琼浦闲谈》中皆有一些描述。例如,《琼浦佳话》提及:"却说长崎人从来不靠田产,千门万户,不论大小人家,单单靠着唐人生意,挣

---

① 陈小法曾论"倭寇与八幡大菩萨",见氏著《明代中日文化交流史研究》(商务印书馆2011年版)第359—364页。另,长崎县教育委员会《中国文化と长崎县》第18—19页,也提到这一点,并附有松浦史料博物馆所藏的八幡船旗。

钱过活，因为这两年禁洋，没有船来，地方冰冷，百姓坐于涂炭，牙人或者夫头，或者做经纪的小户人家，这等之人，都没得生活，无钱可撰，每日游手游食过日子，虽然略有些家资，那[哪]里当得起？不上半年，吃得尽了，寸土俱无，就是亲眷朋友们，送长送短周济，像个炭中沃雪的一般，全然不济事。"① 而《琼浦闲谈》则提及长崎寺僧的独特表现：

> ……长船[崎？]不见船来，三年只有七八船，崎民无以营生，始知穷字之道。次后体性寺三代住持法源比丘领命，在口外南海山顶上搭篷求船，长醮七昼夜。比丘使出本事，告天祈祝，诚心通天，法力皓[浩]大。在唐被获各商分说析辨，奸商不守日本法纪，私走他处为商，冒犯日本之禁，日本大王严令禁止，发牌通商，奸商不能往而为商，诬害良商，别无他意。日本发信牌为照，通商者永远之计，永为之好也。官吏察知奸情，怜念冤屈，赦其无罪，照旧开洋，先发一只头船。刚刚比丘告天七日将满之日，口外远见番报一只船来，崎民闻知喜报，都感比丘之德。续后南洋几只唐船顺风顺水，结尾而前来，崎民喜不自胜，扬眉吐气，又起一番之繁华者，皆出于法源比丘秘法之赐也。

长崎的远见番设于野母、小濑户、梅香崎和观善寺四处，主要是用于监视海上船只进出港口的动向。此处提及远见番通知有

---

① 见王振忠：《袖中东海一编开：域外文献与清代社会史研究论稿》附录"唐通事文献三种"，第340页。

船驶入长崎港，这无疑破解了因"信牌案"而造成的经济困局，为深受影响的长崎民众带来了繁荣生活的新希望。此一场景，在其他唐通事教科书中也有提及。不过，法源比丘搭篷求船的情节，却未见于其他的记载。另外，《琼浦闲谈》中还有对长崎新地的描述：

> 扇屿之左，华馆之右，有棋盘岛，向东开前门，门前架板桥，以通来往，朝南开四座水门，东南之间开小门，架桥通华馆来往。其地面纵横有一百三十多间，四条大路，路两傍［旁］边，盖造二十五间之土库，每库开五库门，进三间，积贮唐客带来货物，呼曰新地，华人呼曰货库。四方角落头，各有守番之房，夜不收昼夜在内看守。夜则各街五甲头轮番值夜，预备贼盗之来。朝西土地庙，庙前一带通事房、宿老房、街官房，前门一带之房，会馆职事人、财副、看匹头、看药材、各家看货人便道房，门左插刀手看门之堂，堂后库主之房。近来北角上新造米库，贮蓄石见米。另开米库之门，名曰中濑崎。凡米库之地曰濑崎。南濑崎者，贮天草米；北濑崎者，贮丰后米。今新地之米库曰中濑崎，濑崎之名，本于北濑崎，而取于米库之地名云。

新地是 1698 年（清康熙三十七年，日本元禄十一年）兴善町失火后，为防止再次发生火灾，而在西浜町附近填海，最后于 1702 年（康熙四十一年，元禄十五年）形成，亦称"新地藏"，主要是作为唐馆之附属仓库，以暂时存放中国人带来的货物①。关于新地，《长崎名胜图绘》中有几幅图，颇为细致地描写了从新地运送货物前往唐馆的场景。反映这种场景的画面，在以往的长崎唐馆图中亦颇有所见，只是在汉文文献中较少有文字详细论及。京都大学所藏的《崎阳唐馆交易图》计有八幅，图画与文字相间，以唐船与长崎贸易为中心，描绘了从唐船抵埠到交易完成的各个环节。书中的第一图为"起货"，是指唐船抵达长崎后，日方官员率唐通事、搬运人夫等上船，照货册查点货物，并以小船搬运上岸，堆放于库楼，这可以与《琼浦闲谈》上述的文字相互对照。

根据以往对江户时代长崎唐话教材的研究，这些唐话教材"凡是涉及历史事件都是真实纪录，不像明清某些拟话本小说，会偏离史实创造一些故事情节"②。从内容上看，这些教材皆取材于日常生活，主要包括当时实际的犯罪案例、政策变革，涉及唐通事的职掌以及实用的职业伦理、处理经验等③。其中，"《琼浦佳话》以实际的长崎当地风土人情为记录依据，而非虚构人物情节，虽不似白话小说之注意人情刻划或情节构思，但记述中却多所引用话本小说之内容，表述价值判断，使事件之叙述更趋生动具体。多方譬喻说明长崎风土、通商规范、唐通事学养之期待，

---

① ［日］嘉村国男编集：《长崎事典·历史编》"梅香崎天满宫"条，日本长崎文献社 1988 年版，第 106—109 页。
② 林庆勋：《域外汉语探索——论长崎唐话的表现特色》，《兴大中文学报》第 37 期，2015 年 6 月，第 296 页。
③ 林庆勋：《唐通事的世袭传承与职业语言》，载《应华学报》第 21 期，2019 年 12 月，第 27 页。

既见《琼浦佳话》对于特定时空之人事风貌之纪录，也凸显不厌征引，多方说明补充的叙事倾向。"①

相比之下，抄本《琼浦闲谈》一书则稍有不同。绝大多数的通事书由于辗转传抄，我们并不清楚文本作者和身份及其成书过程，而《琼浦闲谈》则提供了该书作者及相关背景来源的明确信息。这是《琼浦闲谈》与此前所见其他通事书不同的第一点。其次，《译家必备》《琼浦佳话》等书中，有不少唐通事与清商的对话。相形之下，篇幅较短的《琼浦闲谈》则较为简洁，其中未见彼此间的对话，只有平淡的事实叙述。这当然与《琼浦闲谈》一书是送给学生作为"表记"的性质有关——该书是宗阿交与村濑芦洲带回信州，应当可以作为唐话课本，但却并无通事书的功能，所以其中略去了实用的贸易对话内容，而重在展示长崎丰富多彩的历史文化内涵。

2. 福州的九使信仰与琼浦之诹访大神——长崎唐人的活动与风俗文化

《琼浦闲谈》文字虽然不多，但其内容却颇为丰富。在书中，作者对 18 世纪的长崎有着诸多描摹：

> 长崎地面，青嶂层峦，环立罗抱，其地正圆，清江平
> 分，当中有一长野，直如长蛇之形，蛇身者平为街，亦且蛇
> 形尚存。左下溪河，右下江尾，山脚下填为平地。街市中高
> 高低低，或上或下，筑坡以通街衢。凡有四门，东门樱马

---

① 许丽芳：《〈琼浦佳话〉对长崎唐人通商行事之小说化叙事》，载《海洋文化学刊》第 24 期，2018 年 7 月，第 88 页。

场，北门西坂，南门田上，西门通海之口。其地形如鹤展翅，向北而来之势，鹤尾是江，故又曰鹤浦。江上风景，如入画图之中。春、夏、秋游江之船，日以不断，弦歌声沸乎江里，红粉影浮绿水间，端的是蓬瀛仙子典春衣，日日江头尽醉归。崎江之游，不减汉帝汾河之乐，虽无秋风之辞，也有薰风之凉。春风之暖，渚翻群鸥，水跃金鳞，极尽游江之美，又尽善也。更有四十八湾，每湾各有人烟。

此处状摹了琼浦的地貌与市景，"鹤浦"亦作"鹤之港"，是对长崎港周遭形状的比喻性描述。从中可见，长崎山岭起伏，风光秀媚，崎岖山道与碧波荡漾之港湾相映成趣。除此之外，还有独特的人文景观。书中列有前人所作的"江上三十二景"之诗，其中之一为"扇屿夜角"："霜冷天高扇屿秋，一声夜角起蛮楼，不知悲壮干何事，次送金闺万里愁。"另一为"华馆笛风"："华馆楼高风露清，巧吹玉笛远飞声，曲中多折故园柳，月落关山路几程。"该诗后亦见于日人饶田实斋编纂的《长崎名胜图绘》①。在当时，"华馆笛风"与荷兰商馆之"扇屿夜角"（或曰扇屿凄笳），形成了鲜明的反差②。

在江户时代，日本实施严格的禁教政策，多次在全国发布禁

---

① 文字稍有出入，如第一首"夜角"作"画角"，"悲壮"作"壮胆"，"次送"作"吹送"，"金闺"作"薰闺"；第二首"月落关山路几程"作"月傍关山夜几更"。见文政初年（1818，清嘉庆二十三年）日人饶田实斋编纂的《长崎名胜图绘》，朝仓治彦编集：《日本名所风俗图会》15"九州卷"，日本角川书店1983年版，第38页。

② 关于这一点，参见拙文《长天远水琼浦月》，载《读书》2021年第1期。

令，将禁教与统制外贸相结合，在此过程中，有不少天主教徒陆续被捕杀，从而引发了后者的激烈反抗。关于这一点，《琼浦闲谈》记载：

日本大禁南蛮丑类，天主教俱妖法蛮人，天下禁之，何须弹舌细谈？且说天草天四郎者，妖民之长，蛮法之头脑，本系崎民，止有一母，年才十五六岁时，一日对其母曰：儿欲饱睡，睡至几日，切莫惊醒孩儿梦寐！言罢入内，拥被而寝。过数日，母忧其饿，揭被视之，舌吐咕额，咕不上顶，母惧，摇而醒之。觉来怨言于母，事不成矣。忽不知去晌[向]，后起于天草，施法逞威，煽惑良民，哄诱百姓，结党成群，筑城为主，欲谋天下之重，赡包其身者也。公方爷爷拨发正将、副将、战将数员，列陈[阵]下来，先锋到彼。……各将未知城里虚实，嘱咐红毛人，将大船挪移天草，望见城中，其船走至旋水洋，忽遇潮信来到，被旋水旋转三旋，怎知旋水之利害，急放大炮一门，脱离旋水之难。走到城边，伏人于大桅望斗之内，将欲下窥城中。城中酌知来意，就起鸟枪，打落下来，伤哉红毛！不成功而先失几人，竟成无功之鬼。主将怒从心上起，直到泥宫，即命战将火速打城，各将奋勇直前，舍死拼命，齐打前进，攻之甚急，不日破城，妖长天四郎伏诛，剿灭妖术之民，尽行处斩。不想九州各道各有妖民，各立天主之教，外设正宗，内设天主佛，尊敬暗修，归信之徒，迷而从者，何止十万之数也。官不得禁之，时谕各国之主捉拿妖人，无奈人多，不能尽杀。

自古人有诡计，急出智巧，尽将妖人卷于草席，露出头面，将身手脚，以索结扎于草席之中，日则抬出王道头，晒于大〔太〕阳，夜则推放牢里，如此数日之间，日逐受者，各自转心归正，会转者救命，不会转心者处斩。

此即著名的"岛原之乱"，而文中的"天草天四郎"，也就是日本历史上通称的"天草四郎"（益田时贞）。17 世纪 30 年代以后，幕府开始急速加强锁国体制，并独占海外贸易。但因此前九州各大名藩内岁收严重依赖与明朝的贸易，一旦海外贸易被禁绝，这些藩的财政状况便急剧恶化，各藩主为了转嫁危机，只得向农民增加课税，以确保财源，从而极大地增加了民众的负担。1634 年（明崇祯七年，日本宽永十一年）以后，岛原、天草两地天灾不断，民众生活困苦，但藩府领主不但不加体恤，还以严刑逼租。1637 年（崇祯十年，宽永十四年），岛原、天草两地天主教徒、农民忍无可忍，揭竿而起发动起义，占领了岛原半岛南端的原城等地，与幕府军激烈对抗。幕府调集各路藩军十数万人，在荷兰军舰从海上炮击的支援下，最终镇压了天草四郎领导的这次起义。经过对岛原起义的镇压，德川幕府完成了其锁国的体制①。在此前后，旅居长崎的唐人为了彰显自己并非天主教徒，以避免遭受禁教之牵连，遂先后建造了以地缘为中心的三座寺庙。对此，《琼浦闲谈》指出：

---

① 参见〔日〕瀨野精一郎：《長崎縣の歷史》，日本山川出版社 1994 年版，第 156—165 页；吴廷璆主编：《日本史》，南开大学出版社 1997 年版，第 233—242 页。

三座唐寺者，隐元、木庵、即非三位唐僧开基道场也。隐元和尚建造兴福寺，南京人之香火；即非和尚开崇福寺，福州人为施主；木庵和尚建福济寺，漳州人为檀越。三大寺各收唐客香火银，一年一次建妈姐会，三月、七月、九月各念三日，轮流设大会，各争奢华，供奉果品，累累堆堆，排满一殿，挂灯结彩，极其富丽，敲锣擂鼓，吹锁［唢］呐，吹喇叭，吹吹打打，灯烛辉煌。唐客烧香、拜舞已毕，入座排酒，杯来盏去，各人尽醉方散。其三寺兼收五千香火银，或百斤醮，还愿许愿，招［超］度追荐，保安道场，各有布施，或多或少，也有数百。或有修造殿宇，亦有修理银……

"唐三寺"是指由唐人集资兴建的寺观，其中最早创立的兴福寺（南京寺），时间是在 1620 年（明泰昌元年，日本元和六年），其次是 1628 年（崇祯元年，宽永五年）兴建的福济寺（漳州寺、泉州寺），最后是 1629 年（崇祯二年，宽永六年）创立的崇福寺（福州寺）。其中，"崇福寺在大光寺左崘，名圣寿山，宽永九年，明人王、何、林、魏诸大商，施僧□然建所，祀天妃。正保元年重建。……延宝中，僧千呆修饬，像设释迦二尊者、十八应真观音、善财龙女、紧那罗常驮天、圆觉大师二像及本殿三驱，俱纸糊之制，余皆土木所治。……又有关圣祠、五方五帝之像，制极精奇，祷祝甚验。"[1] 个中的"王、何、林、魏诸大商"七字旁注："王引、何高材、林守壂、魏之琰。"特别是注中

---

① 抄本《长崎图志》"崇福寺"条。

的何高材、魏之琰，皆是出自福清的著名商人。（详见下文）另外，寺中所供的"五方五帝之像"，就是明代以后福州府最为重要的神明"五帝"。

除了唐三寺外，1677年（清康熙十六年，日本延宝五年）创建的圣福寺（俗称广州寺），其寺内观音堂奉祀关帝、妈祖和观音，颇为独特，它与前三者合称为"四唐寺"或"四福寺"。这些庙宇在形式上皆为黄檗宗之寺院，但除了供奉释迦佛祖、观音菩萨之外，还奉祀天后圣母和关帝圣君等①。诚如抄本《长崎图志》对福济寺的记载所言：

> 在宝盘山左崇，旧村主宅。正保中，有道人觉晦结庵于此，奉天妃圣母，往来商舶祷焉，辄有神应。庆安二年，明僧戒琬来留锡，遂以分紫名。琬本居泉州紫云山，故名。三年，檀首陈道隆率泉南父老改建。明历元年，木庵和尚来聘，直接临此，寻请出世，四来云水交集，内供三世如来，梵相精古，紫金交映。圆通大士像，先自普陀日华庵所输，庄严殊胜，灵验日著。傍设善财龙女及一天将，其制俱奇。右奠天妃，左奉关帝，又二胁士像，极巨魁，威严赫惊人。旧旁塑赤兔马，夜阑，其马骋行数里，时人往往闻辔声。本师以为惑众，如意敲面，即一下，竟裂至尾，宛如破竹，（相传崇福、福济二寺之像，明佛匠方三官所塑，灵异）于是其怪

---

① ［日］宫田安:《長崎縣の黄檗寺院》，载《ながさき雑話集》，1994年版，第186—189页，原长崎县立长崎图书馆藏。

遂绝。又有韦驮天，陈氏适有故，航于五岛，海上暴风将溺，时有物，忽坠舷首，甚声，陈氏推窗视之，则天将现身也。因展手援其铠，即鸣铿然，风涛竟收。同行人唯闻其声，而不见形。陈氏道隆后还瞻像，兴现船上，无毫差……

另外，在1689年（清康熙二十八年，日本元禄二年）二月的一份合约中，崇福寺、兴福寺和福济寺在唐通事的见证下，宣称："三寺虽属妈祖香火道场，实住济宗禅和之刹。"① 黄檗即（临）济宗黄檗派，这说明，"妈祖香火道场"与"济宗禅和之刹"，实际上是长崎"四唐寺"等的一体两面。由此可见，早期佛教传入日本，佛、道之间并无明显的差异，寺庙中所供奉的神明，实际上常常是将佛、道杂糅在一起。也正因为如此，在长崎的"年中行事"中，上元祭、唐人踊、彩舟流、清明祭、菩萨扬、妈祖胜会、关帝祭、冬至及土神祭祀等②，这些，实际上都与中国文化的整体影响密切相关。这一点，同样也表现在长崎的盂兰盆会上：

凡三月清明之日，祭奠祖宗坟墓，长崎以七月十五中元之日，呼曰盂兰盆。学佛家兰盆会，迎祭亡灵，十三迎灵点灯，夜至丑时才迎，十四、十五照灵灯，家家点灯，墓前以竹炮，或灯棚，张挂点灯，其灯光遍山遍野，照得如白日。

---

① ［日］大堀哲编集：《福济寺关系史料》，"长崎历史文化博物馆史料丛书"六，2014年版，第41页。
② 具体可见日本长崎市役所编纂的《长崎市史》"风俗篇"第4章"唐人风俗"，日本清文堂1967年再刊本，第441—477页。

或放花炮，或烧长香。拜墓之人，男男女女，大大小小，挤满山路樵径。火灭人散，月明共照山中墓，贫女一灯赛万灯。十五丑时送灵，结舟为舟，插线香，挂花灯，念佛敲钲，送至江边，投于水中，不知灵之何往，虽不得见之，吾亦从众也。十六送灯，家家挂灯，送至夜阑，收灯闭户，各各房中挂帐睡卧，梦中不见讨帐之鬼，只觉盆热之苦矣①。

　　盂兰盆会也称兰盆、兰盆会或唐寺盆祭。在举办盂兰盆会时，要将纸扎的"七爷"（ち—や）和"八爷"（ぱ—や）埋葬②。七爷、八爷亦称"长身爷"（民间俗称长哥）、"矮爷"（俗称矮八），相当于江南民间勾魂摄魄的黑、白无常。在明清以来的福州，每当"迎五帝""迎泰山"或"迎城隍"的赛会中，皆可见七爷、八爷的形象③。二者在福州为一般人耳熟能详④，有不少民间传说和故事与之相关。

---

① 日本东北大学图书馆"藤原文库"藏抄本《琼浦闲谈》，第16页。
② ［日］嘉村国男编集：《长崎事典·风俗文化篇》"七爷八爷"条，第238页。
③ ［美］卢公明：《中国人的社会生活——一个美国传教士的晚清福州见闻录》，陈泽平译，福建人民出版社2009年版，第153—154页。只是书中将之翻译成"长炳鬼和矮八鬼"，"长柄鬼"似乎不确。
④ 近人郑丽生《福州风土诗》（福建省图书馆特藏部藏1963年福州春緑斋抄本）中有《查夜》诗："夏来涧殿看排堂，揭骨跳跟查夜忙，枷锁大神坛下将，高低七、八活无常。"其诗自注曰："瘟神庙宇，依水称涧，在陆称殿，在南台者则称庵，其著者有九庵十八涧。设傩曰排堂，自后每晚异神出巡，曰查夜，意捉拿疫鬼也。神之职小无车舆者，则以竹为驱，外著衣冠，穴其中，由人顶之而行，谓之揭骨，有枷锁大神、坛下将等。又有两鬼役，像作一长一短，长者称高爷，又称七爷；短者短爷，又称八爷，即活无常也。凡查夜，皆揭骨为之。"

　　　　　　　　明月共潮生：域外文献与东亚海域史研究

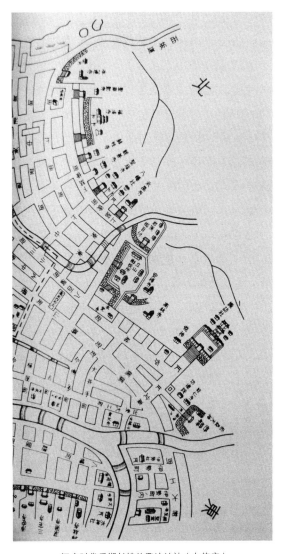

江户时代后期长崎的诹访神社（九使庙）

资料来源：嘉村国男编集《长崎事典·风俗文化编》，第9页。

除了盂兰盆会之外,《琼浦闲谈》中对于福州"九使"信仰与长崎九使庙及诹访神事关系的记载,尤其具有重要的史料价值。

　　在江户时代,长崎立有九使庙。唐话资料《崎港闻见录》中,就有"九使庙"一词的出现。[①]乾隆时代多次往来长崎的徽商汪鹏在《袖海编》中更为详细地指出:"九使庙规模宏壮,典礼尊隆。或曰:其神福州人,林姓,祀不知所自始,道家主之,其品级与镇府同,唐馆有香火例金,年请看茶一次。"在江户时代的长崎地图上看,诹访神社建于长崎奉行办公所在的立山御役所之东面,规模宏大。汪鹏所说的"看茶",在唐通事教科书中亦称为"看花"。如成书于1795年(清乾隆六十年,日本宽政七年)之前的《译家必备》就指出:"看花是三月间,也有四月里,也有不定日子的,这看花一连四天出去,头一天到大德寺里,第二天到正觉寺、清水寺、大光寺,第三天到延命寺、光永寺,第四天松森社起到妙见社、九使庙止的了。除了一个大德寺,其余八个寺庙,各船定例送礼,这叫做八个寺庙看花费。所以这几个寺庙,一年一次请唐人来吃酒。这看花比不得时常的款待,各寺庙多备好菜、好酒款待唐人……"[②]。可见,九使庙与唐人的关系颇为密切。特别需要指出的是,汪鹏提及九使庙是"道家主之",

---

① 内阁文库,176—0101,书中在"九使庙"后,有"做戏,圣庙,先生(向井元仲),庙主(青木主水),家老,用人,国王,将军"等。其中,向井元仲为长崎圣堂祭酒,在职期间为享保十二年(1727)一月至明和二年(1765)八月。由此看来,《崎港闻见录》应成于享保十二年(1727)以后。

② 见王振忠:《袖中东海一编开:域外文献与清代社会史研究论稿》附录"唐通事文献三种",第419页。

这里的"道家",应当是中国人对日本神道的认识①。另外,汪鹏提及的林姓福州神明,在其他史料中亦有涉及。稍早于汪鹏,雍正年间苏州知府童华,曾根据远赴长崎的中国海商提供的资料,撰写了《长崎纪闻》一文,其中提及:

> 岛中祀关帝、观音、天妃,其道教祀林九舍。相传吕宋欲袭长崎,有闽人林九舍知风,密报倭人,预为之备。吕宋船到,不能上,因告倭人曰:此必林九舍泄吾国事,若以见,予当全军而退。否则,惟有决一死战耳。倭人不予,九舍闻之,挺身前往,曰:以吾一身而息两国之争,吾何惜一死?吕宋戮九舍而归,倭人德而祀之,灵爽颇著。

对照汪鹏前述的记载,《长崎纪闻》"其道教祀林九舍"中的"九舍"亦即九使,换言之,"林九舍"也就是九使神的原身。文中提及吕宋与日本的关系,所谓吕宋袭击长崎的传说,应当和日本与欧洲罗马旧教国家之冲突以及幕府当局对天主教之恐惧密切相关。16世纪后半期,从日本九州南部出发,南经琉球群岛到达菲律宾(史称小吕宋),是当时的一条重要航线②。根据史书记载,1596年(明万历二十四年,日本庆长元年),日本火山、地

---

① 抄本《长崎图志》"诹方庙"条下曰:"万治元年,神祇宦[官?]封为诹方社,省寺,蕃[华?]人私名曰九祭庙。"此抄本文字错讹颇多,"九祭庙"当即"九使庙"。"私名"应是指中国人(包括唐通事等)对诹访神社的认识。

② 参见[日]中岛乐章:《十六世纪末朝鲜战争与九州——东南亚贸易:以加藤清正的吕宋贸易为中心》,郭阳译,载台湾《明史研究》第28期,2017年6月,第89—119页。

震频发，兵燹灾荒不断，正在此时，一艘大吕宋（西班牙）的
"圣斐理伯号"商船，在由菲律宾驶往墨西哥途中，因遭受巨浪
侵袭，而在日本浦户港抛锚修理。当时，一些对天主教充满恐惧
的日本人，在谣言的蛊惑下，误信该船是一艘战舰，满载着兵士
和武器准备入侵日本，遂掀起迫害天主教徒的狂潮[①]。而"林九
舍"的故事，应当就是以此一事件作为历史背景加以演绎。

在童华笔下，"林九舍"（九使神）之由来与东亚的国际政治
密切相关，形象颇为正面且高大。而在"闽人林九使"之原乡，
九使神却完全是混沌初开时山野土神的形象[②]。关于"九使"，明
人徐㶿在《榕阴新检》中曾引《晋安逸志》指出：晚唐福清黄檗
山有巨蟒为祟，掇美女刘三娘入洞为妻，所生十一子之一为九
使，后为神，"闽中往往立庙祀之"。徐㶿为晚明时人，《晋安逸
志》亦成书于明代。清乾嘉时期福州里人何求所纂的《闽都别
记》第85回，也有一些"九使"的故事，所述应即源自《晋安逸
志》。关于这一点，《榕荫新检》还引《晋安逸志》："然他蟒为

[①] 根据丰臣秀吉颁布的禁教令，在大阪、京都捕获的6名外国人及20名日本人被送往长崎西坂，于庆长元年十二月十九日（1597年2月5日）遭处死。此后，陆续有一些天主教徒也在此附近被杀。为纪念此一事件，后在长崎形成"日本二十六圣人殉教地"。参见［日］远藤元男：《近世生活史年表》，日本雄山阁1995年版，第15页；［日］嘉村国男编集：《长崎事典·风俗文化编》，日本长崎文献社1988年版，第443页。

[②] 关于"九使"信仰，笔者较早发表的《契兄、契弟、契友、契父、契子——围绕着日本汉文小说〈孙八救人得福〉的历史民俗背景解读》（载台湾《汉学研究》第18卷第1期，2000年6月）等论文中已稍有涉及。此后，陈济谋在其主编的《乡土文学的瑰宝》第三节"九使蛇神的传说"（海风出版社2004年版）中，对此有更为细致的探讨。（第258—262页）本文在前述基础上，更为广泛地收集各类文献，并综合所见中日史料进一步加以分析。

崇者，每托三子之名淫人妇女。所与淫者，得见其形，俨然美好少年。其家人及邻里，但闻虚空言语欢笑，酣饮一如生人。淫者之家随意所欲，无不立致。少忤之，则罄其所有，或遇劫，或火其居，或击其人。"这段描述，颇像是江南一带对五通神的状摹。里人何求所纂《闽都别记》第 186 回中有叟曰："此乃冶山，有个柳九爷，不是人是鬼。此鬼乃风流鬼，不时去人家迷妇女，外人皆见之，有称九使爷。"[①]后由南徵祭拜迁柩，"那九使自此起迁，尚有一灵游于城厢中外，妇女犹犯之，至今亦迷人。不知道是蟒天神王之九子，实非也。"[②] 由此可见，从神性上看，"九使"类似于宋代以来江南的五通，素以好淫著称，也正因为这个原因，故到清代，九使成了福州倡门的淫祀之神。根据嘉道时人张际亮的《南浦秋波录》记载："九月重九日，诸姬家祭神曰九使，或云即狗使。使，闽读音如赛。其他饮茱萸，作糕粽，一如良家习。"及至同治十年（1871），传教士摩嘉立（Rev.C.C.Baldwin）编译《榕腔初学撮要》（*Manual of the Foochow dialect*）列有 19世纪 70 年代福州城内外颇为详细的一份民间诸神名单，其中所见的道教神明（Taoist deities）中，就有"九使，九使爷，九使王[③]。对此，近人郑丽生在《福州风土诗》中列有"祭九使"

① 〔清〕里人何求纂：《闽都别记》中册，第 186 回"贤乡老助迁九使柩，娇宫妃难夺小郎情"，福建人民出版社 1987 年版，第 283 页。
② 同上书，第 285 页。
③ ［美］摩嘉立编译：《榕腔初学撮要》，福州美华书局（Foochow: Methodist Episcopal mission press），清同治十年（1871）版，第 129 页，美国哈佛燕京图书馆藏善本。

条:"何须弄首与矜姿,色不迷人人自迷。九日儿家祭九使,个中诡秘总难知。"其诗注曰:"九使,为倡门淫乱之神。像犬首而人身,俗又称'狗使',九日祭之。相传凡祀九使者,客至其家,辄迷恋不悟。其像常以布蒙之,伎伺客熟睡,取其布蒙客面一次,客即恋恋不舍。又云另有符箓,化灰杂酒食中,使客吞之。此等诡秘,外人不得而知也。"① 根据此处的描述,"九使"又称狗使,其形象是犬首人身,民间于九月九日祭之。而这一点,对于长崎的地方社会有着重要的影响。从《琼浦闲谈》的描述可见,"九使"信仰最早就与日本的花街密切相关:

> 彼时妖法盛行,佛法难修,或有僧道过路,泼污秽而阻其往返,毁佛闹市,街上不宁静,故有各街所雇町使赶散打倒,使他镇之禁之,亦有花街之人自来帮助。花街人者,外郡来往者而归邪教,劝人归正,建造寺庙。九使神会起手做戏,至今年年开场。又造一寺,号曰大音,请僧为主,聚众劝善,去邪归正,本是良人也。若问良人为乌龟者,是皆出于无奈。彼时有一财主,依靠其财,不去务业,养女数十名于家,日夜取乐,却似自效隋炀帝之后身,撒漫用财。自古道:坐食山崩,坐饮海干。逢其财限,家私摇动,不得已,而每将养女许令人嫖,收其嫖钱,以为安家之资,全靠养女

---

① 郑丽生:《福州风土诗》,福建人民出版社 2012 年版,第 135 页。但书中稍有错讹,今据福建省图书馆特藏部藏 1963 年福建省春霭斋抄本改正。郑丽生提及妓女留住嫖客的伎俩,在不少妓院中都并非罕见。参见拙文《游仙枕上梦邯郸》,载王振忠:《山里山外》,生活·读书·新知三联书店 2020 年版,第 13—14 页。

糊家口。于时唐客、红毛并京、坂、江户各处商客，争先而嫖，一家不得迎接，真个应接不暇。当时一班好事之辈，也学他家之好，养女为妓，遂成几十家，妓女数百，嫖客来千去万，前门迎新，后门送旧，竟成烟花寨里花如锦，风月场中月似银。积财蓄资，冠于一邑之富，故舍财建寺建庙，彼时散住于各街之中。后谕开辟丸山为街，故曰丸山町。又开寄合町，尽将鸨家搬移二街之中，谓之花街也。

这一段文字主要是谈长崎花街（丸山、寄合二町之由来），文中更提及当时长崎盛行的"妖法""邪教"，这主要是指天主教。另外，大音寺与花街之人关系密切，"这大音寺开基之僧，有大道德，花行各家男女，尊敬如佛。又逢妖法横行之际，各家合资，盖造大音道场，劝化归正"[1]。所谓劝化归正，就是脱离天主教的控制，改信其他的宗教。当时，唐船进港时，例需宣读告示及行"踏绘"。踏绘是于公共场所安放圣像，背教者应赤足踏绘，以示轻蔑。对此，《琼浦闲谈》描述："又将天主教人影，铸于铜板之上，一年一次躐铜板。正月初四躐起，初八止，谓之躐铜板。是日，各街街主借领铜板，拿回本街，叫一街之人，各家照家口单，呼名躐铜板，以证归正之实。"与此同时，来航唐船还要向日本方面递交"人数册"或"面貌册"，其内容包括船员人名、年岁、有须无须、身长身短、吃何斋等方面的情况。"吃

---

[1]　日本东北大学附属图书馆"藤原文库"收藏《琼浦闲谈》。另，饶田实斋编纂《长崎名胜图绘》卷2上，有一较长的《崎阳大音寺传誉上人碑》（第73—74页），其中提及，大音寺是长崎最早得赐"封告"者。

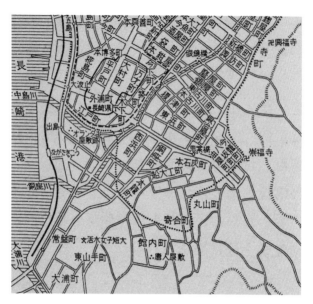

长崎花街与崇福寺、唐人屋敷

资料来源：长崎市街发展图，原田伴彦著《长崎》，转见《中国文化と长崎县》，第 46 页。

何斋"是指信奉何种神明，而来自福州的船员，多奉祀九使，其具体标志是不少信徒姓名之最后一字，皆带有"使"字。这些船员系属下层民众，与娼门关系最为密切。他们前往长崎，也与当地的妓女过从甚密①，因此，福州的"九使"神明影响到长崎的民间信仰，自然并不令人诧异。文中的"花街人者，外郡来往者而归邪教，劝人归正，建造寺庙，九使神会起手做戏，至今年年开场"，显然说明花街与九使神会关系密切。从长崎地图来看，

---

① 具体可参见［日］古贺十二郎：《丸山游女と唐红毛人》，日本长崎文献社1995 年版。

　　　　　　　　　　　　　　明月共潮生：域外文献与东亚海域史研究

丸山町、寄合町靠近其西南的唐人屋敷，而其西北则为崇福寺（福州寺）。

关于"九使"信仰，《琼浦闲谈》还写道：

> 九使庙者，封奉信州访方大神，为长崎镇地之庙。九月重阳之日祭会，故曰九使，使者福州之大称呼，窃谓闽人呼为九使云乎。年例九月九日，重阳之前二日，出凤辇分驾幸王道头，扮故事分做戏翠玉场心。长崎七十七条街，分配为七，每一年十一条街，轮流做戏。又加丸山町、寄合町，共十三场之戏，俱各美丽，不惜花费。丸山、寄合年年做戏者，开基起手之故也。六天半开场，上手场罢，闪金锋分风飘飘，摇绣旗兮云淡淡，极其花丽，不知费之几千几百。初九还舆，热热闹闹，送庙安置。镇守上庙礼拜，神童奏乐，神祝舞剑，浇汤洗浊。汤罢，镇守下庙，动起骑射，跑过三回，射过三箭，三三九箭之中，高举迎箭三竿之牌，将射，中牌献于三庙，又献镇守。射不中者，散于民家争取。射罢，各人萍分星散，一哄散尽。镇守归府，十一日，犬乐戏。十六日，解鹿宴，宴罢，祭庙事讫。早有霜叶红于二月花，人心催者，须发白于十月霜。

揆诸史实，"诹访"一词在长崎文献中多写作"诹方"，最早的庙宇是建于信州诹访郡，所祭神明为"诹访大明神"。据说神功皇后统率大军征讨三韩，拜祷于诹访大明神和住吉大明神，颇著灵验。"三韩王以神兵之不可敌，乃请罪而入贡"。有此神迹灵验，自此以后，诹访大明神遂被各地所信奉，长崎亦不例外①，成了一方最高级别的"国社"。诹访神社与唐人屋敷（唐馆）、阿兰陀屋敷（出岛荷兰馆），是旧时"长崎十二景"中的三景。根据日本文献的记载，诹访神社的秋季大祭称为"おくんち"（汉字写作"宫日"或"供日"），与中国阴历九月九日之重阳节有关。该神事始于1634年（明崇祯七年，日本宽永十一年），迄今仍是长崎最为盛大的传统节日，被称为日本的三大祭之一。其中的舞蹈（奉纳踊），是日本政府指定的"重要无形民俗文化财"。②上文提及的"王道头"，系长崎一处较为开阔的场地，许多重要的活动都在此一公共空间上展开。整段文字说明，诹访神祭与原乡福州府的"九使"信仰有着重要的渊源③。当时，丸山、寄合二町为长崎著名的花街，在九月重阳的祭会中，丸山、寄合二町的参与最为积极。而且，"丸山、寄合年年做戏者，开基起手之故也"，这与前述的"九使神会起手做戏"的表述类同，说明诹访神祭之起源，的确是与娼家信仰有关。这一点，显然可以与《南浦秋波录》记载的福州府城之倡门习俗比照而观。

---

① ［日］向井道悦：《长崎诹方［访］大明神庙钟铭并序》，见饶田实斋编纂：《长崎名胜图绘》卷4，第172页。

② ［日］久留岛浩、原田博二、河野谦解说：大阪府中之岛中央图书馆所藏绘卷《崎阳诹访明神祭祀图》，日本长崎文献社2006年版；［日］山本宗南编集：《長崎くんち回顧錄（昭和30年代の賑おい）》，日本DEITZ株式会社2011年版。

③ 日本长崎市役所编纂的《长崎市史》"风俗篇"，其中提及：长崎唐人称诹访神事为九使庙祭、九使神会。（第369页）［日］嘉村国男编集：《长崎事典·风俗文化篇》"諏訪神社の起りと變遷"条，第244页。

明月共潮生：域外文献与东亚海域史研究

在长崎，除了诹访神社之外，还另有一处"诹方别祠"。根据抄本《长崎图志》记载：诹方别祠"在磨街内坊，长药师氏世所祀。宽永十一年秋，诹方庙始立祭，其祖预之，妻独守家，盛饭享神。有顷，白蛇宛转，盘结饭上，妻惊而开扇祝曰：'若是明神，则降扇面。'其蛇入扇来，因置棚头，不见动容，即差人到诹方庙报知。夫与贤清来视，则蛇还有饭上，观者骇异。及天晚，竟不复见，故立祠，传为诹方明神之显灵……"这说明，对白蛇的奉祀，至迟始于宽永十一年（1634）诹访神社兴建之初①。而诹访明神显灵，即表现为蛇之出现。从江户时代到昭和二十年代，在长崎诹访明神的祭祀场合，总会出现本笼町的"蛇踊"。对此，长崎县外之人称为"じゃおどり"，当地人则读作"へびおどり"。这些，都是蟒或蛇的意思。而这种"蛇踊"，直到昭和三十二年（1957）以后，才经由学者和长崎乡土史家等的讨论，将之改作"竜踊"（这也就是在中外各地习见的舞龙）②。不过，从长崎"蛇踊"之初始形态来看，当地所舞之物绝非中国大传统中的龙，而应是蟒蛇一类的东西。这一点，很可能就源自原乡与"九使"信仰相关的"巨蟒"故事。

另外，前引《琼浦闲谈》中提及九月十一日上演的"犬乐戏"，或许也与原乡府城"狗使"之信仰习俗有关，只是因书阙有间而难得其详而已。

---

① 长崎诹访町之"蛇踊"亦称为"白蛇踊"，可与《长崎图志》的上揭记载比照而观。见［日］嘉村国男编集：《长崎事典·风俗文化篇》，第31页。

② ［日］久留岛浩、原田博二、河野谦解说：大阪府中之岛中央图书馆所藏绘卷《崎阳诹访明神祭祀图》，第124页。

三、余论

盛清的康、雍、乾时代，中日贸易颇为兴盛，当时出现了多部与长崎相关的汉籍史料。从字数上看，《译家必备》一书最为厚重，多达 61900 多字，《琼浦佳话》其次，约有 37600 字，然后便是《琼浦闲谈》(约 11000 字)，再接着是《袖海编》(5700 字)、《长崎纪闻》(3400 字)^①。而从写作者的情况来看，《长崎纪闻》之作者为苏州知府童华，该书的资料来源是他问讯海商所得。《袖海编》的作者汪鹏则是从杭州出发的徽州海商，书中内容是其多次前往长崎的所见所闻。而《译家必备》《琼浦佳话》和《琼浦闲谈》等则都是与长崎唐通事相关的教科书，应当也出自资深的唐通事之手。这些资料虽然来源不同、视角各异，所述亦各有侧重，但都是我们研究中日贸易和中华文化传播的重要史料。

较之其他几种文献，《琼浦闲谈》有一些特别的描述，尤其是其对诹访神社（九使庙）的记录，具有独特的史料价值，这引发了我们对于中国文化传播异域的进一步思考。

在日本九州一带，因各种异域文化在此汇聚，故而出现了不

---

① 此前各位研究者对此的统计不尽相同，本处统计字数笔者对各书所做的标点、整理稿重新核算。

明月共潮生：域外文献与东亚海域史研究

少民间信仰的杂糅，例如平户观光资料馆所藏的"マリア观音"，便是天主教与佛教交融的一种实物①。而长崎的大德寺，"本系梅崎天满神，唐客敬仰神威，许愿心，洋中保安。五十多年前，江户之僧来崎，开辟大德道场，挪移梅崎神庙之灵，自为唐客保安之寺，香火银与唐三寺同额收受。坡高地广，靠山，朝北坐南，右至花街围墙为限际，左近唐馆咫尺之间，窥见馆内之高高低低。每年年例三月，唐客来赏樱桃花一日，在花下饮酒赏玩之间，片片乍飘樱桃色，满枝吹送白雪风，唐客欢笑，满地开滚，不胜喜焉。"②《琼浦闲谈》作于1768年，"五十多年前"正当18世纪初年。梅崎亦即梅香崎，因山中梅多而得名。根据《长崎事典》的记录，1704年（清康熙四十三年，日本宝永元年）大德寺移至梅香崎，成为当地的镇守社。1708年（康熙四十七年，宝元五年），大德寺移至小岛乡。1719年（康熙五十八年，享保四年），天满宫移至大德寺境内，社名梅香崎天满宫③。而《琼浦闲谈》则明确指出，梅崎天满神因受唐船商客信仰，遂挪移至大德寺中，成为保佑唐客平安的寺庙，其所得的香火银与唐三寺同额，后来每年唐客都前来该寺饮酒赏玩。此一例子，是中国人移植日本信仰的例子。

以往，在中日文化交流的相关研究中，学界关注较多的是儒家圣堂（孔庙）、妈祖信仰和黄檗文化传入日本的情况。儒家孔庙是中国的大传统，这一点固不必细赘。由于进入长崎港的唐

① ［日］濑野精一郎：《長崎縣の歷史》，第172—173页。
② 日本东北大学图书馆"藤原文库"收藏《琼浦闲谈》，第7—8页。
③ ［日］嘉村国男编集：《长崎事典·历史编》"梅香崎天满宫"条，第336页。

船，需要将唐船上的妈祖神像护送往唐寺，在那里举行隆重的祭祀活动，这称为"菩萨扬"或"妈祖扬"，以感恩航海途中妈祖之保佑。另外，诚如前文所引证："三大寺各收唐客香火银，一年一次，建妈姐［祖］会，三、七、九月各念三日轮流设大会，各争奢华"。因此，奉祀妈祖的香火长年不断。而"三座唐寺者，隐元、木庵、即非三位唐僧开基道场也。……隐元和尚，后于伏见开黄檗山，为临济本宗，封赠大国师之号，流芳于后世"[1]，1661 年（清顺治十八年，日本宽文元年），宇治新寺落成，其建筑、寺规和禅风等皆依照福清黄檗山万福寺旧制，可见日本的黄檗文化也完全照搬自原乡，故而后人能很清楚地看出其间的传承关系。再加上近代以后，儒家孔庙、妈祖信仰和黄檗文化无论是在日本还是在中国，都仍然有着相当重要的影响。

相形之下，九使庙以及与之相关的"九使诞"信仰和民事活动在中国已消亡殆尽[2]，只有在长崎的诹访神事的史料中，还依稀可以看到一些并不明显的嬗变遗痕。但就像笔者此前指出的那样，"诹访神事的例子，集中凸显了东亚海域的跨国贸易、移民网络、民间信仰、文明冲突等错综复杂的相互关系，同时亦隐含着民间文化交流中极为丰富的诸多内涵"[3]。关于这一点，以下再做进一步推测和申述。

前文提及，"九使"原是福州府历史悠久的民间土神，根据

---

① 日本东北大学图书馆"藤原文库"收藏《琼浦闲谈》，第 5—6 页。

② 直到近年，在正月期间福建长乐等地的迎神赛会中，又赫然出现"英烈王九使公"海神信仰。

③ 参见拙文《遥瞻日出乡》和《长崎唐馆图》，载《读书》2014 年第 3、4 期。

方志、文集的记载，在东南沿海，以下几处皆有"九使宫"或"九使庙"的记载。（见下表）

明清民国时期东南地区九使宫（庙）分布状况

年代	地点	事迹	文献出处
明	长乐县	九使宫在二十都潮印寺后，与黄蘗山隔江相对，灵感特甚。正德三年创，万历四十三年里人陈春霆募缘营拓，屋宇轩厂［敞］。	崇祯《长乐县志》卷5《祀典志》，民国《长乐县志》卷7《名胜》
明万历以前	侯官县高盖山下	九使庙	《榕阴新检》卷9《妖怪》
明末清初	平潭县	九使宫，一在北海区氾湖边村东北棋盘山下，建自清初；一名西宫，在湖南村西，建自明末清初，民国四年里人重修；一在敖网区大使坑村后；一在屿头岛万叟村湾漕底。	民国《平潭县志》卷8《名胜志》，另见该书卷4《山川志》
清初顺康年间	福清县黄蘗山	九使宫，在黄蘗山。	日本宽文刻本《福清县志续略》卷1《祀典》
清康熙	福州城	迟维城，汉军正白旗人，康熙三十六年任福建福州府知府，刚决善断。闽俗尚鬼，多淫祠。……又有所谓齐天大圣、九使等庙，维城痛惩其弊，力请大吏禁止。	雍正《八旗通志》卷233《循吏传上》
	福州府	督闽未数载，即黜闽神、罢太保，治奉淫者以法。近又尽毁齐天、五帝、九使等庙，遐迩闻者，咸啧啧执事胆识，与胡、狄二公后先媲美。	［清］蔡衍锟撰：《上郭制府请罢淫祀书》，见《操斋集》卷3《文部》
	福鼎县	九使庙，在秦屿后澳，康熙乙酉里民高洪声等建。	乾隆《福宁府志》卷34《福鼎坛庙》

续表

年代	地点	事迹	文献出处
乾隆	福州马江	罗星塔汛在马江中，当省会要冲，抚标轮防，设炮台一，哨船四，内江水面，上至九使庙，对江七娘宫界……	乾隆《福州府志》卷13《海防》，民国《闽侯县志》卷52《海防》
	福鼎县	黄崎山居民海面［面海？］而栖，有九使宫。	乾隆《福宁府志》卷4上《福鼎山川》
	霞浦县	九使庙，原在道前街遵善境，今徙建于东郊。（九月初九日诞，里人祭之。）	乾隆《福宁府志》卷34《霞浦坛庙》。民国《霞浦县志》卷7《建筑》、卷24《祠祀》也有记载
		九使庙，……一在三沙一甲境，清乾隆间□，嘉庆十年里人倡捐修。九月初九日诞，里人祀之。	民国《霞浦县志》卷24《祠祀》
	福州城	会城最多淫祀，诸姬家尚有一种邪鬼，曰狗使，凡祀之此鬼之家，客与其家人狎，辄迷恋不悟。	张际亮：《南浦秋波录》卷3《习俗记》、《岁时记》
光绪	浙江玉环厅	双峰牌山，……旁建青峰庙（即九使侯王庙）。	光绪《玉环厅志》卷1下《舆地》。该书卷6《祠祀》另载："九使庙，在陈澳，一作青峰庙，祈雨辄应。"卷14《杂记》亦有记载
清	连江县	幸无与五帝、齐天、九使同类并视之。	民国《连江县志》卷21《祠祀》
民国	平潭县	道彰古岩……殿前有石洞，从地透下，深不可测，俗呼九使洞，相传可通隔海大练岛。	民国《平潭县志》卷8《名胜志》

上表中的时间断代，只是根据文献记载加以分类，但即使是民国时期之神明信仰，从民俗的传承来看，仍然可以上溯到久远的明清。另外，以上的方志记录应当颇有遗漏，不过，即使是根据这些不完全的统计，仍然可以看出九使庙在东南地区的分布状况。除了玉环厅位于浙江温州府境内（温州风俗文化颇受福州影响，这当与福州移民有关）①，其他的则主要集中在闽东（即福州府和福宁府）。其中，特别需要指出的是《福清县志续略》的记载，它明确指出黄檗山上有九使宫。揆诸史实，现存的《福清县志续略》为日本宽文（1661—1672）刻本，系释如一所纂，而释如一字即非，福清人，俗姓林，1637年（明崇祯十年）于福清黄檗山万福寺受戒，后为隐元禅师的书记僧，1657年（清顺治十四年，日本明历三年）东渡扶桑，入住崇福寺（福州寺）。1663年（康熙二年，宽文三年），至宇治黄檗山万福寺扶助隐元，后成为广寿山福聚寺之开山。即非桑梓情深，晚年在日本广寿山主持福聚寺时，得其叔父自闽东所寄《福清县志》之残帙数卷，将之增辑而为《福清县志续略》十八卷。该书卷1《祀典》认为："载记祀典，彰有功，崇报德。凡神明之有阴功及民，臣力之有惠民存国者，上下咸乐祀焉。今福清所崇奉者，皆古今常典，书之以备蒸尝……"该卷下列有孔圣庙、文昌阁、土地祠、城隍庙、五帝堂、毓麟宫、玉皇阁、东岳庙、五显堂、关帝祠、三官堂、灵著祠、九使宫、真武祠和天妃宫等②。其中，孔

① 参见拙文《竹枝词所见明清以来温州的风俗》，载《安徽大学学报》2012年第1期。
② 《稀见中国地方志汇刊》第33册，中国书店1992年版，第328页。

圣庙、土地祠、五圣堂、关帝祠、九使宫和天妃宫等，皆深刻地影响到了长崎的神明信仰。

应当提及的是，除了州县志之外，还有一类特别的方志——《黄檗山志》对于"九使"有着专门的记录：

> 《晋安逸志》云：唐僖宗时，山有巨蟒为祟。邑人刘孙礼妹三娘姿色妖艳，蟒摄入洞中为妻，孙礼不胜忿恚，誓必死之。遂弃家远游，得遇异人，授以驱雷秘法，归与蟒斗。是时其妹已生十一子，孙礼杀其八。妹奔出再拜，为蟒请命，孙礼乃止。后三子为神，曰九使、十使、十一使。闽中往往立庙祀之。今吉祥峰下亦有九使神宫①。

此一段文字最早见于永历《黄檗山寺志》卷8《附逸事十一则》，主要内容实际上是节录自徐𤊹的《榕阴新检》卷9，原书是将此一"逸事"归于"妖怪"一类，标题原作"妖蟒惑人"，而《黄檗山寺志》则将之改为"巨蟒神踪"，这显然是别有深意。特别需要指出的是，永历《黄檗山寺志》是隐元隆琦、独往性幽编修，其后续修的道光《黄檗山寺志》也沿用了这一条②，这些，实际上反映了以黄檗僧人为代表的福清人对于"九使"的正面看法，亦即认为九使是"神明之有阴功及民"者，故即使是在黄檗山上，也赫然建有九使宫。另外，诚如徐𤊹所说："闽中往往立

---

① 林观潮标注：《中日黄檗山志五本合刊》，宗教文化出版社2018年版，第190页。
② 同上书，第366页。

　　　　　　　　　　　明月共潮生：域外文献与东亚海域史研究

庙祀之。"① 故而迄今在旧福州府各县仍有一些遗存②。其中，尤其需要重视福清一地。

明清时代，福清是福州府的属县之一。福清方言与福州话大同小异，只是腔调稍有差异，故福清人自称为福州人，也是没有任何问题的。日人佐滕成裕（1762—1848）所著的《中陵漫录》卷2《异朝风俗》说，当时来崎阳（即长崎）的海船，大抵是闽中之人。众多的福州人来到日本，也将不少福州风俗带到了长崎。另一位日本人梦亭东聚在《钼雨亭随笔》卷中记载：

---

① 不仅陆上居民，水上居民亦奉祀"九使"。清戴成芬纂辑、黄熤参订《榕城岁时记》"九使生日"条引《南浦秋波录》，附注曰："重九日舸黎婆为九使生日，羊酒花烛，欢宴异常。"见张智主编：《中国风土志丛刊》第56册，广陵出版社2003年版，第54页。

② 迄至今日，在福清当地，还流传着戚继光、叶向高与九使洞的相关故事。（见林秋明：《福清导游词》，海潮摄影艺术出版社2012年版）平潭县也有九使洞和九使庙的传说。（见平潭县民间文学集成编委会编：《中国民间故事集成》福建卷平潭县分卷1990年版，第106页）而毗邻福州的连江县长龙镇下洋村，还有一处"九使宫"，据说始建于明洪武年间，2001年集资重修，宫内供奉三尊"蟒天洞主"之子九使、十使和十一使神像。（详见阮道明编著：《连江胜览》，福建美术出版社2015年版，第190页）另外，琅岐岛上现存的九使庙共有三处。（杨东汉编著：《琅岐岛风采》，海峡文艺出版社1999年版，第90—91页）宁德市蕉城区蕉北西山下村，有始建于清末的九使明王宫。（钟雷兴主编、缪品枚编撰：《闽东畲族文化全书》民间信仰卷，民族出版社2009年版，第133页）福州城内外也有九使信仰，民间有九使社之集会，还有过"九使诞"的习俗。（《巧媳妇避"九"》，福州市郊区民间文学集成编委会编：《中国民间故事集成》福建卷福州市郊区分卷，1989年版，第271—272页）台江区三通桥河边，有始建于明代的九使庙，文革中神像、题匾、碑记供器等尽毁，庙址为乡镇企业占用。改革开放以后，庙宇收回，正殿供奉广利候"九使爷"。（王祖麟、王光辉编著：《福州民间信仰大观》，华星出版社1999年版，第36页）福鼎市辖区内共有九使宫三座，分别位于秦屿镇、沙埕和南镇。（见叶梅生、张先清主编：《太姥文化：文明进程与乡土记忆》上，商务印书馆2016年版，第264页）

辛未春夏之际，南岛疫疠盛行。父老云：八九十年来未曾有之事。日夕村民相聚，击钟鼓驱疫鬼，以纸糊船送之海上，其所过路次，户户皆闭，人烧线香随之，颇有闽俗之风。[①]

此处所描述的迎神赛会，就是福州府常见的"五帝"驱瘟放洋的仪式。在"黄檗国师隐元说法于此"的长崎崇福寺中，就供有"五方五帝"之神像[②]，这与福清黄檗山五帝堂供奉的是相同的神明。隐元是福清县上迳乡东林村人，生于明万历二十年（1592）十一月四日，于万历四十八年（1620）投福清黄檗山万福寺剃度出家，后成为黄檗山万福寺的主持。1654年（清顺治十一年，日本承应三年），隐元禅师应邀率众东渡扶桑弘扬佛法，将中国的建筑、雕塑、书法、印刷、医药、音乐和饮食等传入东瀛，特别是对日本近世佛教之发展产生了巨大的影响。从现存的《隐元禅师长崎上陆图》来看，他们一行人当时所举的两面旗子，一是"大明国福州府"，另一则为"福清县黄檗山"。此后，黄檗山亦遂成为日本佛教黄檗宗之祖庭。而从黄檗山再往西北，则有灵石山，山上就有传说中的"九使洞"。隐元的老家东林距离黄檗山和灵石山都不太远，而著名的长崎唐通事林家，则出自福清前林，亦距上述两地不远。这样的地域背景似乎暗示我们——除了佛教在日本的重大影响

---

① ［日］芦洲池男四郎次郎编：《日本詩話叢書》卷2，日本鳳出版1992年版，第329页。

② 抄本《长崎图志》"崇福寺"条。关于福州"五帝"信仰及对长崎等地的影响，请参见拙文《历史自然灾害与民间信仰——以近600年来福州瘟神"五帝"信仰为例》，载《复旦学报》1996年第2期；《契兄、契弟、契友、契父、契子——围绕着日本汉文小说〈孙八救人得福〉的历史民俗背景解读》，载台湾《汉学研究》第18卷第1期，2000年6月。

之外，道教系统的"九使"信仰之传播，可能也与福州府福清籍唐通事、船商水手以及僧侣之东渡密切相关①。

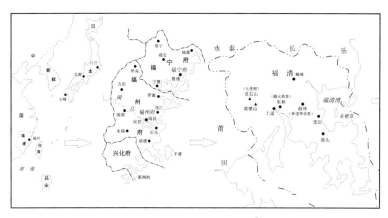

东亚海域史上的福州府福清县②

从前述可见，在原乡的福清，"九使"原是荒洞蟒神，后成为福州府各地的倡门神明，类似于江南的五通神。及至到了异国

---

① 出自莆田的天妃妈祖，福州人称之为"妈祖婆"，民间俗有"起风乍八妈祖婆婆"之谚，意思是大风刮起来时，才想起妈祖婆婆。近人郑丽生有诗："既呼妈祖又婆婆，利涉安澜功德多，水手梢〔艄〕公齐作福，但祈海上不风波。"（《福州风土诗》，福建省图书馆特藏部藏1963年福州春檠斋抄本）另据徐吾行的说法，福州民间传说，在海上遭遇不测时喊叫"妈祖婆婆"，功效立见。若喊"妈祖娘娘"，则有时刻之差——因婆婆系民间老妪，无须化妆即可出动；而娘娘则为有品秩命妇，非有适当配备不可，故行动稍有迟缓。（徐吾行：《福建神道迷信》，福建省图书馆特藏部打印稿，第6页）后来，在福州府也出现了与妈祖具有类似法力的蔡姑婆，此即长乐梅花镇的蔡夫人庙，俗称"姑婆宫"，其庙供奉琉球国公主。（见王祖麟、王光辉编著：《福州民间信仰大观》，第99—100页）该庙的出现，可能与蔡姓在琉球国政坛之重要地位密切相关。由此，或亦可推测福清林姓唐通事及僧侣与明末清初"林九舍"传说出现的关系。

② 本图由李甜博士协助清绘，特此致谢！

他乡，一方面，其信仰承袭了原乡的习俗而有所发展，具体说来，它与"丸山花月"等相结合，进而发展而为盛大的诹访神事活动。而在另一方面，长崎之诹访神社也被唐人视为九使庙，九使亦遂成为长崎最为重要的神明信仰之一。对此，乾隆时代的徽商汪鹏指出，九使庙的"品级与镇府同，唐馆有香火例金"。嘉道年间的翁广平（1760—1843），在《吾妻镜补》一书中列有一份唐船献给各寺庙的礼单——《长崎送寺礼连匹头》，其中就有"九使庙礼二色"①。从九使庙貌、品级以及来舶唐船皆要向其奉献香火等来看，九使信仰在当时具有崇高的地位。特别需要注意的是，在长崎，明末清初还出现了"林九舍"的传说故事，由此"九使"遂升格而为东亚国际关系中舍生取义的神明，其间的发展脉络，彰显了跨文化风俗传播的复杂性。这一点，与在长崎活动的唐通事、僧侣和船商水手有着密切的关系。

从福清湾西岸隐元和尚和唐通事之故乡及与黄檗山、灵石山的关系来看，僧侣、商人、水手和唐通事，对于长崎有着重要的影响②。例如，何高材原籍福清，17世纪初前往长崎，居于材木町，

---

① 〔清〕翁广平：《吾妻镜补》卷16《通商条规》，全国图书馆文献缩微复制中心2005年版，第414页。

② 关于福清商人在日本的活动，以往也有一些学者涉及，如童家州所撰《明末清初日本长崎福建籍华侨起源述略》（载《福建师范大学学报》1990年第4期），该文虽然是针对整个福建省而言，但也提及多位福清籍的商人。林观潮撰有《明清福州府籍渡日唐人僧人概况的研究报告》（载陈永正主编《多学科视野中的闽都文化》，福建人民出版社2009年版），亦涉及福清商人的活动。近年的成果，主要有旅日学者王维对福清华侨组织形成过程、经济活动和历史特征等的研究。（见氏著《华侨的社会空间与文化符号——日本中华街研究》，中山大学出版社2014年版，第289—299页）不过，从唐通事林道荣一族迁居日本的史实来看，福清人群在九州一带的活动有着悠久的历史，仅就林氏一族的情况而言，他们不仅在长崎，而且在萨摩等地亦有分支。换言之，对福清人群的活动，尚可作长时段历史进一步的纵深考察。

后经商成巨富，屡次不遗余力地捐资兴建禅寺（如崇福寺和清水寺等）①。魏之琰为17世纪上半叶长崎35家住宅唐人之一，其人亦来自福清。他于顺治十年（1653）前往长崎投靠其兄魏之瑗，长期从事长崎与安南的贸易，其后人更世代成为唐通事。魏之琰是长崎崇福寺（福州寺）的四大檀樾之一②，他也称魏九官，"某某官"是传统时代福州府当地一般民众常见的称呼③。不过，明末清初定居日本的著名学者朱舜水有一《与魏九使书》④；1673年，越南阮主世子曾写信向魏之琰借款五千两，也称其为"大明国魏九使"⑤。据此推测，其人应别号"九使"，这可能也反映了魏之琰本人的信仰⑥。另据宫田安《崇福寺の唐人墓地》一文统计，崇福寺唐人墓地中，计有墓碑277基，共祀284人。其中福建省内人计225人，个中福清人有96人，长乐县59人，闽县⑦39人，候［侯］官县13人，

① 罗晃潮：《日本华侨史》，广东高等教育出版社1994年版，第118页。
② ［日］中西启监修、塚原ヒロ子编著：《月琴新谱：长崎明清乐のあゆみ》，日本长崎文献社1991年版，第86页。参见韦祖辉：《海外遗民竟不归：明遗民东渡研究》，商务印书馆2017年版，第123—128页。
③ 参见王振忠：《契兄、契弟、契友、契父、契子——围绕着日本汉文小说〈孙八救人得福〉的历史民俗背景解读》，载台湾《汉学研究》第18卷第1期，2000年6月。
④ ［明］朱之瑜：《舜水遗书》文集卷4，1913年版，第6页上—第6页下。
⑤ 陈荆和：《17、18世纪之会安唐人街及其商业》，载《新亚学报》1957年8月，第3卷第1期；徐善福、林明华：《越南华侨史》，广东高等教育出版社2016年版，第111页。关于魏之琰，最新研究成果当推叶少飞之《17世纪东亚海域华人海商魏之琰的身份与形象》一文，载《海洋史研究》第17辑，社会科学文献出版社，2021年版。
⑥ 类似的情形，如徽州有寄名习俗，即归属于某一神明时，其具体特征是在姓名中加入与该神明相同的字眼。
⑦ 原文作"闽侯"，实应为"闽县"。

连江县 1 人，福州府内（县别不明）12 人，福建省内其他地方 5 人①。此外，根据竹内光美、城田征义所著《长崎墓所一览（悟真寺国际墓地篇）》的统计，迄至咸丰年间，以来舶长崎中国人的出身地来看，福建省、浙江省、江苏省遗存的墓地分别为 150 基、44 基和 18 基。其中福建省的 150 基中，福州府占了 126 基（闽县 31 基、侯官 16 基、福清县 28 基、长乐县 42 基，另外不明者 9 基）②。这些人大多数是下层水手，从中可见，来自福州府的人占总数的 212 基中的 59.4%。明清时期，赴日商船中祀九使者颇不乏人。譬如，1835 年（日本天保六年，清道光十五年）前往长崎的中国商船成员共 117 人，其中，名为"某某使"的计有 50 人，占了将近一半，这些人应当都是崇奉"九使"信仰者，这也是九使信仰在长崎盛行的人群基础。

另外，清人翁广平曾指出："明时通商多闽人，到彼为通事，遂家焉，故至今有中华人也。"③据刘序枫的统计，长崎世袭的唐通事有 60 家以上，其中第一代能判明出生地的有 30 家。个中，福建人占了 23 家，福州人又占到 10 家，占全部的三分之一。④

① 长崎华侨研究会年报（1985 年号）:《長崎華商泰益號關係資料》第 2 辑，1986 年 3 月 15 日，第 57 页。
② ［日］竹内光美、城田征义:《长崎墓所一览（悟真寺国际墓地篇）》，日本长崎文献社 1990 年版，第 4 页。尚可参见刘序枫、福宿孝夫:《长崎市稻佐山の悟真寺・国际墓地における唐人古碑类及び关连史料の解说》，《长崎华侨史稿（史・资料编）》，《长崎华侨研究会年报》第 3 辑，长崎市立博物馆 1987 年版，第 20—21 页。
③ 〔清〕翁广平:《吾妻镜补》卷 28《附庸国志》，第 721 页。
④ 刘序枫:《清代前期の福建商人と长崎贸易》，载《九州大学东洋史论集》第 16 号，1988 年 1 月。此数据据宫田安《唐通事家系论攷》及《補遺唐通事家系论攷》和《續補唐通事家系论攷》作成。

唐通事中最为著名的是刘宣义和林道荣。刘宣义为东渡长崎的福州府长乐县人刘一水之子，曾陪同高僧隐元前往京都，后受知于长崎奉行，被赐号"东阁"。而林道荣则与之骈肩称雄，并称唐通事"双璧"。对此，翁广平《吾妻镜补》卷16有"长崎各项街费目例"，其中提到："唐山寺公缘六十两，右三寺私缘五十两，圣福寺二十两，悟真寺二两，永兴寺五两，官梅翁三两，唐通事九人一百二十两……"[1] 这里提到的"官梅翁"，即著名的唐通事林道荣。林道荣和他的家族是崇福寺（福州寺）的主要资助者，他的父亲林时亮字公琰[2]，于1623年（明天启三年，元和九年）前往日本，先是在九州肥前藩彼午郡大村寓居，娶当地森氏女子为妻，五年后（1628年）移居长崎。他是崇福寺的大檀越之一，1636年（崇祯九年，宽永十三年）被委任为唐年行司，掌管长崎华商的互市贸易，以及纷争之调解。其后，林时亮之子林道荣继任唐通事，并于1675年（清康熙十四年，日本延宝三年）成为大通事。此前，林道荣曾于万治年间随长崎奉行妻木赖熊前往江户。其后的长崎奉行牛込忠左卫门，亦时常与林道荣诗酒唱和，为此，林道荣得受"官梅"赐号[3]。此外，他还与隐元和尚过从甚密[4]。《琼浦闲谈》曾指出："崎人虽多，单少广学大才者，从古至今，屈指数之，寡有几名"，书中列有十七名著名人物，

---

① 〔清〕翁广平：《吾妻镜补》卷16《通商条规》，第414页。
② 罗晃潮在其所著：《日本华侨史》中认为林公琰"原籍福州莆田"（第124页），实误。
③ 长崎县教育委员会：《中国文化と长崎县》，第118—119页。
④ 《林道荣略年谱》，见〔日〕林陆朗：《長崎唐通事：大通事林道栄とその周辺（增补版）》，第182—184页。

其中有五名译家、三名医家、二名天文家和七名杂家，而其中列于首位的就是"官梅道荣"，由此可见其人在长崎的地位。此后，林氏家族世袭通事，先后有七人担任大通事，四人担任小通事，近四十人充当各级大小通事，在长崎极具势力。直到现在，长崎市町皓台寺后山，仍有唐通事林家墓地[①]。特别需要指出的是，林道荣的祖籍出自福清前林，这里也位于福清湾的西岸，而这一带也正是"九使"信仰最为盛行的核心区域。童华《长崎纪闻》提及的"林九舍"舍生取义故事的出现，可能就与通事林家有关。

这当然只是我的一个推测。不过，通事林家等与黄檗宗隐元、即非禅师过从甚密。正是在一批福清籍的商人、通事之引荐下，出自福清东林、俗姓为林的隐元和尚得以东渡扶桑，当时，他率徒三十余人前往日本宣扬佛法。1659 年（清顺治十六年，日本万治二年），在京都宇治郡创建新寺，即以家乡黄檗山万福寺建筑作为模式，亦称"黄檗山万福寺"，成为日本佛教黄檗宗的发源地。他圆寂的前一天，后水尾天皇还颁赐"大光普照国师"之尊号。从这个意义上看，对于日本而言，佛教是抵御天主教影响的护国利器。可能也正是在这种严厉禁教的氛围中，传到长崎的九使庙，才有迫切需要创造出一个抵御天主教侵略的神明——林九舍之故事，这可能也是以福清为中心的唐通事为自抬身份、欲与佛教寺庙僧侣影响比肩的一种努力。只是长崎的九使庙在近

---

① ［日］嘉村国男编集：《长崎事典·风俗文化编》"唐通事林·官梅家墓地"条，日本长崎文献社 1988 年版，第 487 页。

明月共潮生：域外文献与东亚海域史研究

代以后并不为人所知，其部分因子早已融入诹访神事，经过日本人的不断创新改造而面目全非。与之形成强烈对照的是，长崎圣堂（孔庙）、妈祖信仰以及黄檗文化等，仍然以鲜明的异域特色存留于日本。特别是黄檗山万福寺在日本有数百座分寺[①]，其信徒据说多达数百万人。相形之下，"九使"信仰与诹访神事之渊源流变则相对隐讳，以至于此前很少有学者关注到这一点。而正是有赖于《琼浦闲谈》一书比较详细的记载，才让我们得以较为清晰地看到跨文化民俗信仰传播中的一些蛛丝马迹。

[①] 参见韦祖辉：《隐元与日本黄檗宗》，载陈智超、韦祖辉、何龄修编：《〈日本黄檗山万福寺藏〉旅日高僧隐元中土来往书信集》，中华全国图书馆文献缩微复制中心 1995 年版，第 575—587 页。另据徐兴庆的《朱舜水与东亚文化传播的世界》一书，1745 年（清乾隆十年，日本延享二年）黄檗宗在日本的寺院多达 1010 座；1860 年（咸丰十年，万延元年），黄檗宗的末寺多达 970 座；1873 年（同治十二年，明治六年），仍有 626 座之多。（台湾大学出版中心 2008 年版，第 176—177 页）直到 2022 年，为纪念隐元禅师圆寂 350 周年，日本宫内厅代表令和天皇向日本黄檗宗颁授册书，加谥隐元为"严统大师"，这是日本皇室第七次对隐元禅师予以敕封、加谥。

僧侣、宿主、通事与船商

——从圣福寺藏《唐船寄附状帖》看 18 世纪初的长崎贸易

日本寺庙一向有着保存文物典籍的传统，著名的如正仓院之丰富收藏，早已为世人所熟知。在江户时代（1603—1867），一些对寺庙物品的记录中，也常见有"当寺什物"，从中可见各大寺庙之重要收藏。例如，永寿山海福寺的"当寺什物"就记载：

> 后水尾法皇宸翰一轴，唐山诸和尚尺牍一轴，涅槃画图一轴，黄檗诸名德墨迹一轴，木庵和尚墨迹三幅对，开山国师木庵、即非二和尚墨迹三幅对，木庵和尚墨迹三幅对……①

其中，除了书画、图像实物外，类似于"唐山诸和尚尺牍"这样的资料尤为历史学者所重视。1995 年陈智超等人整理的《旅

---

① ［日］木村得玄：《校注江户黄檗禅刹记》，日本春秋社 2009 年版，第 339—340 页。

日高僧隐元中土来往书信集》，即自日本京都的黄檗山万福寺流传出来①。同样，本文聚焦的《唐船寄附状帖》，也是庋藏于寺庙的珍稀文献。

一、日本长崎圣福寺所藏《唐船寄附状帖》

2021年2月，宗教文化出版社出版了《黄檗宗珍稀文献荟萃》一书，该书由福建师范大学李湖江副研究员整理汇编，在后记中，李氏介绍了《唐船寄附状帖》之由来："这本书缘起于2019年底在日本长崎举办的'隐元禅师与黄檗文化'日中论坛，我获邀参加这次论坛，并在论坛期间考察了日本黄檗宗寺庙崇福寺、圣福寺，以及在长崎历史文化博物馆所举办的'渡来黄檗僧书画展'。在长崎圣福寺，承蒙住持田谷昌弘法师许可，拍摄到该寺收藏的一批十分稀见的信函，也就是收录于本书的《唐船寄附状帖》，这是黄檗文献中比较特殊的一种类型，引起我对其进行整理、研究的兴趣。"②

《唐船寄附状帖》共收录136封信（另有数件与之相关的货单），可以说是江户时代长崎史料的一个重要发现。但因李氏的

① 陈智超、韦祖辉、何龄修编：《（日本黄檗山万福寺藏）旅日高僧隐元中土来往书信集》，中华全国图书馆文献缩微复制中心1995年版。
② 李湖江整理汇编：《黄檗宗珍稀文献荟萃》，宗教文化出版社2021年版，第581页。

专业为哲学研究，他对这批信函并没有作任何解题。从总体上看，虽然他整理的部分文字之识读及标点，颇有可作进一步斟酌之处，但其人慧眼独具，敏感地拍摄到这批资料，简单整理之外，还附有可供对照的照片影本，这为进一步的深入探讨提供了重要资料。本文的研究，即在此基础上展开。

该批书信之抬头或落款，多有"某某番船"的字样。关于这一点，乾隆时期徽商汪鹏在所撰《袖海编》中指出："又曰某番，以年之次第计之，如申年首到则为申一番，次到则为申二番。"①从《唐船寄附状帖》来看，该书收录了某年第十五番至七十七番的书信。那么，这批书信反映的究竟是什么年代的内容？对此，我们只能从其中提到的一些人名略作考证。譬如，第二十二番船船商的信函写道：

> 日前有一小札奉渎，谅已呈览矣！兹因今年船多库挤，水手俱要下船辛劳，必须先发。祈吾师于送寺诸件内，先赐数百金以应急需，其银即交井上七左兵卫手，感不能罄也！谨此，铁心大师法座下。廿二番弟子王庶常、胡云客具②。

根据日本学者大庭脩的研究，此处提到的王庶常曾于元禄十三年（1700，清康熙三十九年）由宁波起航赴日。③而另一

---

① 〔清〕王锡祺：《小方壶斋舆地丛钞》第 10 帙，杭州古籍出版社 1985 年版，第 12 册，第 269 页上。
② 李湖江整理汇编：《黄檗宗珍稀文献荟萃》，第 487 页。
③ 〔日〕大庭脩：《关于平户松浦史料博物馆藏〈唐船之图〉》，转引自郭蕴静、周启乾：《中日经济关系史》上册，昆仑出版社 2012 年版，第 240 页。

位胡云客，在大庭脩的著作中也有专门提及："胡云客，1706 年（宝永三年）他以二十二号船的财副身份来航，此后又作为宝永六年二十二号、正德三年三号、正德五年五十号船的船头来到长崎。"结合上述的记载，推测这封书信应是宝永三年（1706，康熙四十五年）或宝永六年（1709，康熙四十八年）的资料。另外，第四十一番程坤如在寄给晓岩大和尚的信中提到："昨日进上宝刹些些微货，多蒙垂清［青］，谅已售矣！今归帆在迩，祈求望付来人手收为感，……承先付来银四百两已收。"[①] 其后另有五月廿七日程坤如出具的收字，收到圣福寺银 400 两整。在此一收字中，程坤如为"南京船船主"。另据长崎史料，程坤如曾为元禄九年（1696，康熙三十五年）南京船船头[②]。从以上可知，该批书信应是康熙中晚期的信函汇编。

另外，上述诸信中反复提到的"圣福寺"，亦即万寿山圣福寺，系日本延宝五年（1677，当清康熙十六年）由僧铁心道胖（1641—1710）创立，为黄檗山万福寺之末寺，与"唐三寺"（亦称三福寺，即兴福寺、福济寺和崇福寺）合称为"唐四寺"（或四福寺）。根据《（长崎）先民传》记载：

道胖字铁心，姓陈氏，龙邑石马郡儒门之裔。宽永

---

① 李湖江整理汇编：《黄檗宗珍稀文献荟萃》，第 508 页。由"孝男沙门道胖敬立"的《故姚松月院性正老禅尼塔》，注中见有晓岩之名等（见［日］宫田安：《唐通事家系论考》第二十七章"陈潜明を祖とする西村氏家系"，第 701 页），可见，晓岩大和尚亦与西村氏家系关系密切。

② ［日］大庭脩：《江户时代における中国文化受容の研究》，日本同朋舍 1986 年版，第 170 页。

辛巳年生，幼不茹荤，慕出世法。年十四，投木庵瑫和尚剃度。稍长，行脚四方，参谒诸大老。适会瑫移席于普门，召胖，因往从之。未几，瑫住持黄檗，以胖为侍司。又辞去，驻锡京畿，遍访讲师，学经论。既卒业，复至黄檗，瑫命充记室。时因母忧回崎，心衷于分紫之草庵甚谨。牛、冈二尹恩遇优渥，特就林麓创建梵刹，山号万寿，寺额圣福，乃举胖为第一祖。及于瑫退位黄檗，创紫云居焉，又继其席。而住久之后，归崎圣福。又有东府瑞圣之请，率徒而往，旺化有年。后复归崎，隐居松月院。宝永七年化，年七十。所著语录、诗文若干卷行于世①。

由此可见，铁心道胖师从隐元弟子木庵和尚，为长崎圣福寺之开山。圣福寺中建有观音堂，同时并祀关圣帝君、天后圣母和观世音等，最初是靠铁心之母家唐通事西村氏之财力援助而建成，为京都宇治万福寺之末寺②。事实上，铁心父系一脉与唐通事的关系亦极为密切。关于这一点，书中有一封第三十八番船主庄运卿写给铁心大师的信函：

近接尊札，以分送一项，毋扰贵刹，本当领命，但今年

---

① ［日］饶田实斋：《长崎名胜图绘》卷4"北边之部"引，朝仓治彦编集《日本名所风俗图会》15九州卷，日本角川书店1983年版，第187页。

② ［日］嘉村国男编集：《长崎事典》历史编"圣福寺"条，日本长崎文献社1988年版，第316页。参见张鹤琴：《长崎谈丛》十八"万寿山圣福寺"，台北商务印书馆1975年版，第108—116页。

河下起货，谅亦闻知，馆内寸草俱无，但此举年已成例，目下忽然不送，于情甚恝，不得不于各寺叨扰令弟。承谕，别位亦不敢过扰，但二位令侄老爹，祈贵刹将三连杭素绌代剪作三匹，可拨一匹送大令侄，一匹送第二令侄，更存一匹留贵刹，并余物代市是荷。①

　　根据通常的习惯，"老爹"是明代以来一般民众对官员的称呼，而在长崎，"老爹"一词则是中国船商对唐通事的习惯性尊称②。由此可见，当时铁心之弟也在长崎，而他的两位侄子则在担任唐通事。根据长崎学者宫田安《唐通事家系论考》一书所述，铁心道胖同母异父的哥哥西村七兵卫（陈道秀，号石林，1631—1693），于宽文六年（1666）被任命为内通事小头，后于宽文十二年（1672）成为小通事，他于延宝六年（1678）资助铁心成为圣福寺开山和尚。铁心的侄子西村作平次（大之助，宗荣）于元禄八年（1695）至宝永二年（1703）前后，历任稽古通事、小通事；而另一位侄子西村七郎兵卫，也于贞享四年（1687）至元禄十年（1697）前后，历任稽古通事、小通事③。由此可见，铁心和尚与唐通事的关系极为密切。

---

① 李湖江整理汇编：《黄檗宗珍稀文献荟萃》，第505页。
② "通事老爹"有时亦连称。如第四十四番船主郑孔节、吴于鲁寄给圣福寺老禅师的信中就有"各通事老爹"的说法。（李湖江整理汇编：《黄檗宗珍稀文献荟萃》，第513页）
③ ［日］宫田安：《唐通事家系论考》第二十七章《陈潜明を祖とする西村氏家系》，日本长崎文献社1979年版，第706、716页。

二、《唐船寄附状帖》所见长崎的贸易活动

关于船商与寺庙和尚、唐通事的关系，在清人翁广平的《吾妻镜补》卷16中有一些描述。例如"长崎送寺礼连匹头"记载：

> 圣人庙礼二色，南京寺礼七色，福州寺礼七色，漳州寺礼七色，大德寺礼七色，圣庙寺礼七色，大衡师礼五色，灵源师礼五色，广福庵礼五色，金岩师礼五色，松月院礼五色，土地祠礼五色，光明庵礼三色，天满宫礼一色，九使庙礼二色，大光寺礼二色，漳州寺修理六十色，共一百三十五匹①。

该卷接着还提到"长崎各项街费目例"，其中涉及寺庙、唐通事以及其他职事人等，个中提及"圣福寺二十两"②。上述的"松月院礼"和"圣福寺二十两"，就与本文聚焦的《唐船寄附状帖》有关，只是翁氏所记颇为简略而难窥其详。而在《唐船寄附状帖》中，则有不少具体而微的记载。当时，进入长崎的唐船将货物送往寺庙，一部分是送给唐通事，另一部分则通过寺庙协助售卖。由此，《唐船寄附状帖》所收，皆是船主与寺僧交涉的信

---

① 〔清〕翁广平：《吾妻镜补》卷16，全国图书馆文献缩微复制中心2005年版，第413—414页。
② 同上书，第414页。

函，兹据相关内容分述如下。

1. 送入圣福寺的货物

唐通事教科书《译家必备》"唐船进巷［港］"条曰："送寺物件除外，寺庙礼物并人事等项，可定照例。"这说明进入长崎的唐船，将部分货物送往圣福寺等寺庙，是当时约定俗成的做法。如第四十八番船的货单：

> 铁心师
>
> 一、三连绌纱二匹，一、三连色缎二匹，一、丝棉二包（计六十斤），一、丝线一包（计三十束，重三十斤），一、冰糖二篓，一、乌糖二篓，一、柏油二包。
>
> 松月院
>
> 一、白绌二匹，一、色缎二匹（系三连绌），一、冰糖二篓，一、乌糖二篓，一、清糖二篓。
>
> 圣福修寺
>
> 一、套纱二匹，又三连纱一匹，一、三连色缎三匹，一、冰糖三篓，一、青糖三篓，一、乌糖三篓，一、柏油三包，一、烛三桶。
>
> 已［以］上俱照册，眼同街财逐寺查明，并无差异。①

上述货物分门别类，赠送的对象分为"铁心师""松月院"和"圣福修寺"各名目，亦即送给铁心师、松月院以及供圣福寺修寺之用。其中的"松月院"在这批信函中多次出现，通常情况下

---

① 李湖江整理汇编：《黄檗宗珍稀文献荟萃》，第521页。

是指铁心的母亲西村氏（1603—1671），她虽然在圣福寺开基之前就已去世，但唐船物品奉献给寺庙时，仍多保留着"松月院"的名目①。又如五十四番船的货单：

送上

贵寺物件

一、缎二匹，一、福员二箱，

一、绫二匹，俱系插一番。

　　内取绫一匹，送黄当年，一、乌糖二篓，

一、素绸二匹，一、冰糖一篓，

一、纱二匹，又一桶，

第五十四番单

送上

贵寺修理物件

一、缎三匹，一、贝母三桶，

一、绫三匹，俱系插一番的。一、福员三箱，

一、素绸三匹，一、柏烛二篓，

一、冰糖三桶

第五十四番单

① 据《长崎名胜图绘》卷4"北边之部"，松月院是由铁心和尚于延宝六年（1678）所建的退息之所，其中供奉观音本尊，左右为毗沙门和韦驮天，室的中央立有铁心和尚的石塔，玄关之额书有"松月院"三字，并有"盘白石兮坐素月，乘松风兮鼓瑶琴"的对联。（第201页）另，《长崎图志》"圣福寺"条："在观善寺左，名万寿山。延宝五年僧道胖建，元禄中改建，有优昙、壁立万仞、松月塔院之境，又有八景。"可见，此处的"松月塔院"亦即松月院，铁心之母应曾居住于此，故松月院亦成为其人之代称。

送上

贵院物件

一、缎二匹，一、乌糖二篓，

一、绫二匹，俱系插一番。一、冰糖二桶，

一、大绌二匹

第五十四番单①。

在这里，送入圣福寺的货物，归纳为"贵寺物件""贵寺修理物件"和"贵院物件"，也是送给圣福寺、松月院，以及供圣福寺修理的相关货物。关于"修理"，唐通事教科书《琼浦佳话》卷 4 有所描述："这长崎有三个唐寺，叫做兴福寺、崇福寺、福济寺，这三寺并不曾开口靠人募化钱来，只靠着唐人送布施，温饱有余，纵或建造殿宇楼阁，不曾求人化缘。那时节，唐人另有布施，叫做修理布施，银额比平常的布施多得十倍，所以香火广盛，山门生光，比别寺大不相同。"②另外，上述信中还提

<hr>

① 李湖江整理汇编：《黄檗宗珍稀文献荟萃》，第 530 页。

② 《琼浦佳话》卷 4，见王振忠：《袖中东海一编开：域外文献与清代社会史研究论稿》附录"日本唐通事文献三种"，复旦大学出版社 2015 年版，第 356 页。《译家必备》"对账"条："送寺银一千四百八十三两三钱三分。"（同上书，第 435 页）另，《和汉俗语呈诗等杂字》（长崎历史文化博物馆藏抄本）："切本地德苑一事，往昔送聊人事，祈求洋中安澜，及为死亡灵魂追荐，设立放生池塘，机缘垂迹。而迩年堂宇坍败，供养香火，是不必说无术可为再造，商等走遇之间，屡经见闻，心甚不安，所有景况，每帮回唐人等知会财东，而夙有机缘之佛刹，如此损坏，则难置之膜外，原系无力寺院，意欲发起再造志愿，则自当□等再贩之外，送糖之话，恳请即速起工再建，等情。财东细嘱前来，为此冒渎，向来黄壁［檗］山送糖，所缺内半额，祈照左开此办［番］进港五艘为始，送付白糖，以供再造之资，全赖庇荫，以完素愿是荷，仰祈照求恩准，照例会馆收去，将丢票银给付寺僧收领是感，伏乞。"

及"插一番"。关于这一点,记载安永年间(1772—1778,清乾隆三十七年至四十三年)长崎贸易史的《琼浦偶笔》中就有"插番"条:"物价既定,则陈货样于会馆,又陈于榷场开示之,土商检使莅焉,土官看官,该官分司。"[1]另外,与《琼浦偶笔》差相同时的汪鹏之《袖海编》也记载:"曰清库,司事者与客会集货库,将上办所贮货物一一盘查,各为号记,俾无遗失,并将各货包皮秤明斤两,以便出货时除算明晰而清楚也。……曰插番,司事人领本国远商开库,视货货之高低,唐山客与商虽觌面,都不交谈,其所事在串,串之为言插也。"[2]当然,《袖海编》为乾隆年间的作品,与《唐船寄附状帖》反映的康熙时代之情形是否完全相同,仍有待于今后的考证。不过,从一般情况下贸易制度的延续性来看,显然颇可比照而观。

2. 送给唐通事的货物

第二十番船主叶玉友写给圣福寺和尚的一封信指出:

素慕和尚德行优隆,仁慈广布,吾乡诸友无不咸沾盛惠。弟此番初来,未曾面晤为歉!所有报册些微货物,奉上贵刹,谅已青入。但当年并各位老爹,诸船例有礼物相送,弟合从众,兹特托白石太右卫门前来贵刹,领回连素绸一匹,连花绫一匹,连纱二匹,连色缎二匹,祈即发付来,以

---

① 〔日〕平泽元恺:《唐舶互市杂记》,见《琼浦偶笔》卷6,日本长崎历史文化博物馆藏抄本。

② 〔清〕王锡祺:《小方壶斋舆地丛钞》第10帙,第269页下。

明月共潮生:域外文献与东亚海域史研究

便分送，余者更祈代市是荷。[1]

信中提及"当年并各位老爹，诸船例有礼物相送"，说明这是一种历久相沿的惯例。为此，船主叶玉友特托白石太右卫门前往圣福寺领回连素绸、连花绫、连纱和连色缎等，"以便分送"，这说明是由船主自己亲手送给唐通事。

关于馈送唐通事的礼物，第四十四番船主郑孔节、吴于鲁在寄给圣福寺禅师的信中也提及：

> ……虽云敝馆去宝刹不远矣，因有阻隔之苦，不得面陈。兹所启者，昨日所送之物，即时说明，内约取回之物，转馈各通事老爹之礼，贱字达上，今已半月未蒙发出，不（得）已，催求转达各宝刹老禅师座下，乞发慈悲之心，即交来人领回，以见两全之好。[2]

这里也提到从圣福寺领出的货物，转馈各唐通事。又如，第二十八番船林裕兴、高可鼎在写给铁心大和尚的一封信中又指出：

> 启者，弟子历年来崎，分送各位老爹之物，皆寄于遵［尊］寺之中，伏乞诸项匹头俱赐一半，以充送礼之用，足见吾师之厚德也！耑此。

① 李湖江整理汇编：《黄檗宗珍稀文献荟萃》，第 482 页。
② 同上书，第 513 页。

一、白糖二件；一、毛边纸二件；

一、绵二包，领一；一、绸帐三顶，领一；

一、三连绸三匹，领二；一、中纱二匹，领一（此系连机大纱）；

一、色缎二匹，领一；

修理贵寺：

一、白糖二件；一、纸二件；一、绵二包，领一；一、三连绸六匹，领三；一、连大纱二匹，领一；一、连缎二匹，领一；

二处之中，有四连绸一匹，乞查之。[①]

此处指出唐船送礼给唐通事的历来惯例，是将送礼货物存于圣福寺内，再陆续领出用以送礼。

至于送唐通事的礼品细目，第二十一番船主林于腾在写给松月院师父的一封信中有详细罗列：

前进上

一、三连大纱二匹（腾兴印）；

一、双连色缎二匹；

一、三连大素绸二匹（腾兴印）；

一、冰糖二篓，共重三百八十斤，篓面盖林字印；

一、黑糖二篓，共重四百四十斤。

---

① 李湖江整理汇编：《黄檗宗珍稀文献荟萃》，第492页。

内拨送副当年黄老爹双连色缎一匹，烦代转送，勿迟是荷。此送当年礼，千万勿误！[①]。

这里的"烦代转送"，显然是指由松月院相关人员代为转送。另外，第二十四番船郭初官写给铁心大师的信函亦载：

一、三连大纱二匹；

一、四连绸二匹；

一、三连缎二匹；

一、白线十三把；

一、绵一件；

一、三盆糖二件，计四桶；

一、青糖二篓；

重建：

一、三连大纱三匹；

一、四连绸三匹；

一、三连缎三匹；

一、白绵十五把；

一、荚肉三件；

一、三盆糖三件，计六桶；

一、青糖三篓。

内乞发缎三匹，纱三匹，分送译士，即交来人，感感！[②]

---

① 李湖江整理汇编：《黄檗宗珍稀文献荟萃》，第484页。
② 同上书，第490页。

此处的"译士",则是对唐通事的另一种称呼。

3. 送给其他人的礼物

除了致送唐通事之外,唐船船主带来的物品,有时还需送给其他的相关人等。对此,唐通事教科书《译家必备》中有一段唐船主与唐通事的对话:

＊"胡一官,我有一句话,你肯听我么?"

"请教什么话?"

＊"客船通例,把三百斤白糖送本街财副、总管、夫头,你也要照例送给他去。"

"晚生也是,自然送是送的,但是本船的糖有限,给他二百斤肉苁蓉罢了。"

＊"不是,不是,这是各船的定例,有糖的船,那[哪]一个不送糖?若没有糖的时节,或可把别样的东西也送的。这三百斤糖,你元价也有限,他们讨了糖拿去,比别样的药材略有些便宜,所以他们在这里苦苦求我。"

"那个老爹不要理他,这是晚生送的礼,送礼那[哪]有嫌好嫌歹的道理?他不要就罢了。前日三番船,是送一百二十斤的山查子,晚生的比他好不好?"

＊"三番船是不知什么缘故,我没有晓得详细,前船四、五、六三只船都是送糖,你也要照他的样子,不然我也脸面不好看。你肯看破,当真我受你的礼一样的。"

"老爹这样讲,晚生不好推托,依老爹给他去罢。这个实在看你老爹面上送的。"

＊"领情！领情！个么你开一张单子来，那写法是：

一、白糖　　三百斤。

以上今欲酬送本街财副、总管、夫头人等，以为谢劳，不敢擅使，切兹上禀。

某年某番船具"①。

以上打＊号者，为唐通事所说的话。从中可见，船主对本街财副、总管、夫头等亦需打点。关于这一点，在《唐船寄附状帖》中也有反映。例如，第二十五番、二十六番、二十七番、二十八番船凌仁寄给松月院住持大师的一封信：

久违法教，仰企甚殷，恨一墙之隔，不获时聆慈范，怅何如之！兹启者，所进之物，原属铢铢，自难出口，但发弟素来守分，又值功令森严，故寸丝难带，然于当事相交，不无薄馈，而如其赤手何？敢祈老师处慨发连缎一匹、连纱一匹，交孙三郎带下，此实出万不得已，非过为哓哓也，幸鉴涵是祷。嵩函申恳，并候近祉！②

从"恨一墙之隔"来看，写信者当时是在长崎唐馆之内，而"于当事相交，不无薄馈"一语，则说明讨要的货物，主要还是

---

① 《译家必备》，见王振忠：《袖中东海一编开：域外文献与清代社会史研究论稿》附录"日本唐通事文献三种"，第402—403页。

② 李湖江整理汇编：《黄檗宗珍稀文献荟萃》，第491页。

用于馈赠相关的职事人等。

　　还有的货物，是送给唐馆内的其他友人。如第十六番船程益凡写给铁心禅师的一封信："昨送宝刹之物，另具一单奉览，内中乞发连机大绸二匹，连机大纱二匹，绵四十斤、线二十五包，祈交付来人带进馆内，以便分送诸友人等为感，余者存寺，烦为方便。"① 根据笔者此前的研究，"程益凡"一名，在享保十四年（1729）和十八年（1733）已见。② 另据《割符留帐》，"程益凡"又分别出现于文化十二年（1815）乙亥四番船，文政元年（1818）戊寅七番船、六年（1823）癸未一番船、九年（1826）丙戌七番船、十二年（1829）己丑五番船、天保三年（1832）壬辰二番船、五年（1834）甲午六番船、八年（1837）丁酉三番船、十年（1839）己亥三番船、十二年（1841）辛丑四番船、十四年（1843）癸卯四番船，弘化三年（1846）丙午二番船，嘉永二年（1849）己酉三番船和五年（1852）壬子二番船，都是南京船的信牌牌主。上述最后一次出现"程益凡"之名是在嘉永五年（1852），离第一次出现的享保十四年（清雍正七年），前后相距竟达120余年之遥，故"程益凡"当为商号的名称，而不是个体商人之名③。

---

① 李湖江整理汇编：《黄檗宗珍稀文献荟萃》，第476页。
② 见［日］大庭脩编著：《唐船进港回棹录·岛原本唐人风说书·割符留帐——近世日中交涉史料集》，关西大学东西学术研究所资料集刊九，关西大学东西学术研究所1974年版，第89页上、第96页下。
③ 王振忠：《〈唐土门簿〉与〈海洋来往活套〉——佚存日本的苏州徽商资料及相关问题研究》，原载《江淮论坛》1999年第2、3、4期。

4. 交由圣福寺代卖

(1) 委托

有关这方面的信函不少，兹举数例。如第四十七番台湾船主林大辅寄给圣福寺大禅师的信函就写道："昨来物件逐一查收，千祈用心代理是幸。"其后列有三连绸三匹、三套绫三匹、丝线三包（共计三十斤）、白糖三包、冰糖三包、乌糖三包（内香杨片一桶）和糖料三桶[1]。所谓用心代理，就是由圣福寺大禅师全权代卖。另外，第五十八番船陈树勋，在写给铁心大禅师的信中也提到："佛弟子陈树勋，今将进寺物件逐一开后，烦渎大禅师代为分送外，其余货物，千祈存寺发卖，无任皈依。"其中计开：八丝二匹（内一匹送吴平左卫门），素绸二匹（内一匹送当年林老爹），乌绒二匹，女里绢二匹，冰糖二篓，白糖二篓，桔饼二桶。[2] 个中除送给"当年林老爹"那样的唐通事外，其他的都"存寺发卖"，也就是由寺庙代为发卖。还有一封信，是第五十八番船陈树勋写给松月院大禅师的，信中提到："今将进寺物件逐一开后，烦渎大禅师代为发卖，无任皈依。"后开：八丝二匹，冰糖二篓，素绸二匹，白糖二篓，女儿绢二匹。[3] 此处所开的货品，是请松月院大禅师代为发卖"进寺物件"。第五十三番船主林二官在写给圣福寺老禅师的信函中提到："所附宝刹红绫三匹、缎三匹、三连绸二匹、围屏一架、色丝线二十一斤、白糖三篓、黑糖三篓，谅必照数收入矣！兹烦即代售，其价值斤数，祈预早

---

[1] 李湖江整理汇编：《黄檗宗珍稀文献荟萃》，第518页。
[2] 同上书，第537页。
[3] 同上书，第538页。

先付字示知，不胜感爱！"① 信中的"代售"，是指由圣福寺代为发卖。上述这些，都是委托圣福寺的例子。

（2）丢票

所谓寺僧代卖，实际上就是通过寺庙参与"丢票"。关于丢票，乾隆时代的徽商汪鹏在其所撰《袖海编》中指出："每数艘讲价已定，本国商人咸集于会馆看板，则知某货共有若干，其货之优劣，前于插番时见之矣。看板后，各商书其所值之价，密封投柜，名曰丢票。然后择善价而售之，不劳较论，亦交易之良法也。"② 另外，曾与汪鹏对话的日人平泽元恺，在其所著《琼浦偶笔》一书中也有"丢票"条："土商群集于会馆，肆长督课之，诸役列坐，检使莅焉。"关于这一点，日本京都大学附属图书馆收藏有彩色绘图《崎阳唐馆交易图》，其中的八幅图分别为"起货""南京寺""王取货""丢票""出货""开漆器店""唱戏"和"看会"，展示了唐船贸易的诸多侧面。个中的"丢票"一图，就形象地反映了当年的贸易实景。

关于寺庙与"丢票"的关系，唐通事教科书《琼浦闲谈》中稍有涉及："唐船商法，议定新例，发张信牌，限定三十船数，批价官卖，讲定货价，聚各家商人于长崎会馆，丢票买货，该银交纳会馆。唐船所卖银额，该银若干，结帐［账］明白，内除铜斤铜用，送寺送庙常例银，余下金水银，加八加头，共银多少，内除各项使费、柴米鱼菜等银，存留若干，配买海参、鲍鱼、海

---

① 李湖江整理汇编：《黄檗宗珍稀文献荟萃》，第528页。
② 〔清〕王锡祺：《小方壶斋舆地丛钞》第10帙，第270页上。

带、鱼翅、鱼刀、茯苓、牛毛、夐子鱼、京酒、酱油、糟瓜、漆器、铜器、乌金器、金线等项，此为正德年间定新例。"①

关于圣福寺僧人参与丢票，在《唐船寄附状帖》中有一些描述。例如，第七十一番船船主徐怀硕在写给圣福寺铁心大禅师和修理大禅师方丈的信函中，分别列举了漆三桶、藤黄三篓、木香二包、白糖二篓和乌糖二篓等，指出："以上物件，系起货时详细秤明，包桶上斤声俱各无差，俟丢票之日，敢祈代为发卖。时馆内乏银，费用祈先惠赐元字银二百两，付敝主人善兵卫带来，感激千千！"② 上述二信的内容大同小异，其中都提到"俟丢票之日，敢祈代为发卖"。可见，当时是由寺庙代表船主参与丢票。类似的信函还有相当不少。例如，第四十六番船主苏受官在写给圣福寺大禅师的信函中提及："兹所来货物，祈为鼎力发脱，当铭感不忘矣！篓包字号及卖出斤声价值，须赐一息示下，感感！不尽。"其后所开货物包括：砂仁一包，上冰糖二篓，冰糖二篓，赤砂糖二篓，乌糖二篓③。苏受官自称"佛弟子"，信中提到的"所来货物，祈为鼎力发脱"，也是希望圣福寺在丢票时尽力代为出卖。接着的一信又曰："昨日已开库秤货明白，前所来之货，伏为鼎力，谅已为脱出矣！时行期在迩，祈将斤声价值及包皮上字号，赐一息示知，若有便银，可交敝主人籐五郎様收入，更感大德于靡涯也。"④ 这封信是写给"松月修造大禅师"的，应是丢票之后催讨货款的内容。类似的信函，还有第六十八番船主李文

---

① 《琼浦闲谈》，日本东北大学图书馆"藤原文库"藏抄本。
② 李湖江整理汇编：《黄檗宗珍稀文献荟萃》，第562页。
③④ 同上书，第517页。

华写给圣福寺禅师的信，其中提及："日前所进诸物，昨已丢票开库。兹回棹限迫，谨将价值重数长短，另开一单附览，希祈迅赐查对，开示一数，并将版物附交敝主人带来。"① 此信显然是在丢票之后，船主请求核对货物清单及相关价格。这些，与以下所论的催讨货款有关。

（3）催讨货款

正是因为有存寺代售的货物，故在这批信函中，有一些唐船船主催讨货款的书信。如第二十番船主叶生玉写给"铁心和尚并修理、松月二寺"的信函中提到："所有些微货物，奉送贵刹，叨蒙代市，今回唐日期在迩，阿堵乞即掷下，其数祈开一纸，并付来人，足感盛情矣！"② 第二十三番船主谢廷修写给"铁心修理和尚、铁心和尚、松月院和尚"的信函中提到："前送贵宝刹之物，今回棹在已，祈乞和尚细查，照数所该之银，可付并手仪石门来人手收回为感，余容面谢，不既。"③ 第三十番宁波船主陈伟声写给铁心、松月院二位大和尚的信函："前所送贵寺诸物，今已日久。兹装铜在迩，起身之期亦促，敢恳将所卖之银，祈早惠楚，交与林田九兵卫付下，以便收拾，并祈开数示知，至感！至感！"④ 第四十三番林孟宣写给铁心老禅师的信函："所附些物，谅吾师必然代市，但行期在即，其价值祈速掷下，以便先乘带往，不胜感爱，自容后谢。"⑤ 书中另有七月十四收圣福寺银

---

① 李湖江整理汇编：《黄檗宗珍稀文献荟萃》，第 552 页。
② 同上书，第 482 页。
③ 同上书，第 489 页。
④ 同上书，第 497 页。
⑤ 同上书，第 512 页。

200 两的便条 ①，应当是稍后圣福寺交付的货款。另外，第四十九番船主谢志远在写给铁心大和尚的信中提及："弟子辈开库已明，限番将迫，所托微货，幸即开明示知。而檀香一项，乃系上等，比别数倍。前有奉闻，想达洞鉴矣！其各货之银，祈先节次交敝主人七郎次领下，俾便装束，免得临时艰于携带。然大禅师以慈悲为念，想必尘上方便，毋庸弟子嘈及。" ② 谢氏自称"佛弟子"。第五十一番广东船主吴喜观在写给圣福寺大和尚的信中提及："贸易已就，归帆伊迩，所有奉上微物，祈如数拨付与勘四郎赍来，毋致匆匆贻艰，感感！不既。" ③ 另一封同样的信，则寄给松月院大和尚。第五十二番船广东船主吴兴官在写给圣福寺大和尚的信中提及："所进贵寺各物，未蒙回示，今行期在迩，惟祈逐一开单，将银交敝主人藤五郎様收入，夤日是望。" ④ 其后列有货单：色八系缎四连，闪色花缎四连，琐纰二匹，椒花绸四连，檀香二捆，白糖二包，黄糖二包 ⑤。第五十三番林二官在寄给铁心大和尚的信中提及："所送之物，今起身在即，祈乞先付一数，以便与各客对清，其何物即迟些无妨，乞付太石卫门收，其数倘迟至临期，于中短少，恐各客与弟晓晓不便，祈乞掷下，足见至爱为感。" ⑥ 林二官自称"法弟"。其后列有三份货单，其一是写给圣福寺老禅师的："所附宝刹红绫三匹、缎三匹、三连绌二匹、

---

① 李湖江整理汇编：《黄檗宗珍稀文献荟萃》，第 513 页。
②③ 同上书，第 523 页。
④ 同上书，第 524 页。
⑤ 同上书，第 525 页。
⑥ 同上书，第 528 页。

围屏一架、色丝线二十一斤、白糖三篓、黑糖三篓，谅必照数收入矣！兹烦即代售，其价值、斤数，祈预早先付字示知，不胜感爱！"①其二、其三分别是致松月院禅师和铁心老禅师的，其内容亦大同小异。第六十四番船叶泗源在写给圣福寺、松月院、修理诸禅师的信函中提到，"小舟行期已迫，欲置买货物，前蒙附寺之物，谅已烦尊清理，其银乞交敝宿主喜兵卫手来，付弟子收用，受惠更靡涯也，伫望！"②

有时，船主与寺庙方丈也会因货物质量和价钱等发生纠纷。例如，第七十五番船主薛文官在一封信中提到：

> 适接来数，各项微物本不当争执，兹因毛纸并糖斤实系亏本，不得已冒渎，伏乞尊裁。所言毛纸于中湿水甚多，但本船粗细货亦多，岂有将货湿水之理？其糖斤、纸价，祈乞加增，不至大亏资本，特此，上铁心师、松月院、修理三位台照。③

另外，正是因为船主与圣福寺有贸易往来，故而船主有时会向寺庙方丈借钱。如第二十二番船主王庶常、胡云客在写给铁心大师的信中提及：

> 日前有一小札奉渎，谅已呈览矣！兹因今年船多库挤，

---

① 李湖江整理汇编：《黄檗宗珍稀文献荟萃》，第 528 页。
② 同上书，第 545 页。
③ 同上书，第 572 页。

水手俱要下船辛劳，必须先发。祈吾师于送寺诸件内，先赐数百金以应急需，其银即交井上七左兵卫手，感不能罄也！①

在信中，王庶常、胡云客等船主指出：因其时船多库挤，需要支付水手开销，故向方丈借钱。类似的情形，还见于第四十一番船主程坤如写给晓岩大和尚的信："日昨进上宝刹些些微物，望祈格外垂清［青］。兹者，今春季船开帆在迩，恳求老师先假千金，以便附寄带回，万勿推却，足叨盛情，感佩无既矣！"②第四十五番船主罗子辅、林尚玉在写给松月院和尚的信函中提及："前附送微物，深烦大禅师费神，耿耿在心，兹欲凑足别用，未得满数。特仗敝东今泉甚兵卫前来，敢祈大禅师从中先拨五十两，即付敝东领下应用，感感！不宣。"③还有一封是罗子辅、林尚玉寄给铁心大和尚等的，希望先借150两。

此外，还有的信函说是要做生意，故预先向方丈借钱。如第七十四番船郭陆在写给圣福寺铁心大和尚的信中指出："陆初入贵国，未曾开库。兹欲办王家漆器及银器等项，乏银应用，敢求大禅师座前借出白金四百两，祈乞许诺，将银包封，可交主人郭二老才带下，以济备办王事，感恩靡涯！"④郭陆自称佛弟子，其落款之后缀以"和南"二字。在这批书信中，除了"顿首"之外，还有"合十""和南"等，佛门称稽首、敬礼为"和南"。这

---

① 李湖江整理汇编：《黄檗宗珍稀文献荟萃》，第 487 页。
② 同上书，第 507 页。
③ 同上书，第 514 页。
④ 同上书，第 569 页。

位叫郭陆的第七十四番船商，想要承办王家漆器及银器等生意，故而向铁心禅师借银 400 两。在这一页上，另有一封写给圣福寺大和尚的信函："陆所有租物进寺，蒙烦法心，感感！不尽。兹者，丢票明白，云归在即，所进等货，内有开送列位老爹，未知有送焉否？祈大师台速回信示知。除分送外，所存之物，照丢票□银，依原重斤声酌银若干，速即惠下，无任皈依。"①可见，船商将货物交给寺庙，除了部分送给通事之外，另外一些则由寺庙代为丢票。从这封信看来，当时已经过丢票，郭陆即将回到中国，所以请求圣福寺和尚将丢票贸易之后获得的利润交还给自己。第七十六番船主汪峻于、钟圣玉在寄给铁心和尚的信中提到："小舟前月王取些须货物进上贵寺，今本船派卖尚未，至腊月尽方得回唐。今十九艘扬帆在迩，只得预备银两寄回置办货物。新年春番生意可以赶早而来，不得已恳求和尚，将一切送寺货物，约计数目若干，祈乞先挪交付宇左卫门带回，以便凑足寄回，置办货物，其细账后算可也。"②当时，汪、钟二人指出："今本船派卖尚未。"应当是指丢票还未进行，但他们急于要返回中国，所以希望能预付货款，置办货物。第七十五番船主薛文官在写给铁心和尚的信中提及："兹本船上库之时，托赊包头寄回，今主人催取甚迫，祈乞先手二三百金，付一濑涨次平递进馆内，以便还人，俟后算明，切切！"③六十五番李学本在写给圣福寺铁心、松月院、修理诸位大禅师的信中提到："此番王令森严，其

① 李湖江整理汇编：《黄檗宗珍稀文献荟萃》，第 569 页。
② 同上书，第 573 页。
③ 同上书，第 571 页。

明月共潮生：域外文献与东亚海域史研究

银一概不放带回，须买包头，方无唢唢。前已荷蒙大师鼎力，伏望周方。其银即交敝主人收回，以便置货，切勿容缓，以致临期忙错，感激不尽！"[1]据唐通事教科书《译家必备》的记载，"包头"是指日本所产的海参等。而此一书信是说日本的货款不能带回中国，只能就地购买包头运回中国贩卖。有鉴于此，第六十五番船主李学本向圣福寺铁心和尚等请求支付货款，以便在长崎置办货物。

（4）讨回礼

唐船商人与寺庙和尚之间礼尚往来——船商进入长崎之初，将礼物送与寺庙；而寺庙则在唐船商人离港之前致送礼物，此即"回礼"。对此，唐通事教科书《琼浦佳话》卷4有所描述：

> 这长崎有三个唐寺，叫做兴福寺、崇福寺、福济寺，这三寺并不曾开口靠人募化钱来，只靠着唐人送布施，温饱有余，纵或建造殿宇楼阁，不曾求人化缘。那时节，唐人另有布施，叫做修理布施，银额比平常的布施多得十倍，所以香火广盛，山门生光，比别寺大不相同。……当下各寺的和尚们，都来收布施。……大凡大寺送七件货，小末庵是送五件。寺里收过了，叫商人丢票发卖，到了唐人起身的时节回礼他。你道回礼是送什么东西呢？海苔菜、石花菜、红菜、酱油，不过这几件物事。那回礼是不过回三分之一，这是后话。[2]

---

[1] 李湖江整理汇编：《黄檗宗珍稀文献荟萃》，第549页。
[2] 《琼浦佳话》卷4，见王振忠：《袖中东海一编开：域外文献与清代社会史研究论稿》附录"日本唐通事文献三种"，第356页。

关于回礼，另一部唐通事教科书《译家必备》"看包头、讲包头、秤包头、装包头、秤添退包头杂包"条下有一段对话："晓得了，你过来，收五个寺的回礼海带。""晚生记过账，收过了。"

在《唐船寄附状帖》中，有相当多回礼的记录。如第四十番船主许子鸾在写给铁心和尚的信中指出：

> 久叨云谊，感难言罄！兹启者，前小舟送上之物，已经开单奉达，本不宜再渎，但目下解揽［缆］在迩，敢恳宝刹回礼之物，其价须以公平慨发，毋致亏短，彼此论量，有伤雅道。更祈早惠数日，以便束装下船，免使临期守候，徒劳主人往返也①。

信中请求圣福寺公平发放回礼数额，以免因讨价还价而伤了彼此的感情，并希望后者尽快将回礼发下。第四十二番法弟子陈昌观在写给铁心和尚的信中提到："所有微物寄寺，昨已照册交明，谅必察入。今蒙王上先拨舣舟回唐，其回礼之物，乞交主人角左卫门亲收，幸勿差错，至感！"②陈氏自称"法弟子"，另外还写信给铁心、松月大禅师："今回棹在迩，其回礼之单并物，祈遣贵来人送入馆内，待弟亲收，幸勿违错。"③此外，还有一封是写给铁心和尚的，也是谈回礼的问题："乞将回礼之物，刻付主人宇

---

① 李湖江整理汇编：《黄檗宗珍稀文献荟萃》，第506页。
② 同上书，第509页。
③ 同上书，第510页。

　　　　　　　　　　明月共潮生：域外文献与东亚海域史研究

左卫门亲收"①。《唐船寄附状帖》收录有第七十七番船主徐锡祚写给圣福寺禅师的几封信，反映了从寄寺售卖到讨回礼的整个过程。其中，第一、二信都是徐锡祚先将乌绒、红绒、八系、牛朗、白糖、冰糖和桔饼送到圣福寺，希望禅师为之兜售，并请将所售得钱交由籐五郎领回。此外另有三信，其一曰：

> 寻常问讯，套语不叙，诸凡总在佛光慈照耳。刻下有事，打办银器，乏用版物，第恐迟而不副，敢恳贵缘下，先为挪拨一百五十两，付籐五郎带来，足感格外相与厚爱也，嵩此布渎，无仞翘企！上圣福寺禅师方丈，第七十七番佛弟子徐锡祚合十②。

其二为：

> 寻常问讯，套语不叙，诸凡总在佛光慈照耳。刻下有事，打办银器，乏用版物，第恐开库迟而不副，敢恳贵缘下，先为挪拨二百数，交籐五郎带来，足感格外相与厚爱也，嵩此布渎，无仞翘企！上圣福寺修理禅师方丈，第七十七番佛弟子徐锡祚合十③。

这两封信也都是写给圣福寺禅师的，说自己有事要打办银

---

① 李湖江整理汇编：《黄檗宗珍稀文献荟萃》，第 511 页。
②③ 同上书，第 576 页。

器，需要先挪拨一二百两的银子，付籐五郎带来。根据《袖海编》的记载："货库距馆殊近，唐船维缆之后，当年司事者示期上办，上办即以货贮库，有关验，有揭封，揭封者，其物零星在货不货之间，另为封识之，以待请给。"[1] 开库亦即开库出货，"丢票之后，开库出货，其粗者一一秤去，细货照定品册交授，小舸运送"[2]。最后一封信的内容则是：

> 敝舟限迫回棹，前进诸物，希将回礼预交敝主人籐五郎带来，足感佛光慈照，价容丢票开单，奉闻圣福寺大禅师方丈，七十七番佛弟子徐锡祚合十[3]。

这是船主回中国之前，向圣福寺大禅师讨要"回礼"。

三、余论

围绕着长崎展开的清日贸易及相关问题，此前学界的研究成果虽已颇为丰硕，但其中仍有一些细节尚待进一步厘清。在这方面，"由于史料固定，少见新史料补充，难有新的突破"[4]。

---

① 〔清〕王锡祺：《小方壶斋舆地丛钞》第10帙，第269页下。
② 〔日〕平泽元恺：《琼浦偶笔》卷6《唐舶互市杂记》。
③ 李湖江整理汇编：《黄檗宗珍稀文献荟萃》，第578页。
④ 刘序枫：《清康熙年间的日本调查活动——以两件清宫旧藏长崎相关图绘为线索》，载《故宫学术季刊》第39卷第4期，2021年，第125页。

《唐船寄附状帖》是近年来新发现的史料，初步研究表明，此一文献至少具有两个方面的研究价值：

其一，日本正德五年（1715，清康熙五十四年），江户幕府颁布了"海舶互市新例"（即正德新令），对贸易限制作了全面安排，限定了进入长崎港的中国和荷兰船只数量以及贸易规模[1]。也就在正德五年前后，有关长崎贸易方面的史料日渐增多。比较重要的如：《信牌方记录》之记载，从正德四年（1714，清康熙五十三年）开始至享保十一年（1726，雍正四年）为止；《唐船进港回棹录》[2]从正德五年（1715，清康熙五十四年）开始，到享保十八年（1733，清雍正十一年）为止；《割符留帐》的记录也从宽政四年（1792，清乾隆五十七年）至文久元年（1861，清咸丰十一年）为止。而本文聚焦的《唐船寄附状帖》所记录的时段，则在宝永三年（1706，康熙四十五年）或宝永六年（1709，康熙四十八年）前后，其中从第十五番到第七十七番的记录，可以较大程度上弥补《信牌方记录》[3]和《唐船进港回棹录》等书的

---

① 参见冯佐哲、王晓秋：《从〈吾妻镜补〉谈到清代中日贸易》，载《文史》第15辑，中华书局1982年版，后收入冯佐哲：《清代政治与中外关系》，中国社会科学出版社1998年版，第92—105页；[日]中村质监修：《中国文化と長崎縣》，日本长崎县教育委员会1989年版，第55—57页；刘序枫：《论清代的中日贸易与贸易结帐方式》，载《淡江史学》1999年第10期。

② [日]大庭脩编著：《唐船进港回棹录、岛原本唐人风说书、割符留帐——近世日中交涉史料集》，关西大学东西学术研究所资料集刊九，关西大学东西学术研究所1974年版。

③ [日]大庭脩编著：《享保时代の日中关系资料——近世日中交涉史料集二》，关西大学出版部1986年版。

不足，因此具有特别的史料价值。

其二，从时代上看，《唐船寄附状帖》反映的内容，应是"正德新令"之前的贸易实态。由于缺乏更多其他相关的背景资料，因此有些内容只能稍作推测。例如，第三十四番船主陈子澄寄给圣福寺的信中提及：

> 得藉附荫，经今有年，佩感殊深，谢谢不已！日因春船早旋，先赊兑货物附回，兹来清取，无可以应，故特仗敝东喜兵卫门前谒，见信，祈将微账挥发，付其携来，是望是厪①。

这里的"敝东"，有的也称为"敝主人"。如第六十五番李学本写给圣福寺铁心、松月院、修理诸位大禅师的信中即曰："此番王令森严，其银一概不许带回，须买包头，方无喷喷。前已荷蒙大师鼎力，伏望周方。其银即交敝主人收回，以便置货。切勿容缓，以致临期忙错，感激不尽！"②由于唐人无法将银两带回中国，故银两只能交给长崎当地与中国船商接头的日本人，这些日本人亦称为"主人"。

类似的例子还有第三十二番南京船主黄子敬、翁士翥在寄给圣福寺大和尚的信中所提到的："昨送贵寺些微之物，祈乞拨付连罗一匹、连绸一匹；修理名下，连罗一匹、连纱一匹，连绸一匹，合共五匹，乞付交敝主人饭田角左卫门收，代为分送。"③

---

① ③ 李湖江整理汇编：《黄檗宗珍稀文献荟萃》，第 498 页。
② 同上书，第 549 页。

而第五十二番广东船主吴兴官写给圣福寺修理大和尚的信更为详细：

所进贵寺各物开列于后，内有分送者，祈为代拨荷荷。

计开：

一、色八丝六匹，交主人藤五郎样二匹，存寺四匹；

一、色花缎六匹，交主人藤五郎样二匹，存寺四匹；

一、琐袱三匹；

一、椒花绸六匹；

一、花划香二笼，每重一百斤净；

一、白糖三包；

一、乌糖三包。①

吴兴官写给松月院大和尚的另一封信也指出：

所进贵寺各物，内有分送者，祈为代拨是荷。

计开：

一、色八丝缎四连，交敝主人藤五郎样二连；

一、闪花缎四连，交敝主人藤五郎样二连；

一、椒花缎四连；

一、大花绸八匹；

一、乌糖二包（每包一百五十斤）②。

---

① 李湖江整理汇编：《黄檗宗珍稀文献荟萃》，第 526 页。
② 同上书，第 527 页。

第四十五番厦门船主罗子辅、林尚玉在写给圣福寺、修造大和尚的信中指出:"刻奉国法严禁,诸番货银,分厘不许夹带上船回唐。辅思想无计,其银必须买货,但货客俱要即时现银交易,诸番俱增价现银夺买。辅亦当如此,附送微物,所应回礼,敢祈老师发菩提心,信到,立即一尽付敝东今泉甚兵卫领来,祈勿分厘短少,则辅得保无事。倘老师若有别见之心,未肯付来,至临行之时方即付出,则辅有犯法之罪,而老师亦不能保全其美也。惟祈上裁,勿谓辅不蚤言也。至切!至切!"① 同样内容的一封信,也写给松月院大和尚。在这里,第四十五番厦门船主就请求圣福寺、修造大和尚将货银付给"敝东今泉甚兵卫"。信中透露:根据幕府的规定,银两不得夹带上船前往中国。所以船主必须用现银交易,购买货物。

"敝东""敝主人"也叫"敝宿主"。关于后者,第六十三番船商叶泗源写给圣福寺、松月院修理诸禅师的信中提及:

> 深荷云庇,感佩弗谖,咫尺隔违,未得造晤玄谈,殊以为怅!知皆清修纳福,曷胜翘慰!兹者,小舟行期已迫,欲置买货物。前蒙附寺之物,谅已烦尊清理,其银乞交敝宿主喜兵卫手来,付弟子收用,受惠更靡涯也,伫望!②

此外,第二十一番林本登致铁心和尚的信中还提到:"昨有信奉托,分送一二家世事外,再发绌帐一床,付小宿主领回,得

---

① 李湖江整理汇编:《黄檗宗珍稀文献荟萃》,第515页。
② 同上书,第545页。

以偿客，不致失信，非为利故也！"① "小宿主"有时也作"小主人"②。还有的一种情况是，信中虽未见称呼，但实际上可能指的也是宿主。例如，第三十番宁波船主陈伟声写给铁心、松月院二位大和尚的信函："前所送贵寺诸物，今已日久。兹装铜在迩，起身之期亦促，敢恳将所卖之银，祈早惠楚，交与林田九兵卫付下，以便收拾，并祈开数示知，至感！至感！"③ 综上所述，见于《唐船寄附状帖》的"主人"（宿主），有清助、孙三郎、太右门、太次平、善兵卫、宇平次、七郎次、勘四郎、喜兵卫（门）、籐五郎（榡）、金右卫门、郭二老才、太石卫门、吴吉平次、宇左卫门、（今泉）甚兵卫（门）、惣次右卫门、井手仪石门、林田九兵卫、一濑渧次平、（饭田）角左卫门、白石太右卫门、丹上七左卫门和清川世次右卫门等。他们负责沟通寺庙与船商的交往，派送礼物给唐通事等。

这里的"宿主"，应当与长崎早期的制度有关。关于这一点，唐通事教科书《琼浦佳话》卷1记载：

> 譬如唐船一到，就准起货，没甚言三语四。那时节，还
> 不曾造唐馆，安插街房，所报宿主，某街某人，票儿上写得明
> 白，递与头目，头目拿去禀王家，王上吩咐长刀手来，查问宿
> 主的下落，那街上的街管［官］同去见王，下落明白，王上恩

---

① 李湖江整理汇编：《黄檗宗珍稀文献荟萃》，第 486 页。
② 第三十五番船主余乃侯致铁心和尚函，见李湖江整理汇编《黄檗宗珍稀文献荟萃》，第 501 页。
③ 李湖江整理汇编：《黄檗宗珍稀文献荟萃》，第 497 页。

惠，船把他宿主收，主人收定，随便择下王道吉日，雇了日本小船起货，叫人押货，防备偷盗，把货查明进库，收拾停当，封了库门，不曾失落了一件家伙，不曾偷了一件货物，又没有一点口角是非，十分安静。他那主人，当日收拾，奇品佳肴，做个接风，费了多少银子，置酒管待，大家好不欢喜。过了几天，就请各职事人、大小商人、船主、货各[各货]主人牵头，当面讲价，没有什么说长说短，一说便成。到了弟[第]二日，就是开库叫货，写一张票儿，该银多少，算帐明白，限定了多少日子，各人便买回唐货，打帐起身。主人扮酒送风，择了吉日，顺风相送，意气扬扬而回唐。你道省力不省力？比如今的生意，差得多了。譬如做一个宿主，虽有费心，倒也有几分便宜，为何呢？但凡把房子租把唐人居住，打扫房间，把唐人开铺，高床高椅，好茶好饭，管持[款待？]他，这个应该是如此。唐人每年带许多人事来，送把主人，也有送糖的，也有送匹头的，若是十二分体面的送玳瑁，或者送人参，算起价钱来，该事得紧。租房的租钱是在外算，还有大便宜，说起来若实爽快。大凡唐人买长买短，便收用钱，这个用钱，也多得紧，这也谩[慢]些讲。他那一门家口，唐人担阁[耽搁]在家里的时节，一年也使得，半年也使得，不费自家的口粮，一锅里煮饭，一卓[桌]子吃饭，不用私钱，不同私秤，一出一入，都是用唐人的银子，你道快活不快活？就是遍走天下，只怕再没有这样澡[燥]脾的事情。[①]

---

① 《琼浦佳话》卷 1，见王振忠著《袖中东海一编开：域外文献与清代社会史研究论稿》附录"日本唐通事文献三种"，第 330 页。

《琼浦佳话》成书不早于十八世纪前期，而上揭文字提及的是长崎唐馆未曾兴建时（1689 年之前）的贸易状况。根据刘序枫的概述，最早唐船抵达长崎以后，大多委托在当地的熟人仲介交易，并提供住宿、仓库等服务，当地人亦可藉此抽取佣金等相关费用，此一制度称为"差宿"（即预先指定仲介及住宿对象）。对于未指定者以及其他遭风漂到的唐船，自 1641 年起改为由长崎各町轮流负责照顾，轮值之町称为"宿町"，仲介及住宿相关费用的收入则归此町。自 1666 年起，为顾及公平原则，使利益均沾，废止了"差宿"制度，将所有渡日之唐船皆改为"宿町"制度，由各町依序轮流照顾。另外，提供防火及雇用人夫者，称为"附町"。设置唐馆后，负责协助处理唐船贸易事务的"宿町""附町"制度仍然维持，其贸易利润则均分给全体市民，另一部分上纳给幕府[①]。关于这一点，苏州知府童华在《长崎纪闻》中指出："长崎食物之贵，倍蓰内地，稻米每石卖价十两，鹅、鸭每只二三两，鸡每只、肉每斤卖银五钱，皆故昂其价以病商人。岛中有街八十余条，每街分值一船，船到，其街人运货上岸，日给薪水，皆取重值，街人终岁之需，俱出于商，商人住岛一年，计用千金以上，住日久，则商日困矣。"[②] 此一描述，应当

① 刘序枫：《德川"锁国"体制下的中日贸易：以长崎"唐馆"为中心的考察》，载海洋史丛书编辑委员会编《港口城市与贸易网络》，"中央研究院"人文社会科学研究中心、海洋史研究专题中心 2012 年版，第 87 页。参见［日］簫先好纪：《长崎地役人总览》十四《唐船挂宿町·附町》，长崎文献社 2012 年版，第 90—92 页。
② 《长崎纪闻》，见《童氏杂著》五种六卷，清乾隆刻本，收入《北京图书馆古籍珍本丛刊》第 79 册"子部·丛书类"，书目文献出版社 1988 年版，第 798 页。

指的就是这种"宿町"制度下的生活实态。另外，长崎史料中的《明安调方记》，其中列有明和元年（1764，清乾隆二十九年）至天明七年（1787，清乾隆五十二年）的《唐船宿町顺》[1]，应当也就是此一制度的反映。

本文聚焦的《唐船寄附状帖》，从本质上看，是围绕着寺庙展开的一份珍稀文献。关于寺庙与船商的关系，在以往的文献中也有一些记载。例如，唐通事教科书《译家必备》中就有一段对话，提及船商向唐通事请求，"有几宗送寺的东西"，即"一个磬，一件道袍，一个木鱼，一只竹卓，三包冬笋，十套花笺纸"，要送给兴福寺。另一部唐通事教科书《琼浦闲谈》亦提到当时的制度："唐船商法，议定新例，发张信牌，限定三十船数，批价官卖，讲定货价，聚各家商人于长崎会馆，丢票买货，该银交纳会馆。唐船所卖银额，该银若干，结帐〔账〕明白，内除铜斤铜用，送寺送庙常例银，余下金水银，加八加头，共银多少，内除各项使费，柴米鱼菜等银，存留若干，配买海参、鲍鱼、海带、鱼翅、鱼刀，茯苓、牛毛、夏子鱼、京酒、酱油、糟瓜、漆器、铜器、乌金器、金线等项，此为正德年间定新例。"除了"丢票"之外，"王取"也与寺庙有关。对此，《琼浦佳话》卷4记载："其实王取，是只好名色而已，所以改做官点。……当日先发两个头目，到货库里去，把细货、古董、什物，逐件搬将出来。……不多时辰，都是搬到了王府里，早有职事人打点停当，其货一到，便摊将开来，点的点，取的取，好不痛快！原来

---

① 长崎县史编纂委员会：《长崎县史》史料编第4，日本吉川弘文馆1965年版，第564—574页。

官点，这一日王府里十分体面，厅堂上，一个家老，两个头目，一个大高木，六个年行司，分位坐定，大小通事，学通事，看匹头，看古董，看椅楠，许多职事人，人众如蚁。王家不坐堂，只在里首，叫小伴当搬长搬短，逐个个查看。职事人一头点货，一头交布施。这送寺的布施，不知几时才起个头。原来，长崎虽有许多寺院，唯独皓台寺、大音寺、光永寺、大光寺、本莲寺，这几个寺场，香火累世相传，房廊屋舍数十多间，钱粮广盛，衣食丰富，是个有名的古刹。其余的小寺，只靠着过往客人募化些衣食受用。"① 另外，卷4还描述：

> 这长崎有三个唐寺，叫做兴福寺、崇福寺、福济寺，这三寺并不曾开口靠人募化钱来，只靠着唐人送布施，温饱有余，纵或建造殿宇楼阁，不曾求人化缘。……当下各寺的和尚们，都来收布施。一个副当年，一个按察，四个学通事，对面坐定，把布施分派明白，送上王家看，王家看明白了，方才交把各寺。粗货是直在货库交与他收。大凡大寺送七件货，小末庵是送五件。寺里收过了，叫商人丢票发卖，到了唐人起身的时节回礼他②。

不过，此处的描述并不清晰，似乎是寺庙收过布施之后，剩余的货物便由商人丢票发卖。关于这一点，以往的研究也大同小

---

① 《琼浦佳话》卷4，见王振忠：《袖中东海一编开：域外文献与清代社会史研究论稿》附录"日本唐通事文献三种"，第355页。
② 同上书，第356页。

异①。但从《唐船寄附状帖》披露的资料来看，显然有着更多的细节。其中，僧侣、宿主在长崎贸易中的角色仍然不太清楚，有一些细节也留有进一步探索的空间。例如，第十五番船主黄哲卿在写给松月庵大师的信中提及："昨送上粗细货数种，交明令徒，谅收清矣。但三连大纱二匹，内一匹有双套纱，一匹藏在大纱内。昨因本街财副差错，本不当奉卖，奈系敝友所寄，幸祈检还三连大纱一匹，并内藏双套纱一匹。"②此处谈到的双套纱藏于三连大纱之内，明显涉及夹带，一向为日本方面所严禁。而第四十一番船主程坤如在写给晓岩大和尚的信中指出："昨日进上宝刹些些微货，多蒙垂清［青］，谅已售矣！今归帆在迩，祈求望付来人手收为感，不必着人送来，内有许多不便，心照为妙，足叨盛爱，感谢无既，余俟面踵，不一。"③此处的"内有许多不便，心照为妙"，究竟指的是什么？此外，第四十二番船主陈昌观在写给铁心、松月大禅师的信中提及：

> ……启者，敝舟初到，微物寄寺，愧甚！愧甚！前已具单进上，谅必照册收入矣！近闻子玉兄有书私达各寺，奸诡已极。弟虽微资贸易，招揽客货，情实有之。奈因总督宪令

---

① 刘序枫曾据中村质《近世日本华侨》一书概述："若有未卖完的货品，最后大多是以'寄进'的名义捐赠给唐寺，而唐寺也会以回礼的方式，回赠昆布、海产等货品。"见氏撰《德川"锁国"体制下的中日贸易：以长崎"唐馆"为中心的考察》，载海洋史丛书编辑委员会编《港口城市与贸易网络》，第 87 页。

② 李湖江整理汇编：《黄檗宗珍稀文献荟萃》，第 476 页。

③ 同上书，第 508 页。

森严，非本籍之人不许过台，遂搭子玉只身到台，以通语言，以遵宪令故也。敝舟由台开洋，因风不顺，许多颠连，延至今年五月方到长崎，即耗费多金，亦弟肩任也！第思长崎初到，事情未谙，遂报子玉为副船主，藉指点计，谁料进入馆内，百样弊生，妆砌巧词，诽谤多端，希图侵收银两，此正诚君子者固所不为也！但吾辈深知长岐〔崎〕规矩者固多，岂肯恣其爬开、默默而不言乎？自忖时运不利，亏本固所弗愿，见此情状，未免失中更失，惨哉伤哉不已！特修尺素上达法师，惟祈开聪广听，鉴原是幸！^①

随后另一封寄给铁心和尚的信函还指出："启者，长岐〔崎〕一切事体，暨经船主印板为凭，前有微物寄寺，鄙陋已极！今闻子玉兄纠字，又立印板，另托收银，岂有居今之世反古之道？谅法师断不肯听信，制此兴创之基也！惟祈鉴之裁之！今回棹在即，特字上知，乞将回礼之物，刻付主人宇左卫门亲收，幸勿违错。"^②由于缺乏其他旁证的资料，信中所述的一些细节已无从确知。另外，考虑到圣福寺与唐通事的关系特别密切，《唐船寄附状帖》所揭示的一些问题，在长崎究竟是属于特例还是通例，仍然不太清楚。换言之，这些宿主与唐船船主、寺庙僧侣和唐通事的相互关系，以及僧侣、宿主等在长崎严格的贸易制度下之角色担当等，仍然有待于今后发掘更多的史料加以探讨。

---

① 李湖江整理汇编：《黄檗宗珍稀文献荟萃》，第 510 页。
② 同上书，第 511 页。

19世纪清日贸易与长崎圣堂祭酒的日常生活

—— 以《向井闲斋日乘》为中心

在明清时代，东亚是个具有频繁经济、文化交流的区域空间，以此为对象，除了探讨一般层面的商业贸易和文化交流之外，还应努力深入相关国家内部，做更为具体而细致的观察。这需要借鉴社会史研究的方法，加大对各类史料的发掘力度，以促进贸易史及文化交流史向社会史研究的拓展。具体说来，从资料的利用上，除了此前已备受关注的一些习见史料之外，还应广泛收集和利用相关国家的文集、笔记、日记以及其他汉籍资料，以社会史研究的方法将各类史料熔于一炉。透过对此类资料的系统阅读和研究，或许能培养出对异国文化更为具体的历史感，增进对东亚社会诸多侧面的观察和理解。

在长达数世纪的中日贸易活动中，东亚海域曾活跃着各类不同的人群，不同身份的人物都留下了不同时代类型各异的资料。

例如，在中国，乾隆时代的徽商汪鹏[①]撰著的《袖海编》，因其所记乃亲身阅历，迄今仍是相关研究的第一手资料。此外，更早一点的雍正年间，与铜商关系密切的苏州知府童华，经由访谈调查，也留下了一部记录翔实的《长崎纪闻》。而嘉道时代的吴江平望镇秀才翁广平，则通过多方收集中日书籍，编写出广泛涉及长崎贸易的日本通史——《吾妻镜补》。这些，都是我们研究清代中日贸易和长崎社会生活的重要史料。而在日本，相关的汉籍史料更是极为丰富。在清日贸易中担当重要角色的唐通事，留下了《译家必备》《琼浦佳话》等诸多史料，这些资料，更是研究中国海商和长崎社会生活的重要文献[②]。除了中国商人、水手、唐通事之外，在长崎贸易中，圣堂祭酒也是相当重要的角色。有鉴于此，本节利用《向井闲斋日乘》，透过对长崎圣堂祭酒日常生活史料的钩稽，探讨19世纪中日贸易与长崎的社会生活实态。

一、长崎向井氏与《长崎圣堂祭酒日记》

根据《长崎事典》的记载，向井元升（1609—1677）是江

---

① 关于汪鹏（翼沧）的研究，在中国国内，唐力行教授撰有《关于〈日本碎语〉的碎语》一文（载《安徽史学》1996年第4期），最早将《日本碎语》之作者汪翼沧判定为徽商，不过，当时除了其人姓氏之外，尚未见有直接的证据。近来，笔者在清人郑珍《巢经巢集经说》卷1中读到："乾隆中歙人汪翼沧市日本，携彼国太宰纯校刊《古文孝经孔氏传》以归，付鲍廷博刻之，其书遂遍布海内。"此一史料，印证了唐氏的判断。
② 参见王振忠：《清代前期对江南海外贸易中海商水手的管理——以日本长崎唐通事相关文献为中心》，《海洋史研究》第6辑，社会科学文献出版社2012年版。

户时代初期的儒学者、医者。原为肥前神崎人，九岁时随父亲移居长崎。师从天文地理的大家林吉左卫门学习天文学，与此同时还学习本草学等。二十岁时，精于儒学、医学之道。正保三年（1646），在长崎设立私塾"向井社学辅仁堂"，培养里巷子弟。翌年，征得长崎奉行马场三郎左卫门的同意，在东上町建立长崎圣堂（立山书院），由向井氏充当祭酒，努力普及儒学，一直到明治维新时期为止。而在另一方面，向井元升又学习西洋医术，作为名医有很高的声望，著有《和名本草》《应求经验秘方》《红毛流外科秘要》和《乾坤弁说》等书。万治元年（1658），他在京都开业，各地诸侯以厚禄招聘，但都被他谢绝，后卒于京都。①

向井元升的三男向井元成（1656—1727），于延宝七年（1679）回到长崎，继南部草寿之后成为立山圣堂的祭酒。贞享二年（1685），因揭发中国南京船舶载书籍《寰有诠》之功，而被任命为世袭的"书物改役"。在他手上，长崎圣堂移往中岛川畔②。宝永七年（1710），移往旧铸钱所迹，翌年正德元年（1711）竣工。长崎圣堂一般称为中岛圣堂，现在保留在兴福寺内的中岛圣堂遗构大学门，为长崎县指定的"有形文化财"③。

---

① ［日］嘉村国男编集：《长崎事典》"历史编"，日本长崎文献社1988年版，第193—194页。
② 同上书，第199页。
③ ［日］嘉村国男编集：《长崎事典》"风俗文化编"，日本长崎文献社1988年版，第429—430页。

向井元成之后，还有向井文平、向井元仲、向井斋宫、向井元仲富和向井雅次郎、向井鹰之助世代为圣堂祭酒。现在保留下来的日记，也就是第三代祭酒向井元成的"元成日记"、第五代祭酒向井元仲的"元仲日记"和第八代祭酒向井雅次郎的"闲斋日乘"。这些珍贵的日记原藏于长崎历史文化博物馆，现由日本学者薮田贯和若木太一标点、整理出版。

　　其中，第八代祭酒向井雅次郎的《向井闲斋日乘》分量最重，原有18册，今占《长崎圣堂祭酒日记》一书的绝大部分。向井雅次郎即向井兼哲，号紫溟、闲斋，是向井元仲富的养子。文政十年（1827）闰六月继任家督，此后一直到安政四年（1857），在职长达三十一年。《向井闲斋日乘》完全是以汉文书写，日记的书写总体上看文字表述相当流畅，有时甚至颇具文采。① 整理者除了将原文标点之外，另附有文献简要解题和研究编，后者包括"长崎圣堂略史·付年表"（若木太一）、"长崎圣堂与长崎奉行所"（吉川润）、"圣堂与奉行·学校与奉行——长崎与大阪的比较"（薮田贯）、"近世长崎病与死的问题"（熟美保子）、"后期唐人屋敷的都市构造"（永井规男）等，这些，都对日记的解读有一定的帮助。不过，现有的标点整理，也存在着不少的问题。大致说来，主要表现在以下两个方面：一是文字识别颇多讹误，二是对日记的句读可供推敲之处极多。有鉴于此，本文在引用时，均根据自己的理解作了重新的整理。

---

① 　如天保九年（1838）闰四月十五日条："夜乘月上无凡山，是夜月色清朗，风露凄凄，虫吟树鸣，颇有秋夜之想。"（第446页）

二、长崎圣堂祭酒的日常活动

德川幕府建立以后，历代将军多崇尚儒学，在幕府设立儒官，开展儒学的教育事业。自延宝八年（1680）起，向井家世代充当长崎圣堂祭酒，在当地不遗余力地普及儒学，一直到明治维新时期为止。《长崎志》中有"向井社学"条：

> 在东山下笼街，名曰辅仁堂。庆安中，向井元升建，民间里巷，始知向学。明客儒载［戴］曼为记。万治元年，元升移家于京师，因废①。

"庆安"是日本后光明天皇的年号，相当于清初的顺治时代。后来向井氏重建的立山圣堂中，即沿用此前"辅仁堂"的称呼。作为圣堂祭酒，向井氏承担着一些礼仪性的职责。

（一）长崎圣堂祭酒的公务

从《向井闲斋日乘》来看，圣堂祭酒主持的最大礼仪活动是"释菜"和"拜圣"。

1. 释菜与拜圣——圣堂祭酒主持的仪式

在《向井闲斋日乘》中，不少年份的二月，皆有"释菜"的

---

① 明和八年（1771）辛卯中夏抄本，大正三年（1914）八月廿一日制本，昭和四十九年（1974）三月九日复写，现藏长崎历史文化博物馆。

记录。例如，天保十年（1839）二月二十一日条载：

> 今日以常例行释菜之礼，平明献馔奏乐，薄暮彻馔，饮福受祚，一如仪。镇台使其臣金子猪右卫门代拜。

关于"释菜"，平泽元恺在其随笔《琼浦偶笔》中曾指出：

> 乙未仲春，长崎圣庙行释采［菜］之礼，镇台令元恺上香焉。庙在府城东边，距府舍数里矣。既至门，主人立侍门左，庙门有两掖，入自西掖门，堂大仅数丈，甃地铺毡，堂上有坛，圣像位焉，……洁肥具陈。余上堂一叩头，卓前上香毕，乃入向氏辅仁堂饮食焉，皆故事也。
>
> 陈设之品，帛用白绢丈二尺，三献之爵，古色可掬，盛和羹于铏，豚肯也。盛大羹于登，翰音也。黍稷二簋，稻粱二簋，亦皆铜造古器也。……执事者视烛一名，清道前驱二名，掌仪一名，赞二名，开垂帐二名，迎送者一名，尊吊一名，司奠二名，传供二名，祝一名，分奠二名。三献奠撤，则主人向兼美掌焉。礼毕之后，余往，故鸳鸯之仪不及视之。每门有联额，门扇大书《大学》首章。"万世师表"之匾，则乾隆帝宸笔云，因请摹之，并古器数品，图于兹……①

---

① ［日］平泽元恺：《琼浦偶笔》卷4，"海表丛书"卷6，日本更生阁书店1928年版，第74—75页。

平泽元恺为山城宇治人，字弟侯，号旭山，生于享保十八年（1733，清雍正十一年），卒于宽政三年（1791，清乾隆五十六年）。他于安永三年（1774，清乾隆三十九年）前往长崎，故此处的"乙未"，当指乾隆四十年（1775）。平泽元恺记录了当年仲春长崎圣堂"释菜"礼仪的详细过程，包括圣堂内景以及相关的陈设布置。由于此类的"释菜"活动年复一年地举行，故而上文称"皆故事也"。在《琼浦偶笔》中，还载有各类的祭器图，包括爵三、登一、铏一、铜簋、铜簠和铜豆①。当时主持释菜仪式的是"向兼美"，也就是第六代圣堂祭酒向井斋宫兼美。

除了"释菜"之外，在长崎圣堂举行的仪式还有"拜圣"。对此，《向井闲斋日乘》中有相当多的记载，兹整理、列表如下：

表1

时间	记　　　事	出处
文政元年	（二月七日）告以明外清人谒庙例：清人来，酒羹款待，且招亲戚旧故，约来宾二百人许。是以得告后，家内纷杂如涌。予半废讲。夜书招宾柬二十封。 （九日）昧爽，洒扫圣庙，改帐及花烛。已首，清人三十人许来，译官若干人，卫士两组若干人。清人谒庙，不许入中，侍者一人入中，奠香烛，余皆杏坛门内厢下更拜。拜后，来明伦堂，供酒羹，午首归。亲戚旧故数十人来视，痛饮至黄昏。	第54页

---

① 关于这一点，《长崎名胜图绘》中记录有文化十五年（1818）二月廿一日的"释菜礼役""陈设式"等，与此可以比照而观。此条史料，承刘序枫教授提示，特此致谢！

时间	记　事	出处
文政三年	（二月二十二日）年番唐译司告明外念四日，清价〔贾〕诣于圣庙。 （二十三日）以明日清客谒圣庙，家内复颇喧杂。 （二十四日）清客二十六人，已时谒圣庙，献梅酒二壶又鸡豚羹一器于圣庙，乃照例飨清客。	第114页
文政四年	（二月二十五日）以明日清客来，家内颇纷杂。 （二十六日）已时，清客廿六人谒圣庙。申后，代官氏之属吏某某等八人来，痛饮至亥。	第137页
文政五年	缺载	
文政六年	（二月二十二日）夜，年番译司报明后念四日清客谒圣庙。 二十三日，晴。写明日清客谒圣庙之次、大小译司之招柬。 二十四日，阴。清客十八人谒圣庙，来辅仁堂，供之卓〔桌〕子，午时客散。	第169页
文政七、八年	日记缺	
文政九年	（三月六日）以明日清客谒圣庙，家事颇繁冗。 （七日）清客十二名谒圣庙，飨宴如例。清人沈云谷乞盆山一块，辄与之。	第199页
文政十年	（三月十四日）年番译司报明外十六日馆内诸船主四十名谒圣庙，官许之，乃写招柬。 十六日，晴。商客二十名谒圣庙，飨卓子如例。唐译士、其他诸宾як仪。杨又一郎、池东泰温后来，亦供卓照例。	第225—226页
文政十一年	（二月五日）明外七日馆内诸船主谒圣庙。 六日，晴。以明日商客谒圣庙，洒扫设备，颇纷冗。 七日，晴。商客十名谒圣庙，旧例拜谒，过辅仁堂，供之卓子，笔谈唱酬成欢，罢。今岁以予丧服中变例，于明伦堂供茶果而已。商客罢散后，与两属吏之助予视事者酒馔。	第242—243页

时间	记　　　　事	出处
文政十二年	日记缺	
文政十三年	（二月五日）当年唐译司报，本月八日清客行丁日之祭于圣庙。 七日，……明日清客谒圣庙，家内颇纷冗。 八日，晴。清人四十名谒圣庙，来辅仁堂，供酒馔，一如故事。	第 257 页
天保二年	（二月十三日）唐译司年……夫扫除堂庭。 十四日，雨。清人拾四名……	第 279 页
天保三年	二月十八日，晴。明十九日清客以中丁谒我圣庙，扫除备设，家内颇纷杂。 十九日，晴。辰首清客三十七名来谒圣庙，仍旧请诸辅仁堂，供卓子。巳首罢还。	第 300 页
天保四年	（二月十六日）晴，午雨。辰首清客二十八名来谒圣庙，遂过辅仁堂，供之酒馔。	第 326 页
天保五年	（二月十二日）在馆清商二十二人以中丁谒圣庙，乃以旧例供之卓子。他亲旧数十名来饮，终日杂沓，到夕罢。	第 352 页
天保七年	（二月）二十四日，晴。清客二十名谒圣谒［庙？］，延诸辅仁堂，而供卓子馔。	第 381 页
天保八年	（二月）十八日，晴。当年唐译司告清客四十名，以明日中丁谒圣庙，乃备设洒扫，甚纷杂。 十九日，清客二十四名谒圣庙，乃延诸辅仁堂，供卓子食。亲故数十名来饮，镇日杂沓。	第 410 页
天保九年	（二月二十三日）年番唐译司告曰：明外念五日，商客以下丁祭圣庙，乃写招亲戚故旧。夜携元信，微服往买华制磁［瓷］器若干件。 二十四日，晴。明日商客三十人谒圣庙，例供卓子馔，备设扫除，甚杂沓。 二十五日，雨。辰时商客十五人谒圣庙，延之辅仁堂，供卓子馔，译司两属吏、其他亲故数十名，饮宴至晚。	第 438—439 页

时间	记　　　事	出处
天保十年	（二月九日）唐译司告明十一日商客二十名谒圣庙。 十日，雨。备设明日供客馔具，家内颇纷冗。 十一日，雨。午晴。商客十八名谒文庙，延之辅仁堂，供卓子馔。宇佐美英助与书佐上村茂助来观，其他亲故数十名，终日杂踏〔沓〕。	第464页

长崎圣堂亦即圣庙，也称文庙。清人道本（1664—1731）有《题长崎圣庙》诗：

> 绿野桥西碧水隈，宫墙数仞向中开。
> 文移北阙黄金榜，地表东都白玉台。
> 好勇不妨从子路，为仁可得有颜回。
> 几时礼乐同诸夏，不负先师渡海来①。

道本系唐僧，俗姓林，福州府福清县人，享保四年（1719，清康熙五十八年）后成为长崎崇福寺中兴开山以后的第六代住持。其中的"文移北阙黄金榜"句，有注曰："榜有万世师表，我朝制。"这与前引平泽元恺的记载可以比照而观。

关于"拜圣"，大概从正德三年（1713，清康熙五十二年）开始②。关于这一点，乾隆时代的徽商汪鹏在所撰《袖海编》中指出：

---

① ［日］伊藤松辑：《邻交征书》二篇卷2，王宝平、郭万平等编，"中日关系史丛刊"，上海辞书出版社2007年版，第221页。
② 《唐通事会所日录》十，转引自《长崎圣堂略史》，载［日］薮田贯、若木太一编著：《长崎圣堂祭酒日记》，"关西大学东西学术研究所资料集刊"二十八，关西大学出版部2010年版，第506页。

圣庙之建，自康熙五十年间始，释奠视中华俎豆仪文，略如其制，有司铎之官，称为圣庙先生。例仲春上丁，唐人诣庙致祭，司铎者为具酒馔以供。殿庭不广，而规模整肃。门前涧水一道，环绕西流，朝向坐山，天成格局。东国远夷，能知敬仰若是！

在《向井闲斋日乘》中，除了少数年份缺载外，基本上每年皆有描述。从中可见，除了文政九年例外（在三月），拜圣的时间一般皆在二月，但具体在哪一天并不固定。不过，通常是由唐通事前两天提前告知，以便圣堂祭酒预先准备。届时，拜圣的规模相当不小，除了唐人之外（上述所见者多为数十人），还包括圣堂祭酒的亲朋故旧，人数有时多达一二百人。

当时，从事清日贸易的一些中国海商，在固定的日子里前往长崎圣堂祭祀孔子，此种"拜圣"活动，又称"丁日之祭"（丁祭）。上引资料提及的"以旧例"或"一如故事"，就是指相关的仪式和招待方式约定俗成。届时，向井家会以"卓［桌］子""卓［桌］子馔"或"卓［桌］子食"予以招待。所谓卓［桌］子，亦即桌袱料理（即以中国饮食为主体而形成的一种美食）。对此，成书于乾隆末年以前的唐通事教科书《译家必备》①中就有"拜圣"的记录：

---

① 日本古典研究会编辑：《唐话辞书类集》第 20 集，日本汲古书院 1976 年版。按：《译家必备》有多种版本，静嘉堂文库本作："《译家必备》全部，予祇役于长崎，使译司抄写之／藏一本于家塾／宽政七季八月　　近藤守重。"可见，此书应在 1795 年（清乾隆六十年）前便已形成。该书亦作《译家秘备》，关西大学内藤文库有藏，收入大庭脩编著的《江户时代日中关系资料——近世日中交涉史料集五》，但原书影印件极不明晰，阅读颇为吃力。

年例，在馆船主到圣庙来拜圣，例有两个正赞礼、副赞礼，各船主在馆，预先议定，叫两个人赞礼，那赞礼叫人齐班列班，$\frac{三}{两}$拜、三叩首、跪起、退的礼貌，恭恭敬敬周到来了。各船主拜过明白，都到明伦堂来吃酒。圣庙先生出来劝酒，通事替他通话，说道："先生说，今天众位到来，理该治些好菜，多劝几杯酒，奈因急急忙忙，没有些敬意，怠慢众位。"

"岂敢？多谢先生费心！"

过了一回［会］，席也散了，各人走走顽顽，小头目、插刀手叫通事来催唐人起身，通事出来，对众人说："众位好起身，头目叫我来催，你这里到馆里路远了，要你早一步回去，趁此刻送你进馆，转回王府，天也晚了，各位通知大家好动身。"

从"圣庙先生"出来劝酒时通事替他通话一节来看，一般情况下，圣堂祭酒应是不会讲中国话的。"拜圣"活动中，唐船商人受到圣堂祭酒的款待，作为回报，圣堂也时常能得到后者的捐输。例如，文政四年（1821）二月二十六日，清客26人谒圣庙，当月晦日，"朝复至神代太十郎，申谈清客纳金之件"。天保五年（1834）二月十二日，在馆清商22人谒圣庙，而在此前的二月十日，"长川彦来话，王氏、十二家船主周蔼亭、沈耘谷等献红毡三十片于文庙，今日取之于当年译司平野繁十郎"。此处的"译司平野繁十郎"，即唐通事平野氏的第八代冯佑长。"十二家船主"也就是长崎贸易民商中的十二家额商。清代乾隆十四年（1749）规定，前往采办洋铜的商船，每年额定十五艘，其中，除了官商之外，民商自办者计十二船①。在江户时代，因日本无羊，故而曾到中国购买羊毛，并寻求造毡之法，但终因成本过高，比购买更不合算，故而需要自中国输入②。除了金钱、红毡之外，白糖也是中国商人时常奉献给圣庙的物品。唐通事教科书《译家必备》中载有唐船进港时的货册，其中备列船上的"精细货物"，个中就有"圣庙白糖二包"，也就是献给长崎圣堂的白糖③。对此，《向井闲斋日乘》中另有一处记载：文政十三年（1830）十月十日，"前是以清河源十郎之计，使商客献白糖二万斤于文庙，则预其议者药师寺久及唐大译司廨吏二十余名，今日馈酒鱼以谢其劳"。"清河源十郎"即张武焕，为唐通事清川氏的八代，当时为大通事④。

一年一度的"释菜"礼仪来自中国，可谓源远流长。早在《礼记·月令》中就有记载："（仲春之月）上丁，命乐正习舞，释

① 关于这一点，参见冯佐哲、王晓秋：《从〈吾妻镜补〉谈到清代中日贸易》，《文史》第 15 辑，中华书局 1982 年版，后收入冯佐哲：《清代政治与中外关系》，中国社会科学出版社 1998 年版，第 116—117 页。更为细致的研究，见刘序枫：《清日贸易的洋铜商について——乾隆—咸丰朝の官商・民商を中心に》，载《九州大学东洋史论集》15，日本九州大学文学部东洋研究会1986 年 12 月。

② 〔清〕翁广平：《吾妻镜补》卷 16《食货志》，王宝平编著《吾妻镜补——中国人による最初の日本通史》，"古典丛刊之四"（杭州大学日本文化研究所研究丛刊之一），日本朋友书店 1997 年版，第 383 页。

③ 〔清〕翁广平：《吾妻镜补》卷 17《通商条规》中有"长崎送寺礼连匹头"，其中首列"圣人庙礼二色"，见王宝平编著：《吾妻镜补——中国人による最初の日本通史》，第 352 页。

④ 〔日〕宫田安：《唐通事家系论考》，日本长崎文献社 1979 年版，第 735—736 页。

菜。"对此，郑玄注曰："将舞，必释菜于先师以礼之。"这是一种祭祀先圣先师的典礼。从《向井闲斋日乘》来看，参加此种仪式的皆是日本人[1]，这显然具有重要的象征意义，一定程度上反映了日本官方对于儒学的提倡与崇拜。至于"拜圣"，则是针对赴日贸易的中国船主，除了反映对儒学之尊崇之外，还有经济层面的交流。

2. 书籍检查

书籍检查是长崎圣堂祭酒的一个重要工作。关于这一点，大庭脩先生指出：幕府在长崎奉行之下设置了"书物改役"，专门负责检查舶来书籍中有无天主教的内容，凡有相关内容者均被视作禁书。禁书之取缔最初是由春德寺承担，及至宽永十六年（1639，明崇祯十二年），向井元升开始担任书物改役。书物改役之下，有书物改役助手、书记、挂信牌等属员，在长崎会所具体审查输入的汉籍，一旦发现宣扬天主教的书籍或相关记事，即刻加以禁止或消除[2]。

关于长崎圣堂祭酒在书籍检查中的作用，乾隆时代徽商汪鹏在《袖海编》中指出："客或携书而至者，必由司铎检阅，然后

---

① 除了"释菜"之外，长崎其他官员有时也会前来圣堂，如天保九年（1838）六月二日，"晴。昧爽，有叩门者，奴应之开门，则三使之隶吏回章报告，三使今二日辰时巡览圣堂，乃佣设夫四五名扫除门庭、庙堂、书院，令助教及两属吏正。已时，三使来视庙宇，遂见过补［辅］仁堂，献熨斗及茶吸烟具，乃互言寒暄，因见问圣堂开基年历，且请看舶来新著，便出数种供看，看毕，又请写今所书名，且图庙内陈列之器，而后命驾，复送之门外，迎送应接之仪，一如镇山。归后，造三使之旅舍，奉谢今日之枉临"。（第448页）

② 参见［日］大庭脩：《江户时代中国典籍流播日本之研究》第一章，戚印平、王勇、王宝平译，杭州大学出版社1998年版，第19—98页。

发还，恐漏天主教邪书故耳。"① 此处的"司铎"，亦即长崎圣堂祭酒。对此，唐通事教科书《译家必备》中有一段对话：

> "那几套的书，也不准拿去么？"
>
> "那个我已禀过，你自家看的书，准是准了，这些书籍，通例送到圣庙里去，叫他验验，验过明白的时节，当年禀王府发一张票儿，才把这书送到馆里来，交把你了。"②

上揭的"圣庙"，也就是长崎的圣堂。关于此类的书籍检查，大庭脩在其《江户时代中国典籍流播日本之研究》一书中，有较多的分析。不过，从其引证的书目来看，大庭脩主要是利用以日文撰写的《向井元成日记》和《向井元仲日记》，而对以汉文书写的《向井闲斋日乘》则未曾引证，因此，相关问题之探讨仍有一定的空间。

从《向井闲斋日乘》来看，当时有大批书籍输入长崎的记载，仅以与长崎会所相关的资料统计，列表于下：

表 2

年代	月日	书　　籍	页码
文政元年	八月十一日	三鱼堂《四书大全》初帙一套输于长崎会所。	第 71 页
	十二月十二日	会所输十三经一部。	第 81 页

---

① 大部分内容与《袖海编》完全相同的《日本碎语》中，但有两条资料不见于前者记载。其中之一曰：长崎"书籍甚多，间有中国所无之本。亦建圣庙，有官称圣庙先生，客有携书往售者，必由圣庙官检阅，恐涉天主教耳"。

② 《译家必备·货库》，第 92 页。

年代	月日	书　籍	页码
文政二年	二月七日	长崎会所致清舶载来之书籍七百余套。	第 87 页
文政三年	一月十四日	长崎会所输书七百套许。	第 112 页
	一月二十一日	长崎会所又输书。	第 112 页
	一月二十二日	长崎会所又输书八百余套。	第 112 页
	一月二十八日	长崎会所输书百余套。	第 113 页
	二月十日	长崎会所又致书二百余套。	第 114 页
	八月三日	长崎会所又输书千二百余套。	第 125 页
	八月九日	返输顷日所检书千二百九拾五套于会所，此日以得辰四番舶所载书五百九拾余套。	第 126 页
文政四年	三月十三日	长崎会所输辰六番清舶致书四十余套。	第 139 页
	四月二日	昨朔返输书五拾七套于长崎会所。	第 140 页
文政五年	正月十八日	长崎会所辄［输］已［巳］四、五清舶所载书三百余套。	第 162 页
文政六年	二月朔	长崎会所输书三百余套。	第 168 页
	二月十四日	长崎会所输书百三十余套。	第 168 页
	二月十九日	反输午四番清舶所致书于长崎会所内，留新来书八套。	第 169 页
	三月十三日	此日反致全部四套三十二本于长崎会所。	第 171 页
	四月三日	长崎会所输江府严官所买之书七拾余套。	第 172 页
	五月十七日	反致午四番舶新来"平津丛书"一部六套。	第 176 页
	九月六日	长崎会所输未一番商舶来书二百套。	第 184 页
文政九年	正月二十六	长崎会所致书三百三十九套。	第 196 页

年代	月 日	书 籍	页码
文政十年	正月二十四	长崎会所致书三百余套。	第 222 页
	三月二十二日	长崎会所输书籍三百余套。	第 226 页
文政十一年	正月十六	长崎会所输舶来书籍百余套。	第 241 页
	正月十七	长崎会所又输书籍四百余套。	第 242 页
	二月二十六日	长崎会所输书籍壹百五十余套。	第 244 页
文政十三年	一月二十八日	长崎会所输书籍二千余套。	第 256—257 页
天保二年	二月十六日	长崎会所输书若干套。	第 279 页
	十一月晦	前日长崎（会所？）输书五十余套。	第 293 页
	十一月十一日	长崎会所输书四十余套。	第 294 页
天保七年	八月十五日	是日取所买得之书六种十四套于长崎会所。	第 395 页
	九月二十九日	取所买舶书于长崎会所。	第 398 页
	十二月四日	长崎会所输新渡书六十余套。	第 403 页
天保八年	四月二十三日	买申三番至全八番商舶所致之书数件于长崎会所，所今日遣人取之。	第 415 页
	七月二十九日	长崎会所致舶来书百余套。	第 422 页
	八月二十日	昨日长崎会所致舶来书数十套。	第 424 页
天保九年	闰四月二日	长崎会馆致书籍若干套。	第 443 页
	闰四月二十一日	长崎会所致学校上用书若干套。	第 445 页
天保十年	三月十七日	长崎会所致舶来书二百余套。	第 466 页
	三月二十二日	长崎会所致书数套。	第 467 页

上述这些，皆是长崎会所送至圣堂交由圣堂祭酒审查的舶来书。其中的记载，可以弥补一些年份持渡书籍数量的记录空白。另外，根据大庭脩的描述，书物改役获得唐船舶来书籍之后，便

按顺序审查书籍内容。首先是抄录书籍的序文、目录，为书籍的内容解说做准备，然后逐页审阅书籍内容，留意其中是否有禁忌文句。与此同时，还要注意有无纸张脱落、朱点、雌黄加笔及眉批等。舶来书籍若无禁忌文句，即为普通书籍。而一旦发现禁书或令人怀疑的文字，则要慎重处理。对于其中的禁书，处理的过程比较复杂。例如，《坚瓠集》于日本正德二年（1712）由辰一番船携来，部分用墨涂销后退回。享保五年（1720），第八代将军德川吉宗下令，除直接宣扬基督教义以外的其他书籍缓禁。根据此令，从贞享二年（1685）以后的禁书目录中撤去了《坚瓠集》。不过，该书在文化二年（1805）再度被禁，直到天保八年（1837）才重新开禁[①]。关于这一点，《向井闲斋日乘》中有处理该书颇为细致的具体过程：

（天保八年八月二十五日）今日贾舶载《坚瓠集》来，本系耶苏［稣］教之禁书，今日言之官，请检阅。

（九月二十九日）写涂抹《坚瓠集》。

（十月十四日）午后，应代官之命之，乃咨询，以自昔焚系耶苏［稣］之禁书者，或涂抹之件，乃条书先例以致之。

（十一月九日）代官氏召我，我对之，往，乃宣尹公之言曰：《坚瓠集》文化乙丑年涂抹之后至今兹，中间无舶来，则以书答之。

---

① ［日］大庭脩：《江户时代中国典籍流播日本之研究》，第78—79页。

（十一月十日）上厅上讲席名簿，尹公使用人松井此［北］面言曰：《坚瓠集》中大西国之条和译大意，以致之县令氏。

（十一月十二日）前日镇台所命《坚瓠集》大意和解，使那须与三郎致之代官氏。

（十一月十八日）上厅言《坚瓠集》之件。

（十一月二十一日）代官氏以公事呼余，乃令田边生代往，生反，命曰：镇公有图圣庙及明伦堂文库以上，且改书《圣［坚］瓠集》及耶苏［稣］之禁书以启。

（十一月二十六日）立山用人氏以公事呼，至，则复谋《坚瓠集》之件。

（十二月十日）上厅上讲席名簿，就用人松井北面问《坚瓠集》之件，答曰：以无耶苏［稣］教劝化之文，不在禁例，贩卖无妨。

可见，对《坚瓠集》的审查，前后历时三个多月，结果被证明可以贩卖，故天保八年十二月十九日，"上请为后来检阅，纳《坚瓠集》一部明伦堂文库书，用人金子庄致之尹公"。

除了《坚瓠集》之外，《职方外纪》也是当时的一种禁书。大庭脩指出：享保五年以后，《职方外纪》被从宽永七年的禁书目录中撤去，不过，该书在宽政七年十二月再度被禁。而从《向井闲斋日乘》来看，该书后来应当也再度被解禁，并在日本人中颇为流行：

（文政九年十二月二十一日）吉雄敬次郎之食客稻泽草宗来话，借《职方外记》二册，遗池五山之书扇一握。

（文政十年正月二日）夜看《职方外记》。

（正月十三日）夜看《职方外记》。

（正月十九日）《职方外记》誊写起笔。

（正月二十七日）夜，武田十兵卫来，托写《职方外记》。

（二月十六日）武田龟十郎《职方外记》誊写卒业。

（二月十七日）反致《职方外记》二本，吉雄新作。

（五月十日）河间八兵卫愿借览《职方外记》，则借与之一部二本。

（六月二十一日）河间八反致《职方外纪》。

《职方外纪》是明天启三年（1623）意大利传教士艾儒略根据庞迪我和熊三拔所著的底本编译而成，该书主要介绍世界（尤其是欧洲）的方域、列国、风俗、宗教等。上述的武田十兵卫是当时的一位书商，而河间八兵卫则是唐通事（即俞英直），后者曾因有与唐人私贩的嫌疑而遭逮捕。从中可见，《职方外纪》在长崎日本人中曾辗转传抄。

3. 其他

此外，从《向井闲斋日乘》来看，向井雅次郎还有讲经、书写舶载书目、记录长崎唐船动向、检查舶来船只及货物[1]以及给

---

[1] 《向井闲斋日乘》文政元年八月十七日条："检清舶载致之百货于厅，之谓大改。"（第71页）

发信牌等方面的公务。以检查及给发信牌为例，《向井闲斋日乘》记载：

> （文政元年四月十三日）今日清舶发港，乃上厅给信牌。
>
> （九月二十日）萨州漂泊之清舶一艘进港，大人上厅检信牌。
>
> （十二月十八日）辰时上厅检信。
>
> （文政六年五月三日）午八番船主谭竹庵，以书请南京牌主范继宗，改名泰来，今季给赐之牌照，改书范泰来。今日用人氏下竹庵所具券之书，及大译司所解国字之书使检阅，按照例具陈，乃赍其二书，及给牌一件之簿于田边启，使校检。
>
> （五月四日）昨所请午八番舶给牌主名仍旧，而赐范继宗，因复昨所看之书二张。
>
> （七月十五日）午后上厅，检入港商舶所带来之牌。
>
> （天保八年七月十日）未后商舶一只入港，辰［申］首上厅，检所带来信牌，商舶送漂流日本人来。

文政元年（1818）九月二十日时，向井雅次郎尚未接任祭酒，故上揭的"大人"应指其养父——七代祭酒向井元仲富。其中提及信牌改名一事，关于这一点，唐通事教科书《琼浦佳话》卷2也有提及："原来领牌的人，约有几十个人，分派两年，轮一递一年，轮流而来。倘若戴什么父母的孝服，或者生起病来，走动不得，本身不来，那时节，央个亲眷朋友来替代了。也有几年走洋，挣得些家资，买亩田产，养老在家，把信牌送把别人家，王家是认牌不认人，但有照牌，不拘什么人，就准起货。虽然如此，也要查问来头，果然那个人心肯意肯，情愿送把别人的，便没甚说话。若是抢夺了人家的牌，计谋了人家的产业，昧心欺公的人，便不准起货，其牌没官，依旧送回了本人。"

在江户时代，长崎是"锁国之窗"，是唯一允许中国和荷兰商船从事贸易的港口。遭风漂至其他口岸的船只，也就是漂流船。上揭的"萨州漂泊之清舶"，便是漂至萨摩的唐船。类似于此的情形，在《向井闲斋日乘》中还有一些：

（文政六年正月十日）客腊八日，天草海上破坏之清舶所载货物及人员三之一，今日到港。

（文政九年五月九日）先是清舶一只到远州下吉田之海，官护送至肥平户，四月念四日于田助浦秀山船坏，官亦送其人至崎。是日检其信，余不临。

文政九年即 1826 年（清道光六年），这里的"先是"，是指文政八年（1825，道光五年）。当时，唐船"得泰号"从浙江乍浦出港赴长崎贸易，在海上遭遇风暴，漂流至日本远州榛原郡下吉田村（现静冈县榛原郡吉田村）海岸。后由幕府派人护送，经过修船和等待，得泰船于文政十年（1827）离开长崎回国。其间，日本儒者野田笛浦与得泰船船主杨启堂、财副朱柳桥、刘圣孚等人有精彩的对话、笔谈，此即著名的《得泰船笔语》。不过，《向井闲斋日乘》对于得泰船的相关情况并未有太多的记载：

（文政九年七月二十一日）年行司以书报，明日辰时检漂流唐山日本人得于彼土书画类，便令诸两属吏。

（文政十年四月二十四日）检去年清舶所护送本国人漂到唐山所得于彼人之书籍及墨迹类。

得泰船当时护送有日本漂流民多人回到长崎①，故向井雅次郎在日记中遂有上述的记录。唐通事教科书《译家必备》中，有"牵送漂到难船""护送日本难人"的专门条目，反映了当时漂流而来的唐船，以及唐船护送日本漂流民回归长崎的情形。对此，《向井闲斋日乘》中有相当多的记录：

（天保三年四月二十九日）检我民漂流于唐山诸国者于彼所受书画类。

（七月七日）尹公之命检我国之人航海遇飓漂到于支那者于彼所得书画类。

（天保八年十二月十五日）今夏商舶所送致漂到南部人某某有所得于彼之书，请仍旧检阅。

（十六日）检我民之漂流于西土者所得之书类。

（天保十年二月十二日）今次商舶送来唐山漂流萨摩州人所得彼之书画若干，仍前则请点检。……十三日，……上厅检阅漂民所得于彼之书画、诸件照旧。

---

① 参见宫崎成身编：《视听草》二集之二，日本"内阁文库所藏史籍丛刊特刊"，日本汲古书院 1984 年版，第 154 页。

此类检查，一是防止走私①，二是防止天主教相关书籍的传入。

《向井闲斋日乘》文政三年（1820）十一月十三日条还指出：

> 取《长崎志》中倭人漂到外国之部于田边启而读之，盖以小仓大池壮吉之请托也。壮吉话：顷自东都一奇人来，通称本多铁三郎，自号东西庵南北，善狂歌狂文，述作野史为业，曰：尝从崎尹游崎，舟行归于东都，平户上舟，海上逢飓，漂泊至交趾，淹留五年，其间名山大川胜境雅地，凡人之所知者，皆躬至观之矣。则归朝后，谈其所观以诳人，人不知，皆以为实有此事，延请求招无虚日云。与闻之，疑其虚诞，名诉壮吉，因言归崎后，愿检其旧志□□，实不委曲，得报幸甚。是以检《长崎志》，果无其事。吁嗟甚哉！造物之愚弄人也，大人君子皆舐其唾涎而不知也！

在江户时代闭关锁国的背景下，有关漂流民的故事向来引人入胜，故而也就有人以此招摇撞骗。为此，长崎当局加强对漂流民的检查，亦属应有之义②。

---

① 《向井闲斋日乘》文政十年十一月二日条："应代官氏之召而往，乃宣严禁密卖清舶货之令。"（第237页）

② 关于漂流民问题，参见刘序枫：《清代环中国海域的海难事件研究——以清日两国间对外国难民的救助及遣返制度为中心（1644—1861）》，载朱德兰主编：《中国海洋发展史论文集》，"中央研究院"中山人文社会科学研究所专书（51），2002年5月；刘序枫：《近世日本的"锁国"与漂流民》，载黄自进主编：《近现代日本社会的蜕变》，"中央研究院"人文社会科学研究中心亚太区域研究专题中心2006年。

（二）长崎圣堂祭酒的日常生活

日常生活的最大特点，是以重复性思维和重复性实践为其基本的存在方式。在这方面，日记显然是极好的一类研究材料。从《向井闲斋日乘》来看，向井雅次郎对于长崎的本土风俗有着颇为细致的记录。例如，他详细描述了八朔之日的习俗。对此，平泽元恺在《唐船互市杂记》中指出："长崎之俗，以八朔为大节，和兰甲必丹、唐山船主，亦皆升府拜谒献遗，但不用当日，别选日而行之。"此外，《译家必备》中也有"八朔缴礼"的记载。旧例八月一日为八朔，这是为了纪念天正十八年（1590）德川家康于此日进入江户城，相沿成俗。而这在长崎，则成为一个重大的节日。又如，他对长崎的盂兰盆祭以及"精灵流"行事的描述，更是相当详尽。长崎的盂兰盆祭以及"精灵流"行事，受中国文化的深刻影响。正如抄本《唐话（长短拾话）》中提及长崎的端午等节俗均源自中国，并说：江户时代长崎几十万户的人家中，有"一半是唐种，先祖都是唐山人"，当地四时八节的人情礼貌，"都学唐山的规矩"。这种说法容或有夸大之处，不过，从向井雅次郎对各类风俗的描摹中，我们仍可看出中国文化的深刻影响。当然，从向井雅次郎对日常习俗的记录中，也可看到长崎本土文化的强烈色彩。例如，仓稻魂命的祭祀，在日本源远流长。不过，他在日记中，常常刻意注明自己的某些做法只是"从邦俗"或"从邦习"，有时，还于字里行间表达对"邦俗""土俗"的不同看法。显然，作为一位儒学者，向井雅次郎在自己的日记表述中，还是希望与此类习俗保持一定的距离。

除了风俗活动外，向井雅次郎的日常生活主要还表现在以下几个方面：

1. 读书、授课

作为圣堂祭酒，向井雅次郎有相当不少的藏书，并时常购书①，故《向井闲斋日乘》中经常有"晒书"的记录。他虽然公务繁忙，但每逢闲暇即读书，读书的范围极广，几乎是无书不窥。除了讲授儒家经典、阅读来自中国的书籍之外，在他的书单中也时常可见日本的各类著作。在这方面，书中见于记载的如《鲁西亚之船入贡始末》、太宰春台《和读要领》、锦城《仁说》、伊藤东涯《盍簪录》《京师名所图绘》《唐津道中杂吟》《市河宽斋诗集》《溘天民之诗集》《骏台杂话》《中岛棕隐之集》、大槻盘溪《西游纪程》等。例如，书中提到的大槻盘溪之书：

> （天保四年十一月二十七日）给仕者容见闲雅，颇似非执贱役者，余心怪之。其人乃曰：仆平野良佐者，心切欲览崎阳之胜，强陪从来。久闻先生之大名，今幸执役，得相见先生，愿垂教诲。因语及大槻盘溪之事，仆与盘溪契如兄弟，盘溪近有一著述云《西游纪程》，今携来。余请见之，因出示之，约再次而别。

> （三十）夜看大槻盘溪《西游纪程》。

又如，文政二年（1819）四月十一日，他曾"借平泽〔泽〕

---

① 如《向井闲斋日乘》天保四年五月二十六日，"武田十兵卫就之，买《日本文粹》、《文公家礼》及《大日本图》、《京师图》等数品"。（第332—333页）天保七年六月三日，"新买《十三经注疏》，今日致之"。（第389页）

旭山先生著《漫游文藻[草]》五册于池东泰温。(旭山先生名元恺,字弟侯,通称五介,山城人,尝从镇尹游崎阳。)读《漫游文草》"。此后,文政三年四月四日,"夜读《漫游文章[草]》"。文政四年(1821)八月二十日,"读平沢[泽]旭山《漫游文草》"。八月二十三日,"读《漫游文草》"。平泽旭山也就是《琼浦偶笔》的作者平泽元恺。

另外,作为长崎儒学的代表人物,向井雅次郎还经常授人句读[①]。

2. 交游

从《向井闲斋日乘》中可以看出向井雅次郎的各类交游,例如:

(文政六年三月十三日)夜,画工常藏携其所画清客及荷兰人秘戏图来。

(三月十五日)画工常复携本港海门山水之图来。

(四月三日)圣庙落成有日,余欲之献供爵,乃因河间八兵卫,命其铸造于今次发港商舶。今日使画工常图爵。

(四月四日)午后,持爵图至河间八,托命铸造于商舶事。

(天保三年正月二十六日)观春德寺铁翁、石融思所画崎港图。

(天保四年五月十四日)长川醉月来言,石崎融思以本

---

① 如《向井闲斋日乘》天保七年七月二十二日,"木下逸云请其侄吉村全吉者,受余句读,全亦池翁之蘖孙也,辄许之"。(第393页)八月十五日,"是日,吉村全吉来执质[贽],授之《孟子》句读"。(第395页)

月念五日行书画大会于丸山华月楼，因传融思之意，请余一临之，且出赠融思诗文，乞雌黄，乃留而与之饮。

（五月十七日）作赠石崎融思七言古风十六韵。

（五月二十四日）净书诗赠石崎融思。

（七月十二日）先是，石崎融思所会而获之书画数十百幅赍来，示仝円青辉，然颇可观。

上述这些，都是他与长崎画工的密切交往。其中，有多处特别提到其人与春德寺铁翁和石崎融思的交往。"僧铁翁，长崎春德寺主也，善画山水花卉，与三浦梧门、木下逸云以三名家称。春德寺者，清人坟墓之所在也，故清人学画者，多委贽铁翁"①。而石崎融思（1767—1846）则是江户末期长崎洋风画家，字士齐，号凤岭，任唐绘目利，为《长崎古今集览名胜图绘》《清俗纪闻》二书插图的作者。现存的长崎唐馆图中，也有一些出自石崎融思之手。《长崎市史》"地志编·名胜旧迹部"卷首插图还有他所画的《长崎港图》，这或许就是天保三年（1832）正月二十六日向井雅次郎所见到的"崎港图"。另外，该书中还插有石崎融思所画的《琼山梯斗》《浦上晚钟》《龙岩晴岚》《鸣泷浣华》《娥眉秋月》《文笔春晴》《秋浦归渔》《天门飞帆》《雄浦暮雪》《蛮楼夜雨》《戍楼夕照》和《唐馆风笛》诸幅，从中可见，各图不仅构图细腻，而且每幅画上皆以汉字书写，或诗或文，反映出石崎融思极好的汉文

---

① 〔清〕渡边省亭：《听雨堂书画图录》，明治二十四年（1891）刊本。《向井闲斋日乘》天保五年十二月二日条还记载，"西原鹏山来，初托鹏山，请木下逸云之画，以故鹏山来言其期"。木下逸云是长崎南画三大家之一，为石崎融思的弟子。

修养。此外，上揭文政六年（1823）四月四日向井雅次郎曾将长崎圣堂的供爵绘图，交给唐通事河间八兵卫，请他交给唐船，让船商从中国铸造好供爵，再运至长崎。①

另外，他与少数中国文人也有所接触，如天保二年（1831）元月二十五日，"送彭城朴轩东行七律一首"。二月五日，"作刘朴轩送词古风一篇，附短牍与江芸阁评品"。此处的"彭城朴轩"即唐通事刘朴轩，而江芸阁则是唐船船主（名辛夷，号大楣，自称"姑苏城外人"），活跃于文化到天保初年（相当于清嘉庆、道光年间），在当时的长崎颇为著名。根据《长崎古今学艺书画博览》记载："江芸阁，清人，诗书家。"《得泰船笔语》中就有一段江芸阁与日本儒者野田笛浦（秋岳）的对话②。在当时的日本人心目中，江芸阁是个风流才子，因与长崎游女——丸山花月楼之袖笑的交往，而为世所艳称。③与此同时，江氏还是位极其博

---

① 在清代，不仅是日本，中国台湾的府学也从江南一带进口礼乐器，参见陈芳妹《蒋元枢与台湾府学的进口礼乐器》一文，载《故宫学术季刊》第30卷第3期，2013年3月。

② 《文政九年远州漂着得泰船资料》，关西大学出版部1986年版，第524—525页。

③ 文政元年（1818年，清嘉庆二十三年）赖襄西游长崎，曾作《次韵江大楣（芸阁）邹星岩诗》等诗，见［日］德富猪一郎监修，木崎爱吉、赖成一编：《赖山阳全书·诗集》，日本国书刊行会1983年版，第232—233页。清人翁广平《吾妻镜补》卷24《艺文志》："江芸阁咏崎岙名妓色艺兼全者，作竹枝词十余章，译监陈焕章手录以示，余吟讽之间，觉丽情艳态，宛然溢于纸表，而芸阁风流逸韵，亦可想见也。"（见王宝平编著：《吾妻镜补——中国人による最初の日本通史》，第490页）参见［日］增田廉吉：《长崎における赖山阳と江芸阁》，《长崎谈丛》第8辑，1931年4月；［日］古贺十二郎：《丸山游女と唐红毛人》前编第三章第六节"唐人行の游女"，第662—665页；［日］上野日出刀：《长崎に游んだ汉诗人》，日本中国书店1989年版；蔡毅：《长崎清客与江户汉诗：新发现的江芸阁、沈萍香书简初探》，叶国良、陈明姿编：《日本汉学研究续探：文学篇》，华东师范大学出版社2008年版，第146—164页。

学的人物，名越左源太所著《南岛杂话——幕末奄美民俗志》前篇，就讲到两种植物（真珠兰和柘楠木）以及一种鸟类（韦贵由奴），都说是由江芸阁所鉴定。[①]

3. 古董鉴藏及物品买卖

作为圣堂祭酒，向井雅次郎还有不少古董收藏：

（文政六年二月朔）上厅执谒，给人佐野庄右卫门请问日：闻尊邸藏石刻版，愿以暇日扪打数部见惠，辄诺之。

（九月二十五日）赆北村耕作清人书画、干果一筐。

（文政九年一月二十八日）借与米海岳海月帖板、董元宰司理帖板于长川七。

（二月三日）长川七携米芾之海月帖来托表［裱］装。

（二月十九日）长川七借米芾海月帖、董其昌唐绝帖版去。

（二月二十六日）长川羊反致米海岳之海月帖版木。

（五月二十二日）长川七以小文池偿所负之米芾之蓬莱帖。

（六月七日）临川院僧某之东都，今日来辞，赆之石刻董玄宰之书一帖。

（十月十九日）长川羊太郎借唐绝帖版去。

（十月二十六日）投与董玄再［宰］唐绝帖一部于吉雄敬次郎。

---

① ［日］国分直一、惠良宏校注，日本平凡社1984年版。

（十一月六日）长川七兵卫反致董玄宰唐绝帖版木。

（十二月七日）长川羊太郎反石刻板来。

（十二月二十一日）长川七兵卫乞酒钱，辞之，与之王右军《兰亭记》一部。

（文政十年二月二十六日）长川七买石刻四帖去。

（天保二年十月七日）因武田十借董玄宰《赤壁赋》版。

（天保三年十月二十五日）前是牧野公用人白石大八郎请余家藏版董玄宰《赤壁赋》，乃制之，以赠大八郎。

（天保四年六月二十七日）武田龟来，买米襄阳海月帖、董太史众鸟帖各一部去。

（七月十七日）河间八兵卫来话，遂买石刻数部去。

（八月二十三日）武田十兵卫来，交易石刻数件而去。

（九月七日）冢田氏来谋石刻、书画。

（十二月十一日）长川幸助携画帖及董玄宰之书画锦堂墨本来请借金，余拒而不受画，乃京人栗山之所作，有赖山阳之题跋，亦文房之清玩也。

（天保五年二月六日）长川醉月来话，乞石刻、书画，长川幸介以稼圃之书轴来，乞石刻。

（天保七年正月二十三日）访平野良佐于其舍，良谋崎中之书画件及买舶来墨本。

（五月二十九日）就武田十而买清人笔迹数件。

（六月二十三日）上厅上请买舶来书牍。

（九月十二日）田边生来，为某请吾家所藏米帖三部去。

（天保九年四月十九日）神代泰辅来，因之买石刻十一部。

其中的"武田十"应即武田十兵卫,《向井闲斋日乘》天保八年（1837）十月十日条："武田十兵卫以卖舶来书之浪花,托之与池田与四郎书。""浪花"即大阪。可见,此人应系书商、古董商人。向井雅次郎对于清人书法作品亦颇感兴趣,[①]例如,江稼圃名大来,字连山,文政五年（1822）十二月前来长崎,是著名的画家,在他和伊孚九、费汉源的影响下,促成了长崎南宗文人画的形成。向井雅次郎就曾以石刻与他人交换江稼圃的书轴。另外,由于参与海外贸易的管理,长崎圣堂祭酒可谓近水楼台,手头也有不少来自中国的物品,因此,有关这方面的买卖也时有所见。[②]

从上述的古董鉴藏来看,当时董其昌的书画在长崎极为盛行[③]。对此,日本人浅野长祚在《漱芳阁书画铭心录》卷1中指出:"董思白书画当时既多赝笔,况在吾邦存于今日者？顷观万福寺藏西僧所赍者,大异所闻,唯京商三井氏所藏唐诗七截本较近耳。昔者崎尹牧野成杰好思翁,以旧藏示舶客江芸阁,且属曰:'将来赛此迹者。'芸阁熟视曰:'无之。'虽或曰遁辞,亦可

---

① 《向井闲斋日乘》天保五年八月五日,"朝野间生携墨本一册,来请余读之,盖清人王文治所书也"。（第366页）王文治（1730—1802）号梦楼,江苏丹徒人,清代官吏、诗人、书法家。乾隆二十五年（1760）进士,曾随翰林侍读全魁至琉球,有《梦楼诗集》《快雨堂题跋》等。

② 《向井闲斋日乘》文政六年正月晦日,"前是越后州一禅衲寓于妙相寺,因住持僧而求买余唐纸,辄许之。此日壳与五十盘"。（第167页）

③ 据《长崎市史》记载,圣堂收藏有木版54种计160块,包括董其昌所书的《饮中八仙歌》6块、《画锦堂记》8块、《唐诗》2种7块,以及董其昌书法3块、董其昌书行书5块。（《长崎市史·地志编·神社教会部下》,昭和五十六年（1981）复刻版,第581—585页。按:此份资料亦承刘序枫教授提示,特此致谢!

见其真迹之少也。"董思白亦即明代著名画家董其昌，但当时流传于世者赝品颇多。江户时代"宽政三博士"之一——古贺精里在《题西人画卷后》指出："琼浦货卖西土名人书画，大抵系赝物。尝闻彼中有伪笔户，专应副乍浦海舶之请，率村学究、秋风客为之，俨然相承，恃以生活，亡论唐宋以上，乃至文衡山、沈石田、祝京兆、董容台，近世王阮亭、沈归愚之类，每岁赍到不可为量数，皆是物也。此固奸商射利之常态，不足深究。""琼浦"也就是日本长崎，而"西土"则是指位于日本以西的中国。

4. 书画之会

《向井闲斋日乘》中，记录有不少长崎书画会的情况。例如：

（天保四年六月一日）长川生来，请其雌黄书画会集序。

（天保五年二月二十九日）长川醉月来话，言三月念五日作书画之会于圆山花月楼。

（三月十六日）西原鹏山来，谋醉月翁书画会之件。

（三月二十四日）长醉月……书画会之件来，森田生携其筚篥来，吹之，遂借与其管于余而去。长川幸助携古画数幅来，辰［展］览消闲。

（四月六日）长川醉月来，谋其书画会之件。

（四月十二日）长川醉月翁以本月念五日将为书画于花月楼，因托书画扇廿握于余，以赠门生辈。

（四月十三日）长川醉月来，谋书画会之件。

（四月十七日）书《长川醉月翁书画集会序》一篇。

（四月十八日）长川醉月来，报以本月廿五日行书画会于花月楼。

（四月二十日）晴后，访武田文奄，示书画会集。

（四月二十五日）欲赴醉月之书画会，以甚雨不果，净写序文赠之。

（四月二十六日）访西原鹏山，观昨日花月楼集会之书画。

（五月二日）武田十兵卫来话，长川醉月来话，因乞其展观之书画观之。

（五月三日）终日观花月楼会集书画。

"东夷之国日本疆，晋唐书画多收藏"①，翁广平在《吾妻镜补》中就指出："字画不论读书、商贾皆好之。假如有文、沈、唐、仇之字画，则必于收藏家借其文、沈、唐、仇之真迹，互相辨［辩］论，断断不休。从者则焚香煮茗，洁精酒食，以资清玩。迨品评已定，其真者不屑重值购之，即赝者亦必具价得之，以夸珍藏之富，其所好有如此者。"②关于长崎的书画之会，江户时代有一些图像涉及于此。例如，有一幅"唐人及其书画清谭会"，③就反映了当时书画会的场景。对此，《竹田庄师友画录》卷上描述说："崎镇每岁春秋两次修书画会，一时善书画者，无

---

① 〔清〕袁枚：《赠沈南苹画师》，载［日］伊藤松辑《邻交征书》三篇卷2，第303页。

② 〔清〕翁广平：《吾妻镜补》卷16《食货志》，见王宝平编著：《吾妻镜补——中国人による最初の日本通史》，第335页。

③ ［日］越中哲也、大户吉古编："江户时代图志"25《长崎·横浜》(1976年10月15日)，第122页"长崎书画展观袖册"。

士女少长咸到，如各国文人逸士亦闻风来会，满堂喧填，云蒸霞蔚，大极一日之欢矣。日后收所获之诸幅，著录作者姓名、籍里，更为一册，锓梓分送四方也。"[1] 此段资料所述年代为天保元年（1830，清道光十年），正与《向井闲斋日乘》反映的时代相近[2]。

5. 结社

在平时，向井雅次郎也时常参与各类的诗会，如：天保五年（1834）十一月十五日"开诗社会"；二十一日"晡时赴副岛熊之宴"，其人"草堂开诗社之筵"，"主人款待甚至，饮至子时，作七言绝句一首谢之"；天保七年（1836）八月十五日"未时赴小原生之诗会于圣无动寺，田边生、村冈生、那须生仅仅耳，以故谈笑饮啖耳，卒不作一诗。然主人款待甚渥，故淹留至二更"。

这些诗会由主办者款待，参加者则吟作汉诗。从《向井闲斋日乘》来看，有的时段举行得相当频繁。如：

（天保八年正月十四日）村冈生来言：明十五日，欲设诗社之宴于蔽庐，先生辱临幸甚。

（十五日）晡时，赴村冈生之期，主人款待不疏，饮至三更，作《春夜闻笛》五言律一首、《即事》七言绝句一首。

---

[1] 转引自［日］古贺十二郎：《丸山游女と唐红毛人》前编第二章第三节"丸山游女及び其附近"，日本长崎文献社 1995 年再版本，第 139 页。

[2] 现存的《当世琼浦书画集览》，可能就是稍晚的类似书画会后形成的一本图册。关于该书，美国哈佛燕京图书馆和香港中文大学图书馆皆藏有缩微胶片，据哈佛燕京图书馆的著录，该书成于 1870 年，亦作"崎阳稚聚"。按：应作《崎阳雅聚》。

（十六日）设吟会之筵。未时，青木兄弟、今井善、长川七、阳幸、山中甚来会，各作诗，余亦作七言二首，二更乃散。西原鹏以游烟霞不来。

（二十日）今井翰香以柬请曰：今日欲设吟会于今笼町之仮宅，先生辱临幸甚！晡时，赴翰香之会于本笼街之仮宅，盖翰香仮本笼街某之一亭，以为退息宴游之处也。亭临水而作，前去通衢数步，颇幽闲，乃阖韵温酒，各有作，余亦作《即事》七言律一首，又互连句而竭余兴，及三更乃罢。

（二十七日）夜生等来会作诗，余诱之作，而作《春夜雨》七律一首。

（二月六日）夜生等来会作诗，余作《春夜步月》、《待花》五律、七绝各一首。

当年一、二月间的二十多天内，连续举办过多场的诗会。当时还组成了特别的诗社，如"金兰社"：

（天保七年六月二十九日）那须生来，言明朔开金兰社筵于其家，乞余往而临之。

（七月朔）晡时赴金兰社，宴于那须生之宅，主人接待甚厚，且饮且作，至三更，作五言律一首、七言绝句二首。

（天保七年八月十三日）小原彦五郎来言：明外望日，欲设金兰社筵于圣无动寺。先生辱临，幸甚！

（九月二十四日）田边生来曰：明廿五日作金兰社盟会于敝舍，愿先生午时贵临。

（十月十四日）小原彦与野间丰久有友［反？］目之情，明日野间为金兰社会，饮予，欲和谐此二人，乃召之，先言其情，二人皆谨诺。

（十一月二十日）副岛生来，欲明日设金兰社会宴于其岳父山中甚之村庄鸣玉轩，愿先生无事临之。余为作《冬日读书》《送人》各五律一首。

（二十一日）午后，赴副岛生之期鸣玉轩，轩在高野平，有假山、小池，又引溪流入之，墙内置碾硙，舂［春］磨米谷，颇一佳区也。山中兄弟出侑酒，又集社友，青木祝氏来，兄弟各作诗以助兴，大入佳兴。余作《雪江舟行》《客舍闻雁》各七律一首，《初游鸣玉轩》五律一首。痛饮至亥。

（天保八年五月二十九日）田边生来云：明外六月朔，设金兰社吟筵于弊庐，先生辱见临，幸甚！

（六月朔）未时赴田边启之吟筵之期，主人接欢甚至，且作且饮，至三更而还。作《夏日田家杂兴》及《谢主人》各五言律一首。

（十一月朔）金兰社吟盟本月余主之，乃今日开筵，未时，同社皆来，饮宴至三更，余作七绝一首。

金兰社又叫"金兰社吟盟"，似乎是每月举行，轮流举办，称为金兰社会。届期开宴吟诗，称为"金兰社宴""金兰社筵"或"金兰社吟筵"。《向井闲斋日乘》天保八年十二月朔条载："写《金兰社吟稿》第三集"。由此可见，当时长崎的结社，与中国江南文人的结社方式似乎亦并无二致。

三、从《向井闲斋日乘》看 19 世纪的长崎社会

除了个人的日常生活之外,《向井闲斋日乘》中还有不少其他方面的记载。从中,我们可以较为细致地观察 19 世纪长崎的社会生活。

1. 长崎的唐通事

《向井闲斋日乘》中,对于唐通事有相当多的记载。

唐通事是中日贸易中的重要角色,日本正德年间编纂的《长崎志》就曾指出:

> 福源社学,在兴福寺下,内有巨石,以刻"福源"二字,盖系寺之风水也,因以为名。隐士国熙素以狄鞮知名当世,乡民子弟就此而学唐音,译士今获举用者,多依之教授。先是,寓客诸秀才训导。

兴福寺即中国三江帮("三江"指江南、江西和浙江,其中的江南包括江苏和安徽)隶属的长崎"南京寺"。文中的"狄鞮",典出《礼记·王制》。该文曰:"五方之民,言语不通,嗜欲不同。达其志,通其欲,东方曰寄,南方曰象,西方曰狄鞮,北方曰译。"揆诸实际,《长崎志》之编纂具有明显的日本中心意识,故视中国为"西国",称唐音通译为"狄鞮"。上文提及的

"译士今获举用者"，也就是获得任命的长崎唐通事。

从《向井闲斋日乘》来看，与向井雅次郎过从最多的，便是长崎的唐通事。例如，书中经常提及的河间八兵卫：

> （文政元年十一月二十五日）访河间氏食糖羹饼，唐译司每冬至糖汁烹小饼，谓之冬至团子，以祝一阳来复，盖清俗也。
>
> （天保五年二月二十三日）于河间八兵卫而肴之。见其学博通和汉，盖吾崎人而亦奇人也。
>
> （天保七年十一月十四日）薄暮，赴河间八兵卫之招，士女数名，奏胡清之俗乐，款待又至，饮至三更。宽政、享和之际崎中之诗人吉村迁斋之次子某，入崇福寺而为浮屠氏之徒，名曰洪然，住于伊予某藩某寺，今兹归省于崎，寓于崇福寺中广德院，今夜来于八兵氏而在座，余以其老于诗，面之，互通姓名，其人可六十岁，温惇于一老秃也。

"河间八兵卫"即俞英直，生于安永九年（1780）七月十六日，卒于弘化三年（1846）[①]。文政四年（1821）六月二十三日，"河间八兵卫通清客，密买货物，发觉，系于狱，盖冤也"。当年九月三日，"河间八兵卫以冤系狱，至此始得白情实，遇赦脱索，在狱七十日"。七日，向井雅次郎"夜访河间八兵卫，贺出狱，且慰郁邑"。河间八兵卫为通事世家，文政四年十二月二十八

---

① ［日］宫田安：《唐通事家系论考》，第426—428页。

日，"河间八兵卫之义子，昨念七日蒙命为唐译士"。此处涉及唐通事的日常生活，如饮食、休闲娱乐，以及与崇福寺的交往，等等。其中提到作为清俗的"冬至团子"，以及"胡清之俗乐"，这些，显然都反映了唐通事对于中国文化传播的影响。关于这一点，乾嘉道时期的翁广平，在《吾妻镜补》中指出：

> 凡交易必有人传语，犹中国之主人，谓之通事。通事之家，常请中华人宴饮，间有几家用台椅座之类，颇精致古雅。盖日本国人，书画饮食，倭用矮几，无高桌者，因怪而问之，答曰：我上世中国人也。并出其祖先画像，视之，有元明人题咏。其所藏字画，亦自宋元人真迹。盖为通事须通华夷之语，既系中国人，自不忘土音，居之既久，则能习夷音也。……明时通商多闽人，到彼为通事，遂家焉，故至今有中华人也[1]。

此外，《向井闲斋日乘》天保七年十一月十四日条提及的吉村迂斋（1749—1805）名正隆，通称久右卫门，擅长填词、乐谱、古诗、新诗，是江户时代著名的汉诗人，代表作有《琼江舟行》等[2]。

特别重要的是，《向井闲斋日乘》中还提供了唐通事培养的一些史料：

---

[1] 〔清〕翁广平：《吾妻镜补》卷30《附庸国志》，见王宝平编著：《吾妻镜补——中国人による最初の日本通史》，第591页。

[2] 〔日〕嘉村国男编集：《长崎事典》历史编，第205页。

（天保十年六月三日）平野繁十郎来，面之，曰：顷官有命云，仍旧译司辈会于明伦堂，演习家学焉。因云一月三次，以六之日为期。自明外初六日始，深烦先生，幸得许，幸甚！余以官命达依答之。

四日，晴。复平野生来申请昨日之件，虽未得官命，以会期已逼，许之。以旧例，助教及书记吏一名会之，令之饶田生、田边生。

五日，雨。以明日唐司译会于明伦堂，使洒扫廷内。

六日，晴。辰时，译司辈老弱共四十名来，演习其家学。药师寺宇右卫门来监，余及饶田生会之。童子者华音、经书及其家书读，冠者问答及和解《福惠全书》等，或国读，或汉文，凡至未时而散……

七日，晴。上厅上昨日会集唐译司名簿及讲席名簿、月俸券。用人藤本氏传命曰：复旧贯，令译司会于明伦堂，讲习其家学，卿宜照旧仪处置之。至代官氏致告，唐译司会复旧演习家学于明伦堂，以昨六日为开口之书，讲《孟子》。

根据其他史料的记载，享保元年（1716）十一月二十二日，在圣堂开始举办唐音勤学会^①。天明八年（1788），唐通事唐音勤学会再开^②。天保十年（1839），唐音勤学会再开，长崎奉行赐予

① 《朝野杂记》，转引自《长崎圣堂略史》，载［日］薮田贯、若木太一编著：《长崎圣堂祭酒日记》，第 507 页。
② 《续长崎实录大成》卷 4，转引自《长崎圣堂略史》，载［日］薮田贯、若木太一编著：《长崎圣堂祭酒日记》，第 508 页。

明月共潮生：域外文献与东亚海域史研究

圣堂笔墨料银五枚①。长崎地方官要求唐通事仍旧在明伦堂演习家学，定于每月的六日、十六日和二十六日三次。因此，向井雅次郎配备了助教②和书记史，并洒扫明伦堂，在六日那天，接待了40名的唐通事及其子弟。练习的内容长幼有别，童子是练发音以及四书五经。而弱冠之人则练习问答对话以及用日语解读《福惠全书》，这与日本学者武藤长平在《西南文运史论》中的讲述可以相互参证。根据武藤长平的描述，其时长崎唐通事学习唐话的一般情况是：

> 开始为了学习发音，念《三字经》《大学》《论语》《孟子》《诗经》等中文书。接着，学习"恭喜""多谢""请坐"等双音字，"好得紧""不晓得""吃茶去"等三音字的读法。然后学习比较长的四个字以上的词，课本是《译词长短话》5册，再后抄写《译家必备》4册、《养儿子》1册、《三折肱》1册、《医家摘要》1册、《二才子》2册、《琼浦佳话》4册等唐通事编的抄本。再以后跟老师学习《今古奇观》《三国志》《水浒传》《西厢记》，还进一步自学《福惠全书》《资治新书》《红楼梦》《金瓶梅》，难理解的地方则请教老师。

---

① 《续长崎实录大成》卷4，转引自《长崎圣堂略史》，载［日］薮田贯、若木太一编著：《长崎圣堂祭酒日记》，第510页。

② 上揭天保十年六月四日条提及的"饶田生"即饶田实斋，此人姓熊野，讳喻义，号实斋，又号西畴。"见道分明，最得圣贤之意，导弟子谆谆不倦，讲解经典尤精详，其辩论能晓人。文化丁丑之冬，官举为圣庙助教"。（长崎市役所编：《长崎市史》"地志编·名胜旧迹部"，第888页）

《译词长短话》《译家必备》《养儿子》《琼浦佳话》等唐通事教科书迄今尚存①。此外，《向井闲斋日乘》还记载：

> （天保十年六月十六日）唐译司三十五名来会，演习其家学。高木清右工［卫］门来监之，余以疾不监之。饶田生、田边生来会之。
>
> 十七日，晴，上厅，上昨日出席唐译司名簿。

可见，每次唐通事出席明伦堂会集的名单，圣堂祭酒都要向官厅汇报。《向井闲斋日乘》又载：

> （天保十年六月）二十六日，晴。清舶一只入港。巳时上厅检牌如常，午下而还。晡时又一只入港，下晡上厅检牌如常，戌后而还。唐译司以清舶入港多事，达官而废明伦堂会集。

由于唐船入港事务颇为繁多，故而六月明伦堂会集只举行过二次。在《向井闲斋日乘》中，接下来的天保十年（1839）七月

---

① 此类教科书颇受语言学界的重视，日本学者木津祐子撰有《〈唐通事心得〉译注稿》，载《京都大学文学部研究纪要》第三十九，京都大学大学院文学研究科·文学部，平成十二年（2000 年）3 月；奥村佳代子编有《唐话课本五编》（关西大学东西学术研究所资料集刊三十，关西大学出版部 2011 年版），其中收录了关西大学图书馆长泽文库所藏的《小孩儿》《长短话》《请客人》《小学生》《闹里闹》。对于这些唐通事教科书，历史学界的关注相对较少。有鉴于此，笔者此前曾整理、标点《琼浦佳话》《译家必备》《唐话（长短十话）》，见拙著《袖中东海一编开：域外文献与清代社会史研究论稿》附录，复旦大学出版社 2015 年版。

六日条下只记"晴"字，其后并未有任何记载。不过，八日条却记载："上厅，上讲席名簿及唐译司会名簿。"根据通常的惯例，在上"唐译司会名簿之前"，必定有明伦堂会集，故而可以推测，当月六日条下应系漏记。不过，该月并未有其他的记载。直到九月二十六日，才有如下的记录：

> 唐译司以商舶在津中多事，废会集，讲家学自今日再会。明伦堂三十余名，药师寺宇右卫来，余临之。

翌日，照例"上西厅昨日唐译司会集名簿"。此后，十月六日，"临译司会，列员三十许人，高木清右工[卫]门来"。次日，亦照例"上厅，上昨日会集译司名簿及讲席名册、月俸券"。

这些，都反映了其时唐通事的活动情形。当时，长崎不仅是培养本地唐通事的基地，而且，萨摩等地的通事也到此处学习，如"萨州译官桥□五助七八年前来崎习业"[1]，就是一个典型的例子。

2. 长崎的唐馆

在《向井闲斋日乘》中，保留有一些对长崎唐馆的记录。其中，有关唐馆内演戏的记载颇多，个中最早的一条是：

> （文政元年二月二日）今日庚午，邦俗以二月初午日祀仓稻魂命，大人上公厅，应其招，予今日亦为所遗[遣]。在

---

① ［日］薮田贯、若木太一编著：《长崎圣堂祭酒日记》，第352页。当时，萨摩与长崎的关系相当密切。《向井闲斋日乘》天保五年二月二十二日，"崎人曾其盘以本草学仕萨藩，文化年间受命著成形图说全部若干卷，借其农事部"。（第353页）关于萨摩与长崎的密切联系，可参见［日］林陆朗：《长崎唐通事——大通事林道荣とその周边》（增补版），日本长崎文献社2010年版。

馆之清人，以今、明日祭土神，予请代官氏往看。执乐器者及舞者三拾人许，有争斗之状、詈骂之状、涕泣之状、恋押〔狎〕之状、杀伐之状，种种异态不可名。旦〔且〕言语不通，殆不膳匍匐，始于午首，终申尾。予后期而往观舞二曲，例有予家人往观，以圣庙祭酒，清人款待异他，此日无先容，故无接待之仪。

日记此条原文整理错讹颇多，难以卒读。不过，其大体的意思是说唐馆演戏时，表现出各种各样的情态。但因向井雅次郎听不懂中国话，所以只能了解大致的意思。另外，因他是圣堂祭酒，所以中国人对其特别款待。

此后，文政十年（1827）二月二十六日的一段记载也涉及唐馆演戏：

> 本月二日，唐馆照旧例作太平歌舞戏。尹君以故不至，乃此日改作戏，尹君临观。

所谓太平歌舞戏，在长崎唐馆图中也曾出现过。二月二日为土地诞辰，土地神亦称福德正神，与天妃神诞一样，届时"盛陈供筵，张灯设宴者三日"。在唐馆内，有"土地祠庭宇稍隘，阶下有池，池上有桥，周以粉垣"①。关于这一点，日人太田覃有

---

① 〔清〕汪鹏：《袖海编》。《长崎志》有"土公祠"条："在唐馆内，旁有古树、小池。元禄二年，泉州客商梦有庞眉老人，葛巾野服，扶筇而来，曰：我乃土公，在古树之下，祀我，以福尔众。乃且众商就于树下，陈罗香烛，列拜尤谨，役司疑之，告以前事，因建。明年，刻所梦像载来，官命奉于祠内。又南京人并祀天妃，祠制如彼，官化一僧，以奉香火。"

《唐馆》诗:"天后土神关帝祠,几番船主赛崎阳,门联扁〔匾〕额多相似,疑入苏州桂海涯。"① 迄今,唐馆虽已不存,但现存的长崎旧唐人屋敷内的"土神堂"仍在,其中不仅有福德正神的神龛,而且堂内梁上还挂着福德正神的灯笼。

关于唐馆内的演戏,天保二年(1831)二月亦有相关的记载:

> (天保二年二月朔)上厅执谒,就用人陶山作兵卫乞观明日唐馆之歌舞,镇台便允之。
> 二日,雨。唐馆歌舞以雨废。
> 三日,阴。午后要彭城清临唐馆观剧。

这些,都是直接进入唐馆内观看中国人的演戏。此外,还有的是在唐馆之外观察馆内的演剧:

> (天保五年二月二日)经小岛至十善寺路,由治武使其丁稚导至十善寺,既而上醉月樱,则西原、鬼冢、奥三生已先来,杯盘狼藉,唱酬互作。楼距清馆数武,正临之,是日馆开戏场,歌舞方酣,楼上观之……

十善寺即唐馆之所在,而"醉月樱"则是位于十善寺的一处酒楼,距离唐馆很近,可以从楼上观看唐馆内的演剧。

除了演剧之外,《向井闲斋日乘》还记录了文政十年(1827)

---

① 长崎市役所编:《长崎市史》"地志编·名胜旧迹部",1937年版,第722页。

唐馆中的一次暴乱：

> （文政十年五月十八日）乃令馆内商客制禁街中徘徊。
>
> （闰六月十五日）先是，馆内之清人犯禁，恣徘徊于街市，或私买贩货物者，今次严禁之，商用及诣神、拜佛受官许之外，一切勿私出行。清人激之，本月十二日，数百人出馆，挥竹枪，投瓦砾，残害近街。官乃命筑兵之屯戍于海口者防之，屯兵崎将队卒无虑数百人，屯于大德寺备之，每日卯而往，酉而还。余欲观其行阵之仪装，而夜要食客门平往，既晏，乃买硝器而返。
>
> （七月一日）馆内之清人先是已妥贴［帖］，至此复犯禁，残暴于市街。筑侯又遣兵防之，阵新地、大德寺两所。夜微服往而观其行装，将卒无虑三四百人，刀枪皆脱室，屯于新地者，兵士悉穿甲云。
>
> （七月十八日）馆内之商客听镇台谕诘，至是少妥贴［帖］。

关于唐馆内的暴乱，以往学者多有涉及[1]，而《向井闲斋日乘》则提供了文政十年颇为细致的具体过程。

3. "锁国之窗"与长崎的异国情调

1603年（明万历三十一年），德川幕府建立，开始了日本历

---

① 参见刘序枫：《德川"锁国"体制下的中日贸易：以长崎的"唐馆"为中心的考察（1689—1868）》，载海洋史丛书编辑委员会编：《港口城市与贸易网络》，"海洋史丛书"1，台北"中央研究院"人文社会科学研究中心、海洋史研究专题中心，第109—113页。

史上的江户时代。此后,长崎成为唯一的对外贸易港,成了日本与外界接触的唯一正式门户,鉴此,它被称作"锁国之窗"或"日本之玄关"。对于日本国内而言,长崎贸易具有举足轻重的影响。唐通事教科书《琼浦佳话》卷1就以小说家的笔法,首先说一位叫做"长崎"的高人,将长崎一地开辟成为码头,"后来果然繁华起来,中华、西洋的人,都来做经纪,一年来千去万,陆陆续续,生意不断,匹头、糖物、古董、珠玉、八宝等样满载而来。日本六十六国做交易的人,听见这个好消息,喜不自胜,大家把血本席卷,星夜赶来,买货营运。……地方居民,一年多一年,寺场香火,一日兴一日,件件都好,般般俱美,把荒僻的地方,竟做个花锦世界"。翁广平的《吾妻镜补》亦曰:"长崎属肥州,土瘠民贫,其海口便于泊船,中外商贾尽集于此,其民亦得沽其利而自给矣。"[1] 在这种背景下,一旦中日贸易出现问题,长崎的商况市景就会大受影响。例如,康熙五十五年(1716,享保元年)著名的信牌事件发生,清日贸易一度中止。对此,《琼浦佳话》描述说:"(长崎人)从来不靠田产,千门万户,不论大小人家,单单靠着唐人生意挣钱过活,因为这两年禁洋,没有船来,地方冰冷,百姓坐于涂炭,牙人,或者夫头,或者做经纪的小户人家,这等之人,都没得生活,无钱可撰,每日游手游食过日子,虽然略有些家资,那〔哪〕里当得起? 不上半年,吃得尽了,寸土俱无,就是亲眷朋友们,送长送短周济,像个炭中沃雪

---

① 〔清〕翁广平:《吾妻镜补》卷16《食货志》,见王宝平编著:《吾妻镜补——中国人による最初の日本通史》,第331页。

的一般，全然不济事。常言说：坐吃山崩，坐饮海干。不过一年之间，荡产败家，没处去讨个生活……"此后，因康熙皇帝认为各国使用本国年号理所当然，下令将信牌暂交宁波、南京各海关分别保管，前往长崎的商人则从海关领取信牌后出海，清日贸易活动遂得以重新恢复。于是，"他那京都、大阪的商人，连忙各叫急步人星夜上京，报知各行家。这一番飞跑，各自争先，三脚并做两步，飞也似赶上去。当下各行家得知消息，喜出望外，也有货价，一时间贱将下来，或者数年顿在家里的落各货，登时出脱干净。讨账的是讨账，算账的是算账，弄得霎时间，满京都年边一样，闹热不过"。上述的这些描述，虽然是小说家言，但也反映了清日贸易对于长崎社会生活的重要影响。

当时，来自中国的物品纷繁多样，其中，"唐山书籍历年带来颇夥，东人好事者不惜重价购买，什袭而藏，每至汗牛充栋，然多不解诵读，如商彝汉鼎，徒知矜尚而无适用也"①。运抵长崎的书籍，流向亦颇为多元，有不少是输往日本的三都：

> （文政元年六月二十六日）书请舶来之书籍书二册，大人以某氏之劝，请乙亥之岁以来会所积蓄之舶来之书，及兹后年年载来之书，以共谋虑，鬻于三都之书买［贾］，中间以狡计欲射利，盖侥幸者为也。

"三都"即京都、大阪、江户。其中，尤以输往大阪者为数

---

① 〔清〕汪鹏：《袖海编》，载王锡祺编：《小方壶斋舆地丛钞》第10帙，杭州古籍书店1985年版。

　　　　　　　　明月共潮生：域外文献与东亚海域史研究

最多。例如：

> （文政四年九月四日）那须与三郎自长崎会所携书籍目录一册来曰：浪华书林凭会所请清舶赍来，因余问目录之书赍来无妨否。

此处的"浪华书林"，也就是大阪的书店。除了输往大阪外，在长崎也有不少是私人购买，如：

> （天保二年四月三日）前是就镇台家老有贺修藏乞买舶来书，是日得《国朝六家》一部。
>
> （四月十四日）何仁右卫门来谋舶来书籍之件。
>
> （四月十九日）三年来托彭城清四郎欲买舶来书，至是始获买，乃馈酒肴谢之。
>
> （天保七年四月十日）午后春孙次郎以舶来书之件来谋，话少许。
>
> （九月十八日）佐嘉侯入崎，长川七兵来话：杉山翁来，欲明日会稻佐村万山之序，公举玉迹，幸甚！余辞以谒佐嘉侯，翁遂谋买舶来书去。
>
> （十二月三日）清舶一只入港，申时上厅，检牌如例，用人片冈传九郎传尹公之命日〔曰〕：尹公买舶来廿二史，书中往往有模糊不可读者，劳乡愿令书记吏补书之，余辄领诺而还。

由上述可见，当时，各种身份的人都在购买舶来书。向井雅次郎自己也多有购买，有时是直接买自长崎会所 ①，有时则是通过唐通事代为购买。上揭的何仁右卫门，即唐通事何良周；而彭城清四郎，则是唐通事（小通事助）彭惟明。其时，有不少书都是通过唐通事交代唐船代为采购：

> （文政九年四月二日）有所托于唐译司平野繁十郎，昧爽至之，不在，遗刺而反。巳时，繁来谢其不在，乃托之以书目，嘱今夏商舶载来。
>
> （文政十年正月二十二日）前是托小仓储君之所讲求书及叶山贞之所嘱书五种于平野繁十郎，命商舶载来，今般戌八番舶五种具航致，今夕平野生以此件来告。
>
> （四月二十七日）托平野繁十郎航致之书，得五种十三套。

平野繁十郎即唐通事冯佑长，文化八年（1811）后任小通事末席。此外，还有的记载：

> （文政三年七月四日）谋高村了辉，命韩柳文一部、《知不足斋丛书》于清人冬舶载来。
>
> （八月晦）长崎会所输《张氏医通》一部，盖请尹氏而买诸清客也。

---

① 如：《向井闲斋日乘》天保七年八月十五日，"是日取所买得之书六种十四套于长崎会所"。（第 395 页）

文政年间相当于中国的嘉道之际，关于此一时期的书籍贸易，翁广平在《吾妻镜补》中指出：

> 书籍不论经史子集，必购藏之。四五十年前，其国多火灾，并国王之书房亦焚，急欲购书。其时，为商颇多获利。嗣后，每往必多带书，而价亦渐降矣。故近日少有带者，俟其购求，则携以往①。

翁广平生于乾隆二十五年（1760，日本宝历十年），卒于道光二十二年（1842，天保十三年）。而《吾妻镜补》一书，则成书的嘉庆十九年（1814，文化十一年）。因此，他所说的"四五十年前"，当指乾隆中叶前后。证之以汪鹏《袖海编》所描述的日本人购书情形，显然是真实的记录。不过，到了嘉庆年间，情况已发生了重要的变化。而《向井闲斋日乘》，则恰好记录了此一转变期前后的相关情形。

大批的书籍流入长崎，对于当时人有着多方面的影响。仅以日记所见，《渊鉴类函》一书在当时颇为流行②。文政元年八月十一日，"巳首迅雷一声如崩山"。八月十三日，"监役下吏检书籍，《渊鉴类函》曰：有雷震杀人，既而空中有声，曰误矣。可捣烂蚯蚓而覆脐中，如其言则苏。《本草》曰：以雷震之木，搏飞鸟之影，其鸟即坠。又曰：以雷震之木悬于门，则除火灾。"

---

① 〔清〕翁广平：《吾妻镜补》卷16《食货志》，见王宝平编著：《吾妻镜补——中国人による最初の日本通史》，第335—336页。

② 《向井闲斋日乘》天保九年四月二十三日，"送致《渊鉴类函》一部于五岛松园诸左卫门，托诸其藩邸之小吏熊野时介"。（第443页）

这些虽然荒诞不经，但从中却可看出，日本人力图从舶来之书中汲取实用的生活经验。

由于中国货物的大批运抵，长崎还形成了中国商品的市场：

> （文政六年五月十日）还取路酒屋街，观华物市。
>
> （五月二十四日）夜复伴真如氏徜徉近街，至华物店买陶器。
>
> （文政九年五月十四日）先是皓台寺修治大佛像，至是就，乃开法坛而落之，夜微行观之。遂至酒屋街，观华物市。

酒屋街当即"酒屋町"，是庆长二年（1597）以后逐渐形成的街市，此处因造酒场和酒类批发商集中而著称[①]。由此可见，酒屋街旁的"华物市"，显然就是集中出售中国商品的一个市场。天保九年（1838）二月二十三日夜，向井雅次郎为了迎接清商前来"拜圣"，微服往买华制磁器若干件，可能就是前往"华物市"购买来自中国的磁器。根据翁广平的描述："磁［瓷］器彼亦有窑，而烧制甚艰，故喜用中国者，且喜用中国之古雅者，如汝窑、哥窑、龙泉、定窑，俱能辨其真赝。其最喜者，嘉靖窑之龙凤碗碟鸡觚等，其次则成化五彩碗碟。其花样明时以葵花、菊花，今亦不尽然。近时窑青花白地之精美者，亦喜也。其富贵之家，至有以玉马、水晶等作座，以供赏玩者。"[②]

---

① ［日］嘉村国男编集：《长崎事典》"风俗文化编"，第 17 页。
② 〔清〕翁广平：《吾妻镜补》卷 16《食货志》，见王宝平编著：《吾妻镜补——中国人による最初の日本通史》，第 334 页。

除了中国商品之外，从《向井闲斋日乘》来看，荷兰的影响似乎主要表现为医学在当地的盛行（在这方面，书中有不少描述，限于篇幅，毋须赘引）。除了医学外，天保十年（1839）九月十六日，向井雅次郎还与西原川一起，前往长崎近郊的"上野俊丞宅，观其所作显微镜、写真镜及远镜，其侘种种之兰器"。这些，都从一些侧面反映了兰学在长崎的流行。此外，来自琉球的物品也不少[1]：

> （文政元年三月八日）至河间氏，闻怪兽之说，兽则琉球之产，崎人某于天草所得，头面类兔，全身类猪子，有两翼四足，前二足则类鸡，后二足类狸，左右翼类蝙蝠，有尾如狐而尚大，且长三尺，伏则以尾掉去尘，而后伏如卧，曲折尾籍而卧。今因于小槛中，浚粪不同所，又未曾近身边，全身大如小猫，毛刺如针，日则屈伏柔驯，至夜猛狞强躁，食榛实及甘芋。

这是来自琉球的珍禽异兽。揆诸实际，其时，琉球号称"万国津梁"，各类物产并非完全来自本国，而是来自更为广阔的东亚世界。

关于珍禽异兽，《向井闲斋日乘》中有不少记载。例如，文政三年七月朔，"上厅谒尹氏，抵内藤才介，观清舶所输小鸟"。

---

[1] 《向井闲斋日乘》文政元年八月六日，"大桥八三郎赠琉球制棕叶扇一握"。（第70页）天保九年七月朔日，"上厅执谒，伊东利三郎来话，饮之琉球烧酎"。（第450页）

类似的情况，在江户时代颇为常见。唐通事教科书《译家必备》中，就有清代船商携带鸟类前来长崎的例子。如"唐船进巷[港]"条中，就提到进港的子十六番广东船主游大财，通船人众共计52人，于当月初十日，由乍浦开驾，至十七日收入长崎港内。当时，唐通事问道："有鸟兽么？"中国船主回答说："有得多了。"根据船上财副开出的货册，计有：孔雀四只；八哥鸟一只；红绿莺哥四只；鸟哥一只；鹦鹉三只；青鸡九只；长尾雉鸡二只；松鼠一只；白鹇一只；鸂鶒二只；倒挂鸟十只；相思鸟十只；十姐妹八只；小黄鹂三十只；□鸟八只；猴子一只；鸳鸯一对；锦鸡五只；辽东狗二只；花猫一只。对此，当年老爹（即唐通事）问："这几样鸟兽是承办带来的呢？还是卖的？"中国船主回答说："都是自家带来进上王家，恁你老爹主意，王家要呢，只管取去，不要呢，报卖也使得，拿进馆也使得。"唐通事又曰："是了，我替你禀禀，看是承办的呢，今日就起了，送到高木公那里去；若是你自家带来的，明日上番那一天，一并起去。这几样鸟兽，雌雄公母你认得出么？又是喂养的道理你也明白么？"中国船主回答："容易，容易，都明白的。"

除了雌雄公母以及喂养的道理之外，如有相关的趣闻佚事，则更为日本人所喜闻乐见。平泽元恺所撰《琼浦偶笔》一书中，就有不少有关珍禽异兽的相关记录。此外，有一部书叫《偶记》，据大庭脩的研究，该书为朱佩章所自撰，"内容为亲身经历及见闻记录，附有康熙壬辰（康熙五十一年、日本正德二年、1712年）自序。书中记道，自己曾随舅舅李之风赴广东一带经商，又随继父薛氏从军，因此从少年时代开始，就已足迹踏遍中国国内

　　　　　　　　　　　　　明月共潮生：域外文献与东亚海域史研究

十省，不仅见闻甚广，对典章制度也颇为熟悉。书中提出的种种经验之谈，充分体现了他在游历过程中获得的丰富知识"。不过，除了大庭脩之外，似乎很少有学者关注于此，更谈不上有太多的利用。其实，如果放在东亚海域交流的脉络中去考察，该书实际上颇值得细致探究。

由于有不少珍禽异兽来自各国，故在长崎，官方甚至设有养禽所：

> （天保五年八月十四日）遂至养禽所，请内藤才观兰舶所赍奇禽怪兽，有山荒、獭兽、鸵鸟、昆仑、鹦鹉、卧侧鸟等，皆未赏观者也。

从荷兰运来的禽兽，根据《向井闲斋日乘》的记载，早在文政四年（1821）七月七日，"红毛舶贡骆驼，雌雄各一，此日尹氏观之于立山厅，余至冢田多十郎观之"。七月二十八日，向井雅次郎还"写骆驼图牝牡二枚"。十月十一日，作《辛巳之夏远西贡骆驼》。十二日，作《骆驼》七律一首。这些从中国和荷兰等处运来的珍禽异兽，为日本博物学的形成和发展产生了重要的影响。

四、余论

近十数年来，日常生活史的研究在中国社会史研究领域受到愈来愈多的关注。此类研究以人为中心，探讨日常的消费、交往和观念等活动，透过细致的日常生活，观察人们的生活空间、生命周期、观念心态以及社会组织等。

《向井闲斋日乘》的时间范围涵盖了文政元年一月至天保十年十月十二日（内缺文政七年、八年以及天保六年的日记），相当于清嘉庆二十三年（1818）到道光十九年（1839）。它提供了19 世纪中日贸易与长崎社会生活的诸多信息，其中有不少内容较此前所见的史料更为细致、翔实。

此一以汉文写就的日记，彰显了向井雅次郎的身份以及江户时代日本文人的汉文修养①。从《向井闲斋日乘》中的描述可见，作为江户时代的儒学者，向井雅次郎通过授徒、结社、古董书画鉴藏，以及与画工、书商各色人等的交游，构建人际网络。书中的一些记录，反映出了他的思想倾向。例如，《向井闲斋日乘》中有两处专门提及著名的大盐平八郎造反：

（天保八年三月二十一日）西胜寺元寿来话大阪之扰乱。

---

① 类似的著作，如田能村竹田（1777—1835）的汉文日记（见《古美术》第84 号，三彩社，昭和六十二年（1987）十月十日），可与《向井闲斋日乘》比照而观。田能村竹田于文政六年（1823）、七年（1824）间前往京都、大阪地方旅行，此日记为文政六年的部分日记，其中多有反映京、阪鉴藏时尚的内容。如二月九日，"竹下兄携画卷四轴来示，一曰明人抚醉道人图；一为女史三友图；一为清人美人，凡十二折，每折作一月，凡十二月尽备；一为谷文晁积翠浮空图"。三月廿一日，"夜观古骨董"。四月十九日，"书价〔贾〕携来李白华说部全书"。廿五日，"晚与佐兵卫过蒹葭堂吃茶，观崔隆曲山水及宿用之蔬瓜卷、伊孚九山水三幅、方西园花卉，约送书带草一盆"。七月六日，"是日曝所藏古书画及器物，因共观焉，林良〔泉〕、花卉二幅最可"。

（三月二十二日）今日官致物色大阪之乱党大盐父子及其徒某某等之书。

天保八年为1837年（清道光十七年），此前，日本遭遇全国性的歉收，大阪因粮荒米价飞涨，百姓生活异常困苦（此即史称的"天保饥馑"），幕府不仅不采取措施，反而与奸商勾结，鱼肉百姓。为此，大盐平八郎率众发动了震惊全国的市民暴动。大盐平八郎是著名的阳明学者，曾设"洗心洞"塾，以知行合一说授徒，著有《古本大学刮目》及《洗心洞札记》①。对此，向井雅次郎明显不以为然。他在天保九年（1838）十月九日条中指出：

　　林松左卫门因其子富请句读，镇台所赐圣学于余，余阅其书，文政年间，闻江户人和气柳斋竹藏所著，盖后世学者各建派流，柳斋恶之，而其学曰圣学，亦大盐平八郎之孔子学之流也。

这里的"大盐平八郎之学"，也就是指当时日本的阳明学。阳明学之首创者为中江藤树（1608—1648），继其后者人才辈出，形成在野派的儒学中坚，后来产生了许多自由思想家，这些人在江户时代深受幕府打压，自然也为正统的官学（儒学）者所歧视。上揭日记，就反映了向井雅次郎的思想倾向。此外，向井雅次郎对于日本的复古神道亦颇不以为然：

---

① 参见吴廷璆主编：《日本史》，南开大学出版社1997年版，第300页。

（文政六年十月二十五日）和泉国上野负韧者于水神祠谈神道，夜潜往闻之，其人可三十四五岁，能弁如流，盖本居宣长之神道也，所言皆古人之糟粕，不足闻。

本居宣长为江户中期学者，是日本国学（复古神道）的集大成者，长期钻研《源氏物语》《古事记》等日本古典作品，其古典研究运用实证的方法，努力按照古典记载的原貌，排除儒家和佛家的解释和影响，探求"古道"，提倡日本民族固有的情感"物哀"，为日本国学的发展和神道之复兴确立了思想理论基础[①]。而向井雅次郎对此亦颇为反感，在日常生活中，向井氏虽然也恪守长崎当地的风俗，但他常常注明这是"邦俗""土俗"，自己的做法不过是"随邦俗""从俗例"，反映出儒学者的便宜从事，在礼、俗之间保持必要的弹性。

另外，19世纪的长崎是一个多元文化交错共存的社会，除了本土因素之外，中国、荷兰、琉球等外来文化在此汇聚、融合。其中，中国和荷兰文化的影响尤为显著。值得注意的是，从向井雅次郎的描述中，我们还看到长崎当局对华人和荷兰人的不同态度：

（文政元年七月三日）昧爽，所所发大烦，报红毛舶入港。例：野母浦斥候遥认异帆，则鸣烦报告。（华舶之外，诸蛮皆然。）乃传报至崎，崎中有二所，福济寺上、洪福寺

---

① 参见王金林：《日本神道研究》，上海辞书出版社2007年版，第274—280页。

　　　　　　　　　　　　　明月共潮生：域外文献与东亚海域史研究

上皆置大炮，先是，得野母之报，辄前二寺繁钟以相报。昨丁丑年以来，代以煩，盖此年有外寇之说，乃严其事，以示武也。

所谓外寇之说，是指此一时期西方列强在日本沿海一带频繁的活动。如 1808 年，英船入侵长崎，长崎奉行为此引咎自杀[1]。1816 年，英船曾到受萨摩挟持的琉球国寻求通商。1818 年，英人戈登前来浦贺请求通商。这些，都引起严格执行"海禁"政策的幕府之高度警戒。兰船入港时需要鸣炮示警[2]，显然与此历史背景密切有关。从中可见，长崎当局对于红毛舶显得戒心十足。而与此同时，对于其时的唐船进出，则多轻描淡写地记录为"商舶进港"。

当然，此种不同的应对措施固然与时局密切相关，但实际上也反映了长期以来各类人群彼此之间的相互关系。根据《长崎图志》的记载，当时的"长崎十二景"中，有"华馆笛风"和"扇屿凄筁"两种。"华馆"亦即唐馆：

> 在镇治南，古十禅寺之址，……元禄元年改为唐馆，内立复屋数十楹，宛如市井，各从地势，周以墙壁，……月夜楼上吹笛，其声清亮，曲中有望国之思，题为"华馆笛风"，

---

① 参见［日］濑野精一郎：《长崎县の历史》，日本山川出版社 1994 年版，第213 页。

② 日人市河米庵有《观阿兰船入崎港》："波涛一万三千里，怀远喜看蛮舶通，连发炮声山欲碎，安眠四十八帆风。"转引自长崎市役所编《长崎市史》"地志编·名胜旧迹部"，第 1011 页。

即居镇治十二景之一。

而"扇屿"也就是荷兰馆所在的出岛,《长崎图志》中有"红毛库"条:

在西卫南海中,状类扇面,俗名出岛。宽永十二年筑,红毛人所居,多置藏库……其例略同唐馆。……胡人风俗,昏晓吹动筋角,互通音信,角声鸣乾,凄切尤悲,闻者伤心动怀,题曰"扇屿凄筋",十二景之一。

"笛风"与"凄筋",在中国传统文化中原本就是不同的意象。长崎十二景中的"唐馆"和"红毛库",实际上反映了江户时代长崎人心目中华人与荷兰人的形象。而荷兰馆附近的大波门,也正是向井雅次郎"以槁舟送诸先之灵"的场所。关于这一点,可能也隐含着一种微妙的心理。大波门一地,颇似传统中国村落的"水口",此乃阴、阳之界,生人与亡灵在此分别,这似乎也反映出在长崎生活的各类人群彼此间的心理距离①。

---

① 乾隆时代的徽商汪鹏,在所撰《袖海编》中指出:长崎"港口中流有山如拳,俗名换心山,货库前有桥,名落魂桥,言唐人经此,则心变魂销,挥金如土矣。""换心山"与"落魂桥",似乎亦划定了和、汉之间的一种界限。不过,他又指出:"长崎一名琼浦,风土甚佳,山辉川媚,人之聪慧灵敏,不亚中华,男女无废时旷职,其教颇有方,斯民也,三代之所以直道而行也,向使明周官之礼,习孔氏之书,大体以明彝伦增秩,事举政修,何多让焉。"

19世纪中后期的长崎贸易与徽州海商之衰落
——以日本收藏的程稼堂相关文书为中心

在明清时代，徽州海商曾驰骋于东亚海域，活动极为频繁。在明代，比较著名的如歙县许氏海商集团，以及王直、徐海等海上私人武装，都曾相当活跃。特别是16世纪晚期的王直，以盐业起家，后从事走私贸易，被推为海上武装的首领。他建造海舶，贩运硫磺、丝绵等到日本、暹罗及西洋贸易。此后，他又据有日本平户，自称"徽王"，纠结东洋浪人骚扰中国东南沿海，形成了严重的"倭患"——这大概是徽州海商最为兴盛的时期。

至于徽州海商的衰落，以往学界虽有涉及，但却难有定论。譬如，20世纪50年代，日本学者藤井宏曾认为：明清时代徽商的海外贸易活动以"徽王"王直的活动为其顶点，明末以后走向衰落，到清朝则主要倾其全力经营国内商业①。不过，此一看

①　［日］藤井宏：《新安商人的研究》，原文载《东洋学报》第36卷第1、2、3、4期，1953—1954年，傅衣凌、黄焕宗译，载《江淮论坛》编辑部编《徽商研究论文集》，安徽人民出版社1985年版。

法，在 80 年代中叶以后颇受质疑。1984 年，日本学者松浦章发表《清代徽州商人与海上贸易》一文，利用中日交涉中的海事资料，揭示了清代徽商利用沿海来扩大其商业范围，并以巨额资本从事海外贸易的事实[①]。1999 年，我发表《〈唐土门簿〉与〈海洋来往活套〉——佚存日本的苏州徽商资料及相关问题研究》一文，通过介绍两份新史料，并广泛收集中日两国的文集、笔记、随笔、碑刻、族谱和尺牍等资料，勾稽中日贸易中的徽州海商史迹，进而指出，在清代的东亚，徽州海商仍然极为活跃[②]。

这些研究表明，藤井宏关于徽州海商在明末以后走向衰落的说法，显然可以再加斟酌。换言之，徽州海商最后衰落的过程，仍然是值得进一步探讨的问题。有鉴于此，本文拟以日本收藏的程稼堂相关文献，探讨 19 世纪中后期的长崎贸易与徽州海商之衰落。

一、长崎唐馆与中日贸易

日本元禄二年（1689，清康熙二十八年），幕府在长崎建造了唐人屋敷（亦即唐馆，也写作"唐人屋铺"[③]）的居住区，赴日

---

① ［日］松浦章：《清代徽州商人与海上贸易》，原刊《史泉》第 60 号，1984 年 8 月。赵中男译、薛虹校，见刘淼辑译《中国社会经济史研究译文集》，黄山书社 1988 年版。

② 连载于《江淮论坛》1999 年第 2、3、4 期。

③ 关于唐馆，参见［日］山本纪纲：《長崎唐人屋敷》，东京谦光社 1983 年版；［日］横山宏章：《长崎唐人屋敷の谜》，东京集英社 2011 年版。

贸易的中国海商、水手被规定集中居住于此。正德五年（1715，清康熙五十四年），幕府又颁布了"正德新令"，规定居住在长崎唐馆内的中国海商、水手，应接受唐通事、中国船主和日本街官（町长）等的三重管理①。与此相对应，清朝方面也在日本颁布正德新令之后不久，指定一些总商负责管理对日贸易，并由接受清政府指令的官商和承包铜输入之额商从事对日商贸活动②。

关于唐馆，乾隆时代多次前往长崎的徽商汪鹏在其所撰的《袖海编》中指出：

> 　　唐馆外四山环绕，烟火万家，紫翠迷离，锦纷绣错，海门别开屏嶂，雄奇峭拔，轩敞高华，如十洲三岛，可望而不可即，允为钜观，不同凡境。
>
> 　　馆周遭仅一里有半，土垣竹茨，如棘阛然。库不满二十，街分三路，附而屋者曰棚子。库必有楼，棚则惟平屋而已。库制楼数楹，舟主及掌财赋者各居其半，下则梢人杂处。棚子之构，始自搭客，梢人之稍丰者，别营以居。今多架楼，颇尚精洁。而库之为楼，俱开拓宏敞，添设前后露台，或翼其左右，靡丽铺张，与初创时大不侔矣。库属正办，有官派执役者三人，名曰守番，棚则无有也③。

---

① 近期的研究，参见拙文《清代前期对江南海外贸易中海商水手的管理——以日本长崎唐通事相关文献为中心》，载《海洋史研究》第4辑，社会科学文献出版社2012年版。

② 参见［日］山脇悌二郎：《长崎の唐人贸易》第2章《唐人贸易の推移》，东京吉川弘文馆1972年版，第175—196页。

③ 〔清〕王锡祺：《小方壶斋舆地丛钞》第12册第10帙，杭州古籍出版社1985年版，第269页上。

从上揭的描述中可以看出，长崎的风景极为美丽，但唐馆内的生活却并不十分自由。文中提及的"库制楼数楹，舟主及掌财赋者各居其半"，是说唐馆内高大的楼屋，分别是中国船主和掌管财赋者的住所。

自从元禄二年（1689，清康熙二十八年）唐人屋敷建立以后，日本方面对于唐馆有着极为严格的控制。正像唐话课本《琼浦佳话》卷3所说的那样：

> 原来这唐馆，造得铁桶铜墙一般，滴水也不漏，周围土墙，高有百尺，四方角落头，各有一个守办的房子，夜不收在里头，昼夜看守，纵或有个飞檐走壁的手段，也过墙不得。门口也有插刀手寸步不离，日夜看守，但凡买一尾鱼，买一根菜，都要经他查验，方可进馆。街官房里，也有街官、五甲头、财副、部官等样人轮流值日，通事房也如此，但凡唐人有甚事故，替他料理了。他那街官，一夜三次，通馆巡消［哨？］一回，千叮万嘱，不许唐人炒［吵］闹、打架，火烛小心……①

当时，在长崎的中国商人，形成了福州帮、漳州帮和三江帮的帮派。其中的三江帮之"三江"，是指江南、浙江和江西。由于其时江南包括江苏和安徽，故徽州商人是作为三江帮的重要成

---

① 参见王振忠整理：《日本唐通事文献三种·琼浦佳话》，见拙著《袖中东海一编开：域外文献与清代社会史研究论稿》一书附录，复旦大学出版社 2015 年版，第 349 页。

员而存在。

在江户时代（1603—1867），日本奉行闭关锁国政策，但开放长崎一地与荷兰和中国通商。当时，在中国苏州的虎丘山塘有嘉惠局，主管日本铜务。关于苏州的对日铜务，清代中叶翁广平（1760—1843）在《吾妻镜补》中记载道：

> 自康熙六十年间，定例于苏州立官、民两局。其领帑银以采铜者，曰"官局"；其以己财、货物易铜而转售宝苏局以资鼓铸者，曰"民局"。各造四大船，每船约容万斛，于嘉兴乍浦所开船，每船办铜千箱……①

正是在这种背景下，不少从事中日贸易的商人都定居于苏州，故而一向有"苏州铜局商人"的惯呼。受政府特许，这些商人每年都扬帆东去，前往日本采办洋铜。在长年的中日贸易中，他们既从日本运回了条铜、昆布、海参、鲍鱼、鱼翅和漆器等，又将中国的丝绸、药材、糖货及书籍字画等源源不断地运销日本。

在这些苏州铜局商人中，有不少是来自徽州的商人。乾隆五十二年（1787）刻本《汪氏通宗世谱》②中，有一篇乾隆三十六年（1771）由朱振东所撰的《八十二代道洋汪公传》，其

---

① 〔清〕翁广平：《吾妻镜补》卷16《食货志》，见王宝平编著：《吾妻镜补——中国人による最初の日本通史》，京都朋友书店1997年版，第331—332页。
② 〔清〕汪玑修，刊本，38册，安徽省图书馆藏号：2: 21756-2: 21793。此族谱承安徽省社会科学院历史研究所陈瑞研究员提供部分整理文档，特此致谢！

中就提到一位叫汪道洋的徽州休宁人（1652—1735），其人祖先曾于明代在清江浦开设永贞商号，及至清代前期，"遂乃泛湖，走苏、杭、淮、扬间。适奉旨开洋，公附首舟航海，抵日本国之长崎岛。值彼国有事，原舟发回，隔岁再往，始纳。由是频往频来，渐成熟地。嗣涉大、小琉球及西洋、红毛、暹罗、哈喇叭、大呢诸国，惟日本十常八九，以道近而人地宜也"①。此处描摹了汪氏数十余载在海上漂泊的历史，涉及的范围包括东亚、东南亚等地。其中提及汪道洋曾随"开洋"首舟前往长崎，根据文中"自三旬泛海"的记载可以推测，其人应当是在康熙前期前往日本。如所周知，清政府于康熙二十三年（1684）废除"迁界令"，颁布了"展海令"。翌年（日本的贞享二年），日本方面也颁布了旨在限制贸易的"贞享令"，规定了每年的贸易限额。为此，当年十一月末至十二月入港的商船只能原船返航②。《八十二代道洋汪公传》中所说的"值彼国有事"，指的可能就是这一点。这位汪道洋，应当就是当时的一位徽州铜商。

除了《汪氏通宗世谱》之外，在其他的徽商族谱中偶尔也会出现一些简单的线索。譬如，序于同治十年（1871）的《新安篁墩程氏世谱》卷 4 "山斗派"之下就记载：

> 一世，迁吴始祖，讳镧，字逸亭，顺治初年避难来

---

① 引文中的"哈喇叭"，或即 Jakarta（今印度尼西亚爪哇岛一带）；而"大呢"当即 Patani（今马来半岛东岸的北大年）。

② ［日］大庭脩：《江户时代日中秘话》，中华书局 1997 年版，第 19—20 页。

吴，布业起家，为迁吴祖。……三世，讳桅，淑子，更名洽孙，字越庭，号桐溪，往来日本国贸易，家财巨富。乾隆年　月　日生，娶金氏，卒葬观音山。

由此可见，迁吴始祖程镶，是从休宁山斗迁居苏州、从事布业的徽州商人。乾隆以后一位叫程桅的人，因前往日本从事贸易而累资巨万。类似的线索，亦见于《歙县迁苏潘氏族谱》卷4的《先室吴夫人小传》：

夫人字慰之，别字慧珠，舅氏正卿公长女，我母吴太夫人之胞侄女也。……洎舅氏航海至日本数年，夫人陟岵瞻望，心常戚然①。

小传于宣统元年（1909）春由潘廷燮所撰。传主生于同治六年（1867），卒于光绪十五年（1889），其人生活的年代当在同光年间，可见，在晚清时期，仍有一些苏州徽商从事与日本的贸易。

另外，嘉兴人徐岳所撰的《见闻录》中，记载了一位叫吴三英的徽州人，曾经到过日本。根据他的描述，中国货品到了日本，必须通过主持贸易的官员规定合理的价格。而中国商人购买日本的货品，亦有统一的价格，不像中国的市井充斥着尔虞我诈。此一描述，与长崎会所对出入口贸易的管制完全吻合。此

---

① 《歙县迁苏潘氏家谱》卷4《家传》，民国三年（1914）校印，第38页上。"中央研究院"傅斯年图书馆藏胶卷。

外，他还指出，日本的风俗淳朴，路不拾遗。赴日商人中凡有文人墨士、奇材异能者，国王一旦听说必然要召见其人。不过，接见时常常要带着他们"纡回其途"，让后者分辨不出方向，以此显示日本的土地广阔。①《见闻录》的成书年代不详，但为清人作品则断无疑义。此处提到的吴三英，显然就是前往长崎贸易的中国徽州商人。

除了中方的文献之外，日本方面的史料，也反映了不少长崎徽商的活动。譬如，收录在江户时代幕臣宫崎成身所编《视听草》②中的《唐土门簿》，就是反映徽商活动的重要资料。根据我此前的研究，该份资料中涉及的店铺，主要有苏州的染坊、布店、银匠店、毡店、麻袋店、糖栈、药行、当店、钱庄和置器店等。而其中的人名，所见最多的应当就是徽商（指迁居苏州的徽州商人），特别是汪、程二姓。具体说来，在《唐土门簿》中出现的汪姓商人共有9名，即汪八老爷（文琪）、汪大爷（本川）、汪二老爷（士鍠）、汪老爷（永增）、汪老爷（敬）、汪捷大爷、汪十二老爷（文玢）、汪大爷（炯）和汪二老爷（元炜）。汪永增住义慈巷，位于今宝莲寺至上塘街，这里属明清时代苏州最为繁华的商业区。根据日本学者山胁悌二郎、松浦章等人的研究，此人系休宁人，居住于苏州府长洲县，显然是办铜官商无疑。他在经营中日贸易期间，共派出11艘船前往日本长崎，嗣

---

① 关于这一条，瞿兑之《杶庐所闻录·养和室随笔》摘录引用，作《徽人经商日本》。辽宁教育出版社1997年版，第114页。

② 日本"内阁文库所藏史籍丛刊特刊"四集之三，日本汲古书院1984年版，第380—382页。

后，可能是由于其他官商的取而代之，汪永增遂退出了长崎贸易的舞台。① 除了汪永增之外，《唐土门簿》中提及的其他几位汪氏，应当也都是苏州徽商。另外，《唐土门簿》中出现的程姓商人共 6 名，即程大爷（君怀）、程太爷（永圻）、程七爷（振国）、程大爷（锡祚）、程大爷（守增）和程七爷（澜）。上述的程大爷有 3 名，程七爷有 2 名，显然是来自不同的家庭。揆情度理，明清时代，从徽州迁居苏州的程氏支派不少，而从事与海外贸易相关的商人亦不乏其人。这从太平天国时期一些从事海外贸易的徽商，因便得以携家挈眷逃往日本，也可以得到部分的证实。

据日人小栗宪一著《丰绘诗史》卷下"千夕田"条记载："清国毛贼之乱，吴中人遁逃，舶来于长崎者不少，多携带古书画，售以取给。"② 所谓毛贼之乱，指的便是太平天国的兵燹战乱。可见，其时有不少江南人逃到长崎。同治元年（1862）夏，江户幕府派出载有日本使节的"千岁丸"从长崎抵达上海。当时，通过笔谈，日本人也了解到一些江南人逃往长崎的事实。例如，日人纳富介次郎在其所撰的《上海杂记》中就曾提及，有一位中国秀才告诉他，有不少难民去了日本长崎。③ 另一位日本人

---

① 见［日］山脇悌二郎：《长崎の唐人贸易》第二部分之十四《办铜官商与十二家额商》，第 186 页。［日］松浦章：《清代徽州商人与海上贸易》，见刘森辑译：《中国社会经济史研究译文集》，第 470—471 页。
② ［日］小栗宪一著，全三册，日本早稻田大学中央图书馆藏本，卷下。日人荒濑桑阳《崎阳谈丛》有"唐人书家乞料"条，说唐人避"天德之乱"扶老携幼到长崎者约有千人。（防府史料保存会，1963 年版，第 24 页）日本文献中的"天德之乱"，即指太平天国。
③ 冯天瑜：《"千岁丸"上海行——日本人一八六三年的中国观察》，商务印书馆 2001 年版，第 316 页。

日比野辉宽在问及兵燹战乱中的赤县神州何处最为安全时，祖籍徽州婺源的苏州人汪春舲（医生、商人）回答说，除了广东、四川和云南没有"长毛和捻匪"之外，还有"最安逸"的"东洋"；他还说自己"有五家亲友，皆于去年搬去"。前者进一步追问："东洋属何州？"汪春舲回答说："东洋有唐人会馆，我国贸易者甚多，英国人亦去，想是地名也，弟未曾到过。"① 此处的"唐人会馆"，当指长崎的唐馆。由此可见，汪氏口中的"东洋"应当就是日本长崎。②

　　除了文献资料之外，日本现存的碑刻中，亦有不少徽州海商、水手的史料：

　　　　徽州府　皇清故汪炳府君之墓　道光十五年五月初二日卒，午三番船，孝男福官奉祀。（据《灵鉴录》，为休宁县人）

　　　　安徽歙县　皇清故德昭府君项公之墓　道光十一正月念一日卒　寅十番船炮手　孝男福庆奉祀。

　　　　清故观洪吴公之墓，光绪十三年十二月十六日去世，江南徽州府歙邑人。（据《灵鉴录》，为歙县南乡人）

　　　　徽州府　皇清待赠吴四桂府公之墓　道光六年丙戌六月

① 《没鼻笔语》坤，见冯天瑜所著《"千岁丸"上海行——日本人一八六三年的中国观察》，第407页。

② 清人翁广平《吾妻镜补》卷30《附庸国志》："长崎称中国人为唐人，故其公馆曰唐人屋铺，亦曰唐人公馆，交易之所曰唐人番，贮货之所曰唐人荷物藏。"（王宝平编著：《吾妻镜补——中国人による最初の日本通史》，第577—578页）

初三日未时卒，男寿官拜。

以上四方墓志，出自日本学者宫田安对长崎兴福寺唐人墓地的调查①。兴福寺即三江帮隶属的"南京寺"，前文述及，"三江"是指中国的江南、江西和浙江，其中的江南则包括江苏和安徽。不过，徽州海商、水手的墓志，并不仅见于兴福寺的唐人墓地。关于这一点，日本学者宫田安所撰《崇福寺の唐人墓地》一文，也收录了两方墓碑②：

> 江南徽州府休宁县子明除（引者按："除"当为繁体字"孙"之讹）公之墓　大清雍正三年岁次　乙巳仲春初三日立。（雍正三年即1725年，日本享保十年。墓地记簿上写着：子明孙公享保十乙巳2月初7日巳3番内中街）
>
> 明　新安歙邑德光方公之域　明历丙申岁　仲春望日（明历二年即1656年，当南明永历十年，清顺治十三年）

继宫田安之后，日本学者竹内光美、城田征义另编有《长崎墓所一览（悟真寺国际墓地篇）》，书中绘有详细的"悟真寺国际墓地"地图，个中的 A 区，也收录了一些与徽商有关的碑铭。

---

① ［日］宫田安：《兴福寺の唐人墓地》，载《长崎华侨史稿（史·资料篇）》，第87—89页。

② 载《长崎华商泰益号关系资料》第2辑，长崎华侨研究会编：《长崎华侨研究会年报》1985年号，长崎县立图书馆藏书。

譬如，其中的第 52 号为：

> 微［徽］州府　　乾隆廿九年
>
> 　　江齐美之墓
>
> 休宁县　　　　四月初六日未时 [1]

清乾隆二十九年当日本明和元年，即 1764 年。事实上，该区中有一些"出身地不明"的墓碑，墓主也有可能来自徽州 [2]。此外，该区的第 40 号，为《崎阳悟真寺骨塔碑志》：

> 盖争蜗角虚名，常作他乡之客；恋蝇头微利，偶为异域之鬼。如茫茫东海，不辞涉险而来；累累北邙，竟致捐生以逝。嗟幽明之异路，增感慨夫对山。遗骸暴露，萋萋衰草之间；永宅摧残，窦窦荒榛之下。吊祭不至，伤哉瘗旅之文；精魂何依，善矣埋骴之举。昔赖钱君之首创，载石为龛；嗣逢同事之续成，聚沙作塔。庶几相安乐土，毋哭泉台。悟假岂真，大梦原为蝴蝶；悟真非假，细思无异蜉游。从此鬼燐萤火，咸皈佛焰禅灯。不□谓万般尽善，聊以志一视同仁云耳。

---

① ［日］竹内光美、城田征义：《长崎墓志一览（悟真寺国际墓志篇）》，长崎文献社 1990 年版，第 19 页。

② 如 A 区之 8 号的程念哲，于乾隆十九年（1754，日本宝历四年）去世，从姓氏上看，应当也是徽商。2015 年 11 月 8 日，笔者与日本九州大学中岛乐章以及长崎大学多文化社会学部铃木英明等学者，曾共同考察过唐人墓地，其间，也亲眼见到一些徽州人的墓碑。

时日本宝历十年岁次庚辰季秋谷旦

大唐众商立

吴兴钱惠时创建　天都唐桐岩敬劝 ①。

　　"崎阳"是长崎之别称，而"悟真寺"当即乾隆时代徽商汪鹏《袖海编》提及的"吾真寺"。据《袖海编》记载，寺后瘗孤之所为苕溪（湖州，亦即吴兴）人钱惠时首创：

　　甲戌，苕溪钱君惠时来崎，首创善举，乃航海运石，将欲筑坛建塔，旋因谢世，不果。后为同事继成其志，凡梢人同侣之死无所归者，悉汇葬于此，各为立石标识，登之簿籍，春秋祭扫，无失其时。

　　"甲戌"为乾隆十九年（1754），可见此一慈善事业最早是由湖州人钱惠时所首创，显然是三江帮的集体兴作。而上揭碑文末尾所署的日本宝历十年（1760），则时当中国的乾隆二十五年。可见，六年之后才最后落成。上揭碑铭末了的"天都"，亦即徽州府歙县之别称。由此看来，悟真寺骨塔碑的最后建成，徽州商人唐桐岩应扮演了重要的角色。

　　根据成书于18世纪前期的唐话课本《琼浦佳话》卷3之记载："长崎有一个乡村，叫做对山。有一场寺院，叫做悟慎〔真〕

---

① ［日］竹内光美、城田征义：《长崎墓志一览（悟真寺国际墓志篇）》，第18页。其释文间有误读，今据第14页之原碑校订，并调整了相关句读，特此说明。

寺。唐人买了几间空地，做个埋骨的所在。"前引《崎阳悟真寺骨塔碑志》文中的"对山"，与中古时代洛阳的"北邙"对举，实际上点明了悟真寺之所在。另外，此一碑铭的右侧，列有参与捐助的"公司"（包括天锡公司和同德公司）以及"同事乐输"之名单：

刘仲沛	崔景山	赵可钦	曹体三
孙宁诏	高山辉	程剑南	顾临照
许明桤	汪绳武	唐桐文	王履阶
顾益森	吴果庭	郭梅庵	俞骏发
程玉田	高隆大	郑敬威	张斯志
李昌待	李在山	高民庭	黄律先
陆飞南	刘明谦	黄世咏	俞翰迁
魏士畴	宋紫岩	童天荣	王则光
周玉山	缪汉成		

其中的汪绳武，据彭城百川《元明清书画人名录》的记载，此人名汪永，为"新安人"，他在乾隆年间曾六次前来长崎，有关其人购买日本洋铜的相关记录，现在仍收藏于长崎历史文化博物馆。而上揭名单中的唐桐文，与前述的"天都唐桐岩"仅一字之差，推测应当也是来自歙县的徽商。至于程剑南、程玉田等，则可能也是徽州商人[①]。由此可见，长崎悟真寺之创建，与徽商有着相当密切的关系。

---

① 从现存的记录来看，这些人虽然来自各地，但却多是在江南经商（尤其是布业经营）的徽州商人。

另外，现存的"悟真寺国际墓地"A区的74号碑，则记录了同治二年（1863）以后中国商人对悟真寺唐人墓的重新整理：

悟真寺向有唐人冢，慕清明朝英俊①共二百五十人，

兹于同治癸亥年清明，收葬于骨塔之内，今已告竣，

勒碑以纪其事，庶几传诸永远，以给不朽云。

同治四年乙丑杏月董事程稼堂、林坤良、魏登藩、李自西、薛光义

傅从光、郑勤增、欧阳达三、游萼仪敬立②。

同治四年亦即日本的元治二年（1865）。此次领衔整理唐人冢的，也正是徽商巨子程稼堂。程稼堂及其家族于万延元年（1860，清咸丰十年）逃往长崎，五年之后，他主持了此次对唐人墓的重新清理。

二、从长崎程稼堂文书看19世纪中后期的徽州海商

1. 关于程稼堂

前文述及，太平天国运动时期，有不少苏州徽商凭借着先前

---

① 此数字原文如此，存疑。
② ［日］竹内光美、城田征义：《长崎墓志一览（悟真寺国际墓志篇）》，第21页。

的商业人脉逃往长崎。其中，以程稼堂及其家族逃往长崎最为引人瞩目。

　　1860 年 7 月 13 日（清咸丰十年五月廿五日，日本万延元年），太平军攻克苏州后一个多月，程稼堂就带着家属逃到日本长崎①。其时，程稼堂家族 10 人和仆人 2 名，共计 12 人，乘美国蒸汽船到达长崎，得到长崎奉行冈部骏河的特许，得以上陆并进入唐馆②。

　　程稼堂是中日贸易中的十二家船主之一，此后成为长崎的在留船主。③ 根据同治六年（1867）的一份文书记载，程稼堂自称"在崎四十年"，由此可见，他自道光年间就开始往来长崎。关于自己的劫后余生，程稼堂写了一篇《唐国贼乱に付避難の略记》④，以亲身见闻，记述了太平天国运动时期兵燹战乱对苏州的破坏。

　　与程稼堂一同逃往长崎的，还有其二十九岁的儿子程缦云。父子二人均见于同治三年（1864，日本元治元年）的长崎《重修悟真寺碑序》：

---

① 《十二家船主程稼堂愿书》，长崎历史文化博物馆，古贺 14/131。
② ［日］藤川贞：《安政杂记》，"内阁文库所藏史籍丛刊" 36，第 16 册，日本汲古书院 1983 年版，第 497 页。另，［日］古贺十二郎：《丸山游女と唐红毛人》后编第八章第三节"异国女渡来の禁废撤后唐美人、唐少女の渡来"（日本长崎文献社 1995 年再版本，第 206—207 页），亦引类似资料，但文字略有差异。
③ 《唐船风说书》万延元年，大庭脩编著：《唐船进港回棹录、岛原本唐人风说书、割符留帐》，关西大学东西学术研究所 1974 年版，第 258 页。
④ 1860 年，抄本 1 册，长崎历史文化博物馆，编号：13/665。另，日本东洋文库亦有收藏。

协德号　裕泰号　□南都　程稼堂　丰兴号　益昌号　沈荣春　程缦云　福泰号　泰记号　（裕诚）号　泰昌号　长益号　裕兴号　裕丰号　敦和号　德记号　永兴号　广隆号　陈维泽

杨应祥　森大号　冯镜如　林云逵　程四德　李南圃　黄汝烈　振成号　静远堂　（修）□礼船　联兴号　恒裕号　黄汝芳　唐让臣　秦香田　何普光　吴□山　何牧野　严槐村　叶添使　傅（筑）岩　（林）芝山　钱（艇）（夫）　张云亭　王克三　徐雨亭　周彬如　叶紫廓　（傅）芝卿　万成号　万源号　同昌号　戴金炎　吴癸恬　（路）□（香）　邓□□　程登□　郑□（喜）　陈彦□　黄金（林）　黄（如）成　欧阳（典）　□振□　（林）□（使）

　　该碑记录了当时参与捐资者的名单，碑末题作："大清同治三年甲子九月　董事　程稼堂　林坤良　李白西　（郑）勤（喜）　□□□　傅从光　欧阳达三　□登□　□□祥"。上述碑文中，既有商号的输资，又有个人的捐款。^①从中可以看出，程稼堂名列董事之榜首，显然是三江帮的主持人，当系徽商巨子无疑。

　　根据日本学者松浦章的研究，程稼堂亦即程子延，从日本弘化元年（1844，清道光二十四年）开始就已经前往长崎。及至安

---

① ［日］福宿孝夫、刘序枫：《长崎市稻佐山の悟真寺·国际墓地唐人における古碑类及び相关资料の解读》，《长崎华侨研究会年报》第 3 辑《长崎华侨史稿（史·资料篇）》，1987 年版，第 13—15 页，日本长崎县立图书馆藏书；参见［日］福宿孝夫、刘序枫：《长崎市の悟真寺·唐人墓地关系资料の补正と追录》。

政四年（1857），改名为程稼堂。1861 年 9 月 30 日，英国船只兰斯菲尔德号（Lancefield）从横浜启航，中途停靠长崎，10 月 6 日驶入上海港。在长崎停靠期间，程稼堂曾委托该船运输一些贸易产品。后来，程稼堂可能是通过居住在长崎的怡和洋行代理商、英国商人托马斯·格拉巴（Thomas Blake Glover）从中斡旋，雇用了怡和洋行的兰斯菲尔德号。后来又通过长崎颠地洋行的埃文斯（Evans），雇用了颠地洋行的克里米亚号（Crimea）。1868 年（明治元年，清同治七年）以后，程稼堂成为复兴号的实际经营人，专门从事货物的进出口[1]。另据松浦章的征引，在《御用留》中有庆应三年（1867）正月二十一日的《唐人开店申请》：

> 去年始渡贵国，本人熟友程维贤，拟在此地经商买卖，开设批发店复兴号，专事货物的进出口。本人今后欲在此名下从事买卖，特此上报，呈请批准。
>
> 卯正月廿一日　　总商汪循南
> 　　　　　　　　和解
> 　　　　　　　　彭城大泽郎[2]

松浦章还引《新地住居店人名前帐》的记录，分析了程稼堂

---

① ［日］松浦章：《清代帆船与中日文化交流》第一章"怡和洋行与中日贸易——以文久元年驶抵长崎的兰斯菲尔德号船为例"，上海科学技术文献出版社 2012 年版，第 247—288 页。

② ［日］松浦章：《清代帆船与中日文化交流》，第 262 页。

　　　　　　　　　　　　　明月共潮生：域外文献与东亚海域史研究

与程维贤的关系。与松浦章的看法稍有不同，笔者以为，程稼堂与程维贤之间并非完全替代的关系，两者可能就是出自同一家庭的成员。另外，此处特别应当注意的是"总商汪循南"，从姓名上看，此人也可能出自徽州。

以上这些，便是目前所知程稼堂的基本情况。不过，有关 19世纪中叶程稼堂的经营状况，因资料所限，以往未有学者涉及。而现存于长崎的一些文书，则有助于厘清这一问题。

2. 程稼堂文书所见徽州海商的经营状况

有关程稼堂的文献，除了保存在"悟真寺国际墓地"中风化严重的那些碑刻之外，现存的资料收藏于日本的东洋文库、长崎

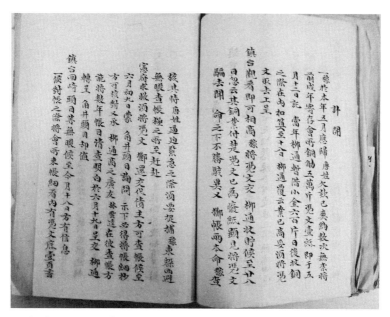

《葡萄呀附属支那人唐謀臣より新地居留同程稼堂相手取貸金返済方申立候一件》，
稿本1册

历史文化博物馆等地。其中，尤以长崎历史文化博物馆所见最多。这当然是因为程稼堂作为在留船主，其人的资料多作为长崎的地方史料得以保存。管见所及，相关的资料主要有以下数种：

（1）《葡萄呀附属支那人唐谋臣より新地居留同程稼堂相手取贷金返济方申立候一件》。稿本1册，标题的意思是：葡萄牙属下的华人唐谋臣，以居留新地的同国人程稼堂为对手，因后者不履行债务而提起控告的一件事。稿本内第一页有"自第壹号至第六号，奉小泽利五郎"的字样。其中的"自第壹号至第六号"为红笔所书，另钤有一方印，这说明该册文书曾经过一定的归档整理。

书中除了"抄录参、鲍翅细数"等之外，主要内容就是程稼堂上诉的一些文件：

〈1〉蒙令向会所，将各帐［账］核对，查至所存铜斤五万斤，内二万斤业已装回讫，但商记在金银商法内收，尚余三万斤，于亥年九月份抵借包头银乙宗，无从对处。因商前开之包头帐［账］，自戌年份老价止，其起价后未曾抄出，一时难以核对。俟回去，即将加价起数年帐［账］目抄呈，再行核对，特此具单上达。

卯十一月初九日　唐商程稼堂。

江户幕府末期，荷兰于安政二年（1855）和安政四年（1857），先后与日本签订了《日兰和亲条约》和《日兰追加条约》，自此，先前聚居的出岛兰馆从商埠一变而为外国人的居住地。与此不同，中国一直到明治四年（1871，清同治十年）才与日本缔结正式条约。因此，在日本门户开放后至与清政府正式缔约的大约十年间，在长崎的中国人属于"非条约国公民"。其中，有一些富有者只能以"附属于外夷"的身份存在①。此一文书标题中的"葡萄呀附属支那人"，也就属于此种性质。

另外，书名中提及的"新地"，原是中国商船储藏货物的场所，幕末以后则由仓库逐渐变为中国人集中的居留地——新地。

此一文书末行的"卯"字，即庆应三年（1865，丁卯年，也就是同治四年）。该年的十一月初九日，程稼堂因与长崎会所在账目上有所出入，故具单说明。文中的"包头"，在唐通事教科书中时常可见，如《译家必备》中就有专门的一节《看包头、讲包头、秤包头、装包头、秤添退包头杂色》。细绎其意，所谓包头，应当是指打包运回中国的一些商品。

长崎会所设立于 1698 年（康熙三十七年，日本元禄十一年），它将"以往分散的贸易会计管理集中，对主要输出品之铜、海产品等，从产地收购输送到加工，输入品的国内贩卖等贸易事务，以及将贸易利益上纳给幕府等，完全垄断独占。也就是说，将对外贸易集中由公家机关管理，实施官营化制度"②。当时规

---

① ［日］菱谷武平：《长崎唐馆的解体与中国人居住地的形成》(上)(下)，源自作者所著《长崎外国人居住地的研究》一书（日本九州大学出版会 1988 年版）。司韦译，载《南洋资料译丛》2014 年第 3 期，第 70—80 页；2015 年第 2 期，第 70—78 页。

② 刘序枫：《德川"锁国"体制下的中日贸易：以长崎"唐馆"为中心的考察（1689—1868）》，海洋史丛书编辑委员会编：《港口城市与贸易网络》，台湾"中央研究院"人文社会科学研究中心、海洋史研究专题中心编，2012 年版，第 88 页。

定，唐船商品由官方设立的长崎会所先以议价方式整批购入，再标售给日本国内的商人。

〈2〉谨禀者：所为收回存贮铜斤一事，前于六月蒙唤审，面谕将帐［账］抄出核对，敢不凛遵？既后各帐［账］呈上，日前会所批云：铜斤内三万斤，先系银钱步银收卖，嗣后将银额付商收回，云云。切思既已付还，将商之收票拣还，实系商之冒昧，望大头目大人照例定罪，商亦甘愿受罚，故今日又蒙唤问。商只候收票有无，即可定案，毋庸核对帐［账］目，特此具禀上达。

　卯十一月初九日　　唐商程稼堂（印）

此份文书与前份文书同日，仍然是在交涉账目出入的问题。看来，程稼堂一开始是拒绝核对账目。

〈3〉谨禀者：稼曾于戊年五月寄存长崎会所条铜五万斤，有凭文乙纸，今因被债主逼迫不堪，无奈向当年老爹处告诉从中苦情，转求会所暂抵借小金六百片。传谕须将帐［账］目查明，方能应承。候至今廿八日八点时，将会所细帐［账］抄掷，令商核对，敢不遵命？但帐［账］目已隔七八年，一时实难细查。况债主逼迫在尾，央友相商，必得将凭文付彼一观，尚可宽期。岂知凭文不肯掷还，债主处要将商捉捕、搬物等事，前思后想，性命在呼吸之间，无路可告，不揣冒昧，直奔镇府，伏望格外垂怜苦情，不胜惭愧之至！务求将凭文掷还，以救眉前之急，方可定心将帐［账］细核，此恩此德，没世不忘，特此具单上禀。

庆应三年卯五月　申一番船主程稼堂。（印）

1860年（清咸丰十年，日本万延元年）为庚申年，当年五月二十五日，程稼堂携其家人逃往长崎，这应是该年驶入长崎的第一艘唐船，故程稼堂自称"申一番船主"。

该份文书之出具，时间为庆应三年（1867，清同治六年）五月，主要内容是追溯此前的事情。程稼堂说自己在戌年（壬戌，1862年，日本文久二年，清同治元年）五月，曾将条铜五万斤寄存于长崎会所，当时立有凭文一纸。现在因被债主逼迫不堪，不得不通过当年的唐通事，向长崎会所请求暂行抵借小金六百片。对此，长崎会所主张，必须将账目查明，才能同意借款。直到五月二十八日八点，会所才将细账抄录，并交给程稼堂，令其核对。但程稼堂认为，账目已隔七八年，一时难以仔细核对。而当时有债主在后面逼迫他，他只能请朋友与债主商量，后者表示一定要看到凭文，才可以放宽债务的还款期限。然而，会所方面却不肯轻易将凭文交还给他，在这种情况下，债主意欲捉捕程稼堂，并搬走他的货物。为此，竭蹶困窘的程稼堂走投无路，只得前往长崎镇府衙门，请求予以格外开恩，让会所将凭文交还给他，先解了燃眉之急，然后再定下心来，仔细核对账目。

由此可见，程稼堂仍在抗拒对账。

〈4〉谨禀者：向来各国通商，以"信义"两字为重。如讼事以口供、花押为证，方定罪名。银钱、货物往来，以凭文印记为据，验明照付。若无凭文，方将帐［账］目核对。此乃天下大例皆然。现有存铜票据一纸，上盖将军老爷印记，向会所领取，据云必得核对明白，方能给付。候至上月廿八日，会所将帐［账］目抄掷，令商核对，并云此票与废纸一般，并无铜斤寄存。切思此票谅必假捏，然此据上更有合同印记，如若铜已收楚，凭文早已销去；设或收铜之时，其凭文一时无从寻觅，定有遗失票据交纳。况会所底簿，谅无注销，何得再查帐［账］目？迩日商因债主逼迫，不能回家查对帐［账］目，静坐年番所，将会所新给之帐［账］细味核算，银额大不合符，显见藐视远商，将此帐［账］目推辞。细思先将凭文留住，后将不符帐［账］目为据，即此两端。幸得秦镜高悬，急叩提拔雪盆之冤。况巨万银根，非惟商合家三十余口养命之源，更兼各债主亦有数十人嗷嗷，如若定见不付，将军老爷印信不作为凭，有伤国体！商合家均作怨鬼，其怨气亦不能散。事关重大，故敢斗胆冒渎，叩求宪天大人细察此情，验看凭文，若非假捏，叩求照数掷还，以偿各债主，不致有家难奔，宛如丧家之犬。为此哀求当年老爹转启刑名大头目大人，即禀王上，照国例俯允。公候［侯］万代，不独稼感戴，以及子子孙孙不敢忘此大恩，感激无涯矣！

　　庆应三年卯六月，前在留申一番船主程稼堂（印）

　　这是庆应三年（1863）六月程稼堂通过当年老爹（唐通事）转呈长崎奉行的禀文。其中提及，各国通商都以"信义"二字为重。例如诉讼，要以口供花押为证据，才可以确定罪名。而银钱货物往来，则以凭文印记为依据。验明凭文印记，照其所书支付。倘若没有凭文，才要核对原账目，这是天下经商的惯例。程稼堂表示，自己现在拥有存铜票据一张，上面盖有将军老爷的印记。但他向长崎会所索取，对方却说必须将账目核对清楚，才能将此票据交还。直到五月二十八日，会所将账目交给他，让他核对，并且说，此一票据与废纸相同，因为并无铜斤寄存会所了。对此，程稼堂表示完全无法接受，他说，如果按照对方的说法，此票便是假的，但在实际上它上面有合同印记。如果当初铜已交割清楚，凭文早就销毁了。如果收铜的时候，凭文一时找不到，也一定会有遗失票据的相关证明。况且说会所底簿，想来并未注销，何以需要再查账目？近日自己因被债主逼迫，不能回家查对账目，只能静坐于年番所，将会所新给的账目仔细核算，发现其间的银额有很大出入，可见会所是在藐视远商，存心将此账目赖掉。他认为，会所的手法是先将凭文留住，然后又以账目不符为据。这一款项涉及巨万，不仅是自己全家三十余口的养命之源，而且各位债主多达数十人，整天围着自己吵闹。如果不能讨回凭文及银两，那么，连将军老爷的印信都不足为凭，则显然有伤国体！自己全家即便都做了怨鬼，其怨气也不能消散。事关重大，所以他请求长崎当局为其做主，验看凭文，如果不是伪造的，那就请会所方面照数将银两交还，以便自己以此偿还各位债主，不致有家难归，沦为丧家之犬。

从这一份文书可见，程稼堂与长崎会所在凭文及所存铜斤的问题上存在着严重的纠纷。当时，程稼堂被数十位债主追讨债务。

〈5〉计开

抄录会所新给帐［账］目

一、铜五万斤，颁定配参、鲍八千六百廿五两

今抵收一万八千七百七十一两九钱〇一厘五毫

二弗。

一、铜三万斤，照算应收参、鲍五千一百七十五两

今抵收一万五千六百三十五两。

据此，按照会所方面的账目，铜三万斤，已抵收白银15635两。

〈6〉谨禀者：蒙唤两次，适值商患微病，不能行坐，故
不能赴堂面陈，不胜惭愧之至！所有唐姓欠款一宗，彼托领
事官具禀在案。传谕，甚恐拆房等情，商亦央人往前宽期，
设或不允，定欲拆房等事，商亦不敢渎告台下，特此具单
上禀。

卯十二月廿四日　唐商程稼堂（印）

庆应三年（清同治四年）十二月二十四日，程稼堂诉称，此
前自己因患病不能行坐，当时有唐姓债主因债务纠纷想要拆他的
房。这位唐姓债主的身份并不清楚，但从有限的长崎商人构成来
看，可能就是前引第一种文书中的债权人唐谋臣，也可能是乾隆
时代徽商唐桐岩、唐桐文的后代。

〈7〉向例唐商不能面禀镇台，又不准同头目讲话，必得通事转达。从来会所信义通商，并无欺弊。辰下大相悬殊，今有受屈之事，无处申冤，今录略节数款，谨呈台览，伏望明断，提拔难中，超离苦海，不胜急切，特此上禀鲁律路末士大人。唐商程稼堂禀（印）

计开：

一、稼于本年五月应归唐姓欠款，已爽约数次，无奈将前戌年寄存会所铜斤五万斤凭文壹纸，即于五月十二日托当年柳通暂借小金六百片，日后收铜之际，在内扣算。至十八日，柳通覆云，业已商妥，须将凭文取去，上呈镇台观看，即可相商。稼将凭文交柳通收贮。候至廿八日，忽云其铜业付楚，凭文已为废纸，显见将凭文骗去，闻命之下，不胜骇异！又掷帐［账］两本，命稼查核。其时唐姓逼迫紧急之际，须要捉捕，稼东躲西避，无暇查帐［账］，极之所至，赶赴宪府求救，须得凭文掷还，交代债主，方可查帐［账］。候至六月初九日，蒙角井头目询问，示下必得将帐［账］细抄，方可核对。又承柳通商之广友林云逵，在彼查帐［账］，方能将数年帐［账］目清查明白。于六月十九日呈交柳通，转呈角井头目。却值镇台回崎，头目等无暇。候至今月十八日，方有信息。

一、候对帐之际，将会所来帐细看，内有凭文底壹页，书得甚细，某年某月某日，头目何人，俱有详注。切思事隔六年，既已付楚，其票根岂有不注何日付何货？

一、稼将细帐抄呈后，柳通又云，会所尚缺一帐，得能此帐寻着，便知曲直。切思会所帐尚未齐，何能先将抄帐掷下，并云凭文与废纸一般？显见欺弊远商。

一、今月十八日，郑通唤稼，传谕云：尊帐可有差错？如有错误，即行申明，俟王家勘对之际，倘有舛错，其罪非轻。即答：彼如有差错，甘领贵国法纪。郑通方将会所新帐指示，各宗俱对，内少金条三十挺［梃］，换铜三万四千余斤，某年某月两次装舺板船收去，何得尊帐遗落？稼即答：会所既有年月日，装船名号俱有，谅必失抄，然亦系以货易货，并非收回存铜。郑通又云：一错百错，尊帐难以作准。稼无言可答。又订二十日先至会所核对，再禀头目，唯唯而退。回库将帐目细查，可喜此宗系杨小坪卖买，与稼无涉，并非遗落，虽坪已故，幸有伊之母舅路芸农亲笔存证。况芸在唐姓作伙，亦可询问。

一、二十至郑处，未晤。廿一日又往，仍未会见。将帐粘贴付下，稼观之不解，内书一宗铜斤五万斤内三万斤，先收银钱小金，其银后首退还，又无日子，可为渺茫之极！廿二日又至，郑通仍未晤见。切思会所屡屡更改，何能对明？显见稼之存款无着，只有询宪府一死而已。

一、向来与会所交易，毋论壹两壹镆，俱要收据先书，方可收银。即如铜斤，既已付楚，何得凭文未销？况各国之例，倘凭文非伪，毋庸查帐。既已以帐为凭，何必又书票据？稼因在崎四十年，会所俱系相知，吩咐查帐，如稼不允，显见冒讨一般。然既欲对帐，必须心存一点，方能明白。

丁卯八月廿三日，唐商程稼堂呈。

"丁卯"应是同治六年（1867），此一文书，提供了案件进一步进展的详情。其中，程稼堂自述：自己拖欠唐姓的款项，已爽约数次，无奈之下，将壬戌年（文久二年，1862年，清同治元年）自己寄存会所的铜斤五万斤之凭文一纸，于五月十二日，托当年的柳通事暂借小金六百片，等日后收铜之际，在内扣算。及至十八日，柳通事回复说，已经商量妥当，必须取走凭文，上呈长崎奉行审看，方可相商借款事宜。为此，程稼堂遂将凭文交由柳通事收贮。等到二十八日，对方忽然说铜斤已经交割清楚，凭文已成了废纸。对此，程稼堂认为，这是柳通事将凭文骗去，自己听到这个消息，非常害怕和吃惊。对方又扔下两个账本，命令他查核。当时，唐姓商人逼债急迫，程稼堂只能东躲西避，根本没有时间查账。竭蹶困窘之余，只得前往长崎奉行衙门求救，请求将凭文交还，先给债主看过，才可查账。到了六月初九日，角井头目说只有将账目细抄，方可核对。又承柳通事与广东商人林云逵（林云逵为广东帮长发源号的负责人）①商量，在他那里查账，才能将数年账目清查明白。程稼堂遂于六月十六日呈交柳通事，转呈角井头目，商议解决问题。不过，当时适逢镇台回长崎，头目等抽不出时间，直到本月的十八日，才有一些消息。

　　程稼堂还指出：等到对账时，将会所来账仔细查看，发现其中有凭文底本一页，写得相当详细，某年某月某日，负责监督的头目是何人，都有详细的注明。事隔六年，如果已经交割清楚

---

① 《明治元年至二年·外务课事务簿·支那人往复》，转引自［日］松浦章：《清代帆船与中日文化交流》，第331页。

了，那票根怎么会不注明何日支付何货？

　　程稼堂又指出：自己将细账抄呈后，柳通事又说，会所还缺一个账本，如果此一账本找到，便知曲直。那么，既然会所账本尚未找齐，怎么就先将抄账掷下，并说凭文与废纸一般？这显然是欺弊远商的行为。本月十八日，郑通事传唤自己，询问账目是否有所差错，如果有错误就请提出，否则，等长崎奉行勘对时，若有舛错，其罪非轻。对此，程稼堂回答说：倘有差错，甘愿受贵国法纪处置。郑通事才将会所新账各项核对，其中少了金条三十梃，可换铜 34000 余斤。他指出：某年某月两次装舢板船收去，怎么你的账目遗落？程稼堂回答说：会所既然有年月日，装船名号也都有，想来是失抄。但也是以货易货，并非收回存铜。郑通事又说：一错百错，尊账难以作准。程稼堂无言可答。又约定二十日先至会所核对，再行禀告头目。程稼堂又说，回库后将账目细查，令人高兴的是，此宗系杨小坪买卖，与自己无涉，并非遗落。现在杨小坪虽然已去世，幸亏他的母舅路芸农有亲笔存证，何况他目前在唐姓商人那里做伙计，也可以询问。

　　二十日到郑通事处，没有碰到。二十一日再去，仍未会见。程稼堂收到粘贴的账本，随即核查账目，发现有一宗铜斤五万斤，内三万斤先收银钱小金，其银后首退还，又无日子，让人相当不解。二十二日再到郑通事处，仍未得见。程稼堂认为，会所屡屡更改，如何能核对清楚，可见自己的存款没有着落，只能一死了事。

　　他认为，向来会所交易，无论一两一镪，都要先书收据，才可收银。即如铜斤，既已交割清楚，怎么能不销毁凭文？况且说各国的条例，倘若凭文不是假的，就毋需查账。既已以账为凭，那又何必书写票据？自己因在长崎四十年，会所都是相知，吩咐查账，如自己不允，就会显得自己是在无理取闹。但既要对账，必须心存一点良心，才能查得明白。

〈8〉"抄录铜斤细数"，注明："其票铜斤银两早已付楚，在申一番船例卖，内扣去四六银五千七百五十两。"

货品	数量	重量	代银	时间
金	44 条	铜 50344 斤	40275 两	亥十二月付
金	10 条	50006 斤	9450 两	亥十月初九禀，十三日收
洋	6790 元		30555 两	
元宝银	300 只	55906 斤	半额代银 44724 两	子正月付
参、鲍抵金	5700 片	铜 84070 斤	七三钱代银 67256 两	子二月初四日付，初六日收
现金	3513 片			
金	26 条	14872 斤	半额代银 11897 两	子四月付
金	80 条	109270 斤	代银 77400 两	子四月付
金	5 条		4837 两	
	11 条		10642 两	

注：本表省略小数点后的数字。

"亥"即癸亥，系文久三年（1863，同治二年）；"子"即甲子，为元治元年（1864，同治三年）。以上"六宗，共应收铜三十六万四千四百六十九斤五合九勺"。

这是与程稼堂相关的账目，其中涉及长崎贸易中的参、鲍、条铜等的交易。

〈9〉那么，这三十六万多的铜斤卖到哪里去了？对此，该书账目中也有明确的记载：

编号	时间	船只	装铜	备注
1	亥八月初四日	孛 2 番	20000 斤	1863 年
2	十月十三日	佛 14 番	50000 斤	
3	十二月初四日	嗊 32 番	30000 斤	
4	子正月廿四日	蒲桃亚 1 番	55906 斤	1864 年
5	二月初六	嗊 1 番	84336 斤	
6	二月廿三日	嘆 12 番	14000 斤	
7	三月廿一日	嘆 21 番	20276 斤	
8	四月十六日	嘆 29 番	10000 斤	
		嘆 34 番	4872 斤	
9	六月初二日	泰昌号	15000 斤	
		久亨号	94270 斤	

　　表中的"孛"即比利时,"佛"为法国,"嗊"即荷兰,"嘆"即英国,而"蒲桃亚"即葡萄牙。此一时期,太平天国尚未完全平定,中日铜斤贸易完全中断。可见,此时的程稼堂之铜斤买办,绝大多数是通过比利时、法国、荷兰、葡萄牙和英国商船运出、销售。程稼堂还特别指出,以上 6、7 "两宗系杨小坪卖买,与稼无涉"。

　　(2)《程稼堂实在盗卖公局铜斤节略》①:

　　一、从前设局,专为采办铜斤正供,凡有船头装回之铜,缴官领价,不准私行变卖,如敢违例,向定军罪。自咸

---

① 古贺文库,长崎历史文化博物馆,编号:古贺 17/41。

丰纪元，经户、刑两部奏定，改为监候斩罪。所以我局账上第一款，在正卖内正新银除铜斤银也。凡有铜斤，均系国课，财东亦不敢私售分毫也。

一、卯年分所发得安船来崎，办铜十万斤，装回五万五千斤，存铜四万五千斤，交存货库。但程稼堂自辰年冬帮进身公局，派为船主来崎，遂将得安船所存之铜四万五千斤，盗卖与钟山玉，每百斤得纹银廿四两，是时在上海换英洋，每个计银七钱五分，带到长崎，得五两九钱，计银一万零捌百两，合洋一万四千四百元，自来年卖脱，计四足年，按月三分起息，每年息五千一百八十四元，共利二万零七百卅六元。一切细账，申冬在上海，由杨少棠出名，写信与刘梅村、李屏山两位老爹。信乃吉写在申冬十二月廿二日，托林秋山带崎，交顾春山递呈。此四百五十箱之实在难逃，皆李老爹所洞鉴，亦在馆人所共知也，是实系嘉会局之公货，其铜价早已在长崎开销矣。

一、振安船曾报船头办得铜五万斤，即今年八月初四日被程稼堂卖去二百箱内一百箱，售与裕兴洋行一百箱，售与德记洋行尚存三百箱。经前振安船之财副江惕斋于九月初八日呈词，禀请扣留，不准稼再行私自售卖，或抵换货物，承蒙大头目面为允准在案。

应还公司银四万余

铜五百箱。

"卯"年可能是乙卯，即安政二年（1855，咸丰五年）。"辰"

年应为丙辰，即安政三年（1856，清咸丰六年）。文中的"嘉会局"，应即位于苏州虎丘山塘的嘉惠局，该局主管日本铜务的采购与运销。从该份文书的性质来看，这当然是一面之词，反映了长崎商人内部的种种矛盾。但从其中的内容来看，程稼堂似乎是利用太平天国时期的混乱，盗卖公局铜斤。这些，为当时的一些中国船商所告发。此外，从中亦可看出，程稼堂与外国洋行过从甚密。

以上都是 1864 年之前的情况，此后，程稼堂的境遇每况愈下。

（3）明治四年巳八月《西浜町淡路屋岩吉ヨリ支那人程稼堂本大工町武四郎外壱人相手取贷金滞一件》：

此一稿本书名的意思是：住在西浜町的淡路屋岩吉，以华人程稼堂、住在本大工町的武四郎以及另外一人为对手，因其滞纳债务而提起控告的一件事。

明治四年即 1871 年，当清同治十年。西浜町自延享二年（1745，清乾隆十年）开始，就是俵物请方商人会所之所在，后改为俵物役所、产物会所。所谓俵物，即江户时代从长崎输往中国的水产品（如煎海鼠、干鲍等）[1]。书中除了唐通事的和译之外，包括数份汉文文书。

〈1〉有票该本利金七百四十三两乙步三朱，

无票该金卅八两（此数据岩吉帐，尚少金十五两，余俟归清日，三面合算多少找清）

---

① ［日］嘉村国男编集：《长崎事典》"历史编"，日本长崎文献社 1988 年版，第 79—80 页，"俵物役所""俵物"条。

其该金七百八十一两一步三朱。

内除

曾付金五两三步

留用金七十两一步：棕呢二丈五尺，洋廿七元五角

天青呢一丈一尺，仝十三元二角

大纺绸一匹，仝廿五元

白大皮箱三只，金十八两

净该金六百八十七两一步三朱，共洋六十五元七角

今付一百〇七申金七十两乙步。

现金一百卅二两二步　　取回匹头等物

同　一百两正

实少金四百五十四两三步三朱

此将唐馆房屋一所，暂为作抵，其该款准定来午年四月底归楚，其利息将该款归楚之日，再行商量。倘到期不付，任凭将房屋变卖，决无哓舌。特立凭文，此照。

明治二巳年十二月　　日立凭文　程稼堂

见　立　长臻

同　　武四郎

以上程稼堂所供是实，倘到期不付，任凭将房屋变卖，尚有不敷之数，臻等不误补还。

明治二年即 1869 年，时当同治八年。程稼堂以棕呢、天青呢、大纺绸、皮箱以及唐馆内的房屋一所作为抵押，向西浜町淡路屋的岩吉借贷。

〈2〉谨禀者：所有淡路屋找尾壹项，曾订四月左右，但现今舍亲黄石老于三月下旬回申，变卖匹头，尚未来崎，务祈格外宽期。五月内俟舍亲到时，毋论多寡，即当缴纳。倘五月内不回，将房屋变卖，再行商议补法，决不食言，特此具单上禀。

　　午四月　　唐商程稼堂（印）

"午"即庚午，为明治三年（1870，清同治九年）。其中提及，程稼堂被西浜町淡路屋追债，他以亲戚黄石老（程稼堂的女婿）于三月下旬返回上海变卖匹头尚未来崎为由，请求宽限。并说，倘若五月内不回，就将房屋变卖。

想来，黄石老并未回到长崎，或者说即使回到了长崎，也未能筹措到必需的款项，故而程稼堂只得将唐馆住房一所作抵。

〈3〉所有唐馆住房壹所，因稼该淡路屋银壹宗，将房屋作抵，现今估价五百三十两，眼下岁底，一时无主收买，现将房屋凭文交代，俟正、二月间赶紧□主卖去。俟二月底仍无人买，愿将前价售去结算，即将房屋迁空交代。如有异言，任凭处治，不敢苦求。为此具单，上禀刑局大头目大人均［钧］鉴。

　　明治三年午十二月廿六日　　立据　　程稼堂（印）

　　　　　　八闽会所总理　　钮春杉（印）

　　　　　　　　　　　郑仁瑞（印）

到了明治三年十二月二十六日，程稼堂只得将房屋作抵，估价为 530 两。但他请求允许自己先行挂牌售卖此屋，希望能高于此一售价。但若到二月底还没有人承买，那就愿意按 530 两的价格卖与债主。

此处提及的八闽会所总理钮春杉，日本学者松浦章曾专门做过研究。他指出，钮春杉为苏州府长洲人，于道光年间开始，有九次前往长崎的纪录。与程稼堂相似，太平天国运动时期，其人为躲避战乱，借搭英商卡乌伊厦号渡海到达长崎，成为长崎唐馆的在留船主[①]。与郑仁瑞一样，他也是长崎八闽会所的总理。揆情度理，作为苏州人（确切的说是来自苏州长洲）而成为八闽会所的总理，可能是因其原籍福建。

〈4〉票成

一、樟楠木　壹块

长二丈二尺，厚壹尺二寸

中二尺八寸

此言定价金二拾两正，其代价收讫。

午正月十七日，复兴成票（印）

此一文书，与庆应四年《新地居留程稼堂ヨリ本籠町田中顺三郎ヘ相掛候材木代滞一件》有关。

"午"即明治三年（1870），末盖"复兴成票"方印[②]，根据

---

① ［日］松浦章：《清代帆船与中日文化交流》，第 325—335 页。
② "成票"是票据的一种形式，在笔者收藏的徽州文书中见有一种。而在程稼堂文书中，亦出现"程复兴票"的长形方印。

松浦章的研究，1868 年（明治元年，同治七年）以后，程稼堂成为复兴号的实际经营人，专事货物的进出口。

〈5〉立票程稼堂，今揭到岩吉山处本利金七百四十三两乙步三朱，按月二分五厘起息，其本利银，俟货库住房赶紧卖销，照数归结。恐后无凭，立此存照。

今将印花匹头二拾件、白玉碗一只、江户刀架一只，暂为作抵。

庆应三年卯五月初一日，立票　程稼堂

见立　荒木武四郎

以上房屋卖销，候至年余，尚未脱售，故于辰八月，将房屋叁间，限十一月为期，仍旧延宕，愿将房屋叁间，任凭收管，决不哓舌，特此。稼又具。

庆应三年即 1867 年（清同治六年），当年是丁卯年，其翌年则为戊辰年。由此可见，程稼堂从岩吉山处借款，用唐馆住房一所及印花匹头等作为抵押。

〈6〉谨禀者：稼于卯年□月结欠西浜町淡路屋岩吉处本利金七百四十三两一步，曾将匹头等物暂为作抵，既后其匹头不能售卖，于辰八月须将货库房屋三间加抵，其时房屋柳樊圃经手变卖，约金余八百两余，不料金被柳姓侵吞，以致不能归还债主，具禀在案。现今岩吉有病，遣女人于七月初炒［吵］闹，迄今一月有余，从中央人调处，□费唇舌，因坐立不安，故□□□渎宪听，或将柳姓侵吞之项追还，最□须俟柳姓回崎质询，务求大头目大人传唤岩吉之子，嘱咐等候柳姓回崎归款，不胜急切之至！特此具单上禀。

明治二年巳八月初四日唐商程稼堂（印）

明治二年即 1869 年（清同治八年）。此时，程稼堂可谓屋漏偏遭连夜雨，他被债主吵闹、追索，不得不将库房屋三间变卖，却被中人侵吞，一时狼狈不堪。其后的文书，详细列举了与岩吉屋的债务往来。

〈7〉与岩吉来往情由

程稼堂与岩吉债务往来颇为频繁。

年	月日	抵押品	所获抵押金额	经手人	偿还时间	本　利
寅	9.16	皮衣 12 件	金 100 片	岩吉之母	12.25	付金 100 片，利金 10 片，取回衣箱 1 只
	9.29	皮衣 7 件、女衣 12 件，装皮箱 1 只	115 片	岩吉之母	卯 4 月	加利金 23 片
	10.16	皮衣 9 件	100 片	岩吉之母	卯 4 月	加利金 17 片 2 步
	12.20	皮蟒袍、夹蟒袍各 1 件	50 片、钱 300000 文	岩吉之母	卯 4 月	80 片 2 步 1 朱，加利金 10 片 1 朱

"寅"即丙寅（1866 年，庆应二年，清同治五年）；"卯"即丁卯（1867 年）。从中可见，程稼堂多次将日常生活用品（衣物等）用以抵押贷款。此外，他还向岩吉当面借款：

年	月日	借贷金额	还款年份	还款金额
寅（1866）	12.27	金 100 片	卯 4 月	加利金 12 片 2 步
卯（1867）	2.8	50 片	卯 4 月	加利金 3 片 3 步

这些款项，都是用来购买货物。对此，程稼堂有一个账目：

卯正月十九、二十日，收买干贝一千九百九十三斤，代价金九百七十九片四合一勺，约二月付楚。

正月廿三日，付本金五百片。

三月初三日，付本金二百〇五片。

四月初三日，付息金七片。

仝廿八日，付息金七片。

付本金廿三片。

于卯四月止，结该本利金二百五十一片。

是时，前后共欠本利金七百四十三片一步三朱。

关于岩吉，程稼堂说："其岩吉于寅年来往起，毋论晴雨，逐日至稼处闲谈，可称十分知己。直至今六月廿四日起，岩吉有病，未曾进馆。"虽然程稼堂与岩吉的关系颇为融洽，但程稼堂的房屋却遭到中介的欺骗，最后随着岩吉的生病，双方的关系亦陷入紧张。

对于欠款，程稼堂"将匹头五十四，暂为作抵，书票订定货库房屋售去归款。岩吉面托石崎赶紧抖主。石崎应允，得能房屋买销，付金二百片，订定辰年正月底，不误付还。有信付岩吉收去。

不料于去辰正月，镇台等俱回江都，所商房屋，亦不能即商。兹于辰八月，票加货库房屋三间作抵。其时房屋石崎经手，四间卖与会所，已定见。四间卖与萨州，议价之际。约余八百片有余，稼放心将房屋三间，加入票上，订十月为限。稼屡催石崎房价余项，石崎总云：房屋卖去，已定见，毋庸急急！况余官身，不能尚办你事。无奈候至本年二月十一日，石崎来辞行，往京都。稼闻骇然，即问房屋余项。石崎云：公事在身，匆匆起身，况货库房屋租价，被租户拖欠，亦须三四个月收楚否。现今往京都，迟则三个月即回面结也。稼货库海关询问租户拖欠，逐月收入，石崎俱已取去。无奈于三月廿七日，具禀在案。候至半载，石崎尚未回崎，以至债主哓舌。稼东奔西走，各处借贷。直至五月份，借得石煤廿五万斤，岩吉一同议价，约五百余片，稼即托岩吉变卖归款。岩吉云：此事不可，将煤卖去，其金代办海参、鲍鱼等物，往上海卖销，转运数次，陆续拔轻，此乃生意流通之法。稼闻之，不胜感激！直至六月中旬，岩吉取煤样，稼向前途取样，彼云事隔一月，因不取，船主卖去矣。岩吉先托小婿黄石老调处，既后岩吉有病，岩吉之妻不要石老经手，石老无奈，转托西滨町木村屋调处，往彼数次，度费唇舌。于月初，岩吉之妻逐日炒［吵］闹，出言不逊，以至打踏之面，无奈于初四日具禀，追取石崎余款"。

这段史料，是说程稼堂将货物、房屋抵押，但却遭受欺诈，以致进退失据。

（4）庆应四年《新地居留程稼堂ヨリ本籠町田中順三郎ヘ相掛候材木代滞一件》。这册抄本标题的意思是：居留新地的程稼堂，以住在本笼町的田中順三郎为对手，因其滞纳赊卖材木的货款而提起控告的一件事。其中包括数份汉文文书：

〈1〉所有顺三家，曾于己未年三月结欠银三千八百七十五两，另立票据二十枚，均二十次拔还，即于庚申年划收二百两，尚该银三千六百七十五两。数年以来屡取，分文不还，故于今戊辰年六月具禀经办所，今已蒙经管诸位公员断还楠木四块，又现金二十两，尚少之数，当面让去。今已结帐［账］清算，将票据十九枚尽数交还，以后决无异言反悔，等情。为此，立明收清据存证。

此项借款，日后倘有毋论唐人向顺三哓舌，以此凭付视，稼当理直，总归顺三无涉，此照。

庆应四年辰八月

公局在留船主程稼堂（印）

见立唐馆总管郑仁瑞（印）

庆应四年即 1868 年（同治七年）。己未年即 1859 年（安政六年，清咸丰九年）。而庚申年则为 1860 年（万延元年，清咸丰十年）。由此可见，程稼堂也在四处追讨旧债。不过，所讨款项颇为有限（不过 3675 两），后在他人的协调下，以楠木四块，外加现金 20 两了结。想来对方也是竭蹶困窘，故而程稼堂不得不免去了其中的部分债款。但尽管如此，后来在执行上仍然颇多曲折。

〈2〉所有……欠款乙宗，已于本月十三日，蒙经管公员谈妥，订十七日收货收银，不料其约定木料尺寸不符，故将步银二拾两正先行暂收。俟谈妥不定，仍将步银缴还，此照上。

辰七月十七日程稼堂具（印）。

"辰"为庆应四年（1868，清同治七年），当年六月达成的妥协，但七月收货、收银时仍出现意外。

〈3〉昨日种种费神，尚未叩谢。今特送呈收据壹纸，祈为台阅。如有不妥之处，希为牮正掷下，再行抄写可也。此致，并候刻安。

再者，收据虽书，但至十七日眼同观料，倘非楠木不收，或朽烂不堪不收，乞恳预为致意田口先生是要，又托。

靖洲仁兄大人如晤。

程稼堂具，七月十四日。

此一文书与上一份资料都反映出，负债人在履行债务时仍充满了诸多的变数。

总体上看，长崎程稼堂文书虽然零散且不成系统，但从中仍可反映出19世纪中后期徽州海商经营实态的一些侧面。

三、结语

从16世纪起，不少徽州海商活跃于东南沿海一带，先后形成几个著名的海上武装集团。嘉靖晚期"徽王"王直被明朝官军诱杀于杭州，但徽商的海外贸易并未就此消歇。从总体趋势上看，由明迄清，徽州海商存在着一个重要的转变，即从明代武装走私的私人贸易转向清朝政府特许经营的海外贸易。毋庸赘述，这是就海商的主体而言，而这种转变，与明清两代不同的海洋政策密切相关。

具体说来，及至清代，长崎贸易中的铜商，有不少都出自徽州。这是因为江浙一带的盐商（尤其是扬州盐商），主要来自徽州，而盐商巨子往往具有足够的经济实力从事东洋铜斤的采购。从财富等级及奢靡程度来看，苏州铜商曾与汉口盐商（实即扬州盐商的一个分支）骈肩称雄，并与清江浦河政官员、江苏的州县官员一样，以豪侈挥霍著称于世[①]。

到了日本的庆应、明治之交，正值中国的同治年间，其时经历了太平天国运动时期的战乱，许多徽商遭受了重大打击，徽州海商自不例外。1860 年，惊魂甫定的程稼堂写了一篇《唐国贼乱に付避難の略記》，算是"唐船风说书"的一种，向幕府报告了苏州遭遇太平天国之乱的亲身见闻。其中提及在苏州从事对日贸易的王氏十二家船主尽皆离散，十二家中的宏丰船、吉利船、吉隆船分别在乍浦、吴淞口卸货受阻，严重影响了中日贸易[②]。可见，太平天国运动时期的兵燹战乱，对中日贸易造成剧烈的冲击，加速了徽州海商之衰落与长崎唐馆的解体。

---

① 〔清〕金安清：《水窗春呓》卷下《河厅奢侈》，中华书局 1984 年版，第 42 页。
② 王晓秋：《太平天国与日本》，载关捷主编：《日本与中国近代历史事件》，社会科学文献出版社 2006 年版，第 19 页。

从东亚海域世界的变动来看，徽州海商之衰落，既与中国国内的兵燹战乱息息相关，又与19世纪中后期国际形势的变化关系密切。在国内，因太平天国运动时期的战乱，席丰履厚的扬州盐商等富商巨贾遭受毁灭性打击，与之相关的海外贸易自然也受到波及。除了财力消乏之外，因太平军于咸丰十年（1860）攻占苏州、乍浦，导致对日办铜贸易完全终止，唐船不再前来长崎。这些，都促成徽州海商的彻底衰落。

与此同时，日本长崎的国际贸易亦出现新的格局。安政元年（1854，清咸丰四年），日本与美国缔结《日美亲善条约》。安政五年（1858，清咸丰八年），《日美友好通商条约》及《贸易章程》（通称《江户条约》）又相继在江户签订。此后，英国、荷兰、俄国、法国、葡萄牙等国，先后与日本签订友好通商条约。安政六年（1859，清咸丰九年），日本开放横滨、函馆和长崎港与欧美诸国通商。此后，长崎会所的贸易体制受到严重冲击。庆应元年（1865，清同治四年），长崎的海产品贸易全面自由化。庆应二年（1866，清同治五年），长崎御用铜的贸易得以开放，中国商人失去了贸易出口的独占权，采铜贸易大为缩小。明治四年（1871，清同治十年），中日缔结友好条约。及至明治十一年（1878，清光绪四年），三江帮商人虽然有所增加，并在兴福寺内设有"和衷堂三江会所"[1]，但先前包括徽商在内的办铜商人却已大为衰落。

---

[1] 以上概述，参见许紫芬：《近代中国商人的经营与帐簿——长崎华商经营史的研究》，远流出版公司2015年版，第25—52页。

前文指出，日本元禄二年（1689，清康熙二十八年），幕府在长崎建造了唐人屋敷（亦即唐馆）的居住区，赴日贸易的中国海商、水手被集中居住于此。据载，当唐馆极盛之时，曾有近千人滞留其中。但随着幕末开国，与日本陆续签订通商条约诸国的船只频繁到来，而中国国内则因太平天国运动时期的战乱而导致的混乱局面，使得唐船再也没有前来长崎。在这种背景下，唐馆受到空前冷落，馆内建筑物因逐渐倒塌而减少了三分之一，唐馆内的滞留人口也大为减少。一些稍具经济实力的商人纷纷迁出唐馆，从而使得唐馆迅速沦为贫民窟①。而作为富裕的商人，程稼堂也早已搬出唐馆，将唐馆内的所有房屋作为借款的抵押，并最终售出。

程稼堂曾位居三江帮之首，显然为长崎举足轻重的海商首领。但就是这样一个人，从现存的相关文书来看，其人与海商同行、长崎会所、借贷商人之间，不断地发生各类债务纠纷，其本人则为了躲避债主的纠缠而到处东躲西藏，并多次将各类财物作为抵押。这些，显然反映了其人已徘徊于破产的边缘。

---

① 早稻田大学图书馆收藏的《長崎府知事ヨリ清国官吏ニ与フル書翰》中有："日本长崎总督府关为左件事：在崎唐商公司属下总管郑勤喜，穷苦多年，于去月十二日病殁，遗下妻子无所依栖，由该公司鸣官乞怜。查此情实可悯，因给资斧若干，以俾孤茕得扶亲枢还乡，一则为施仁之端，一则以聊表善邻之微意耳。此致清国上海兵备道衙门，请照关查收。"另一附录："在馆唐人郑勤喜，穷苦多年，以客月十二日病殁，寡妻孤儿，无所控告。公司钮春杉代乞怜于官府，因给资斧若干，俾得妻儿得奉尸骨回乡。虽出于恻隐之情，亦表善邻之微意也，敬告！"该册文书中的其他两份时间为庆应四年（1868，清同治七年），其中提及的钮春杉，亦见程稼堂相关文书。而郑勤喜，也见于同治三年（1864）长崎的《重修悟真寺碑序》碑末，并曾列于董事之列。

程稼堂的遭遇，折射出昔日富甲天下的徽州海商（特别是苏州铜商）之困境。而这与整个长崎的历史发展进程，亦有着密切的关系。其时，随着长崎贸易的衰落，一些中国商人开始从长崎迁往大阪、神户一带①。以其中的徽州海商、水手为例，亦反映出此种重要的趋势。光绪三十四年（1908）第三十刻《（徽宁）思恭堂征信录》中，就保留有两份神（户）（大）阪三江公所及上海徽宁会馆旅榇交涉的相关文件。第一份是上海官方给徽宁会馆董事的谕文，该谕文根据驻日神户正理事官黎氏的文移，要求徽宁会馆接纳来自日本神户三江公所中华山庄的客商灵柩。其后附有神阪三江公所首事的公启：

> 敬启者：窃为奉宪谕运回旅榇、以安旅魄而正首邱事。窃照本帮同人，或工或商，在神病故，历厝义庄，诚恐年久暴露，兹特酿资，附搭英商轮船运回上海。除禀叩理事府照会租界会审分府，谕令该柩原籍^{会馆}_{公所}，按照后开各柩籍贯、姓名验收，至执照者。
> 计开　　范立森　　安徽徽州府休宁县人。
> 光绪九年十二月　　日神阪三江公所首事公启。②

---

① 据日本学者小沼新、福宿孝夫编：《长崎华侨史略年谱》记载，明治二年（1869），由上海成记号派出的潘延初到达长崎。及至明治四年（1871），他又从长崎移居神户。这可能是较早的一个例子，但也反映了中国商人在长崎生活的一个总体趋势。（《长崎商泰益号关系资料》第2辑，《长崎华侨研究会年报》，1985年号，第25—26页）

② 光绪三十四年（1908）第三十刻《（徽宁）思恭堂征信录》，第32页上。

个中提及在神户病故的安徽徽州府休宁县人范立森，由三江公所醵资，附搭英商轮船运回上海。由此可见，晚清时期，中日贸易的实态亦发生了诸多变化，江南商务中心已自苏州向上海转移，而原先在长崎的徽州商人，应当有一些也已移往神户、大阪一带①。

　　因此，程稼堂的盛衰递嬗，可算是煊赫一时的徽州海商之最后一曲挽歌。

---

①　数年前，笔者在徽州歙县乡间收集到一册《日本话录》抄本，封面除书名外，另有"弍册，叁伯叁拾叁号……／光绪弍拾八年岁在壬寅叁月"字样。从同时收集到的一批文书来看，该书应是1902年徽商抄录的语言课本，其中的读音亦以汉字标注。抄本内容首先是数目字，如：壹（十朵子，ひとつ；义希，いち；又一，い）；……十一（求一知，じゅういち）；拾二（求立知，じゅうに）。其次是日常会话用语，如："往那里去？（多国以及麦司格？とこいきますか？）往日街去（日洪麦其一及麦司，にほんまちいきます）。"从书中提及的横宾［浜］（要戈哈漫，よこはま）、西京（三交，さいきょう）、神户（可比，こうべ）来看，此时的贸易主要集中在横滨、神户一带，而不再是先前的长崎。

附录:《和汉俗语呈诗等杂字》^①

今蒙谕示,本船漂收远州,牵至清水港,添买竹头、木料、铁钉各物,共计金片一块一分,永钱一百零八文,余已承恩赐照给,业经知悉,恃[特]此叩谢。沐恩唐商刘淇、杨嗣元顿首拜。

一、切失事以来,鸠工修葺,只缘船身破坏甚大,应需材料,亦嘱[属]浩多,此等木料,原为冬帮进港各船预备修理之用,只目[因]遇难,随其所取,一至今冬进港修葺船身,无料可用,显系明春有碍出帆。凡修船一事,原为遥涉重洋,唯图坚牢,所用材料,亦为栋[拣]选,俱从远国或萨摩等处搬取来崎,若不先期采办,恐不及时,但若采此番七千两预付木料为感。如蒙允准,全叼庇荫,预先采办。今冬进港之前,购取来崎,以供所需,感无涯矣!然则今成[戌]四番船上四分银内,照数补还,任凭座扣,为此,伏乞。

---

① 抄本 1 册,长崎历史文化博物馆藏("福田 12/104"),封二钤有昭和 59 年"长崎县立长崎图书馆购入印",书中为和、汉二文对照。

蒙谕，本船前已划货之节，加入正卖内，一办［番］加阔三套纱六匹，四袍纱八匹，一到交货之后，据云：此非公司之货，归入正卖，则大为不便，等情。虽则禀求，前后言语不符，甚为不该，慨［概］不准行。但念此办［番］格外从权，恩准外卖，将来如此入额之项，禀作外卖等事，断不准。令某等知悉，传知财东，等因。俱已知悉，殊为感激！回唐之日，详达财东，再不敢妄率求禀，为此具覆。

一、本船带来货物，报卖之外，所有小伙，前经呈禀，此番载回，但应收回货多装，本眼见得该小伙各宗，实不能尽数装回，甚为掣肘。为此冒渎，务照前禀，交存伙计亥一番大船收管，另日载回为感。

一、兹闻在馆唐人内，回棹临期，滞留馆中，或顶名累年久留等事，本非有似此之弊，但现今人少，须极力确查。如有迟廷［延］在馆之辈，则即令附搭回唐，嗣后断不许无故在留。须会此意，街管［官］、五甲头、译司等愈加查察。至于将来，倘有弊端，则严行究治不贷。

一、蒙谕，每年两局承办硃三千斤带来，等因。俱已知悉，敢不凛（遵）？但每年三千斤正卖额内带来，则须照去未年所批，一体每斤一两六钱批买，方能永远长辨［办］。若蒙如此，准令某等此番自当关会两局财东，每年照例带来，不致有误。为此，具遵上覆。

一、即将此意，不恃［特］辰十二番船主，以及在馆各船主严紧吩咐，取具遵覆。料迩来每遇讲价，唐商等设词告若［苦］，以致耽搁时日，必竟你等通话不周之故，是何意？故必须将来批价，并物如此廷［延］捱，勉公效劳可也。

一、本船应收四份银额，内除置买铜器、琉磺等货外，以及唐银等，各港例扣清，尚剩金银之额，尽配茯苓并片茯苓，即本船开掉［棹］之际，收装回唐，恃［特］此预禀。

一、今巳一番船进港，大桅损坏，加工修补，而具禀杂费卖。但在进港之后，大桅杇［朽］坏等事，并不曾听见。况至修起工之际，管修理人员看视，自此看之，所禀之言，实难准行。但既经理告竣，回掉［棹］在迩，此办［番］一次格外开恩，照求准令杂费卖。嗣后若再有如此不周，断不准令杂费卖，等情。须会此意，该译司人员亦必知悉可也。

一、日本、唐山两国贸易之道，互计其得失利弊，加意配货，斟酌凑办，务照章程，不可一色雷同带来，等因。从前屡发严谕，尔各船主俱各知悉，乃不听从，今夏到港各船，不符章程，白糖一宗并无凑备，只有黑糖溢出于定额，斤量繁多载来，况有行情起覆，暂行停办之项，亦随意专辨［办］，甚为不是！总而言之，全货厌多，势不得不减价批，此乃当然之理，并非每遇生意忍心削减。如此不顾定约，随意漫装，此地销路不好，万不得已，而此办［番］大减批买。据云，今年唐山白糖缺乏，不能配货周到，原知减批，但实照从前会馆批价，必不能贸易，进退两难，仰求大施怜恤加价，等情。如照前单，全货拥塞，有碍销路，则格外减批，此亦交易之道。若虑其减价之苦，必可斟酌三思，而配货并无此举，此乃自做自受，本不准再行加批，但沥陈拮据苦累情状，此番施慈，相应加批收买，必会馆批价之日，限于一天商定议落台。此办［番］准令加批，勿谓再为哀诉苦情，可以有得增价，而不可会意差错。原系如此章程不好，实于本处，亦致开头不好，但格外开虑，准令相应加批。嗣后虽系些微，断不准增价，实系亏损拮据，则随便载回可也。

一、辰十一番船来贩，在洋遇飓，丢弃货物，亏本不少，等情。照求准令恩卖回货，给八份鲍鱼，二份什色，等因在案。直至如今，不曾具遵，此番率尔恳求，改配五份什色，等语，甚为不合。从古到今，外卖回货，随时所有之物，随时配给，本不敢允准，但念此办［番］丢货、潮湿等情，并非子虚，格外从权，照求恩准，交付五份包头，五份什色，嗣后断不准行，须会意。

一、去午年八艘减铜抵卖一事，照约已行三载，自有不便之故。此办［番］申二、三办［番］两艘到港之下，传两局财东，禀止减铜抵卖，等情。合词呈禀，即蒙恩准，听凭自载，等因在案。既而筹算，所禀从前不便之事，反觉便宜，等情。求禀，又照请施准，感激之至！但未曾通达财东，不能擅自遵办，必当此办［番］某等公信关会两局财东，细细叙明恩谕之由，俟冬间回信到日，可否再行禀报。

一、今蒙看视麝香样一块，若能照样者辨［办］来，则能定价三十两批买，等因。俱已知悉，敢不凛遵？此宗厂香，系名扁复，历年所辨［办］内，亦往往看之，但止原是货皆潮湿，若并装瓶内，方能干燥。今所看样者，亦罕见之，将来通行两局财东前来，照此反之，每年不误，采办二百五十斤前来，断不过额。所看麝香样一块，伏乞给付，带回唐山，以便作样承辨［办］，为此具覆。

一、某此番雇做亥一番船水午［手］来崎，唐山有亲眷，将麝香十四罐，交付嘱托，云必要带至贵国，所何设计售卖，等情。是以私带下船，忽闻船主严紧查问广参，及一藏货等事，而已经带在船中，意图藏匿，俟至入港之日，设法私卖。适逢本月初四起货，暗地呼招夫头，面交广香是实。仝值船主闻知此弊，详细查究。为此据实招明，全系会意差错，干犯法纪，无言可辩〔辩〕，惶恐无措，与其外日本人并无交关之弊。若有异闻，听凭处治，为此，具口供是实。

一、今月初四日，午四番船在梅崎修梡之际，该船总管藏带铜钱八百文，业已搜出，查问情由。据云，去初四日，该船修梡完工归馆之际，水手藏带铜钱八百文，总管看出，责问情由。据水手说，所穿汗衫脱去替换，铜钱藏带身边，等情。即将该钱收去不付，意欲告诉公员缴官，正在踌躇，修理完工，急忙进馆，以致迟廷〔延〕，告报不及，已蒙验出，惶恐无地，等说。但既系总管藏带铜钱，已经验出，则实为无言可辩，即使作何罪罚，理无分辨，止据总管一名具报之言，实难取信。故你等眼仝，将总管并水手再三查问，而从前所控情由，并无虚捏。另，其口供该水手无庸再议，但总管实系告报不及，仰祈此办〔番〕一次，格外恕罪，将来自当严嘱，等情。尔等合词具禀，既有告报之意，理应随将通知公员，又不该藏带怀中，反至搜验，亦可醒觉报出，而并无此举，已行验出，所为可疑。既为总管，不该如此料理，甚为不合，本应从重处治，姑念原系水手弄弊，等语，供招，更你等合词求恕，格外宥曲，总管严行责，将来你等互相守规，必须严紧，细嘱总管。

一、本月初九日夜，日本人希图私卖，潜进馆中，已被捉拿，供招明白，即令对头唐人从实查问。据云，已将馆中严紧跟查，奈因人多如云，急即不能查出，本犯再三恳求宽容，而船主及总管等运筹商议，极力查察，至今并无踪迹，船主等实为无言可辩［辩］，惶恐无地。况且无人抵认，甚为捉风，恳望查名一事，从宥豁免，语。但全系日本人带进铜钱，遗落土地庙前，籍［借］口并不知本犯，等语，实为［难］取信，甚为不合！本应严紧究治，姑念即将遗有铜钱拾取拿出，各船主等合词求恳，格外宥典。此办［番］一次，置而不问，必期将来，此等言语求情，并不准行，平常须会此意，留心约束，等情。吩咐船主，令具覆可也。

一、凡系泊河下之间，不许恣意登岸，等情。平常晓谕在案，而不遵守规。去于初四日，众多目侣上岸，辄为不法，即被捕捉，着令监牢。讵在馆众多目侣，自擅骚动，欲将该三人夺去情形，本当从重处治，但念不忍坐视伙友之难，只得骚闹，仰求恳罪，等情。此办［番］一次格外恩恤，置而不门［问］，必竟尔等示嘱泛常之故，殊为不该，严行责骂，必须将来细嘱目侣人等可也。

一、昨初九日夜，日本人两名潜进馆中，捕捉一名，查问情由，据云铜座乡龟之助善藏等，藏带铜钱十六千文，经到申五番船房子上面，与不识性［姓］名唐人商量，要买白糖，正在批价之间，众多目稍聚拢，乱打间，将该钱随手夺去，并无做法，潜出之节，已被捕捉，等情。老实报出，但不识某办［番］，只认识九官在该场，等说。即将在馆唐人跟查，该钱入官，令具口供。

一、约束目侣一事，须照屡次所谕，愈加严饬，到出帆后，人数亦少，不得稍有违犯者，令译司转示：凡街主、五甲头等，原系寄顿在留人众，如有不法，则其街主岂辞其咎乎？即照从前不得走到大门边窥望，须知规矩。若遇出馆之际，仍行搜验，等语。吩咐街主以及五甲头、唐人番等知悉，将此谕文晓示译司，严谕在留人众，不得稍有混杂。至鱼菜等项，随要随给，不得有缺，须会此意。

以上特谕尔等，以便转示该管人员可也。

一、前月廿六日戌十办〔番〕船起货，全廿九日戌九办〔番〕船精〔清〕库之际，夫子等人搬货不谨，以致目侣人等仇骂，当日未曾告诉大头目，逞强妄为，致起事端，尔船主等竟作何观，辄对大头目恣为不敬，更与译司骂言相加，因此列款询问。据云，全为夫子起一时之忿，辄对译司晓晓妄言。窃思为船主体统，办事有此卤莽，殊非雅观！然而所言加于夫子，非及于地，等情。姑允所请，置而不问。至于将来，不独船主以及目侣人等，务宜自省，勿得再悖礼失敬。若再错会，无论夫子、目侣即行捉住，从重严加查询。宜会此意，无论公署以及各处，不得恃强粗卤，各宜畅委。又当谆嘱夫子，不得再有姿〔恣〕为，庶冀两相要静可也。

以上谕令，尔等知悉，饬令译司转达船主，取具口供遵单时示。

一、切本船失事以来，费用浩大，力不能支，甚为拮据。为此冒渎，暂将戌四番船所存余额二千两作抵，照修理卖之例，原价二千两加八五加，共三千七百两，准令预过净给纸钞为感。其补还之法，将其余额归入伙计船，照该商法报卖，尽行祈照所求恩准，则赖庇荫，出帆前各张开发，感激无涯矣！伏乞。

一、本地□□院、寺，往昔阖馆人等，俱所景仰，素蒙灵验，则向来每船纸钞几两送付，而准令船数年满之后，不禀接送，置之膜外，心甚不安！祈在此办［番］西几办［番］起五十艘为限，每船纸钞几两，准令接送是感，仰求恩准，则感无涯！即此，具单上禀。

一、左开寺庙向例送给纸钞，今已年限将满，祈照后开接送，仰祈照求准令是感，为此具单上禀。

计开：

一、切□本船失事以来，杂费浩［浩］大，无力开发，甚为拮据。为此则渎，祈将戌四番船所存余额二千两作抵，准令修理卖加八五加，预给纸钞为感，就则叨其庇荫，稍充难船开发之资，铭感无涯！至于补还，待其进港之后，以卖商法不误补还，务祈照请允准为感，伏乞。

一、切□此番在留崎地补船唐山开来，奈因尚未至崎，只因年底开发居多，俟进港求禀，恐不及用。为此，则渎□补船，应收冬商法纸钞内二千两预过是感。至于补还进港之后，应收纸钞内，任凭扣除，尚所缺者，将四份银不误补还，为此伏乞。

一、此办［番］冬番所带唐金程色低劣，减价收卖，等情。前蒙示知，俱已知悉。唐金一宗，迩来在唐换算高昂，难以到手，商等尽心竭力凑办前来，若令减价，将来恐难购办，祈此办［番］一次，照旧换算，给配回货，自今夏帮自行拣选带来，若再低金带来，任凭减价，此番照求恩准是感。

一、尔闻目侣人等擅出馆门，散步街市，致启弊端，此系历来严行训饬，推其所由，究嘱 [属] 船主伙总约束不周之所致。将来毋得恣意出门，酿成事端，务宜严谕目侣人等，咸使知之，恃 [特] 示。

一、配货章程，历经示知，今所带货色加意选别，配法适均，致使会馆开头起，全系尔船主等与财东和衷熟筹，经理得宜，甚为可嘉！恃 [特] 给纸钞一千两，以当奖赏，务宜愈加留神，以图办货尽善可也。

一、切商等应收参、鲍出产渐少，以致此番各船挂存银额，甚为拮据。窃惟商等远涉重洋，置货来崎，全赖回货配收情 [清] 楚，在唐东挪西移，多办货色前来。唯目 [因] 迩年参、鲍等货，俱从琉球来闽售卖，以致行情不长，财东挪本难涉，然而顾其百有余年绵绵通商之情，百计筹画，挪资发办，来 [未] 敢爽信，但其色头短少，安有余资凑配货物？唯恐将来回货一缺，所带货色有绌无盈，非独外卖金银商法，亦俱少辨 [办]，生理竭蹶，殆难按 [接] 济。在会馆帑头有亏，两相何益？因此□等信达财东，全夏宽发船银额不致有缺。为此冒渎，务祈领为申饬，极力采办。今夏各船应收，与此番挂存之数，尽行给配是感。如允所请，全赖庇荫，财东行运稍舒，愈加竭力辨 [办] 货，伏祈洞鉴！

情 [请] 饬令该管人员先期辨 [办]，庶免临时竭蹶，祈照所求，恩准是感，伏乞。

一、切戌七办 [番] 仝九办 [番] 船目侣，共计四名，会意差错，走出门外，即行捕获，审门 [问] 之间，着令收监。此系屡蒙谕示，亦已此办［番］严加训饬，实为不周之愆，□等不胜惶悚！窃思此办［番］全系无心走出门……因染恙在身，玩在天气暑热，仰祈恩免出牢，放其进馆，以便调治。阖馆人等，只顾哀恳，□等亦为过意不去，为此冒渎，此番格外慈宥，纵宽放出来荷，然则将来不敢，此等情状，严加示嘱，谨慎守规，务望俯垂怜愍是感，伏乞。

一、子一番船旧冬着令生意遵守国法毋违，以遂生理，格外开恩，准令原价一千两，以表奖赏，但下不为例，须会此意，通达可也，特示。

一、切预过八番船恩借之额，此办［番］某等两艘划补，岂知公局遇难以来，又有去秋回棹恒顺一船，亦未尝回唐，财东挪本不接，于今夏帮办货掣肘，甚为拮据。为此冒渎，祈存细货银额，并挂存包头银作抵，准令五千两预过是感。然则全赖庇荫，得充辨［办］货之资，于今夏帮能勾［够］发船，感激无限矣！

一、切此番讲价，拮据多端，因奉宪谕，诸事赶紧，是以勉强落台，讵料迄今已逾旬日之久，而商人尚不着看板丢票，殊出意外！窃思□等远隔重洋，往来匪易，全赖风汛按时，庶可源之［源］发辨［办］，兹若如此耽廷［延］，则此番必致贻误，实为掣肘，为此缕情，伏乞。

一、具呈公局船主刘景筘，为祈转启事。切贵国难民……等漂至外国小屿，随送唐山，即在卫门示仰公局财东加意服侍送回，等因。是以景等船上三人平安护送，仰照前例，准令外卖原价三千两，结加五加四六回货配给是感，伏乞经管老爹（即禀）

王上恩准所求，俯垂怜恤远商，照求俞允，则感不浅矣！

一、馆中支用纸钞，例当按月抵换。今因各船已届出帆，众多目侣人等在馆，各有来往账目，刻无纸钞，甚为掣肘，等情。为此，今秋出帆为限，仍用闰六月换给纸钞，待出帆告竣，方可抵换，祈照所求允准是感。

一、迩年以来，船身过大，所有装回长带甚多，但唐山销售必须青带配搭均匀，方能卖去，而青带每帮渐少，货价不但起色逐渐低落，难以沾润薄利，未免掣肘情形，俯察商情，出力购辨［办］青带，每帮多给回椊，而财东运出稍舒，诸事辨［办］理亦能周到，得使两有俾益，则商均感无涯矣！为此，具单上达。

一、前经所禀，预付木料三千两，今在预过杂费卖一万二千两内扣补是荷。

一、按摩伊东良作先生有弟吉雄先生，前禀代伊进馆，已蒙允准，均感激不浅！现在琴等以及目侣人等，托伊调治，未能酬谢，实为抱歉之至！因此向来所送良作先生之缺，每船纸钞五两，五十艘为期，转送其弟，以当谢劳来荷。

一、切此番两局各船额银短少，甚为拮据，现因财东运本不接，加以各宗补还甚多，若不乞恩告贷，夏帮来货无力购买，商等殊觉拮据，为此冒渎，今欲两局共借额银　　两，以充夏间办货之资，如蒙恩允，全叨洪庥，运（本）稍舒，辨［办］货有赖，不独财东以及□等感无穷矣！至干［于］补还之法，到今夏帮另备货物带来，不误补清，仰祈恩鉴远商苦忱，照求允准是感，伏乞。

一、切王、公两局各船所装货物，在唐宽估前来，岂知额银意外短缺，必系估错，甚为拮据。况又各宗补还，约有三万之多。如此回唐，现在财东运资不展，愈见踌躇，未免今夏应辨〔办〕各货，无力购置，□等实为痛心！今有两局共存细货银约三万余两，又有迻年包头少产，致使血本挂欠，两局参、鲍银积至六万余两，什色银四万余两，以致财东商业迫〔殆〕废，何堪拮据！祈将此项银额作抵此办〔番〕二万五千两分，准令贷借是感！然则全叨恩庥，得以今夏辨〔办〕货有赖，不误发辨〔办〕，不独财东以及商等均被鸿恩，感佩何穷！至其补还货物，得此余润，今夏另备货物前来，不误补清，仰祈恩鉴远商苦忧，照求允准是感！伏乞。

一、闻得申五办〔番〕船目侣徐振发已被捕获，自当查询情由，照律科断。唯缘口外各船，现在顺风，即欲开行，务祈俯垂慈悲，在本船上赶回是祷。然则回唐日报官惩治，不敢复带前来，等情。详达财东知悉，祈照所求恩准，则□等感激不浅矣！为此，具单上禀。

一、配货章程历经示知，今所带货色，加意选剔，配法适均，致使会馆开头起色，全系尔船主等与财东和衷熟筹，经理得宜，甚为可嘉！恃〔特〕给纸钞一千两，以当奖赏，务宜愈加留神，以图辨〔办〕货尽善可也。

一、切本船总管林能桐所贮纸钞六百余两被窃，今欲查究，恳请通馆纸钞，另求小戳，以便查认，即蒙照求允准，顶感无涯！唯因阖馆目侣不下四①，不能带出，恐启混淆无稽之端，实

---

① 按：此处应有缺字。

难清查。总之，为总管者俱系微贱之人，远涉重洋，得些绳[蝇]头，胆[赡]养家口，更其能桐平日贫困弥甚，而失去许多纸钞，眼见得必致冻馁，实为凄惨！为此，恳求原价一千五百两，准给加五加配给四六回货，等情。据云，现在生理景况不长，故不准所请，等语。俱已知悉，今再冒昧陈请，不无惶恐！无如即如前情，总管甚为狼狈，仰祈格施慈悲，此办[番]准令预过纸钞一千两，则得此余润，可以资助盘费，伏祈从善裁准，救济总管，则不恃[特]本人以及□等永沾恩德，衔感无穷。至于缴还一事，□应收纸钞内，分为三年缴请[清]，此办[番]□在留崎地辨[办]理，不敢贻误，即此。伏乞。

遵单底子一张，照样誊写用印，寄出是待。译司。

王、公两局各位公司。

一、亥一办[番]船目侣张纯使、傅贞使全三番船目侣徐成使等，擅自步出门外，已被揖[缉]捕收监，奈因身体带伤，恳求领回进馆，以便调治。今蒙格外恩宥，准令释放寄顿，船主待其伤痕痊愈，自有审问，即当报明，等情。今蒙示知，得沾慈恩，均已感悉，为此，具遵上覆。

亥七月。

一、蒙问向托大德寺在馆内完愿诵经一事，今有唐三个寺递呈恳禀，此系将来作何意见，等语。俱已知悉，将来唐三个寺及大觉寺之外，在馆内决不祈求诵经，倘有许愿寺，则在寺里诵经，即此，具单上覆。

亥八月

一、货库夫役偷窃一事，前蒙严禁在案，悉称宁静，□等感激之至，无时稍释。不谓此帮夫役等，渐生窃弊，甚有檀［擅］行抢夺之势。迩时目侣人等在场守货，叠欲扭禀，□等诚恐滋事增端，概行叱散。但此系目击情形，实非虚谬，目下定应严辨［办］，庶杜生端。窃思夫役人等虽系贫贱下流，若能早及防微，该役亦知法度，为此，具述［述］实情，伏乞当年老爹即禀王上，恩准所求，即饬帮理街官并值日出员人等，俾得公干宁谧，乘汛通商源源发，则感呜情靡既矣。

子二月

一、切本地德苑一事，往昔送聊人事，祈求洋中安澜，及为死亡灵魂追荐，设立放生池塘，机缘垂迹。而迩年堂宇坍败，供养香火，是不必说无术可为再造。商等走遇之间，屡经见闻，心甚不安。所有景况，每帮回唐人等知会财东，而夙有机缘之佛刹如此损坏，则难置之膜外。原系无力寺院，意欲发起再造志愿，则自当□等再贩之外，送糖之话，恳请即速起工再建，等情。财东细嘱前来，为此冒渎，向来黄壁［檗］山送糖，所缺内半额，祈照左开此办［番］进港五艘为始，送付白糖，以供再造之资，全赖庇荫，以完素愿是荷。仰祈照求恩准，照例会馆收去，将丢票银给付寺僧收领是感，伏乞。

一、此办［番］本船所带银朱三十箱，已经朱局看视，只因现在多贮会所，难以收买，等情。俱已知悉，岂知本船修葺大桅杂费浩大，不能补偿，甚为掣肘，因意欲将朱代纸钞，以充杂货费之资，为此冒渎，仰祈格外开恩，准令收买是感。然则叨赖庇荫，稍补杂费，感无涯矣！即此具单上禀。

一、岂知本局迩来连亏血本，大为拮据，为此冒渎，仰祈格外开恩，所有银朱，准令批买是感。然则其叨庇荫，以充应需及杂费之资，感无涯矣！

一、切此番出帆前各商人处置买之货，不及清算，交代在留船主，径自回唐，奈因现缺纸钞，无力开发，甚为掣肘。为此冒渎，今将纸钞二千两，准令借付是感。然则其赖庇荫，得以各账开发，感无涯矣！至于补还之额，俟今冬帮来崎，凭在应收商法钞内扣算，为此伏乞。

一、切因本船大桅修葺，置买桅帮木以及各项杂费，已属不赀，若不预先开发，急即不能修竣，为此冒渎，仰祈此办 [番] 纸钞二千两，准令预过是感。至其补还之法，将修理杂费卖纸钞，不误缴还，尚不敷者，凭在本船四份银内扣除，然叨赖庇荫，得能修葺，感激不浅矣！

一、切雨在留此地，唐山亲友人等寄信嘱托，委办各宗，已经吩咐各商置辨 [办]。奈因缺乏纸钞，不能开发，更加目侣辛资，及在留之间需用浩多，甚为拮据，为此冒渎，此办 [番] 祈将纸钞二千两预付是感。至其补之法，俟回棹后，所有馆中纸钞凑集补还，不敢有误。如蒙允准，托赖庇荫，得能各账开发，感激无涯矣！伏乞。

一、切小伙卖桂圆收买一事，前呈恳请，不蒙允准，原呈发还，诚为允当，今不应复有所求。唯缘目侣人等出身微贱，只为养胆 [赡] 家口，不顾重洋难险，些项 [须] 工钱，置辨 [办] 带来，以资糊口之计，岂知此办 [番] 桂圆不肯批价，眼见得伊等资生无策，拮据何堪？况兼此办 [番] 目侣人等似觉安静，为此冒渎，所有桂圆以及各宗，祈照前价收买，以当拯济是感。然则此番回棹之后，通达财东，今夏设法置辨［办］磁器带来，自行留神辨［办］理，务祈格外从权，照求恩准是荷。至于桂圆，自今夏帮决不敢置来，祈照所求允准，则赖庇荫，目侣人等安静回唐，不独本人以及□等均感无既。至于磁器一宗，必须插番，以便一同批价收买，为此呈请，伏乞。

一、切福济寺观音堂，多年不加修葺，□等每遇拈香，触目各处损坏不堪，上漏下湿，梁柱朽败，若仍置而弗顾，愈加坍塌。凡三大寺，□等通商以来，唐僧开基灵场，况乎观音大士，出洋人等俱所尊敬，向来欲加修葺。奈缘财东运本不展，有心无力，一任荒废，弗能修治，徒过岁月。现见殿宇日朽月败，刻难缓期，但其工程浩大，僧侣之力固所弗及，为此□等汇议，急欲加工修治。查得崇福寺送糖，子五番船为止，年限满足，欲将该缺转送福济寺，以资修费，为此冒渎，自子六办［番］船为始，每船白糖五百斤，计十年之间，共五万斤，捐送该寺，如蒙允准，全叨/赖庇荫，得能修葺殿宇，感激无涯！祈照所求恩准是感。

一、切此办［番］共发六艘来崎，只因梅溪船坞狭窄，本船要上大浦海带库边，因该地面折坝，淤泥尚未挑尽，不能上坞，倘若旷日持久，本船及大桅不遑加修，有碍回棹，甚为掣肘，为此冒渎，务祈准令赶行开浚是感。况兼此办［番］节气较早，若不赶行修理，不能出帆，祈照所求，准令开泥，则赖庇荫，得能赶早上坞，及时修葺，感不浅矣！

一、切本年节气稍早，现届出帆时候，况有六艘进港，若照旧例，二月朔日禀放，自致风汛愆期，亦未可定。然则事系非轻，仰祈本月十五日，各船准令放船是祷，则各船出帆前各务，预为端整，诸事赶辨［办］，以便顺汛出帆，今夏转发来崎是感。

一、本船工社缪光祖所带鸟枪四个，业已存库，俟出帆之际给还，等因。今蒙示知，俱已感悉，将来除所带防备海寇之外，此等物件不敢带来，自应留神，为此具单上覆。

一、各船应收铜斤尚未足数，现有四十万斤，每船收装五万斤，以待来船，然而今装半额，第二次海带不便收装，现在时候急迫，束手空等，不去筹画，诚恐有碍风汛。为此，议将所存十万斤，分装头番两艘，以便打点装货，其余各船铜船一到，即行付装是感。再，其应收铜斤，着人飞催趱行来崎，则叨庇荫，一概装货，自行竭力赶辨［办］，得遂回棹，感无既矣，为此具单上禀。

一、切针医绫野勾当先生，准令进馆，闻得前经身故，将例送酬仪，暂行停止，今托儿息龙膳先生针药相兼，仰祈准令仍旧进馆，果系精通医道，延受其劳，再当议送，为此伏乞。

一、切在馆各船缺乏参、鲍，因某在船日久，精神疲倦，意欲服用，滋养精神为感。

一、宫崎春成先生，向来目侣人等延请馆中，托伊调治，先生深通医道，手到病除，现今阁［阖］馆人众，唯独延请春成先生，以致街上病家置之未顾，日日进馆，众人归心，只因微贱之人，每至出帆之期，无物酬谢，众心不安，今欲申四番船为始，每船白糖三十斤，在伙食糖内秤付，为此具单上禀。

一、商等此办［番］所带银朱，已经阅过批价簿。据云，现贮会所，必要减价等语，俱已知悉，此系账房及亲友人等寄托前来，前批二两五钱，各所传知，若今骤减，商等回唐无言可辨〔辩〕，甚为拮据，为此冒渎，仰祈格外怜悯，此办〔番〕一照前价加足收买是感。然则叨其庇荫，得以不负所托，不恃〔特〕本人以及商等均感无穷矣，为此不揣呈恳。

一、切绮补船。此办〔番〕来崎之际，在洋风涛甚猛，船身亦旧，各处损坏，甚为危险，合船惊骇，在洋将就补修，仍欲驶回，恰有顺风，平安抵崎。进港之后，大费修葺，前经禀借纸钞，给付二千五百两，内二千两，系向来进港之后例收商法纸钞，以充馆内用度，尚有五百两，岂能充为大修之资？拮据不少。为此冒渎，祈再预借二千两，则叨庇荫，以充修资，感不既矣。至于补还，将本船商法钞内补还，尚所缺者，在本船四份银内坐扣是荷，为此伏乞。

一、旧冬所给纸钞，此办〔番〕应当改换新钞，嘱伊等拿出抵换，奈因人众极多，一时难周，尚存一万八千余两，实无辨〔办〕法。窃惟换钞，例系全数拿出，方可换给，则其遵照规例，早行拿出，待其齐足，未旷日持久，有碍用度，束手待换，甚为狼狈，各各想此地步，以致畏缩不换者，谅此故也。如此悬宕，在此出帆要紧之期，刻无纸钞，束装无计。若或错遇风汛，攸关甚重。为此，商等公议冒渎，祈在街管房准令随给，则伊等免其数十余日缺钞之患，争相早换，不日齐足，则赖庇荫，各事顺溜早行，感不浅矣！即此，具单上禀。

一、切前在子年间，子二办〔番〕至七办〔番〕船，共六艘，护送贵国难民。伊时准令四艘外卖，竹与汪执耘未蒙恩允而回唐。唯因彼时难民人数甚多，在唐财东未免需费浩繁，此办［番］财东信达前来，竹恐踏辨［办］理不周之嫌，财东面前何辨以对。又系从古成例，加以旧夏所发日新号船在损坏，仍行驶回，修费颇繁，而新商乏资，不堪困累，仰望格外施慈，照左开，准令外卖是感，伏乞。

谕在馆各船主等知悉：

前有五岛候［侯］所辖地方，漂到外国难民九名，内搭安南人一名，漳州人一名，该二名归国一事，业经取议达部在案。今接奉部准，照议搭回。尔等务宜遵行，收管安顿，俟今秋开棹之际，令伊搭归故乡可也。至其知问人男女五名，安问女人一名，万兰男人一名，计七名，容俟今秋和兰船回棹之便，使其附搭回国，等因。理合谕嘱甲皮丹知悉，特示。

一、切梅崎船坞逐年淤泥壅积，本船难以上坞，为此，今以来恳求开浚。据云，若非大浦开坝，纵虽开泥，亦属无功，因此议定工资，业已开坝，尚未起工挑浚，船已到港口。缘今春节气较早，急欲上坞，以便赶修。岂知淤泥斗高，难以牵进，甚为掣肘，即托管船人等所过路头，竭力开泥，多方牵入。唯三四船不能上坞，已届回棹时令，不得已，在船坞前面稍加修葺。总之，春帮风浪稍恬，亦可回唐。至于秋帮风浪甚大，因此本船亦当加意修固，方可驾驶。若再今夏进港，各船又难上坞，何能修葺船底？有碍出帆，鲜不误事，大为拮据。为此，今已放去，祈即准令开泥是感。迩来洋船船身颇巨，出入阻碍，务祈淤泥深开为妙。然则叨赖鸿庥，出入甚捷，便于修船，感激无涯矣！又所恳者，待此办［番］开竣之后，每年春帮出帆后，开泥一次，如此既省公帑，亦免出入阻滞之患，永沾鸿恩，感铭无穷矣！仰祈怜鉴商情，照求即令开泥是感①。

谕各船主、伙总等知悉：

一、工社人等，不许擅出馆门，闲走街市，等因。向来屡有晓示，乃不遵守，此办［番］严加晓谕约束，并不悛改，而夏帮船进港后，仍踏［蹈］前辙，背违法令，不但擅出门外，反向该约束人员拒捕，恣意放肆，乱法不敬，殊属不该！本应严加查问始末情由，从重处治，但念全系愚昧无知工社人等，一时错会，以致如此，始末无言可辨［辩］。将来倘若再有如此等事，船主、总管甘愿禁革，罚减铜斤，并不敢哀求，仰祈此办［番］从宽赦宥，等语。再三呈请，故格外从宥，置而不门［问］。嗣后倘有不法，必行（从）重处置，务须会此意，严嘱工社人等，令其勿致错会，以遂生理，赶紧办理事务，留神勿误！

右谕示知各船主等，令其每船详悉淳［谆］谕，且遵可也。

以上今蒙宪谕，俱已知悉，敢不凛遵？既有谕令之下，每船详嘱谆谕，嗣后务令谨慎，决不敢有，不敢乱法等事，为此具遵单上覆。

事非轻易。

一、切今春亥五番船装回（铜）斤，在唐山起货之际，缺少一箱，此系诚恐起货夫役人等失于误落，亦未可定。百般搜寻，尚不见有，财东等实对官府有何分辨［辩］，大为掣肘。为此冒渎，务祈此办［番］铜斤一箱，准令买回，收装本船，以补其缺。然则叨其庇荫，财东免其苦累，感铭无穷，伏乞。

---

① 原抄本此后有注："捷因赋，恬音疼，帑因丹，罷离仝音。"

一、今春回唐亥五番船收回铜斤，在唐官府差役眼同秤明，讵知缺少一箱，通舱搜验，并无遗落，谅系此地装铜之际点错数目。凡系铜斤，非比别项，国课攸关，职役眼全，别人安敢侵扣？既在前年装铜之际缺少一箱，权令本街赔补，俟到唐日点明数目，仍多一箱，依旧带来缴还，可见事关非轻，若或缺少，不但财东以及该船船主俱其受责，为此冒渎，即饬各该经承员役查明，于今秋给还，在本局头船装回。至于将来装铜之日，务祈严饬，细心点数，庶免其误。□等亦当严嘱船上头目自当留神，为此具单上禀。

一、□□王□□、公□□、金□□、孙□□，迩来商等在崎之间，用度浩繁。况有唐山亲友人等委办各宗，亦不为少，一到出帆，无钞开发，甚为拮据。现有纸钞商法一千两，修理卖一千两，止于此数，不敷开发，前年每船准令修理外卖，所有银额，尽给加十加报，降福是感。

一、具呈公局船主杨西亭为祈转启事。切西商伙周蔼亭，前在戌〔戌〕年驾来恒顺号船，一经此地开行，查不知消耗，已隔三年之远，想必沉没海中。现当财东行运不接之际，不独各货乌有，人船一空，雪上加霜，运货弥艰，袖手无策。况兼通船百有余人，悉皆淹没，家口人众，将何糊口？唯环叩财东以资余生，历来稍加赡顾，不致饥馁。但缘迩来遭难频仍，商业倾圮，力不应心，未能周给，不堪其苦！为此，周蔼亭备具苦哀〔衷〕，前呈已悉，乃蒙恩鉴远商苦恼，格外从权，原价二万两加工加五加，分作四次，准令预过，等情。前奉谕文，俱已感悉。但其恒顺一船，非比其他，受灾独甚，想在电鉴之中。迩来天草、平户难船，种种恩典至优至渥，财东得此余润，挪东移西，稍补其亏，源源发贩前来，均感仁政于无既矣。唯独恒顺船原价二万两，止给加五加，安能接济商业？而况恒顺船非与天草、平户难船可比，既已生理告竣，科羨亦归会所，则当将此衷情又复陈禀。无奈出帆在即，种种冒恳，恐误风汛，备告西亭俟出帆日，嘱以代禀。兹查遵办新商法，照具章的准令预过，亦给加五加，由此观之，恒顺号船，即如前陈被灾尤重，合当怜恤远商苦情，援照向来难船之例，逾格抚恤，则叨庇荫，财东赖以运本通融，极力接挤［济］，源源来贩，永无间断。抑且合船人众，当以济助，致免菜色之患，永沾实惠，顶颂不朽！祈干［于］进港前从善裁夺，则其财东周蔼亭是不必言，以商等感佩靡既矣。伏乞刘、柳、周老爹转启督理、当年年行公大人，即禀王上恩准所永［求］，则感不浅矣！

文政十二年六月　公局船主杨西亭。

卖得此余润，稍可接济，目下限定此数，各商开发，甚不够用，狼狈不少。为此冒渎，除报修理商法之外，祈照左开，准令支用外卖，则叨庇荫，以充各项用度，及时回掉［棹］，顶感无涯！如蒙准令此等商法，现为参、鲍缺少之际，应收包头，亦随衷减，两相裨益，务祈从善恩裁是感，伏乞老爹转启高岛公大人：

计开：

一、每船原价四千两，加八五加三千四百两，共计七千四百两。内八分，五千九百二十两，九四钱；二分，一千四百八十两，支用。以上商法，照求恩准是□。

月之初九日，天降灾祲，幸而贵国鸿庥，得以山城安堵。惟是劫数中人，半遭鱼腹，伤心惨目，魂梦皆惊。若非建醮以超灵，得销灾而仰福，爰还念及唐山寺僧，虔诚礼佛，堪度亡魂。兹欲延请兴福、崇福、福济、圣福四寺僧众，选择吉期，于杉板道头、波户、场浦上、对山四处地方，设坛礼忏，虔放焰口，使冥中旅魂即转轮回，超泉下孤魂早登彼岸，庶几海内安令，街衢宁谧。弟未敢自便，用恃〔特〕具单，伏乞禀准王上俯允，寺僧照址建醮，以安灵魂是感。此地禅林寺敬奉三宝，商等向来资助，祈求顺利。今该寺僧因悼被灾，纷纷不忍膜视，意欲设建道场，普度众生。但该寺未敢举动，嘱为代禀，商等念其虔诚心切，用恃〔特〕具单，祈即禀准，即令施行禳灾。

一、此番蔼所禀恒顺船遇难人等，诸多家眷，逼于饥馁，殊为窘迫。因求恩典抚恤，乃蒙允准，原价五千两，分作四次，此办〔番〕给配三千二百五十两预过，实出厚恩，感激不少！奈因此办〔番〕参、鲍缺少，暂寄会所，俟包头充足，一并收回，即此具禀。

一、自申年以来，准令船主外卖，逐帮报卖，感激无涯！奈因该回货四份内，配塔〔搭〕三分什色，现因舱位狭窄，不便收装许多什色，兼且支用缺少，并为拮据，祈将三分什色，暂归支用配给是感，为此具单上禀。

一、前经屡禀船坞开泥一事，现因船已到港，船数亦多，若不急行开浚，出入阻碍，诚恐有误出帆。

一、切各上坞，向例有七人轮流小理，甚属妥协。近年以来，七人内只有佐太郎一人承办，但各船上坞以及放船，乃系要紧公事，仍旧一人办理，恐其将来有误公事，是以必须照前之例，仍着七人一同相帮，分办［番］上坞。但明春各办［番］放船，总次一潮放出，倘后船挨迟一潮，必致贻误。出帆攸关风汛，所有人名祈照左开，伏乞……王上恩准所求，饬令七人公同分办，庶无贻误，则感不浅矣！

一、切此办［番］出帆日，本船行李箱笼，正在惚忙搬运之时，竟被脚夫割开箱盖，窃去印花绌绁数宗，并漆器、受百果三架，花鼓笙一百个，鞋袜数副。迩时本欲严查，祗缘人众如蚁，难以追究，但思此种情事虽属细微，而若不为之彻底根查，将来必生祸患。况穿窬之流，原关国纪，其关防执事人员，亦例应严加查究，以示法典，以杜祸端。为此，伏乞当年老爹即禀王上允准所求，饬令经管执事人员严行查察，俾得窃物归原，则感深仁靡既矣。

一、切白铅一事，屡蒙示谕，奈因白铅一宗，原系船上押重第一紧要之物，另无可以换载，不得已而带来。然而迩来白铅更觉拥积，致难卖销，若再勉强带来，即行减价，等情。又蒙示知，窃思压载之物，尚可另备，只虑遵办额银，知缺不足，恐有食言之责，今欲停止白铅，代辨［办］上等麝香，但缘凑买上等广香，必需费用，故其每船一千两内，五百两办带广香，五百两在定额之外，另带货物，须照左开商法，现因络续禀请商法，但蒙允准，额货既多，遇着潮汛不好，起上各货，旷日特［持］久，甚为拮据，务祈准令申饬，不论潮水有无，得能起货，则感无既矣。伏乞。

一、切梅崎船坞迩来淤泥壅塞，出入耽迟，甚为拮据。唯

　　　　　　　明月共潮生：域外文献与东亚海域史研究

因此番出帆稽迟，以致夏帮来船亦随迟延。若或船到之日，急不能上坞修理，耽误有碍出帆。至于秋帮，若不赶办，恐有愆期之患。为此渎祈，即准令开泥是祷。再有货库水门，亦是呢〔泥〕高，驳船往返，甚为阻碍，若遇潮汛，不好起货，大费时日，曷胜掣肘！祈即一并开呢〔泥〕，则叨庇荫，以便赶行回棹，庶免错误风汛之患，感霖泽于无既矣，祈照所求恩准是感。伏乞。

蒙问，今因护送贵国难民漂到始末，俱已知悉。此乃前年寅八月初三日漂至唐山宁波地方，于全十二月初九日送至乍浦衙门，饬令王、公两局总局备船护送，即在上年夏帮分拨两艘，携带其一艘坏船、淹死本船，驶回乍浦。此办〔番〕十人护送前来。一、该日本人唐山羁留之间，并无听闻劝诱邪教等人；一、此番来崎之际，漂至萨摩外洋之外，日本国内无论何地未曾寄椗，又无买卖交关。

以上情由毫无差舛，为此具单上覆。

今晨寅牌时，唐馆墙外一番、二番守房之间，听有怪响，看守人员跑往一看，见一人影，从后追赶，已不知去向，只有冰糖约有连皮十四斤、甲子鱼三十斤遗落在后，取去报官，将该糖货私卖之人查询名字，取其回货，与口供一并开报。

一、前于戌〔戌〕年六月边，现住石灰街无藉名叫荣助者，在大村管下大浦地方给付珊瑚大念珠一串，议价金片七十二块。全七月边收过柳条布四十匹，绢䌷三十匹，其交本犯名字查询具报，等因。今蒙示谕，俱已知悉，即令该管头目人等盘查，伊时将在留及去冬来崎之人，逐名严查，无奈不见踪迹。唯因秋帮数百人回唐，现在又有数百人众在馆，实系无由跟查，无计可施。为此冒渎，其查名一事，务祈从宽豁免是荷。至于将来，自当愈加钤束，决不敢再有此等作为，仰恳照求恩准，感不浅矣！

一、某今于六月初六日走出门外，已被揖［缉］捕收监，只因某年已老迈，况兼素有疾病，刻下炎热之时，堪吃若［苦］。今因船主呈禀，格外施慈，准令出监寄顿，船主感佩无尽，自行谨慎，即如前在王府所拱［供］，一时无心要买豆腐，不合出门，并不希图私卖出门，此系实情，另无别故。但其不许出门等语，屡蒙严谕，而会意差错，至今无言可辨［辩］，实为惶恐！仰望施慈是感。

一、切平户难船恩典，预过修理杂费卖三千二百两之额，理应此办［番］某等船上缴还。奈因我局迩来狼狈，并加财东运本艰难，未能多办［办］货物，此番不能补楚。为此冒渎，其五千两之额，恳求补还宽期是感。然则此办［番］应借五千两，不敢收回，仰祈俯察商情，如蒙照求恩准，赖其庇荫，得遂回棹，感激无涯矣！为此。

一、切景在留既久，各商人处理置买各账居多，今因回唐，欲于先期开发，为此纸钞三千两，准令即速预借是感。但其一宗报卖纸钞商法，及修理杂费卖，所有预借之额，尽行补清。此番兼且节气耽搁，必须起行回棹，若到出帆之日，准给进馆，恐不及时，照求恩准预借是祷。伏乞。

一、切蔼在戍［戌］年恒顺船上来贩生理告竣，本船回掉［棹］，未识漂荡何方，绝无音耗。今隔三年之远，定遭冲坏，或

　明月共潮生：域外文献与东亚海域史研究

在大洋沉滔海中，合船百有余人，只为赡养家口，借本置货，变卖回唐，岂知遇此厄难，父母妻子等非但迫于饥寒，甚至昼夜伤心，惨不可言，伏邀怜鉴！原系东家所雇人等，意欲自行永远瞻顾，奈缘迭遇厄难频仍，以致运本维艰，诚恐将来生理倾圮。当此时也，有心无力，殊觉拮据，令蒇抵崎日，将此苦情委曲恳告，禀请恩典，等情，细嘱前来。为此冒渎，仰祈格外从权，极力拯济，务使财东保守商业，绵远通商，抑且合船人等数口之家口，永无饥馁之苦，实赖仁政从善夺裁，不独财东以及通船人等沾沐厚恩，永当弗谖，感激无涯矣！伏乞。

一、迩闻唐人任意出门，致启弊端，事涉非体。此办〔番〕进港各船，目侣人等慎勿出门散步。尔等当往进港唐船，令船上头目人等各宜约束本船，取具船主、伙总金印遵单。至于将来，倘有不法者，从重惩治，务使谨慎守法为要。

一、迩闻唐人置买和参，街主、五甲头未曾眼全交付，至于将来，必须眼全看视。又照前经示谕，所买和参斤量，及该商人名字，与唐商应收之数，合当随时具报可也。

谕各船主知悉：

一、尔等夏、冬两帮来崎，若或出帆稽迟，回唐之后，起货、装货亦随耽误，未免通商愆期，攸关非细，是以所有各项公务，极力赶辨〔办〕，应配回货，先期凑齐。况明年春帮节气较早，必于二月为止，河下出帆，等因。已饬该管人等知悉，尔船主等非但讲价诸各公务，自行迅速辨〔办〕理，以便回唐，勿致迟涩〔滞〕。现因合馆人多，即在进港之际，预会此意，谆嘱船上头目以及目侣人等，各宜赶紧治装，乘汛回唐可也。

一、凡在长崎给配唐商参、鲍、鱼翅，曾在天明五年间，饬令长崎会所官卖，是以特选承办之人，包揽收买，转交长崎会所。奈因迩来各路出产短少，内有不肯卖付承辨〔办〕之人，私自散卖，假公济私，甚为不该。至于将来，必须奉公采办，以充公用，勿得私自发卖。倘或仍蹈前弊，查得其实，从重惩治不贷。

一、尔等唐人在馆，所叫妓女出入一事，自应遵守成例，是不必言。岂料迩年事致废弛，入夜尚自叫进馆内，甚有敢向丸山街寄合町五甲头人等种种刁难，或挥拳殴打，甚为非礼！将来目侣人等辄蹈前弊，必当严行查究，须会此意，务宜谆示目侣人等循蹈规矩，勿得逾闲，特示。

一、于去月十七，日本五岛町源吉者，因将私货白糖九件装放小船，已被取去，督船街管〔官〕若杉理三太家里。讵料前于初三日，趁该人出外，有目侣人等串党到家，强将白糖九件抢回，等语。今已鸣官，此系前经公员取去之项，特〔恃〕强抢夺，殊嘱〔属〕可恨！必须严紧查询夺赃之人，即具名守〔字〕即速开报，所抢白糖，必系藏贮在馆，仍旧交官可也，特示。

一、凡给配唐商回货海参、鱼翅一事，今据越后国沿海地道承辨〔办〕商人、出云町和泉屋弥兵卫诉陈，包头出产以及私商一事，即在江都核查，乃知越后地方，有管修理人员，按年一二次到任，乘其公事之便，沿海各处有无参、鲍私卖，留神约束。今又加饬在任之间，若有公暇，新潟港各路地道，巡风禁约，则当旷日持久，所需亦多，应在会所照数发帑，准令报销，是以一二年间，调往管修理人员，合行经管。然而今因另有公务，管修理头脑高津八十之疣管修理上条要助二人，已在前月下旬动身，故将此情禀请部文，即如前陈，饬令沿海各路自行巡查，因事急迫，该地邑宰野村彦右卫门，已将另单嘱付弥兵卫及儿子丰五郎知悉，将此情由，今奉江都明文，合当示知。

一、大德寺进馆诵经一事，限于酉年一次，照求允准，续后藉言此番一次，又复滥禀，无所底止。今据唐三寺所告，果如是，则竟失规例，但或在他寺院，叨求诵经，应在该寺建设，饬禁进馆，等说。故在亥年业已申饬，再不许呈禀，当年通事亦既具覆在案。而今又为陈请，甚非妥协，未识有何所见而至此。据云：此办［番］在洋虔许愿心，得以安澜抵崎，至今若或爽信，惧有冥罚，以后决不敢再行恳请，今已金印具覆，决不食言，等语。所禀情理似觉可原，故止此一次准令进馆，至于将来，不可冒求，等因。严谕船主知悉可也。

一、前于亥年冬帮进港之际，在唐局商呈请每局求借铜斤廿万斤，实难允准。即于子年秋帮回唐之日，告达财东，只缘官府逼铜督催甚紧，实为拮据，等情。又于丑年春帮赍呈诉陈，然而此非轻易施行，但行再四恳请，亦觉可原。轸念二百年来通商之雅，今将铜斤廿万斤分作四年，每年五万斤，计一船五千斤，准令给配两局。窃思迩年每船正货及各宗商法，通盘筹算约有四万余两，今添铜斤每船五千斤，原价一千六百四十余两，另配原价五千两，商法共该每船四万六千六百余两，货物格外筹办，配塔［搭］前来。至于迩来应发船额，每有悬缺，今已准令给配铜斤，若再少发，尔等殊失信义。自今以后，颁定船额十艘之数，不复发贩。至于贸易之道，务体会馆所嘱情由，秉心办理，以遂生理可也。以上。今蒙宪谕，俱已知悉，阖馆均感。至于每年颁定船额十艘之数，两局不误发番前来。又其所装货物，应收铜价，另立商法，共该每船四万六千六百余两，货物自当遵照会馆所嘱情由不误带来，以遂生理，此办〔番〕商等回唐之后，备达财东，应当尽力，格外遵照办理，为此具单上覆。

一、各船新来目侣人等，不谙事务，各备自用之物，多带前来，所有余剩各宗，知其不熊〔能〕私自销售，另无辨〔办〕法，恳欲临时报卖。今据各船主等合词呈禀，但凡所带货物，悉有章程，事难轻易施行，然而若不收买，目侣人等大为狼狈，况兼有碍出帆，故从格外宽典，此番一次准令收买。但因出帆在迩，若照规例丢票发（卖），惟恐回棹稽迟。今将所贮各项，着令带至货库，即在大头目面前，令其看货人员看视，方可收买。若谓援照临时买价值收买，此系物有时价，岂可画一？难照例价批买，合当照依行情讲价，宜谕目侣人等，不得错会。至于各货争相据出，推〔堆〕积拥济〔挤〕，未免混淆，甚非雅观，故自一番为始，挨番搬出，目侣人等无得争先，安静报卖，该船主自当照应，勿使当混杂。至于将来，此等自用之物，不可多带，必须在唐发船之际细加盘查，倘有藏匿带来者，即令入官，决不容情，饬令各船主常将此意转嘱目侣人等知悉可也。

一、前经唐商所禀馆内和药商人，再添一名，可以协辨〔办〕，等情。已奉示谕，自今秋帮起，饬令亥代吉同喜久之助各相采辨〔办〕，故将高丽参另备四百斤，倍子亦当辨〔办〕足，等语。今据王、公两局船主所请，亦已转禀，今蒙照求允准，令亥代吉自今秋帮起，采办高丽参四百斤。至其倍子一宗，查得享和乙酉年间有小店，特为倍子一事，喜久之助前商嘉右卫门亥代吉、前商正吉两人争讼于官，伊时已有谕旨，将来唐商所买总额内，着令和药商人八分，小店二分卖付，故体此意，勿使唐商有缺乏之事，务宜吩咐和药商人知之可也。

一、迩闻唐人任意出门，致启弊端，事涉非体。此番进港各船目侣人等，慎勿出门散步，尔当往进港唐船，令其船上头目人等，各宜约束本船，取其船主、伙总金印遵单。至于将来，倘有不法，从重惩治，务使谨慎守法为要。

和汉俗语呈词等杂字一

你们起货之际，麝香重十两，藏在笼箱里头，大大不该！因为吩咐禁革，不许再来。

你们未五番出帆的时节，已经上船，初四日上岸打水，宿在街上的情由，老实报出来。

此番带来的红纱货色不好，因为做不得上用，不能额外收买，都要归入正卖。

你们口外开去，漂到萨摩地方，在那地方开出去。又是仍旧驶回到口外来，取以带回去的匹头，打发头目查验一番。

近来带来银朱甚多，并无消路，本该吩咐装回，但是格外宽容，把鲍鱼银收买。

本船带来的大黄一百件，是日新船的附寄带来，所以精[清]货之际，交代该船就是了。

馆中或者墙外，若有火烧的时节，后门开封，叫唐人出馆，到三个寺里去。

尔去辰十二月初六日，本船起货之际，盐包、蜡烛等之内藏有硼砂，连秤三百五十八斤，搜出，查问情由。据云，在唐山做药财［材］牙行为生，因买备硼砂，无处消售，意欲私带前来，拿进馆中，或有设法变价，藏匿带来。今蒙搜出，不胜惶恐，等说。凡藏货一事，往往严谕示在案，而不遵守，谅系希图私卖手段，干犯日本法纪，甚属不该！其货没管［官］，着令禁革，不许再贩，因此办［番］出帆船上，赶尔回唐，特示。

尔等在馆中，名为用剩之项手，今四月出帆之际，送给守番，但其货应送物事项［向］有定数，岂知格外过多，因为除定额之外，俱行收管，退还尔等，着令此番回掉［棹］之船上带回。但其所装板箱，头目给封交代，俟回唐之后，解开封皮，每名收去，写具遵单，须用印信，与其封皮一并。今冬帮来崎之际，一并带来缴报，其所装板箱，不必交还。若再如此过多，除定额之外，即行烧毁，预会此意之扬［杨］少豀、周渭澜、刘培原等挂留在馆，确守此意，不但别番公司以及目侣人等咸使知之。

小伙卖定额，每船四千五百两之内，着令预过纸钞一千五百两，铜钱五百千文。据禀唯有五百千文，许多目侣人等，势必门度不敷，因此恳求再加五百千文，共收一千（千）文。但此一事，实难容易允准。但闻支用不足，甚为拮据，等语。格外从权，嗣后交付铁钱一千文，须会此意。自进港以来，药财［材］、匹头，以及各货藏匿行李笼箱，或夹带在身，即行搜出，查问情由。据云，只因馆内人多如云，良奸辨纵，虽极力盘查，实系无踪可查，甚觉难为，困［因］此查名恳求豁免。推其致弊之由，全系公司人等吩咐不周之所致，甚为不合，本当再行查究，姑从格外宽容，此番姑置不问，将来必须严加约束，不得再踏［蹈］前弊可也。

前于初一日本船送鱼菜，唐人出馆之际，东瓜内藏匿日本铜钱一千五百文，以及唐人身边夹带金片两块，即行搜出。查问情由，据云，那鱼菜分送六艘，所以唐人也是各番出去，虽已查问，尚不知某番水手，无由查名，因此恳求豁免。但凡藏货一事，平常严谕在案，而不遵守，有此藏货，必竟闻得私卖手段无疑，其货入管［官］，须会此意，全系尔等吩咐不周之所致，殊属不合！本当再行查问处治，此番姑置不问，将来不得有此所为，严紧谕示一船人众可也。

前月念一日，本船下头番日在馆中验行之际，搬出魁藤内藏匿日本铜钱一千文，业已搬出，查问情由。据云，船上头目人等，把通船众逐名盘查，但其魁藤，照例推在门口，不知何人所为，无踪可查，因此恳求豁免。但凡藏货一事，平常严谕在案，而漫将铜钱藏于魁藤之内，该钱入官，须会此意，毕意［竟］尔等吩咐不周之所致，甚属不合！本当再行查究，此番姑置不问，将来不得有此所为，严紧谕示一般人众可也。

尔等前于廿二日走散各街，即行捕捉，查问情由。据云，适值炮手下船，相帮出去，只因酒醉无心，闲步各街，不胜惶恐，等说。但凡不得有此所为，平常严谕在案，而不遵守，大为不合！本当从重惩治，姑念所禀情由，又无差错，除并无可疑情状，因从权恩宥，严紧谴责，将来决不可有此所为，兢谨守法可也。

以上情由，须会此意，平音［昔］勿得有此所为，等情。特已示在案，毕竟吩咐不周之所致，甚属不该，将来必须严紧约束可也。

所带小伙卖货肉桂圆一宗，迩因丢票价底［低］劣，会馆亏折不少，故今冬帮起，决不许带来，倘或勉强带来，则削减原价批买，务宜留神采办，开头之项带来为要。

夫子们偷东西利害，因为弟兄们往往动手，事在理之当然。以后万一夫子们偷了什么东西，就捉拿本犯，牵出头目面前，听头目的主意，赶出货库门外，吩咐禁革，这样的时候，才得工社心服了罢。

此秋出帆时节，唐人们该收的海带，有石沙许多，交杂在那里，各船主只顾说起苦情，所以抖砂等的公干有的了，有些缘故，开船担［耽］搁，谅来冬帮船是比凡年来迟了些，在留船主们也都是这个意思了。冬至的佳期是在唐山，怎么样贺喜么？一阳来复之期，所以自天子起，下及百姓，想必各各贺喜的了么。

馆内支用纸钞，议约一个月为限抵换，等说。但此番出帆前，众多目侣等在馆内算账繁多，若无纸钞，实为拮据，等情，告哀。为此，此帮候出帆后，准令更换是荷，祈照所求禀准为感。

这几年工社们风习不好，凡有公干出馆，竟不依通事的指挥，更兼船主、总管其外船上头目的吩咐，听做耳边风，藏了许多东西，又把夫子只管乱打，这样不守法度，将来诚恐做怎么样不法的事，须要严紧处治，才得周到，这个事情，是务期译司人等关会在唐财东知通［道］了罢。

以上各宗，络续带来过多意［竟］不消，所以改日俟有通之间，将来不可带来。万一勉强带来，格外减批价收买。但是此宗减价，开头是会馆里通知来，要晓得这个意思，以上情由，王、公两句［局］各船主知意［悉］，今春帮回唐之后，通知两家财东严紧吩咐，开出遵单来。

和汉俗语呈词等杂字二

老兄，也是进馆值日么？每一个月轮流几次进馆？谅必早上五点时候进馆，靠晚时候回来。各船主在公堂，你通话那时节，内通事或者值日的各位，通话办事，要是讲话流水一样明明白白，不然不但是失了体面，将来唐人们看破了，对你不肯讲话。困［因］为学话是留心，留心。

年例十月是多要走郊外去，将要出门的时候，又下起雨成，正真厌气的狠！况且本年比往年更觉的雨多，大大气闷的紧！

这□年弟兄们做人不好，公干场上只管走散各街是不消说，平常在馆的时节，乱乱走出大门外，累次我们吩咐，也竟不肯听从，不知什么缘故，这样没规矩。若是这时候不严紧约束，谅必将来竟不能约束周到。你们读书写字，是应当本分的事情，这几年大家不肯用心学学，只管懒惰过日子，岂不可怜不可怜？

今年是有润［闰］月，所以节气赶快，想必来船十一月中旬一定有的，到那约束弟兄们的事，第一要紧。要是预先吩咐在馆船主，一到进港直日，到本船去吩咐伙长、总管等各各会意，倘着有不法的事情，连那船主也禁革，这样吩咐的时节，可以约束周到。在唐山临下船的时节，财东着实吩咐弟兄们守法，则可以略略遵守日本的国法，这个须要叫通事人员写信关会，财东可以听信，不然不周到。

这几日一连下了几天的大雪，寒冷不过，怎么样过日子呢？今晚要做炉边一会，伏乞劳驾！恰好又有别处送来的东西要奉请，一到其间，彼此要兼题做诗请教，专等！专等！

这几天唐船陆续好几艘进港，谅心［必］天天公干场去，一歇空闲也没有的了，但是不管劳苦味里公干场去，天天对他唐人留心攀话的时节，自然辨［办］事渐渐而能干起来。

这几天唐船好几艘进港，各公干也多起来，谅必贵忙！也是不管劳苦，一味理天天公干场上出去，又是唐话，也只管当心学学，更妙。苦场是懒惰不学的时节，眼前的言语，也疑惑不通，不能辨［办］事，因为公干、学话两样事情不误，留心！要紧！要紧！

新年恭喜，现在渐渐到了出帆的时候节了，一概放船等呈子不曾开出来没有？况且今年格外节气赶快，若是担阁［耽搁］出帆的时节，恐怕眼前有碍夏帮转发，因为各样事情，要是预先这样会意，赶紧办事，要紧！要紧！

前日各番船平安回掉［棹］明白，恭喜！谅来那时节尽夜贵忙，但是这时候出馆看花，或者烧香寺庙，况且目下馆中想来也是人少，更加冷静，等夏帮船进港，也等不得长久。

前日装添退包头出馆的时节，有一个弟兄，身边藏有日本铜钱，在二门上搜出，查问缘故，据供，平日支用的铜钱带在身边，那知船主等已经包头会馆里出去了，因为急急忙忙之中，无故无心带出，竟没有犯法的意思，等说。倘若外头出去，这个铜钱是该应在别人收拾，而无心带出，正真可恶的狠！这个日本铜钱是没官，大大骂你，将来小心！小心！

馆内土地庙后面有一个本库，大大损坏，所以旧年以来，要折［拆］开等事，累次吩咐。据云，这个本库虽是公造，但是那个坑厕等的所在，是自己修造，所以这个折［拆］掉的旧木料，是自要领用，把这个木料补修篷子，平日间把旧家伙等件，要放在里面的话，这遭禀报，正真道理狠！等到折［拆］掉之后怎么样？吩咐出来。

每年到放船前，本街各事预辨［办］，而条铜等也先秤收，等下头番明白之后，照一直装铜，但是这遭是连日雨多，不能预先秤收，到这时候，只管担［耽］搁，困［因］为下雨天，也要是在货库的库边，撩檐之下，赶紧要秤收，不然的时节，大大有碍回唐，仰伏大力好好儿吩咐。

这几年带来的货物寡寡，匹头过多，困［因］为有碍丢票，大大不便，这个意思，累次吩咐，也竟不能周到。况且这遭带来有口呢一宗，每船原价银额约有一万两，真正烦难！所以这个东西，将来竟不许带来，留心！留心！

前日起货上岸的唐人之内，身边有天蚕丝并血竭，就叫总管等眼全，一直拿到大头目面前：这个为何藏在身边呢？老实供报！等话。俱已领悉，查得这个本人此番头一次来奇［崎］，不晓得东洋法度，万事不周，所以如此，并不是要带到馆中的意思，今蒙查问，大大惶恐，等说。仰伏大力格外慈悲为感。

这遭各番带来玳瑁，大大过多，所以这宗三分之一，这遭收买其余，等到一两季，果然没有带来，那时方才收买。要是晓得这个意思，况且玳瑁是旧年写在停办货单内，你等也应该知道，如何这遭许多带来呢？把这个意思详细吩咐唐人，即速开出遵单来。

这几天大暑的时候，要是保养才好，在馆各船主也至今不见得有进港船，谅必心怎的了不得，但是一连几天并无南风，寡是天天东北风，没有来船的好风，正真寒心！渐渐担［耽］搁，恐怕误了节气，大大不便，所以这几天单单这个事情过日子。

汉文　一

此番各船配货内，白芷、大黄、白芍药等项，积累甚多，兹查该各宗俟有示达之间，不可带来，等情。于去巳春夏以来，陆续知会在案。讵接踵带来，必竟有碍销路之货，漫装过多，万不得已而减批，另无做法，有此碍难，彼此贻害，故为停谕，仍不听从，自径带来，以致行情不长，两相频失交易，景况殊为，何意此番本当相应减批收买，如此则减削太多，未免拮据，是以此番置而不批。

以上各宗陆续带来，积累甚多，俟有采辨［办］之间，不可带来，万一勉强配装，即行大减批买。至于应减数目，另日会馆发单知会，须知此意。此等情由，示谕汪、公两局船主，令其畅今春回唐之下，心［必］须关会财东，严紧吩咐，取具遵覆。

广参一宗，原系停办之货，今有水手不谙规例带来，仰祈从求，等情。子一番船主呈禀，但子二、三番船亦有一样具禀报卖，必毕示嘱目侣全不周到，以致接踵停止各件带来，必须将来严嘱水手等恪守，倘或后仍有经带来，恳求收买，伊时格外减批收买，将此情由，示达船主等知悉，特示。

前禀酉六番船秋帮应放之内，预放回棹之际，议定曲折事件，此番出帆，虽非轻易从事，但汪局旧存稇货银繁多，况有配船拮据，今冬办货配法不接，等情，似有可原。又有包头银内五千两，分申收海带、茯苓等项，且禀格外从权，恩准此番放船。至干［于］冬帮，须照前谕减配匹头，符合会馆货单各件采办，勿致有误，总守信义，而配辨［办］货物可也，此达。

又有榔椰子一宗，各船骤多辨［办］来，自致日本行情起覆不定，况一色不可雷全带来，等因。陆续严谕在案，而一同货厌多，行情低落，故不得已议减批价，须会此意，必须将来悉照示，勿致贻误，自当会馆商议之意，亦勿有误，以便寿［筹］酌辨［办］货可也。

某本船原系旧船大桅虫蛀，此番亦已勉强乘坐，日前进港后，眠桅看视，不但船身以及桅帮等项损坏不堪，据船上头目说，鹿耳、桅帮等若不加工修补，不能回棹，等情。为此估计应用杂费银额，必需左开之数，甚为拮据，为此冒渎，仰照例准令加十加恩卖。至干［于］修理起工力俭省，俟其完工之日，再具清账。

今春临时谢仪一宗，此番一次为止，照例禀准。至于将来，除定例之外，临时谢仪等顶［项］，须照甲年所谕，即将纸钞送付。向后若有情不得已，而不送白糖，则于心抱嫌［歉］，等事。必将应有缘，故着细探访。又按病症及调治日数，服药、膏药等数目，仰求预先清理，而后开陈，方可准行，再将白糖送给，等情。具禀。

迩来唐商等四分银内置买各色，陆续杂色加增，较比会馆卖付之际，银额浩繁，故将宽政三甲年起至去子年十七年间各商人等卖进杂色银额均等，每船限派定额支买，则谅必拮据，是以该均等额上约加三加之数，将来每船应买银额开列于左。

本船带来玳瑁，因价钱不对，呈禀带回，不准带回，等困〔因〕。俱已知悉，即如前禀，此项在唐朋友叮嘱云，货色顶高，务必要好价卖去，等情。不得已带来，不料在贵地反作低货减批，某亦无可奈何，有此批价，天差地远，不带回，则到唐之日不好见主，竟将亲情为拮据，为此冒渎，仰祈鉴察若〔苦〕情，此番准令带回是感。

凡唐船进港，或回掉〔棹〕之际，闻得在洋中往有私卖情弊，可疑风声，甚为不该。况此番各船数艘带回货物，亦为不少，各船主等自当越发留神稽察为要，一概私货一节，今复愈加严谕在案，若复踏〔蹈〕故辙，仍有风深为不善，俟其再来日，严行究治不贷，务将此情转谕船主及目侣人等，咸得知之，勿使错会。

兹因某在馆各店欠债极多，此番下头番前被人催迫，不得已昨夜跳墙脱走，干犯国法，实属无言可答，惶恐无地，等情。据实拱〔供〕明，并无别。

此番馆中天后堂侧首房里失火延烧，兹查迩来各船目侣人等，风习颓弛，屡有失火之警，此系必竟不遵守法之所致，大为不该！此番理当从重处治，姑念格外免议。此后倘有似此藐法，但本船主、总管其外目稍人众一起严行究治不货，等因。谨领知悉，将来某等严嘱目吕［侣］人等，自当谨慎守法，留心防火，为此，一仝将具遵覆。

你本船起货日，衣服内藏有红纱，已经搜出，查问情由。据云，此番雇作水手来崎，晓得在留中支用缺乏，意欲不论何物，藏带前来，充助吃食之用，自备红纱两匹，带在身边。奈在乍浦下船之际，船主及头目人等严紧吩咐，决不可藏货，等事。故不得已，缝藏衣服之内带来，裁做衣衫、裤子等项，与朋友抵换之意，讵蒙验出，惶恐无地，等说。凡不许如此藏货等情，平常严谕在案，而私自巧藏带来，于［干］犯法纪，深为不该！即将该物入官，着令禁茸［葺］，不许再来，俟有回掉［棹］前寄顿船主，令其挂牌，务令严紧守规，不可走出外二门。

本船带来货物内，左开各宗批价薄［簿］上尚未注明，仰祈即速各宗一起批出为感。

切应送游女白糖，祈照左开会馆收去丢票，给付各名收领为感。

本船前经禀准修桅杂费加十加共已千五百两，今却修理告竣，竭力俭省，即困［因］旧本板料等件完事，仰祈左开之额，开发各处为感。

今蒙雨伞十把，赐给本船伙长，殊深铭感！谨领代谢。

各船应送石牌费。只因此番泉糖缺少，俟至今夏，左开之数不误，带来送付，为此具禀。

本船各商法外卖，前经禀准，仰求速之［速］通达，包头会馆即时辨［办］便，祈照左开收装各船是感。

本船带来小伙补卖冰糖银额，祈照左开纸钞，给付馆中支用为感。

本船带来《大清会典》九十部，内一部老鼠咬破，故祈领进馆中，以便自用为感。

本船书籍价银约一千八百两，未曾批出，现在馆中支用纸钞缺乏，祈将纸钞一千两过，俟讲价明白之后，日前预借五百两，一起扣除清讫为感。

本船带来书籍，卖额连加等纸钞，祈照左开，即速给付馆中，以便应用是感。

本船正卖绵绸内十匹，开库之便，分开印花之数，寄顿街官房；辰三番船印花，一起禀准，交付形花商人为感。

本船防备海匪不虞之需，带来火药，下船后较秤斤量，则约少四十九斤，如此，则回唐后甚为拮据，仰祈即速严查，送到本船收装，庶便均沐恩，速速回唐，感不浅矣！

本船小伙补缺卖纸钞，祈照左开合算清讫，将纸钞给付馆中，以便应用为感。

某日久在留，曾患吐血之症，必需参、鲍滋补，祈照左开，给付馆中为感。

该水手所报毫无差错，此上番日起，只顾告报某处，即唤船上头目人等盘查。据云，在唐制配疮药，施济众人，平常做人廉食，等由。船上头目人等报说，恳祈特加恩恤，则某等感佩不浅，即此具单上覆。

你本船所藏货物已经验出，查问情。据云，平常贫穷，欠债极多，恰好此番来崎，故在唐山借贷辰砂净秤二百十五斤，水银明秤十九斤五合，意欲在小伙内报卖，奈公然装船，恐被债主看见收去，不便。而在唐山，趁修船之际，暗地带去，藏在船上，意欲进港后禀报，忽闻药财[材]等项，原不许小伙发卖，无计奈何，依旧藏放，已蒙搜出，惶恐无地，等说。果系小伙卖带来，理应告诉船主，听凭作何料理。并无此举，所供情由，难以取信，谅与日本人私卖手叚[段]无错。况且藏货一事，往往严紧示谕在案，千[干]犯法大为不该！即将该货入官，着令禁茸[葺]，不许再来，俟有回掉[棹]前，令其挂牌寄顿船主，务令严紧守规，不许走出二门外者也。

兹闻泊在河下各船，目稍人等，借名打水，随意登岸，偷窃菜蔬，或走到公署以及民家，恣意放肆，甚至漫将紫[柴]火抛打王府所差番船，欺公犯法，甚为不该！必须嗣后严嘱，不许如此不法，将来若有仍蹈前辙，伊时严行究治捉拿，解送王府，等因。已经吩咐该乡约员及经管人员在案，须会此意，而详嘱通船人众可也。

你及通船人众泊在河下之问[间]，按名给赐食米柴火，须会此意。

你去月停泊口外之间，私自售卖，查问情由。据云，仝月十四夜四更时候，小船一艘驶至本船，内有日本人一名，移坐本船，若有甚物件要买，等说。忽动贪利之念，即将所有苏木约六十余斤交付，而即收铜钱九千文，不意露出，惶恐无地，等说。但私卖一事，往往严紧示谕在案，干犯国法，大为不该！着将铜钱入官，吩咐禁茸[葺]，不许再来。此番本船回掉[棹]，故着令上船，谨慎守法，不许打水上岸者也。

去十一日未拾一番船唐人们乘坐杉板，驶到小溪以及本钵浦，或走到各处，随即番船员役细查验船，果有铜钱八百文，已经搜出，务将该始末情形及日本人名字查出，据实招明，令该各名开出口供。

此番起货日，你带来水手衣裳之内，藏有红纱二，切已经验出，查问情由。据云，此番受雇水手新来，临上船之际，亲友们送来，以表贶仪。嗣后你等严紧吩咐，不许藏货，等情。但已在船中，无可奈何，藏在衣服内，已蒙搜出，惶恐无地，等说。但凡不许如此不法，等情，往往严谕在案，而背违本朝法禁，大为不该！即将该物入官，吩咐禁革，令其挂牌，俟其回棹前寄顿尔处，务令严紧守规，不许走出二门外，平常不可不法，等事。示嘱在案，而全系查察不周之所致，殊为不该，必须将来留神稽察可也。

本船起货日，行李箱内有日本银，已经搜出，查问情由。据云，你带来水手某碎银一个，带在身边，已被看着，实时查问，如何故意带在身边。据云，在唐朋友处，有琉球人送他以为贶仪，但在唐山不能通用之项，是以带来长崎，等说。所以你即时收取，安放账箱内，俟其头目到来，意欲告报起见，奈因尔及财副船上各事繁冗混杂，范［茫］然失报，惶恐无地，等说。但凡有此涉疑之项收，必当进港日速速报出，乃无此举，及至访问之下告诉，全系料理不周之所致，甚为失察，嗣后留心可也。

今闻你等停泊口外之间，众多乘坐杉板，驶至浦上村木钵乡，上岸不法，随即捉拿，查问情由。据云，不过上岸游玩，偶见田地有田螺，又见海边多有小蟹，随手捕取，不意捉捕，此外并无别故，等说。但不许擅自登岸等情，平常谕示在案，而况此番格外严紧，吩咐防备，高木王名代公员以及乡员，每日出去制示，而竟不遵守，任意登岸，背违本邦法禁，大为不该！吩咐禁革，不许再来，今为出牢赶回本船，务令严紧守规，俟其开去之间，决不许上岸。

兹闻今正月初二夜，东上町秀五郎与本石灰町龟藏通全进馆私卖，等情。实时捉拿，查问情由。据云，仝夜四更时候，两个人相〔商〕量，潜进馆中天后堂近边申十番船唐人房子里，恰在该处，总管与该人私下商量，交付金片二块二厘镆，即收冰糖六十斤拿出，等情。老实报出，为此，该私卖唐人查问，即将金片入官，令具口供。

今冬来崎朋友，今春回掉〔棹〕之期，在留馆内，是以该人家眷寄送前来，以充日用之意，即时安放提笼内，搬到库边，意欲等待该人交付，但该场竟无相会，意欲拿进馆中面交，而藏在身边，业经验出。

唐船到了，恭喜！恭喜！

到了几只船？

报有三只船，一个船还不到，单单两只船进来了。

不曾放炮么？

才斯放过了。

放了几门？

放了只得五六门。

鸟船呢还是沙船？

两只都沙船。

不知那里开驾？

闻得说上海开来。

一同开了几只船？

同开十来个船了，于今这等好风，三天里头，船都进来。

恭喜！恭喜！

昨日我们街上船起货了，我也上船看看，十分有趣！头目、插刀手先上了船后，其间，通事老爹上来点人，叫唐人躃铜板，先要除帽脱鞋，听他年纪。那时唐人报岁说道：年纪三十七，奉妈姐观音／妈姐。次遭念告示，那时吩咐唐人，不可喧嚷，留心听听。完了就先起货物，那时又吩咐说道：日本弟［第］一犯禁是天主教，并器物，或者毒药财［材］、假药财［材］，这等之类，若有时节，累你通船之人，大家不可听得儿戏，这这王令弟［第］一要紧。

晓得！晓得！晚生每年少也走一次，因为晓得贵国所禁之事，竟没有犯法。在唐山下船的时节，一船都小心查过来了。

通事说道：你众人这样守法就好。又吩咐你，今年比往年不同，十分严紧，大家决不可藏东西，若有时节，先要拿出来，结封带回去，不然万一搜出来的时节，都要入官。那时候不要怪我，因为先前再三讲过。

船主说道：晚生老早仔细查过了，一船的铺盖行李，因为一根草也没有了。

通事说道：万一有了一点东西，罚你不许再来，也未可知。

晓得。

再过了一回［会］，吃午饭罢了，火药、军器，这两件先要拿出来。

晓得！晓得！

几个人库里去，照管人少不便，十来个人去罢，不要多去。押货的人快些下去，请妈姐到寺里，几个人去？

十来个人去。

这里人多了，大家船后去，官舱里头货物，都起完了，船头舱有什么东西？

公司货完了，工社货还有。

早早起行李。

晓得！晓得！

船主你来看看，这里有了许多藏东西，酒埕里头有水银，或者索路里头有丝钱，又是衣服里头有人参，细纱绉纱花绸。

狗入［㑩］的，这样可恶！你大家真正可恶！因为先前咐咐你好十来遍，我再三求也不准，货物都没官了，如今不要怪我。可恶！可恶！你这样胆大。

货都起完了，船主来写夫票把他。夫子辛苦了，赏他多些，要写几百名好，随你生意了。

正是，在我罢了，跟头目来的人，又是番船的人，或者恭夫上桅夫，写完了，谢头目回去，罢了。

今日列位多劳！

不敢，大家恭喜。

船才到了，老爹上船，听唐山的消息。问：你大家唐山都太平么？

正是，唐山各处平安。

余外没有什么新闻么?

没有什么新闻了,也是今年米价略贵,旧年是十分丰熟得紧了。因为不论什么工钱,长起来了。

个么细货价钱何如?

匹头也起价,比旧年差得远了。

又问:你今年船是北[比]旧年,怎么来的迟么?

也还定不得,想来夏番船多,旧年东洋的生意不大好,因为今年船是一半西洋去了,等他春番船回唐,听了日本的消息好多,而后发船。列位想想看,大家漂洋过海,到东洋做生意,也是家里养妻养子,不是顽耍而来,因为撰得些银子,下年早来,不然拆[折]本,大家不敢发船。

这个你们说得不在行,生意是比不得别样事体,定也定不得,今年好也,明年不好,明年不好也,后年又好,这个是一盛一衰的道理了,总是那一年的运气,又是各人的造化了,因为生意人是靠天靠地,靠着时运了,大家如何?

请教!请教!

宝舟从那里开驾?

上海开来。

几月里放洋?

前月初三日起身。洋中竟没有风浪,连日好风,因为不曾到别处,直到长崎抛锚。旧年晚生运气大不好,这里起身回唐的时节,一连十来天的对风,竟没有回唐风,多日泊在河下,用尽了米粮柴火,再求再装,使费极多。又是担阁[耽搁]了几天,才有好风扯篷起锚。刚刚到洋中,又见大风大雨,坏了大桅,十

　　　　　　　明月共潮生:域外文献与东亚海域史研究

分没法，一船的人性命，只得靠着运气，而随风漂流。第二日天色才晴了，那时晕了船半生半死的人，都起头看看，就是五岛地方了，那时一船欢喜，又笑又怕，幸希［喜］的不死了。过了几天，再到长崎来修船而回唐。海中又见了海贼，五六只贼船赶来，两下不顾性命，放炮相打，或者使刀，又是刺枪，本船是大，又是人多，贼船不能相近而散了，那时幸有好风，就到宁波地方了，可怕！可怕！

预先吩咐大家，每年你们在馆内的时节，弟兄们对日本人放肆，你们看日本人不在眼里，因为十分得罪。还有要紧的事体，早上买菜，或者晚间嫖子进馆挂号的时节，没事干的人，都走到二门外，荡来荡去，又是大门边走拢来，再三叫你进去。今年若有这等事体，累你一船的人，减派也不可知。

晓得！晓得！

第一要紧，大家进馆以后，小心火烛！再吩咐要紧话头，你在河下，这个不消说，在馆内的时节，决不可卖私货，又不要收银子，今年十分严紧了，不可犯法，小心！小心！

我问你：船主是旧年几番船上来的呢？

旧年三十六番船上，做财副来了。

都是来过的呢？还有新来？

都是来过了，竟没有新来，因为晓得规矩了。

一船共有几十个人？

一总有四十个人了。

字也解得来，话也会讲，就是好学通事了。看来目下的人，话也还讲不熟，一味想做通事，这个正真不该，这等之人，叫做说当真的饭袋子，一来可惜奉禄，二来可惜体面了。

不是，不是，你还不晓的学通两个字，因为只得说破人家，这个倒不该，我替你说，譬方论起理来的时节，厚有刀［力］量的人，难道要做学通事？

这个好笑，从来没有刀［力］量，故兹做学通事，后来学成了，那时就做老爹了，说得是呢不是？我们每日到先生府上去读书，回家的时节，正好便路，因为到陈兄家里去学了字儿的解法，又到善兄松么，这两位家里去学书讲话，如何？好不好？

好！好！你这样用心，明日就学的成。不论什么事体，要惯了才好，熟了就用得着，不惯就没干了。

这个竹笼锁在这里，不得开了，快些拿钥匙来开开，大家不要言三话四，这都是王令，不得不严了。我不是自己料理，我也没法了，这个日本规矩，要是打破了看看，大家不可说长说短。

这个小菜价钱不贵了，不是你一船事了，各船都是一样价钱了，我们仔细晓的在这里，我不瞒你说，依我写写才好。

我前日说去了五个铁钉，如今只有了三个，少了两个，在这里，又是比样子差得远，你看这样小，如今用不着，你们早早拿回去罢了。

这个我们那里晓得？就是船主定做的了，我不是铁匠，我只是带来交给你的了，你今日且收了罢，你明日船主那里再要说去了才好。

行李就是这一宗呢？另外本船上还有么？

你一个人为什么不听告示在这里？人少不便了，大桅边去！好阿［啊］！这个皮箱锁在这里，快些拿钥匙来开开。

头目就来，定要看看。

这个水桶是街上的了，他们要是拿去，你们另外有什么空桶？

这个酒老早放出来，这个水桶还他罢了。

这宗货物堆在楼下，就蒸了不便，楼下原有湿气，你如今宁可堆在楼上更好，日后长短唢啐了不是。押货的人若是在库里，早早本船上去。好阿［啊］! 押货的人少，不便了，库里的人，头目不许到本船上去，库里人少不便了。库里边没有风进来，若是货物蒸了不便，随你主意了。如今潮退了，故兹小船也不得过来，大家等等长［涨］潮罢了。

大家不要进去，早早走出来，这个红纱头目不许你带去了，老早交结□才好。

库门一总贴封，还是开开一门，财副说道：是六个人到寺里去，如今看你七个人在这里，多了一个人不便，先前上岸了，做不得! 做不得! 本船差不多起完了，头目要留你一两个人在这里，这个往年定规在这里了，如今本船上完了没有事，你同他大家进馆内去才好。柴火如今还不勾［够］了，再要拿，千望! 千望!

头目说道：你有一条腰带带勾［够］了，如今两条腰带，拿去做什么? 正真可疑! 如今你带在身边才好，停一回［会］进馆的时节，交把船主才好。你不在行，都做腰带，头目自然疑心你，一条做做汗巾用用才好。如今草色草索用完了，你要再写凉伞有没有、旗有几面仔，这等东西失落了不便，你们对日本人不要悄悄讲话，头目疑心不便。你一条索路，借他番船人才好，他的索路用不着，万一断了不便。小头目在番船上，守防在这里，早早借给他才好。你这个帐［账］簿上面为什么不写银头？明日对帐的时节，长短锁［琐］碎了，脚夫不是自己的东西，故兹十分粗糙了，万一弄坏了东西，不便。你在这里仔细照管照管，大家要走路去，也是头目吩咐你水路去，如今没耐何了，我再三讲也头目不肯了，宁可水路罢了。你前求了一百包米，这个太多了，恐怕不准，不过是五六十包的光景了。钞泥有几舱，你好叫夫头去看看，有石□的所在。这个袋子，还未点过的了，这个所在替我通一通。你看这样灰尘泥土，塞满了，在这里，你替我洗掉他才好。若是这里不通落雨的时节，雨水不流去，都漏到舱里去，不便了。这个灯笼，如今放在这里，若有大风大雨的时节，坏了不便，相烦你求了头目，收拾舱里才好。

长短话终

昨日请教，晚生／我的都记得了。

好！好！你这样好记心［性］，后来自然学得成了。

今日这样冷天，亏得你来得早。

不敢！小弟年幼，那里怕冷？冷天倒也好。

老兄今日为甚么这样来得迟了？

不敢！今日因为家里有些贱事／事惰［情］，所以来得迟了。

明日送王家送倒［到］那里去？这个王家多少看顾我，所以比不得别王家，我要送到远所在去。

听见讲，到了一个船，不知那里开来，你知道不知道？

正是，前日进来了，小弟听得占城地方开来，信牌就是吴克修的牌，船主是新来。

秀才不出门，能知天下之事。

好事不出门，恶事传千里。

拜菩萨也要香烛，空手托他，那里肯听？

同你讲讲，胜读十年书。

同他相与没相于［干］，有损无益。

一日为师，终身为父。

你出去看看，几 / 八点时候来了。

今日差不多有九点。刚刚打 / 钟了九点鼓 / 钟。

那个东西有没有？下 / 上午才有。

秋 / 冬天日子短，夜里长。春 / 夏天日子长，夜里短。

我们春天起学话，学到如今，足足 / 刚刚半年，也不觉得一个月，真正光阴如箭。

话也要讲，字也要写，书也要读，样样 / 各样事体，要是熟了才好。

正是！读书一发要熟，所以自古说道：读书千遍理自通。照依古人的话，只管读好通。这个叫做唐山 / 日本话，怎么样讲？

你真正没道理，这个就是唐山 / 日本道理。

这个甚么道理？他真正道理好。

这个人今年初来，还不晓得日本规矩，得罪了你，你不要动气。

这个叫做甚么名件？

他叫做甚么名字？

有甚么好东西把我吃？

这个人乱讲 / 来。真正好吃的东西。

这这人，多少欢喜。好吃的东西，只管拿来请我／把我吃。豆腐也一时间来不企。

你晓得狗庇［屁］，好看不好吃。出卖高拳，三拳一钟。

来来！豁一拳，我／你若赢／输了，罚你三杯酒。

阵头雨，那里躲得过？没有躲雨的所在，衣裳打湿了，拿去晒一晒，晒干了穿穿，躲在那里／角落里。

点了火照照看，果然有在这里。

你来拿下来，这个人身子矮矮的，所以躯不着。

坐了一歇，两脚麻起来，走不动。

装在箱子里，恐怕蒸怀［坏］了不便。

先开了锁，又开了盖，倒出来，一一挂／排在风地里，凉一凉好。

把围屏围住了，坐在中间，没有风进来，暖得紧，省得一个火盆，可不是便宜。

你干［于］今学甚么书？小弟读《大学》。

一天学几张？这这论不得，看光景，或者一张又是半张。

你看他的扇子，老鼠咬破了，看也看不得，可恶老鼠真正作怪，养一个猫儿在家里，老鼠也不敢作怪。

你做梦在这里的时候，有人去买完了，一点也没有。

这这见鬼的话，你不要采［睬］／听他。

是！是！是！他只怕风［疯］颠了，不要管他。

我托他一件事体，到于今，还不明白，真正涠涨［混账］得狠！

拿扫把／帚来扫一扫。扫过了。

贵庚几岁？不敢，贱庚十五。

大号呢？不敢，贱号某名。

你学过几句话？

切不可忘记，要紧！要紧！

多谢！多谢老兄好意，请教好话，从今以后，小弟再不敢懒惰。

好！好！你只管用心，后来到圣庙去。

考唐话，多少有趣！

昨日学过的话。

因为字眼太多了，真正难讲。

不打紧！不打紧！这个叫做先难后易，先学了难说的说，落后容易得狠。

后生畏可［可畏］。

目下的人，个个会得做诗作文，真正怜利［伶俐］。

你们也再过两年，不得不做，留心！留心！

多谢！多谢！小弟还年幼，不要说两年，再过三年，也还不能勾［够］。作诗作文章，小弟的情愿一两年内，讲得两句唐话就勾［够］了，劳动老兄，请教！请教！

重些打，轻轻儿打，打他也不相干。

不要杀／打死他，杀生真正罪过得狠！放他去，救他的性命，多少好。

高声说，低声讲，不相干。这个响不得，不要做声。

这两日，竟没有响动，我也不知道。

声音响亮，真正好声。

他这两日，响也不响，竟不做声。

这个恍惚，白日清天，抢人家的东西，胆大得狠！

改改你的毛病，改不得，就用你不得，十分里首改了八分，还剩得有两分，慢慢里改。

年里边没有日子，后船不知怎么样来不来，想来前日开去的四只船，到得唐山，听见日本／东洋的消息，都要自然开来。

今日地动了，你晓得不晓得？正是那时节，我在楼上读书，房子只管摆来摆去。

一进多少房子？这个话信不得，你只管骗我，你赌咒讲，才信得你。

岂有些［此］理？天在头上，我难道骗你不成？

这个银子真的呢，还是假的，你替我认一认。我认不清，我若看错了，你叫我赔，那时节，十分当不起。

欠了人家的银子／债，竟没有还人家，真正没天理！这等的人，天雷打死他，也没凭据。

到年边，凭你怎么样，讨他的银子／帐，他开较不来，那里同你算帐，索新［性］／宁可不要去催他，等他开了年，慢慢里收他的银子罢了。

十一月里，看看历本，才晓得冬至，冬至吃团圆。正月十五，叫做上元，上元看马灯。往年冬至那一天，馆里多少闹热，这几年，冷静得紧！

这这不知甚么缘故，请教老先生。

这这没有甚么别事。

旧年十二月，进港的船，只管檐［担］搁日子。刚刚今年十二月里，起身回唐，可不是足足一年，这个使费了不得，如今这样光景，那里划算得来？故兹馆中十分冷淡，是呢不是？老先生。

本月不知月大呢月小，你去看看历本。

看过了，果然月小，该是这样，九月、十月一连两个月，月大了。

除了桶／包，净有多少？宁可倒出来，明秤／除罢了，省得啰唆。

这一把秤，较过了没有？

缝里有风进来，张一张看。

叫铁匠打了一把剃刀用用。

连包秤起来，有多少斤重／重？

砍头的奴才，快些走他去。

有甚么论头？随午〔手〕写／口讲出来教导你们，但是今晚没有一点兴头，想也想不出，索新〔性〕明朝一起写写罢了。

有甚么好顺便的时候，你去讲讲。

你底下去，正好顺便拿一张纸来把我。

这个烟切得细一点才好，太粗得紧。

细细的好，粗粗的不中用。

日本道理，腊月初一搿了糍粑吃吃，这样事体唐山有没有？

这个东西你们中意不中意？

你们讲话，讲得糊糊涂涂竟不明白，我们也听不出。

正是！小弟们还讲不惯／熟，故兹讲得不三不四，在这里，请教！请教！

我不会吃半钟 / 杯 / 碗罢了。

学不如惯 / 熟，你来洒茶 / 酒。

你洒得满满好，没有漏下来。

只管漏出来。

你的饭 / 酒量好。

他的面量好，他的酒量好，他的酒量浅，他的饭 / 酒量有限，他的面 / 食量有限。

他是真正砂量，我们对不来 / 他不过，对得来。

这里拿书本来，雨来了我要回去。

这里有雨伞，你不要怕。

不要同他相与 / 恼。

只管同他相打 / 争。

同他两个人真正相好 / 不相好。

低声下气说道。

真正难 / 好相与。

附耳低言，高声讲话的，不知甚么人 / 那个人家里。

你若拜我为师，细细教导你。

眼 / 外 / 内科先生。

怎么样兴不兴？这一位先生，原来有名，如今兴得狠。

众 / 列位，众人 / 大家看看这个货物唐山兴不兴？

这个东西这几年，苏州那边多得紧，堆在那里，大不消 / 没处消，行情大不好，没有人要他。

我们听得苏州地方消得多，行情大好，这个相反的话，差得多 / 天差地，这个么罢了，退 / 拿还他，歇了这一遭的生意 / 买卖罢了，甚么要紧？

如今进退两难，要讲意到句不到。

有陆不行船，有菜不吃菰。

随手拿出来做样，你只管好的拣出来做样，明日啰唪。

这样小可的事情不要讲起，你情愿要买呢，再加一点不妨，不要叫他十分吃亏，他若折本，那里肯卖？你也配量配量才好，不要十分难为他。我在中间拿算盘，做一个公道人，我有大大主意，你有这个盘子，讲到明日讲不成，我自有主意，替你撒手明白就是了。

不要！不要！你老爹太贵了不便，老爹你帮衬我才好，叫他再让些罢了，不要只管加上去，后船骂我不便。

两边不消争价，价钱加不加，我有主意，在我罢了。

不消说长矩［短］，一句两断更好。

正是，长短啰唪，不用叫他讲多话。

这个跳鬼，真正跳得狠。

我难道赖你的银子？岂有此理！

唐人约有几百个人，在馆里做年真正闹热。

一到新年，就做起马灯，裁缝各样细缎的衣裳，十分齐整，每夜操练做戏，其中也有吹打的，或者唱曲的，多少有趣！想必到了上元一发好看。虽则如此，不做职事的人不能进馆，那里看得？馆中马灯，不过是听听他歇了。

今日一番船上起来起石钞，我去才回来了。

小弟吃了早饭到这来等候了，今日这样天色寒冷的时节，真正多劳！

你老兄贵府是那里？晚生宁波。

来过几回？今年第三回。

几位令郎？有两个小儿。

尊 / 高姓呢？岂敢？姓陈，就是耳东陈。

好阿［啊］！就是我们同姓。

今日且罢了，明日再学，学得太多了，若是忘记了不便。

唐山闹上元，不知几日起，几日为止，不知怎样做法，细细讲一遍把我听。

唐山规矩，是十三起挂灯，十八落灯，各处街道真正闹热，家家挂灯，又是放花灯，或者流星马灯，戏文各样故事，好看不过。

听得说西湖地方，如今这时候真正好顽［玩］，要原来天下第一名的景致，桃花也有，杨柳是碧缘［绿］，十分好看。

他只管要借，我只管捱过日子，致［到］如今还没有借把他。

这个碗把红铜镶在里边，镶银杯。

把红钞 / 缎子 / 夏布镶边。

先打 / 做了坯子漆起来。

先做了粗坯，次遭刨光了。

唐话讲熟了一句，当得十句；讲不熟十句，当不得一句。

头里讲错了 / 约定了。

结 / □ 做旧，结 / 包 / 做好了。从新做一个 / 件。

从新书 / 写一张。实才讲 / 话。

你实实碌碌买 / 还他多少价钱，你实实碌碌讲。

临气〔机〕应变。

临时／期难讲／写。不在方晓得不晓得／会讲不会讲。

不但是他一个人／你一个人，自己做坏了，不干别人的事。

怪不得别人，只怪自己罢了。今日我清早到王府里去，迎接／请头目，一到货库里，就下了一阵大雨，所以头目等在那里，看看天色，虽是天晴了，地下稀烂，不能清库，今日又歇了一天。

一般的大干系，失落了手中的宝具一样。

舍不得你回去。

这遭奉禄银子收／有多少？羡慕／可羡／眼热得狠！

扣了债，剩下有多少银子？

伸出手／脚来。

每一个人／一个人名下分多少银子？你还少他多少银子？

今年少你的银子，明年来补。

伸出舌头来咶，打了浆糊纸窗糊起来。麻〔蚂〕蚁刺了我的手／脚，当真不是取笑。要紧不是儿戏／当顽。

九嶷山出的湘妃竹，木／草本呢草／藤本。

听／学他的口气，妆他的模样。真正不像样，不像，像读书人／和尚。

太真〔直〕了，湾〔弯〕一点的好。

今晚教娃子到梳头的人那里去讲讲，明朝要是清早来剃头，因为我有公事出门。

才期〔斯〕教人去讲过了，也是他的业障／病。

一到土旺用时，只管头疼起来，听他的苦情，真正有理得狠！

飘洋过海，到日本地方来，意［竟］没有撰钱／银子，为何呢？只管担［耽］搁日子，便费／用浩大，那里划算得来？金税银子都吃完了，不能买包头、杂色，空手回去，其中若有缺额的船，连红铜都吃完了，可不是可怜！听了这样的苦情，那里快活？真正心恁／陶气得狠！但是今年拆［折］本，也有下年大补的日子罢了，罢了。

宝舟是那里开来？晚生宁波开来。

老兄来过几回？晚生这遭第三回。

唐山有甚么新闻？请教！

岂敢？没有什么新闻，各处平安／太平。

宝舟几月里放洋？晚生三月初一放洋，一到初七，看见五岛山，初九进港。

学间［问］到他的地位，那里不通？到这个田地，没有一点想头。

贵府是那里？岂敢？晚生在苏州。

贵庚几岁？岂敢？贱庚三十一。

几位令郎？岂敢？两个小儿。

今年唐山年成怎么样？好不好？好阿［啊］！今年算得丰年，米价比往年贱些。

一担米多少价钱？每担米，不过九钱银子光景。

笋皮一层一层剥下来，差不多有十来层。

颜色退了。

药／香气走了，有腥气，吃不得。

他只管气我。

生了小鸡／狗，生了小猫／鸟。

笋也嫩嫩的好吃，老了吃不得。

老了硬硬的，不好吃。硬起来。

软软的船老了。这个盖／被窝掀开来看。

讲闲话，两边讲闲话。这个价钱今日讲不成。

这个价钱的价字不是这样写法，这个便宜写的真正心焦。

真正陶气！

泥时剐出来告了状子。

字／草稿

先写一张稿儿。

写了呈子出来禀王。

算夫费。

街费多。

使／用费大。

派卖派出来。

每一个船派多少？多也多不得，少也少不得，派定了。

正卖银额出了额，入官多，缺了额。

减了铜，进退／真正两难。续卖。

加卖，凑卖，补卖，金税银子。

用钱，湾［弯］的不中用，直的好。

湾湾［弯弯］曲曲，那里好用？

加是不能加，只管减下来。

这个东西巧得狠，正是乖巧。

告诉他，做得巧。

照 / 跳番来 / 去，这遭我没有分。

下回你有分，照人家的样，你也怪不得他。

买 / 打了一升酒请他。

当年老爹请 / 叫你出来。

下次 / 遭他有分，照样的 / 罢了。不照样。

前日托你的此道怎么样？你放心，此道光景好了，再宽两天就明白。你住家在那里？

我住家在上海。有一个所在，拿了一个跳过墙的老贼，此人真正胆大，正是这个当真性命交关的买卖，怕也怕死。

撒开了。

撒了网，网里小鱼多得狠。网纱。

一生一死 [世] 讲不来。

不知不觉只管讲。

时运到了。造化到了。

他运气好。

这个大数到了，一定要死，不能勾 [够] 活起来，这等单方草药那里救得来？可惜！可惜！

种起来。

山上去采花 / 药草。

人家种的呢，还是野上生的？

你在角落里乞力各罗、各罗、各罗，讲甚么话？

师父阿 [啊]，弟子长久不来。

奉拜，真正失候得狠，得罪了！得罪了！

农夫门 [们] 求雨的时节，必 / 要定下雨。

乘 / 纳凉。他家里穷得狠，那里有这许多银子？

教你去通话。这两日身子不爽快。

女工好得狠。女工大不会。

不是白白里请他的酒，三番船的水菜银子会在十番船算账。

真正风凉 / 凉快得狠。

恐惧。

有注解。

容易。

会票。

西鞑子反了，那地方大乱了。翻译者解说也。

弟兄们撺［嘈］闹得狠。托马。草扇。

答答绵。席子。都是虫 / 蝵吃完 / 空了。

夏天蝵水多得狠。

一到上海蝵都死了，原来盐水里生的，上海地方原是淡水，那里当得起？

譬如 / 方讲得话。譬如人家的老婆，一则呢怜利［伶俐］，二则呢女工好，就勾［够］了，不在乎生得好不好。

不要惹他。

下了一阵倾盆的雨。

这两日伤风病满长崎，真正流行。

闲走 / 坐 / 话。

斩草除根。

孤掌难鸣。

今年九月九，妈姐［祖］礼，轮着我们街上做戏，所以这两日听见讲，间壁有空地搭了厂演戏，若是隔壁演戏的时节，我们坐在楼上读书，真正不便，间壁吹打起来，我们也高兴，读书讲话，不在心头，天天闲过日子，真正不便。

听见讲，贵处妈姐［祖］礼，各街上论［轮］流做戏，几年一轮/回？

规矩是八年一轮/回。

贵差过来，多谢！

听见讲老兄贵恙略略好，恭喜！今日主人家游海去，不在家里，停一回［会］回来的时节，细细通知主人家。

不过是小弟的意思/薄意而已。

这个西瓜水冷，一下口的时节/吃下去，就凉快起来。这一句话/个事情，当年老爹先前/预先吩付过了阿［啊］。

预先对你讲过了阿［啊］。

不是自己的值日替别人家来了，这个响不得，悄悄里讲。

这个人真正害人不浅！

这样的事情你们老早里讲么好干，今讲/来得迟了，那里赶/来得暨［及］？

若得些闲空就到。

柳老爹，周老爹，陈老爹，张老爹，刘老爹，樊老爹，林老爹，卢老爹，何老爹，严老爹，马老爹，熊老爹，陆老爹，薛老爹，蔡老爹，杨老爹，王老爹，田老爹，魏老爹，郑老爹，叶老爹，李老爹，江老爹，徐老爹，俞老爹。

凡为译司职务，清贾抵崎，因其贸易事，每有致词，禀于本府，则誊释而便明其事，如或本府触事而有发谕，则缀录以示清贾，通达其旨。然则至于萤囊雪窗，文墨之事，一时不可怠误，一日不可废荒矣。兹于四月，本府发谕云，另日汇召译司试考学业优劣，其学业与其品级相当者，置而不问。如有蠢愚昏昧，强占役长者，试而罚行，黜消职品。纵虽职末者，瞻其材品，能富文词之辈，不拘空缺有无，奖加升迁，较比优劣，以正将来之典章。伏维此系镇台恐后文艺荒芜，而谕示严行，令各励志勤学，均沐恩泽，铭感何尽！时有周君竹溪，笔陈［阵］扫虹，辞源倒峡，大鹏健翮，一展摩天，岂鹦鹋同群哉？果为进升，欣候。不佞资性愚蒙，蓬蒿未学，且马齿已长，徒为他人姗笑，岂不羞惭乎？现欲学谕文体式，不才实难窥门户。今所书，皆系狙嚚痴童之数言，惶愧之余，发一叹耳！伏希赐改削惟严，以笔为夏楚，庶令蓬心开豁，感深镂骨矣！恭祈亮照，梅泉顿首。

尔等旧秋买备描金漆器，意欲携回，收贮寓馆，讵料一时失火，俱已烧毁，该价银约计万一百两，额银无筹，算清该商账目，兹因具告，欲将王、公二局所存余额内五千两分提，开设立外卖，求给加五加其额二千五百两，并去秋应收扣留银二千五百两额，并将三项银额，交付该商等收，等情。但该各件器物，业已俱付火中，事出虑外，其价非必尽数算讫，亦至旧存余银再给外加之事，实难施行，故嘱该管各员探悉该商情实。渠云非必尽收该价账数，亦且烧毁器物，价银算账，嗣后自不为定例之事，故为给施加十加，自必夏帮另备五千两额货，凑配带来，则准照会馆丢票卖出，即该价银付给各商，便其清账。至其应配货单，自与会馆职员商酌，会悉其情，凑货带来可也。

今春开船一案，仍照旧秋谕旨，务必王、公两局内留崎一艘，共番外船六艘，业已准行启棹，在案。兹为禀告贸易，通为涸辙，本应挂留各船齐发回唐，等情。但其王、公二局内，必为繁留之情，竟非旧秋始发谕示，乃于未年频为遭塌，呈碍配船，等情。词致呈控，如至，嗣后纵有难配船只转发，决不再敢冒渎，亦不延为后例。去秋为率，一齐开掉［棹］，等说。故为格施悯恤，其时为限，准行开船。讵识此番再致具禀，但欲回棹，等情。甚属不合，较于旧秋所告情形态事有差错，加之未年因遇死难，酌其苦恫，申年以后，屡施恩典。然而现为叠致词呈，实察情形，无有限止，难以施准。至于将来，自必遵照旧秋谕旨，王、公两局内各留一只，共二艘，务必羁留，慎之！遵守此谕。尔等知悉，饬令当年译司转示船主等遵悉，前于旧秋谕旨译司等洞悉。然则纵有船主等呈词冒渎，理应誊释训饬，令其不致再禀，现无此举，并合提呈，等情。甚属不该！至于嗣后此谕示一案，务必严加凝思，谆谆训饬清商，一概前定规式，庶不废弛，等情。饬令译司，愈加扪心秉行可也。

闻于四月初三日亥九番孙景云船目侣陈顺病于船中身故，将该尸首潜移尖山炮架场中，该船即致乘顺开行，等说。凡此炮场，非与别处可比，公设炮兵阵场，然而藐视，谩将尸首点污地场，事出苟且，疏维［绝难］免不谨之过。该名船主再为抵崎，则自有从严究问。但此番不见再贩，故虽从宽不问，至于次后，尔等务必会悉该情。至炮场或两大兵营，近此地面漫莫沾污。或有将来设犯，则不论该船船主及在留船主，必当从严问罪，自应恒常体会此意。至于目侣等人，郑重移会，令其一体遵守，谩勿怠误。

闻尔前月十六本船清库日，在货库落花生内藏匿广参，已被搜出，即行诘问。据云，此番因被雇作目侣东渡，在唐朋友凂托云，将此花生二包赍带至崎，寻见高以和者交收，等情。顺无何意见，凭其所托，随收带来。讵料一包内藏有广参，已经搜检，方觉隐匿之弊，实为惊愕。尚有一包，恐有如此私弊，即致径告船主，而虽为禀求豁免，等情。但总总藏货一案，居恒严行谕示在案。然则虽系被友相托货件，理应自加细查携带，并无此举，事无明微［征］，难以取信，甚为不合。将该广参交杂花生一包，即将入官，严行谴责。尚存一包，虽为后期告报，从宥，视作自诉情态，该货准买，其应当价值减五分之一，扣除其帐额银，自当付给，须会此意。

右谕陈位发，令其会悉，凡私弊一事，业已逐次示嘱，不得如此，等弊。此必系尔等吩咐不周之所误，必当次后□心勿怠。

闻于前月念四，尔船起货日，茶篓内藏放广参，业经验出，嘱尔即行盘诘通船众人，取其口供开出，等情。据云，此系曾于抵港之晚，在船病故王允祥者所带行李，该名恐有小伙内报卖，意情而带，奈因故后，不能细为询问，虽恳从宥赦免，等情。但尔难免往常钤制苟且之过，已致如此，问及无有踪痕，等事。甚为不该，理应再加盘诘，而拟行破格宽典，将该赃物收官，即行谴责，务必嗣后留神钳束，慎之毋忽！

窃闻目侣内迩有律行不法奸从，至于准令下头番后潜称打水，漫胡登岸，违犯国典者多，甚属不该！次后如有于［干］犯者，不独缉捕本犯，暨船主等不免钤制不周之过，或可自行罚减铜斤。但闻装完铜斤，则一时艰于起上，捏造浯杂苦恼，具禀豁免，等情。伊时格施恩宥准之，则即凭其举思，为逐次虽犯法纪，易得饶恕，自为约束废弛，等事。甚属不合！庶几羁泊之间，令各通船均致谨慎，先在装铜日酬扣三百斤铜寄顿，本街果至停泊之间，不犯法典，谨慎遵守，则即问其船装济，退日将该铜斤自必交装，须悉此情，恒常谆为训饬，谩莫怠误可也！

后　记

　　本书中的各节，主要根据此前十年参加国内外学术会议的参会论文整合而成。例如，第一部分第一节《朝鲜诗人李尚迪与〈燕行事例〉及相关问题研究》，曾提交 2019 年 3 月 30 日在厦门大学召开的"海洋与中国研究"国际学术研讨会发表，后以"从《燕行事例》看 19 世纪的东北亚贸易"为题，发表于《清华大学学报》2020 年第 5 期。在此之前，该文之英文译稿 *International Trade of Northeast Asia in 19th Century*：*Centered on the Manuscript Yŏnhaeng Sarye Collected by the Collège de France*，曾于 2019 年 12 月 18—19 日在第七届欧亚史年会"Empires, Networks, Intermediaries：Exchanges across Eurasia, 10th—19th centuries"（法国国家科学研究中心、以色列希伯来大学，耶路撒冷）上发表。

　　第二节《从汉语教科书看清代东亚经济与文化的交流——以朝鲜时代汉语课本所见沈阳及辽东为例》，是应韩国驻沈阳总领事馆的邀请，于 2014 年 8 月 22—23 日赴沈阳参加"第一届韩中使节团学术大会及文化庆典"活动的大会报告，后发表于《地方文化研究》2015 年第 2 期。

第三节《琉球汉文文献与中国社会研究》，是 2016 年 5 月赴东京，在日本学习院大学召开的第 61 回东方学者国际会议上的演讲报告，后正式发表于广东省社会科学院海洋史研究中心主办的《海洋史研究》第 10 辑（社会科学文献出版社 2017 年版）。在此之前，该文亦由琉球研究专家、日本鹿儿岛大学高津孝教授推荐，被遴选翻译成英文 *Ryukyuan Chinese works and the Study of Chinese Society*，刊登于日本《国际东方学者会议纪要》第 61 册（东方学会，2016 年）

第四节《〈伯德令其他往复文〉所见 19 世纪中叶的琉球与东亚海域》，是近期刚刚撰写完成的论文，尚未公开发表。

第二部分第一节《18 世纪唐通事眼中的清日贸易与长崎社会——新见抄本〈琼浦闲谈〉研究》，曾于 2021 年 11 月 6 日在"海洋与物质文化交流：以东亚海域世界为中心"学术研讨会（复旦大学文史研究院、广东省社会科学院海洋史研究中心和中国航海博物馆合作主办）上发表，后正式刊发于《学术月刊》2022 年第 5 期。

第二节《僧侣、宿主、通事与船商——从圣福寺藏〈唐船寄附状帖〉看 18 世纪初的长崎贸易》，曾于 2023 年 10 月在上海师范大学召开的"清代海上贸易与港口变迁"学术研讨会上做过主题发言，此文正式刊载于《学术月刊》2024 年第 9 期。

第三节《19 世纪清日贸易与长崎圣堂祭酒的日常生活——以〈向井闲斋日乘〉为中心》，为 2014 年参加在台北"中央研究院"举办的海洋史学术研讨会"亚洲海域间的信息传递与相互认识"的参会论文，其间，曾得到评论人刘序枫教授的评论，特此谨申谢忱！后收入同名论文集（刘序枫主编，"海洋史丛书"第二辑，"中央研究院"人文社会科学研究中心 2018 年版）。

第四节《19 世纪中后期的长崎贸易与徽州海商之衰落——以日本收藏的程稼堂相关文书为中心》，原为参加"多元与统一：新出文献与中国历史"学术研讨会（《学术月刊》、复旦大学历史地理研究中心、厦门大学民间文献研究中心、邯郸学院合作主办，上海，2016 年 9 月 24—25 日）之参会论文。后刊于《学术月刊》2017 年第 3 期，并被中国人民大学报刊复印资料《中国近代史》2017 年第 6 期全文转载，曾于 2018 年荣获上海市哲学社会科学优秀成果二等奖。该文英文稿 The Nagasaki Trade in the mid to late 19th Century and the Decline of Huizhou Sea Merchants—a research centered on Japanese collections of documents related to Cheng Jiatang 曾提交第四届欧亚经济史国际年会"Empires，Cosmopolitan Cities and Merchants in Eurasia，10th—20th Century"（法国国家科研中心、法国高等社会科学研究院主办，巴黎，2016 年 11 月 18 日至 19 日）。

以上诸文，利用的史料既有公开披露的文献，也有庋藏于法国巴黎、日本长崎、东京、冲绳等地图书馆内的珍稀文献，还有通过网络检索而得的重要资料。在此过程中，曾得到不少学者的帮助，在此，特别要感谢法国国家科学中心吉普鲁（François Gipouloux）教授、法国远东学院米盖拉（Michela Bussotti）博士、日本鹿儿岛大学高津孝教授和九州大学中岛乐章教授等的帮助。

2024 年 6 月 28 日于浦东张江

图书在版编目(CIP)数据

　　明月共潮生：域外文献与东亚海域史研究 / 王振忠
著. -- 上海：上海人民出版社，2024. --（王振忠著作
集）. -- ISBN 978-7-208-19142-6

　　Ⅰ. K207；P7-093.1

中国国家版本馆 CIP 数据核字第 202485EB50 号

责任编辑　马瑞瑞
封扉设计　人马艺术设计·储平

王振忠著作集

明月共潮生：域外文献与东亚海域史研究

王振忠　著

出　　　版　上海人民出版社
　　　　　　（201101　上海市闵行区号景路 159 弄 C 座）
发　　　行　上海人民出版社发行中心
印　　　刷　上海中华印刷有限公司
开　　　本　890×1240　1/32
印　　　张　14.5
插　　　页　12
字　　　数　305,000
版　　　次　2024 年 11 月第 1 版
印　　　次　2024 年 11 月第 1 次印刷
ISBN 978-7-208-19142-6/K·3419
定　　　价　98.00 元